마케팅
컨설케이션

마케팅
컨설케이션

펴 낸 날 2019년 1월 25일

지 은 이	이준호
펴 낸 이	최지숙
편집주간	이기성
편집팀장	이윤숙
기획편집	정은지, 이민선, 최유윤
표지디자인	정은지
책임마케팅	임용섭, 강보현
펴 낸 곳	도서출판 생각나눔
출판등록	제 2008-000008호
주 소	서울 마포구 동교로 18길 41, 한경빌딩 2층
전 화	02-325-5100
팩 스	02-325-5101
홈페이지	www.생각나눔.kr
이 메 일	bookmain@think-book.com

· 책값은 표지 뒷면에 표기되어 있습니다.
ISBN 978-89-6489-938-0 (13320)

· 이 도서의 국립중앙도서관 출판 시 도서목록(CIP)은 서지정보유통지원시스템 홈페이지
(http://seoji.nl.go.kr)와 국가자료공동목록시스템(http://www.nl.go.kr/kolisnet)에서
이용하실 수 있습니다(CIP제어번호: CIP2018043162).

Copyright ⓒ 2019 by 이준호, All rights reserved.
· 이 책은 저작권법에 따라 보호받는 저작물이므로 무단전재와 복제를 금지합니다.
· 잘못된 책은 구입하신 곳에서 바꾸어 드립니다.

불황기 저성장 시대 실전 마케팅 솔루션

마케팅 컨설케이션

MIR마케팅혁신연구소 이준호 소장 지음 / 구창환, 윤기창 감수

 Marketing Consulcation

마케팅 컨설케이션(Marketing Consulcation)은 불황기, 저성장 시대에 기업과 브랜드가 제품과 서비스를 뛰어넘을 수 있는 솔루션을 제시하며, '고객의 고객에 의한 고객을 위한 문제 해결과 해법 제시'의 중요성을 강조한다. 기업과 마케팅 산업에 종사하는 사람들의 필수 역할을 현장과 실무 중심으로, 제대로 체득할 수 있도록 컨설팅과 에듀케이션을 결합한 솔루션을 제시하여 그 차별성을 극대화했다.

생각나눔

| 서문 |

엔젤리더 정신
왜 '마케팅 컨설케이션'을 실천하는가?

나는 축복받은 사람이다. 그리고 감사한 것이 너무도 많은 사람이다. 우리는 흔히 자아실현을 통해 삶의 의미를 찾고, 또 이를 위해 궁극적인 목적으로 삼는다. 마케팅에서도 자아실현이란 자신의 재능과 잠재력을 찾아내 이를 십분 발휘함으로써 자신의 가치를 실현하고 그 속에서 만족감을 얻는 것을 말한다.

| 꿈의 발견 그리고 동기부여 |

군대에서 마케터 이상의 '마케터를 양성하는 전문가'가 되고 싶다는 꿈을 가지도록 동기부여 해준 책 속의 석학들을 만났고 그 석학들은 사회생활하는 내내 직무·직능적인 역할(Role)의 롤모델이 되어 주었다.

스물두 살의 청년이었던 필자에게 '마케팅 전문가를 양성하는 실무 전문가가 되리라.'라는 꿈과 동기부여를 주었고, 스토리를 어떻게 만들어 가면 좋을지에 대한 영감과 아이디어를 참 많이도 주셨던 필립 코틀러, 스티븐 코비, 데이비드 아커, 엘빈 토플러, 도산 안창호 선생에게 감사함을 전한다.

| 엔젤리더 정신과 성취 스토리 |

　이 책에는 시너지 정신에 관한 모티브로 시작되어 엔젤리더 정신의 수평적인 리더십, 지식 창조자, 상생 나눔 실천가의 실천 마인드로 살아온 마흔일곱 살의 시절이 담겨있다.
　첫 번째 책을 집필하기까지 여성 독자 관점에서 이 책의 기초이며 연재해 온 마케팅 칼럼 검수를 도와준 아내 명숙, 감수를 맡아 준 구창환 소장, 운기창 박사, 멘토로 항상 조언을 주시는 이윤태 이사장과 참여 집필진으로 도움을 주신 분들 박정인, 남승관, 한재웅, 안혜원, 지병걸, 최재연, 박예지, 방준수 님께 감사한다.

| 마케팅 컨설케이션의 이정표 시너지 창출 |

　이 책을 엮기까지 참 많은 분이 마케팅 컨설케이션의 핵심 키워드이기도 한 동기부여, 스토리, 시너지 효과를 창출해주셨다.
　1단계: 마케팅 컨설케이션 현장에서 마케팅, 머천다이징, 브랜딩 관련 산업의 종사자 분들과 청강자들과 멘티들에게 받은 질문에 멘토가 답하는 형식으로, 마치 잡지에 글을 연재하듯 미래한국신문 마케팅 칼럼에 연재한 것을 모았다.
　2단계: 참여 집필진들과 독자의 관점으로 분류하고 수정·보완하고 제목 선정에서 추가 완성까지 진행하였다. 만다라트 차트 기법으로 책 출판 준비 필요키워드들을 중심으로 충분한 소통과 관점의 업그레이드를 통해 완성하였다.
　3단계: 참여 집필진들과 책 집필 및 독서 토론 모임을 함께 가지며 마케팅 현장과 실무에 공유, 응용, 창출하며 참여 집필진들의 책 쓰기 프로젝트를 지속해서 이어 갈 것이다.

| 책의 강점적 차별성 3가지 |

첫째, 마케팅 산업 직업군 진로 일자리 코칭에서 취업 성취까지의 수평적 소통 버전 프로세스를 이해하고 읽으면 책을 한 차원 높게 이해하며 응용할 수 있다.

수평적 소통 버전 1.0 – 코칭&멘토링(수평적, 일반적, 정적, 현실적)
수평적 소통 버전 2.0 – 교육 및 워크숍(수직적, 일반적, 정적, 현실적)
수평적 소통 버전 3.0 – 컨설팅, 퍼실리테이션(수직적, 전문적, 동적, 미래적)
수평적 소통 버전 4.0 – 컨설케이션(수평적, 전문적, 동적, 미래적)

둘째, 취업, 이직, 창업, 스타트 업, 창직가, 퍼스널 브랜드(PB)를 준비하는 분들이 마케팅 디렉터 관점의 실무 전문 지식의 키워드, 정의, 특징, 프로세스, 사례, 경험 및 필자의 주장형 이야기들과 소통하듯이 읽으면 더욱 시너지가 난다.

스토리 창출을 통해 3,000명 이상 성취시키며 코칭&멘토링, 교육 및 워크숍, 컨설팅, 컨설케이션 현장에서 질문받고 답하던 노하우를 엔젤리더 멘티(예비 마케터, 창업 준비자, 스타트 기업가, 머천다이저, 브랜드 매니저, 바이어, 마케터, 바이럴 마케터, 홍보·PR 실무 담당자)들이 묻고 멘토가 답하듯이 컨설케이션(컨설팅 교육) 방식으로 마케팅 칼럼을 쓰고 엮은 책이다.

셋째, 마케팅 산업 직업군, MD, BM, CM, 홍보·PR 실무자들을 위한 마케팅 디렉터 스킬 업의 노웨어, 노하우, 노웨이를 적용한 책이다.

| 청년 3,000명 이상과 함께한 나의 청춘 시절 |

　IMC [통합 마케팅 커뮤니케이션] 실무 역량 강화 차원에서 마케팅 실무·실전 이야기를 공유 및 응용, 창출할 수 있는 머천다이징, 마케팅, 브랜딩 지식과 마케팅 디렉터 역할(Role)의 실무 이야기들을 담은 책이다.

　필자에게 기업에서 기업 맞춤 교육 의뢰의 주요 교육 요청 범주는 마케팅 역량 강화, MD 역량 강화, 조직 혁신, 계층별 교육 진행 나아가 T.F.Team 전문교육까지 요청하는 경우가 많다. 필자가 항상 중요하게 생각하는 것은 마케팅 스킬이 아니라 마케팅 전략, 전술, 실행, 평가, 피드백을 해내는 마케팅 디렉터의 스킬 업을 가르친다. 또한, 멘토링, 코칭, 워크숍, 세미나, 특강, 나아가 필자만의 차별적인 선 질문에 답변을 모두하고 나머지 강의 진행을 하고 세미 워크숍을 진행하는 컨설케이션 과정까지 진행해왔다.

　마케팅 컨설케이션 현장에서 만난 수많은 전방위적인 클라이언트들과 마케팅 산업의 실무 전문가로 성장해주신 3,000명 이상의 모든 분과 꿈꾸고 도전하며 주도적으로 성취하며 프로패셔널이길 소망한다.

　주님의 축복되고 은혜로운 삶을 살기를 소망하는 딸 시안, 아들 서림에게도 감사합니다. 양석현CEO, 정종률CEO, 이원길CEO, 조무연 IT마스터, 유호연CEO, 석호길 부회장, 김창수 멘토님, 김근배 멘토님, 김명한 멘토님께도 감사를 전하며 마지막으로 칼럼을 쓰고 책 집필의 동기부여와 용기를 주신 세 분이 있다. 구창환 소장, 방은주 멘토님, 미래학자 토마스 프레이에게도 감사함을 전한다.

MIR마케팅혁신연구소
이준호 소장

| 격려사 |

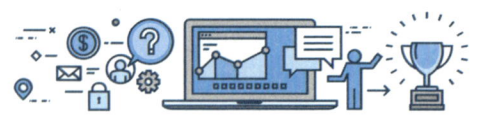

새로운 마케팅 역량 강화 교수법
『마케팅 컨설케이션』

  인터넷과 모바일이 만들어내는 디지털 세계는 검색과 클릭 몇 번으로 사람과 정보에 직접 연결할 수 있다. 직접 이야기 나누고, 다른 사람의 반응도 살핀다. 다양하게 얻어낸 브랜드에 대한 평판을 통해 제품이나 서비스를 선택하고 있다.

  게다가 인공지능과 로봇공학, 빅데이터와 클라우딩, 암호 화폐, 3D 프린팅과 블록체인, 공유 경제 등 주요 기술이 눈부시게 빠른 속도로 발전하며 세상을 변화시키고 있다.

  이러한 변화는 엄청난 기회이자 위기이기도 하다. 위기 속에서 새로운 기회를 만든 기업은 장래가 밝겠지만, 변화에 실패한 기업은 큰 타격을 입게 될 것이다.

  디지털 사회가 되면서 기존 마케팅의 패러다임을 바꿨다면, 『마케팅 컨설케이션』은 마케팅 교육의 패러다임을 바꾼다.

  성과 중심의 마케팅 역량을 보여주는 이준호 소장은 『마케팅 컨설케이션』을 통해 마케팅에 대한 새로운 접근 방식을 설명한다. 이 소장은 기업에 필요한 것은 마케팅 기술을 넘어 조직원들의 마케팅 역량이라는 것을 간파하고, 컨설팅과 에듀케이션을 결합한 모델을 만들어냈다.

  이준호 소장의 『마케팅 컨설케이션』은 지식과 정보만으로 책으로 만들어진 것이 아니라 실전적인 경험과 인사이트가 지식화되었다. 지식화된 경험을 공유하는 것이야말로 이준호 소장만이 할 수 있는 것이 아닌가 한다.

브랜드 평판 시대는 브랜드와 소비자 사이에 진정한 관계 구축이 필요하다. 브랜드와 소비자의 좋은 관계를 유지할수록 기업은 더욱 강력하고도 안정된 비즈니스를 구축할 수 있다. '브랜드는 어떻게 소비자와 좋은 관계를 구축할 수 있을까?'에 대한 고민이 늘어나고 있다.

또한 데이터를 분석하는 빅데이터 시대에서 한 단계 더 나아가 데이터를 통해 소비자들과의 좋은 관계를 만들어내는 디지털 평판 시대에서는, 기업은 마케팅 기술뿐만 아니라 조직원들의 마케팅 역량도 키워야 한다는 절박감도 급증했다.

책을 읽다가 보면 지식뿐만 아니라 컨설팅도 받는 경험을 하게 될 것이다. 나 또한 이준호 소장에게 비즈니스 성장에 도움을 많이 받았다.

이준호 소장의 『마케팅 컨설케이션』을 책으로 만날 수 있어서 누구보다도 기대가 컸다. 한국기업평판연구소가 브랜드 평판 분석을 시작하면서 이준호 소장의 마케팅 인사이트가 중요한 아이디어가 되기도 했다.

한국기업평판연구소
구창환 소장

| 추천사 |

　세대를 뛰어넘으며 '엔젤리더 꿈기부파티'를 함께 운영해오면서 꿈 공모전 진행과 엔젤리더 멘티들을 재능기부 멘토링을 통해 1만 명의 멘토와 코치들을 양성하고 10만 명의 엔젤리더 멘티들을 양성해가겠다는 포부를 나이 불혹(40)에 선포하고 실천해가는 전경에 진정성이 있는 저자와 참여 집필진들의 그 열정에 찬사를 보냅니다. 필자의 성실함과 추진력을 존중하며 스스로 고민거리나 비즈니스 진행 부분에서 멘토링을 항상 요청하고 소통하는 호의적인 태도를 한국의 청년들에게 추천합니다.

MIR 마케팅 혁신 연구소 / 김창수 이사장

　동서양 철학가들의 이야기를 경청해주고, 콘셉트의 중요성을 설파해주며, 필자의 마케팅 경영의 사상이나 이론 사례들을 마케팅 컨설팅과 교육 현장에서 잘 적용하고 있다는 소리를 들을 때마다 기분 좋은 것이 사실입니다. 이 책의 내용을 면밀히 보면 마케팅 전반의 이야기와 마케팅 산업의 핵심 키워드, 사례, 나아가 저자의 경험을 마치 교육 현장에서 강연하듯이 거침없이 써내려간 것을 예찬합니다. 저자의 실무 중심의 전문성이 묻어나는 고도화된 시너지 마케팅 컨설케이션(컨설팅+교육) 노하우의 마케팅 실무 이야기들을 응용, 창출에 적용하기를 추천합니다.

『끌리는 컨셉의 법칙』, 『끌리는 컨셉 만들기』 저자 / 김근배 교수

　사회에서 만나 20여 년을 곁에서 먼저 말로 선포하고는 그것을 항상 목표, 미션, 도전, 성취해가는 전경을 보며 귀감이 많이 되기도 합니다. 이 책에 담긴 70개의 질문과 70개 답변, 그 이상의 머천다이징, 마케팅 특히 브랜딩 실무 지식과 주장적인 이야기는 많은 부분에서 개인과 기업들 모두에게 많은 아이디어, 영감, 전문성을 선물해줄 것입니다. 저 개인이 아니라 대한민국 제품이 세계의 브랜드가 되기를 바랍니다.

대한민국 베스트 브랜드 협회 / 이윤태 이사장

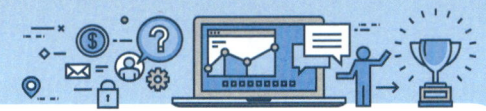

    이준호 소장은 취업과 이직을 준비하는 2030 세대와 대학생들에게 일자리, 진로, 취업, 창업에 관한 정보와 콘텐츠를 공유하고, 실전 취업 교육과 컨설팅을 지원하고 있는 국내 최고 전문가 중 한 사람이다. 특히, 취준생들이 도전하고자 하는 기업 분석부터 트렌드 워칭, 아이디어 제언 프레젠테이션, 면접 준비를 하는 데 있어 실질적인 도움이 되고 있다. 이번에 출간한 『마케팅 컨설케이션』은 저자가 취준생과 함께해온 16년 동안 실무, 현장 중심으로 수행한 컨설팅 사례를 중심으로 멘티들이 묻고 멘토가 답하는 형식을 통해 실전 마케팅 노하우를 체득할 수 있도록 구성하였다. 이 저서가 200만 취업 준비생의 실질적 지침서가 될 것으로 기대하며, 취업뽀개기와 함께 1만 명의 코치 양성과 10만 명의 엔젤리더 멘티 양성에 함께 뜨거운 찬사와 응원의 메시지를 보낸다

㈜취업뽀개기, 딱지, 캠퍼스코치잡 / 김기태 CEO

    한국의 중소기업과 스타트 업들은 항상 자금, 인력, 마케팅에서 열악한 상황에 놓여있음을 보게 된다. 특히 제품과 서비스를 출시하고 마케팅 실행을 할 때 실행의 디테일과 구체적인 아이디어가 너무 부족하다는 것을 느꼈다. 이 책은 마케팅 혁신 이론과 실무, 현장에서 구체적으로 사용할 수 있는 실천 전략들을 담고 있어서 중소기업 또는 마케팅 산업에 종사하는 실무자들에게 많은 도움이 될 것으로 기대된다.

신용보증기금 본부장 / 이인수 박사, 컨설턴트

90여만 명의 대학생들에게 '꿀팁'을 주고 종합적인 취업, 진로, 공모전 관련 정보 제공과 서포터즈 운영을 해오고 있는 아이캠펑의 관점에서조차 '마케팅 디렉터 Skill UP'을 취업을 준비하는 대학생들에게 필독으로 권합니다. 개념 정립도, 프로세스 정립도, 사례 벤치마킹도 실무·실전에서 응용하기에 우수한 것들이 많이 있습니다. 도움이 되길 바랍니다.

㈜아이캠펑 / 서지원 CEO

　4차산업의 시대 일자리 진로 코칭 산업은 한국 사회에서 필수 영역입니다. 창직 교육 센터 역시 창직가를 양성해가고 전국 청소년, 청년들 대상으로 교육과 코칭 사업을 전개해오고 있는 시점에서 자신의 전문 분야에 '마케팅 디렉터의 역할(Role)'로 재무장한다면 그 시너지 효과는 상당할 것으로 봅니다. 이 책의 인사이트적이고 아웃사이트적인 통찰을 통해 많은 영감 받으시길 추천합니다. 창직가 '시너지 플래너'이시기도 한 저자의 현장, 실무, 직관적인 감각과 아이디어를 수평적으로 주고받으며 소통하는 것이 유익함이 많아서 좋습니다.

창직 교육 센터 / 임한규 CEO

　1인 다역을 하면서 발품을 팔아가며 현장과 실무, 직무·직능들을 A부터 Z까지 나아가 각각에 1부터 120까지 해내려는 의지의 소유자인 듯싶다. 'Just Jesus(오직 예수)'라는 카피를 명함에 새겨가지고 다닐 정도로 신앙 중심의 삶을 살아가는 저자는 토요일이 자신에게는 월요일이라고 이야기할 정도로 부지런하고, 끈기 있고, 적극적으로 자신의 자주적인 일들을 개척해가는 분이기에 귀감이 된다.

㈜티엠커머스 / 박정인 티커머스 운영 총괄

　문화 마케팅 산업에도 조회가 깊은 저자의 실전 마케팅 솔루션을 담아낸 마케팅 컨설케이션의 책을 읽다 보면 마케팅 팀장이 팀원들에게 코칭하듯이 실무와 실전 중심의 마케팅 디렉터 관점에서 스킬 업을 시켜주는 내용입니다.
　문화 마케팅 산업의 트렌드와 마케팅 프로세스, 문화 마케터의 역할과 직무에 관한 실무 지식과 노하우를 직강 하는 패턴을 경험한 적이 있는데, 마치 강연장에서 직강을 뿜어내듯이 집필한 것이 인상적입니다.

　마케팅 산업에 종사하고자 하는 취준생, 이직자, 비전공자들에게도 이 책을 추천합니다. 마케팅을 아직 접해보지 못한 분들을 위해 핵심키워드와 제목, 마지막 부분에 요약정리와 5개의 해시태그 키워드들은 이 책을 읽고 정리까지 되는, 새로운 느낌의 책이어서 좋습니다.

㈜JTN미디어 이사 / 컬처마스터 서형래

　2019년은 대기업, 공기업, 공공기관들은 블라인드 면접과 NCS 시험과 맞물려 새로운 취업 준비의 트렌드가 형성되고 있는 시점에서 모든 기업의 화두는 지속 성장을 위한 우수한 인재 채용과 마케팅을 어떻게 하면 잘할 수 있을까에 대한 화두입니다.
　마케팅 산업에서 일관되게 마케터, MD, BM, CM, 기획자들을 실무 중심과 실전 마케팅 중심으로 교육과 미션 컨설팅을 하던 저자가 마치 잡지에 글을 연재하듯이 써내려간 성공하는 마케팅 디렉터 스킬 업 관점의 내용은 어렵다는 느낌이 들기도 하지만 마케팅 현장에서 실전 마케팅을 하시는 분들에게는 아이디어와 영감도 주는 책입니다. 중간중간에 소제목들이 놓여 있어 읽어가며 체득하기 좋은 책입니다.
　실전 마케팅 솔루션들을 공유하고 자신의 현 상황에서 응용하고 창출할 수 있는 가이드북 역할을 하는 책입니다. 3번쯤 읽어 본다면 그 내용이 마케팅 실전에 도움이 많이 되실 것이라 봅니다.

인사쟁이 / 김성규 CEO

  유통과 마케팅은 불가분의 관계입니다. 중소기업 제품들의 판로 개척을 돕고 컨설팅을 하다 보면 가장 큰 문제점이 제품의 판로 개척만 하면 매출 극대화가 저절로 되는 줄 알고 있는 것이 가장 큰 단점인데, 마케팅 컨설케이션의 내용 속에는 중소기업들이 판매 활성화 전에 어떻게 마케팅 전략을 짜고, 어떻게 실행 준비를 해야 하며, 어떻게 메이저 유통기업에 입점을 해서 매출을 이끌어 내야 하는지에 대한 노하우를 담아낸 것이 장점입니다.
  선 마케팅 실행 후 온라인 쇼핑몰 판매 및 오프라인 유통 판매의 프로세스를 이해한다면 제조사, 수입사, 유통 밴더 종사자들이 마케팅을 이해하고 적용함에있어 마케팅 컨설케이션은 실무적으로 마케팅 프로세스와 마케터의 역할들을 체계적으로 이해하는 데 큰 도움이 될 것입니다.
  제조사, 중소기업, 중견기업, 강소기업들의 유통과 마케팅 실무자분들께 이 책을 추천합니다.
  분명 유통 마케팅 전개 시 막혔던 부분이나 부족했던 부분들을 채워줄 것입니다.

영업유통경영포럼 / 조상민 시삽

  외국계 및 대기업들과 중견기업 대상 트렌드 분석과 활용, 브랜드 마케팅 교육 및 브랜드 전략, 브랜드 마케팅 컨설팅과 다양한 마케팅 전략•기획 툴의 구축, 브랜디드 콘텐츠 기획, 제작을 돕는 일까지 다방면의 일을 해오면서 저자가 강조하는 통합 마케팅 커뮤니케이션(IMC)과 마케팅 디렉터의 역할이 필요하다는 데 공감하기에 이 책은 현장 중심의 실전 마케팅 솔루션

을 제시하는 책입니다.

　취준생 예비 마케터부터 CEO까지 마케팅 실무 인사이트 서적으로 책상이나 가방에 항상 가지고 다니며 목차의 질문에 스스로 선행 답변을 한번 해보고 책의 본문을 읽어 내려간다면 군살 없이 개념, 키워드, 정의, 질문, 실무, 프로세스, 사례, 정리까지 도와주는 책입니다.
　이 책을 통해 많은 마케팅 혁신의 영감과 통찰력을 얻으시기를 추천합니다. 마지막으로 이 책 속 모든 질문에 대한 답변을 스스로 속한 기업과 제품, 서비스, 비즈니스, 신사업과 솔루션들에 적용해보시길 권합니다.

디지털무브 CEO 박현준 / 브랜드 마케팅 컨설턴트

　디지털 마케팅 분야에서 강의와 컨설팅을 하는 입장에서 책의 내용이 통합 마케팅 커뮤니케이션(IMC)과 디지털 마케팅 인사이트 관점에서 실무적인, 인사이트적인 내용이 많아 좋았습니다. 디지털 마케팅에서 가장 중요하다고 할 수 있는 콘텐츠와 스토리들을 어떤 기술을 융합하여 마케팅을 전개하는지가 중요한 부분인 디지털 트렌스포메이션에 관한 정립과 사례들이 있어 좋았습니다. 마케터, BM, MD, 기획자 분야가 직업인 꿈인 분들에게 추천합니다.

더웨이컨설팅 CEO / 한석영 디지털 마케팅 컨설턴트

CONTENTS

마케팅 is

"멘티가 묻고 멘토가 답하다."

서문

04　　엔젤리더 정신
　　　- 왜 '마케팅 컨설케이션'을 실천해야 하는가?

08　**격려사**
　　　-새로운 마케팅 역량 강화 교수법 - 마케팅 컨설케이션
　　　　　　　　　　　　　　한국 기업평판연구소 구창환 소장

10　**추천사**

27　Q01 고객을 세분화하라고 하는데, 방법을 모르겠어요.
　　　구체적인 방법이 궁금해요.

32　Q02 소셜 네트워크는 마케팅 수단 1순위로 자리매김하고 있습니다.
　　　특히 어떤 채널이 중요하다고 생각하시나요?

37　Q03 원하는 타깃의 고객을 선점하려고 기업들은 온갖 방법을
　　　도입하는데, 혹시 효율적인 툴이나 방법이 있는지 조언 구합니다.

43　Q04 유통 채널에서는 가격 경쟁이 너무 많아서 관리가 어려운데,
　　　다른 방법이 있나요?

48　Q05 소비자 구매 활동과 브랜드의 매출에 가장 많은 영향력을 끼치는
　　　것은 무엇일까요?

53	Q06	의료 서비스 산업 부문의 경쟁이 치열한 것 같습니다. 차별화를 위해 필요한 것은 어떤 것이 있을까요?
59	Q07	모바일 시장이 대세인데 모바일 시장점유율을 크게 높일 만한 방법이 있을까요?
65	Q08	저는 특별히 고객이 기업인 경우가 있습니다. 이런 경우는 어떤 마케팅을 구사해야 할까요?
72	Q09	기존 마케팅으로는 이제 고객들을 사로잡기 힘들어졌는데요. 현재 효과적인 마케팅 방법은 무엇일까요?
76	Q10	히트 상품을 만들고 브랜드를 구축하기 위해 필요한 전략은 무엇일까요?

고객과 마켓

83   **Q11**   한국 업체들이 해외를 향한 판매 확대에 주목하고 있는데, 어떤 방식의 마케팅이 필요할까요?

87   **Q12**   마케팅에서 제일 중요한 것은 고객인데, 현재 고객 중 제일 중요한 타깃은 누구라고 생각하시나요?

91   **Q13**   이제는 남성들도 마케팅 고객군으로 타깃을 많이 하고 있습니다. 남성 타깃으로 어떤 전략을 세워야 할까요?

97   **Q14**   타깃을 설정하는 것이 쉽지 않습니다. 어떤 방법으로 타깃을 설정하고, 신규 시장은 어떤 것이 있을까요?

102   **Q15**   업체 중 어느 정도 고객군이 형성된 기업의 경우 많은 고객 수로 그만큼 많은 고객 니즈가 생기는데요. 그것들을 다 파악할 방법에는 무엇이 있을까요?

107   **Q16**   제품 자체만이 아니라 그와 연결해주는 어떤 것이 융합되는 시대인데요. 미래에 각광받을 만한 마케팅이 무엇이 있을까요?

113   **Q17**   대한민국은 지금 1인 시대라고 하는데, 이런 시대에 어떤 전략으로 진행해야 성공적인 마케팅을 진행할 수 있을까요?

118   **Q18**   마케팅에서 틈새시장을 찾으라는 이야기를 많이 합니다. 틈새시장은 새로운 시장을 의미하는 것인가요?

123   **Q19**   요새는 수많은 광고가 우리를 뒤덮고 있는데요. 이런 광고 중에서 살아남을 요령이 있다면?

129   **Q20**   기업 경영 시 새로운 시장을 발견하고, 그 시장을 선점하는 방법이 궁금합니다.

마케팅 디렉터

136   Q21 현재 대한민국의 청년 취업률이 점점 떨어지고 있습니다.
            청년들에게 조언해주실 수 있으신지?

141   Q22 CMO라는 마케팅 최고 경영자를 목표로 하는 마케터들이
            많습니다. 이런 CMO에게 필요한 자질은 무엇일까요?

146   Q23 AI 시대에 마케터들은 어떤 생각과 전략을 구사해야 할까요?

151   Q24 마케팅 디렉터는 시장에 뒤처지지 않기 위해서
            어떤 요소를 꾸준히 발전시켜야 할까요?

157   Q25 계획의 중요성을 강조하셨는데, 특별한 계획 방식이 있으신지요?

163   Q26 기획자를 꿈꾸는 저는 창의적인 무언가를 만들어 내는 것에
            열정이 있습니다. 이런 제가 어떤 마케팅을 창출해가야 하는지
            조언 부탁드립니다.

168   Q27 마케팅 디렉터에 대해 이야기를 많이 하셨는데
            마케팅 디렉터는 어떤 방식의 마케팅을 진행하는 걸까요?

174   Q28 마케터에게 세일즈 능력은 어떤 것인가요?
            그 상관관계를 말씀해주실 수 있는지요?

181   Q29 마케터에게 요구하는 많은 업무 중에서 '필수 업무는
            어떤 것이다!'라고 정의할 만한 것이 있을까요?

188   Q30 전 세계적으로 AI 시대가 도래하고 있습니다. 마케터들은
            이 시대에 어떤 생각을 하고 어떻게 적응을 해야 할까요?

전략

194　**Q31** 제품 판매에서 고객이 자사 제품에 흥미를 가지게 하기 위해선 어떤 계획이 필요할까요?

200　**Q32** 제품을 기획하고자 하는데 어떤 요소를 고려해야 시장에서 히트하는 제품을 만들 수 있을까요?

206　**Q33** 이미 레드오션에 있는 카테고리에서 신상품을 내기는 정말 쉽지 않습니다. 기존 시장에서 신상품이 히트하게끔 만드는 요소가 있을까요?

211　**Q34** 신제품을 내놓고 고객들에게 어필하기 위해 기업들은 부단한 노력을 하고 있습니다. 신제품을 BCG 매트릭스에서 이야기하는 Star 제품으로 만들려면 어떤 것이 필요할까요.

216　**Q35** 소비자들은 때때로 배움과 느낌으로 제품을 구매합니다. 그런 이유가 무엇인지 궁금합니다

222　**Q36** 트렌드를 명확하게 알기 위해서 시장조사가 중요하다고 하셨는데, 명확한 트렌드를 알기 위한 전략은 어떻게 진행해야 할까요?

229　**Q37** 프로모션을 진행하는데 비효율적인 것이 너무 많아요. 유통에서 효과적인 프로모션이 될 만한 것이 있을까요?

234　**Q38** 회사에서 제품의 브랜드를 인지시키려고 애쓰고 있습니다. 브랜드를 구축하는 데 있어 중요한 요소는 무엇인가요?

240　**Q39** 신규고객을 유치하기 위해서 마케터로서 어떤 전략을 진행하고 운영해야 할까요?

마케팅 Tool

247   Q40 전략을 구상할 때 포지셔닝에 대해 많이 언급됩니다.
            포지셔닝을 설명하자면 구체적으로 어떤 것일까요?

254   Q41 기업들이 인스타그램으로 마케팅을 많이 하는데요.
            고객과 효율적으로 소통하는 방법이 따로 있을까요?

260   Q42 고객들이 제품을 구매만 하는 것이 아니라 소통하는 방법이
            궁금합니다.

266   Q43 소셜 네트워크 중에서도 'Youtube'가 폭발적인 인기입니다.
            이를 이용한 마케팅이 있는지 궁금합니다.

272   Q44 연예인을 광고 모델로 섭외하는 것이 브랜드 이미지와 인지도
            상승에 얼마나 영향력이 있을까요?

277   Q45 이제 막 신제품이나 스타트 업의 경우에는 빠르고 효과적인
            마케팅이 필수인데요. 그런 마케팅이 있을까요?

283   Q46 대중들이 원하는 브랜드를 만들고 싶은데,
            넓은 타깃층에 어필할 마케팅이 있을까요?

288   Q47 중소기업들의 브랜드는 론칭에도 정말 많은 준비를 해야 하는데
            추천하는 마케팅 전략이 있으신가요?

294   Q48 마케팅도 종류가 이제 셀 수 없이 많아졌습니다.
            다양한 마케팅에서 차별화될 수 있는 마케팅이 있을까요?

299   Q49 소비자들이 일부 브랜드 관련해서는 자연스럽게 기억하는데
            그 이유가 무얼까요?

305   Q50 4차 산업혁명이 오고 있다는 이야기를 많이 합니다.
            이에 대비하는 방법이 있는지 제언해주실 수 있을까요?

마켓 비즈니스

310　**Q51** 비즈니스에서 가장 중요한 요소는 무엇이라고 생각하십니까?

316　**Q52** 중소기업에서 흔히 IMC 전략을 많이 구사하고 있는데요. 명확한 IMC 전략을 진행하는 업체는 많지가 않습니다. 정부의 정책이나 관련 내용에 대한 것을 접할 수 있는 곳이 있는지, 그리고 내부에서는 어떤 것을 해야 하는지 궁금합니다.

321　**Q53** 매출을 크게 기록하며 지속 성장하는 기업들이 있는데, 어떤 특징들이 있나요?

326　**Q54** 브랜드를 운영하는 비즈니스적 입장에서 봤을 때, 브랜드 어필의 한계가 좀 올 때가 있다고 봅니다. 이를 헤쳐나갈 방법이 있는지 궁금합니다.

333　**Q55** 마케팅을 운영할 때 핵심 정책이 잘 정립되지 않았는데 참고 자료 또는 꼭 알아야 하는 내용이 있을까요?

338　**Q56** 마케팅을 진행하다 보면 전략을 세우는 과정이 있습니다. 이 전략은 왜 중요한 것인가요?

344　**Q57.** 경제 정체와 침체가 계속되는 상황에서 기업들이 고전을 면치 못하고 있습니다. 이에 대해 탈출구가 있다면 어떤 것인지 궁금합니다.

350　**Q58** 어느 정도 실무를 하다 보면 큰 비즈니스 모델을 생각해야 하는 난관이 오게 됩니다. 비즈니스를 잘 구축하는 방법은 어떤 것이 있을까요?

355 Q59. 명품 브랜드는 Long-run 하는 주기적 성장이 있습니다.
이런 주기적인 성장을 위해 어떤 활동이 진행되어야 할까요?

361 Q60 현 사업에서 기업들이 본받을 만한 마케팅이나 귀감이 된
비즈니스 방법을 추천하신다면?

컨설턴트

368   Q61 제품을 판매하면서 제일 고민이 되는 것이 채널 관리인데요.
유통 채널 마케터들에게 조언해주실 것이 있으신지요.

374   Q62 최근 맛집에 대한 사람들의 관심이 쏠리고 있습니다.
음식점 창업에 대해서 조언해주실 것이 있을까요?

381   Q63 외식업 점주나 대표들도 마케팅이 필수 조건일까요?

388   Q64 여러 제품이 있지만, 소비자들은 농수산물 브랜드에 대해서는
크게 차별화를 느끼거나 브랜드의 인지를 하지 못하고 있습니다.
이에 대한 어떤 생각이 있으신지요?

394   Q65 한국 커피 시장에서의 현시점과 어떤 마케팅이 진행되고 있으며,
기존 커피 사업에 제언이 있으신지?

400   Q66 다양한 플랫폼을 통해 제품과 서비스가 제공되는 요즘 시장을
어떻게 해석하면 좋을까요?

405   Q67 마케터들의 최대 고민은 기존과 다른 새로운 것을 만드는 것인데요.
이에 대해서 조언해 주실 수 있는지 부탁합니다.

410   Q68 브랜드를 구축하고 그것을 어필하기 위해서는 고객에게
어떤 것을 전달해야 할까요?

416   Q69 마케터로서 꾸준히 성장하고 존립할 기업을 만들기 위해서는
어떤 마음가짐이 필요한지 궁금합니다.

422   Q70 새로운 아이디어와 제품으로 스타트를 하고자 하는 기업들이
늘고 있습니다. 그들이 성공하는 데 필요한 요소는 무엇일까요?

기타

Synergy Interview

428   Synergy Interview 1
         IMC 마케팅 컨설케이터 이준호 소장

440   Synergy Interview 2
         이준호 소장의 미래학자 '토마스 프레이'를 인터뷰하다.

445   Synergy Interview 3
         창직가 시너지 플래너 이준호 소장 인터뷰

집필진 소개

448   한재웅 / Brand Manger
449   윤기창 / CEO, ㈜한국퍼스널브랜딩연구소 소장 / CSR, 경영학 박사
450   박정인 / CMD
451   안혜원 / Brand Manager
452   남승관 / Marketing Manager
453   지병걸 / HRD Specialist
454   최재연 / Purple Artist
456   박예지 / Personal Skin care Manger
457   방준수 / Merchandiser(MD)

458   **엔젤리더 정신 실천하기 (thanks to)**
462   **MIR 마케팅 혁신 연구소에 관하여**
468   **Proverbs**
472   **참고문헌**

I. 마케팅 is

"마케팅의 목적은 소비자들의 충족되지 못한 욕구를 발견하고, 그것을 충족시킬 방법을 마련하여 판매를 불필요하게 하는 것이다. 고객을 창조하는 두 가지 기능은 마케팅과 혁신뿐 이다."

Peter Drucker

1. A 마케팅

[01] 세그먼테이션, 고객 세분화 그 안에 마케팅전략이 숨어 있다.

Q01 고객을 세분화하라고 하는데, 방법을 모르겠어요. 구체적인 방법이 궁금해요.

사람들의 성향을 심리학적으로 분류하는 유형을 보면 MBTI는 16가지, 에니어그램은 9가지, 혈액형은 4가지~6가지(AO, BO 포함) 유형으로, 필립 코틀러는 프로슈머 관점에서 활성자, 탐색자, 창직자, 개발자, 집행자, 중개자 등의 6가지 유형으로 분류한다.

이 모든 인물 유형들을 적절히 잘 혼용하여 영업이나 판매에 활용하고 있는 똑똑한 사람들도 있지만, 아직 마케팅 시스템에 이런 심리 분석 기법을 응용 적용하는 사례는 없다. 물론 이런 것을 과학적으로 활용한다면 빅데이터 분석에서 접근하지 못하는 또 다른 대안들이 나오기 시작할 것이다. 필자는 20년째 상담, 코칭, 멘토링, 컨설팅, 컨설케이션들을 진행할 때 MBTI나 6가지 기준의 혈액형을 믹스하여 64가지 경우의 인물 유형을 직관적으로 체득하여 고객들과의 관계에서 응용해오고 있다. 이는 고객들을 더욱 깊은 관심과 친밀한 관점에서 리드 앤 리딩할 수 있는 강점이 있다.

결론부터 말한 위의 고객 성향 분석 차원들의 공통되는 세그먼테이션은 통상 4가지로 분류, 해석하는 것 외에 '숨어 있는 마케팅 전략들을 도출하고 조직원들에게 공유하여 일관된 고객 메시지들을 전달'할 수 있다.

고객 세분화는 고객을 올바르게 구분하고 분류하는 데서 시작된다. 이 커스터머 세그먼테이션에 따라 신제품의 포지셔닝, 가격 책정 그리고 가치 제안 방식이 달라진다.

고객 세분화를 위해서는 시장 규모, 시장 성장률, 인구 분포, 고객의 니즈, 경쟁 상품, 구매 성향, 고객의 심리 등을 알아야 한다.

■ 네 가지 유형으로 고객을 세분화시켜 마케팅 전략을 짜라

고객을 네 가지 유형으로 범주화하여 고객 분석을 하고 고객들의 정의를 내리고 마케팅 전략을 세워가는 방식은 모든 기업에게 적합하고 간단하면서도 인사이트의 시작이라고 할 수 있다.

이처럼 고객들을 분류하고 범주화시키는 것은 마케터, MD(상품 기획자, 머천다이저), BM(브랜드 매니저), CM(카테고리 매니저), 영업 사원, 세일즈맨, 나아가 홈쇼핑 PD나 쇼호스트, 장사하는 사람들까지 기본적으로 알아야 하는 영역이다. 필자는 두 가지 측면으로 지혜로운 고객과 충동적인 고객, 충성 고객과 방랑고객 등으로 4가지 경우의 고객 유형에 따라 각종 기획, 전략, 프로모션 등에 응용한다.

■ 구매고객의 세분화

✅ **지혜로우면서 충성 고객**(스마트 슈머, 재구매 고객군): 브랜드가 있는 큰 기업들이다. 이 기업들은 고객에게 판매하는 품목과 협상 방식을 잘 알고 있다. 판매 규모가 큰 반면 판매 이윤은 적다.

✅ **충동적이면서 충성 고객**(스타 슈머, 입소문 고객군): 이 고객 유형들은 판매 수량을 늘리며 매출을 올릴 경우 총수입은 적을 수 있지만, 이윤은 비교적 높다. 이러한 고객들은 판매자의 조언, 기술 지원, 기타 서비스 지원에 의존도가 높으며 이에 따른 비용까지도 기꺼이 낸다.

✅ **지혜로우면서 방랑 고객**(어드바이저 슈머, 조언 고객군): 마케터나 MD에게는 위험한 존재다. 이러한 고객을 상대로 매출을 올리려면 낮은 이윤과 어려운 의사 결정 과정, 대금 결제 지연, 직원의 감정이나 체력 소모 등을 감수해야 한다. 하지만 이런 고객들에게 신뢰를 얻게 된다면 입소문을

내는 충성 고객으로 전향될 수 있는 가치 고객군이다.

✅ 충동적이면서 방랑 고객(블랙 슈머, 체리 피커 고객군): 체리 피커는 자신의 실속만 차리는 소비자를 뜻한다. 이런 고객들은 피해야 할 고객들이다. 은행이나 홈쇼핑, 인터넷 쇼핑몰 등에서 반품을 자주 하는 고객들로 유통사들의 블랙리스트이기도 하다. 이런 고객은 제대로 평가하지 못하고, 판매자를 존중하지 않음은 물론 당신을 전적으로 신뢰하지 않는다. 오히려 매출이 일어나기보다는 손실이 일어난다. 반품에 드는 비용과 직원들의 감정 소비, 체력 소모가 가장 심하며, 경계 대상이다.

■ 비고객 3개의 계층 세분화

✅ 첫 번째 계층: 곧 비고객이 될 사람들은 당신 비즈니스의 가장자리에 있으면서 이탈할 순간을 기다리고 있다. 이 구매 고객들은 자신이 원해서가 아니라 이용할 수밖에 없는 상황 때문에 당신의 비즈니스 제품, 서비스를 이용한다. 경쟁사의 대안이 탁월하다면 바로 경쟁사로 이탈한다.

✅ 두 번째 계층: 구매를 거부하는 비고객들은 당신의 비즈니스를 고려했으나 의식적으로 채택하지 않기로 한다. 다른 산업의 제품, 서비스가 고객들의 요구를 더 잘 충족시켜주기 때문에 이동한다.

✅ 세 번째 계층: 아직 개척되지 않은 비고객들은 언뜻 보기에 멀리 떨어진 시장에 있다. 전혀 개척되지 않은 비고객은 산업의 참여자들이 잠재 고객 또는 목표 고객으로 고려한 적이 없는 이들이다.

이처럼 비고객의 세 가지 계층을 김위찬 교수의 『블루오션 시프트』에서 정의하고 있다. 비고객의 경우의 수를 체계적인 프레임워크를 통해 고객 세분화를 선행하고 마케팅 전략과 전술을 실행하며 지속적인 고객의 패러다임들을 모니터링하고 피드백하는 일들은 CEO부터 막내 직원들까지, 전 조직원들이 관심을 가지고 소통을 해가야 하는 인간적이고 친절하며 친밀한 영역이다.

▌"고객은 왕이며 항상 옳다." 이제 이 말은 틀렸다.

세상의 고객 일부는 블랙슈머가 될 수 있다. 블랙슈머들은 기업 고객에 별 도움이 되지 않는다. 블랙슈머를 상대하느라 수고하고, 시간과 직원들의 감정, 체력을 투자할 필요가 없다. 홈쇼핑이나 인터넷 쇼핑몰과 같이 ERP와 연동되고 콜센터가 있는 유통 기업들에서는 빅데이터 마이닝을 통해 이런 블랙슈머들을 고객 블랙리스트로 정하고 활용하여 그 효율성과 효과성을 증대하고 있다.

"모든 고객이 왕은 아니다." 고객들은 다양한 경제적 계층과 성향적 특성, 복잡한 의사 결정 구조를 가지고 구매와 반품을 반복하기에 우수하고 충성스러운 고객을 잘 발견하고 분류하며, 과학적으로 목적에 맞는 타깃 맞춤 마케팅을 전개하기 위한 구매 고객과 비고객군에 각각 맞는 마케팅 혁신을 실행해 가야 한다.

"고객이 항상 옳은 것은 아니다." 충성 고객군은 약속을 잘 지키며 기업에 대해 긍정적인 소문을 퍼뜨리며 다른 사람에게 그 기업을 추천하기도 한다. 충성 고객은 고집이 셀 수도 있고, 힘든 서비스를 요구할 수도 있고, 참을성이 없을 수도 있다. 또한, 도전적일 수도 있다. 충성 고객은 변덕스럽거나 답답할 수 있으며, 요구 사항이 너무 많을 수도 있고, 가난하거나 집요할 수도 있다. 그러나 훌륭한 고객, 즉 괜찮은 충성 고객이라면 그런 단점들은 중요하지 않다. 왜냐면 충성 고객들은 그만큼 상대할 가치가 있고, "가치는 수치다."라는 명제 앞에서 늘 유효하기 때문이다.

MBTI, 에니어그램, 혈액형 프로슈머 관점의 6가지 유형 등 여러 종류의 세그먼테이션이 가능하다. 그중 고객을 크게 구매 고객(지혜로우면서 충성 고객, 충동적이면서 충성 고객, 지혜로우면서 방랑 고객, 충동적이면서 방랑 고객) 4개, 비구매 고객 3개의 계층으로 나누어 설명한다. 기업에 필요 없는 고객은 과감하게 버리고 타깃 고객에 집중하는 전략이 세그먼테이션이다.

#세그먼테이션 #고객은왕이아니다
#4가지패턴의구매고객 #고객분류 #타깃고객집중전략

2. A 마케팅

[02] 인스타그램 마케팅, 2030 여성 대상 신제품 론칭,
   인스타그램 마케팅 필수

Q02 소셜 네트워크는 마케팅 수단 1순위로 자리매김하고 있습니다. 특히 어떤 채널이 중요하다고 생각하시나요?

인스타그램은 2018년 모바일 마케팅 트렌드 1순위이며, 스마트폰의 대중화에 맞물려 최적화가 되어 가고 있다. 2030 여성을 주 타깃으로 하는 화장품, 이미용, 뷰티 산업은 인스타그램 마케팅이 1단계 마케팅 툴이며 필수가 되어 가고 있다.

인스타그램은 페이스북과 달리 사진과 동영상 중심의, 이미지 커뮤니케이션 중심의 마케팅 툴로 단시간에 그 위상을 높이고 있다.

모바일 중심 플랫폼의 주 특징은 메뉴의 생략과 위치 정보의 선택, '원 페이지 제안' 형태의, 내림차순 콘텐츠 보관 기능의 강점을 살리고 있다.

▌왜 인스타그램인가?

미국 기업의 70% 인스타그램 사용 중, ▶ 해시태그의 70%가 브랜드, ▶ 이용자 80% 이상 1개 이상의 브랜드 팔로우 중 위치를 알려 주는 게시물이 79%로 높은 참여율, ▶ 동영상보다 사진이 36%로 더 많은 참여율, ▶ 가장 호응이 좋은 인스타그램 게시물 중 65%가 제품 게시물, ▶ 얼굴과 함께 나오는 사진은 38% 더 많이 '좋아요'를 누른다고 한다.

특히, 젊은 여성은 인스타그램이 1순위이고 다음이 페이스북, 블로그의 순으로 이용자가 높으며, 아름다움을 주제로 신제품 마케팅을 하는 산업에서는 인스타그램이 최적화되어 있다.

▎모바일 시대는 '스토리 이미지 커뮤니케이션' 시대

인스타그램 마케팅에서 가장 중요한 것은 한 장의 콘셉트화된 시선과 스크롤을 멈추게 하는 이미지 한 장이다. 한 장의 이미지가 기업 브랜드, 제품 브랜드, 개인 브랜드, 이벤트 이미지, 광고 이미지, 카드 뉴스 이미지 등으로 고도의 커뮤니케이션 속성을 내포하며 빠르게 공유 전달되며 전이되고 있다.

페이스북은 전 세계 네트워크가 연결되지만, 돈을 쓰지 않으면 정보 도달률이 내 인맥의 4%~17%로 오히려 "우물 안에 개구리", '타인도취'로 길든 생활을 하게 된다.

브랜드 마케팅을 하는 입장에서 페이스북의 광고는 마케팅 예산과 주타깃에 걸맞은 콘셉트과 콘텐츠들을 철저히 준비하여 실무 전문가들에게 맡기는 것이 가장 효과적인 방법이다. 하지만 인스타그램 같은 경우 만약 네일 아트 샵의 네일 아티스트라면 내방 고객들의 진행 사례들을 자신의 인스타그램이 직접 올려가는 것만으로도 그 효과는 최상이다. 고객들과 이웃 추가를 통해 팔로우를 공유하는 디테일한 습관만으로도 지역 중심의 미용 산업 마케팅에는 충분히 SNS 마케팅 효과를 노릴 수 있다.

▎마케팅 목적에 따라 차등 있게 인스타그램 전개 필요

인스타그램 마케팅 툴 사용 목적이 ▶ 댓글을 달게 하려는 것인지, ▶ '좋아요' 수를 받으려고 하는 것인지, ▶ 공유가 목적인지, ▶ 찾아오게 하는 것이 목적인지 분명해야 한다. 그 다음이 사진, 영상, 글 순으로 이어지는 것이 사실이다. 무엇보다도 인스타그램은 사진을 올리는 비율이 동영상을 올리는 비율보다 높기 때문에 고객을 응대할 때, 사전에 허락을 받고, 촬영을 진행하면서 사례로 올리는 습관만으로도 인스타그램의 효과는 상당히 크다.

인스타그램 자체 '포스트 그리드' 안에서 통계적 수치가 실시간으로 나와 똑같은 이벤트를 진행하더라도 사진 속 인물의 영향력 변화, 이미지 변화, 레이아웃의 변화, 헤드 카피의 변화, 기간의 변화, 이벤트 경품, 사은품의 변화, 진행 시간의 변화만으로도 같은 주제 이벤트라도 2~3회차 다르게 진행할 수 있고 아래처럼 각각의 통계 정보를 실시간으로 볼 수 있는 것이 장점이다.

- ✅ 노출 수: 게시물의 조회 수
- ✅ 도달: 회원님의 게시물을 본 고유 계정 수
- ✅ 참여: '좋아요'를 눌렀거나 댓글을 남긴 고유 계정 수

한때 스타벅스 커피를 들고 다니는 문화처럼 지하철에서 인스타그램을 보는 풍경 낯설지 않다.

"고기를 잡으려면 고기들이 있는 곳으로 가서 고기를 잡아라."라고 한 현인들의 지혜처럼 2030 세대, 나아가 10대 후반의 여성들은 인스타그램 생활 기록이 트렌드고 라이프 스타일이며, 무엇을 보고, 먹고, 바르고, 입는지에 대한 일기장 같은 필수품이 되었다.

블로그나 페이스북처럼 지능적으로 이것이 광고인지 아닌지를 마케터 입장에서 머리를 쓰지 않아도 된다. 실시간으로 자신의 위치를 색인하면서 그냥 사실을 표현하기 때문에 오프라인 매장 중심의 마케팅을 하는 산업에서 가장 기본적으로 활용하면 좋을 마케팅 툴로 자리매김 되었다.

▌비영리 단체 한국 모델 협회 인스타그램 가장 핫한 사례

한국 모델 협회는 비영리 단체이지만 협회 회원들의 활동 사진을 올리며, 5만여 명의 팔로우들에게 한국의 모델들의 패션 스타일, 메이크업 스타일, 네일 아트 스타일, 반영구 스타일, 헤어 스타일, 음식 문화 스타일, 여행 스타일 등 한국의 젊은 여성들의 마니아적인 트렌드의 온상지로 각광받고 있다. 특히, 아시아 모델 페스티벌 인스타그램은 140만 명의 팔로우를

자랑하는 페이스북과의 연동으로 한국 여성들의 뷰티 트렌드를 선도 하고 있다. 이처럼 인스타그램 마케팅은 2019년 현존하는 마케팅 트렌드를 넘어 가장 기본적으로 사용하고 있는 마케팅 툴이다.

해시태그 안에 '브랜드 창출과 성과 창출, 두 마리 토끼'가 다 있는 인스타그램이 대세

해시태그 마케팅이 가장 중요하다. 모든 인스타그램 콘텐츠 등록에 브랜드명의 해시태그를 달아라.

해시태그, 이미지(사진, 광고, 카드 뉴스, 동영상)콘텐츠, 위치 정보를 공유해주는 고객들에게 서비스를 주는 점포 운영 정책을 세우고 실행하는 기업들은 이미 그 효과를 톡톡히 보고 있다. 지금 시작하자. 그것이 중요하다.

결론적으로 말을 하면 최근 방문했던 여행지나 인기 레스토랑, 패션 트렌드를 찾아볼 때, 사람들은 그 브랜드와 소통하고 싶어한다. 『포브스(Forbes)』와 『엘리트 데일리(Elite Daily)』의 공동 조사에 따르면, 밀레니엄 세대의 62%는 "소셜 미디어상에서 특정 브랜드와 소통 후 해당 브랜드에 충성도를 가질 확률이 높아질 것이다."라고 답했다. 이는 소셜 플랫폼에서의 소통이 직접적인 판매 증진으로 이어질 수 있음을 의미한다.

2019년에는 브랜드들이 소셜 미디어상에서의 소통을 판매로 직결시키면서 소셜 미디어가 상거래의 중요한 요소로 자리 잡을 것이다.

'성과창출의 마케팅 툴이냐 아니면 브랜드를 만들어 가는 마케팅 툴이냐?'라고 봤을 때 아직은 후자에 가깝지만 젊은 여성들은 인스타그램의 입소문에 따라 발길을 돌리고 열광해가고 있다. 시사하는 바가 크다.

현시대 모바일은 사람들에게 필수인 공간이 되었다. 그 세계관에서 인스타그램은 특히나 기업을 어필하기에 적합한 창구로 활용되는데, 소셜 네트워크의 힘으로 고객들을 사로잡아 브랜드와 성과 창출을 이룩하는 마케팅 전략을 구축해야 한다. 인스타그램에 고객들이 올 수 있도록 브랜드를 소셜화해라!

#인스타마케팅 #모바일마케팅 #해시태그
#소셜 네트워크의힘 #성과창출과브랜드창출

3. A 마케팅

[03] 브랜디드 콘텐츠 마케팅, 목적 고객에게 원하는 메시지 파고들어 시너지 효과 커

Q03 원하는 타깃의 고객을 선점하려고 기업들은 온갖 방법을 도입하는데, 혹시 효율적인 툴이나 방법이 있는지 조언 구합니다.

모바일 동영상 콘텐츠들을 시청하는 네티즌들이 늘면서 신조어들도 많이 나오고 있다. 유튜브, 팟캐스트, 아프리카TV 속 크리에이터들의 인기와 크리에이터들의 MCN 채널 속에서 브랜디드 콘텐츠 속 광고 효과도 상당히 크다. 고객이 자발적으로 선택하고 공유하는 소셜 네트워크의 위력에 그 파급속도가 부합되어 시너지 효과 또한 크다.

▎'브랜디드 콘텐츠(Branded Contents)'는 모바일 채널 시대 안성맞춤 마케팅 툴

브랜디드 콘텐츠란 기업의 브랜딩을 콘텐츠에 입혀 목적 고객에게 다가가는 것이다. 한 가지 브랜디드 콘텐츠가 그저 광고가 아닌 콘텐츠가 되려면 '타깃 선정'이 중요하다.

이니스프리 마이쿠션 영상은 목적 고객에 부합하는 타깃을 선정하여 브랜디드 콘텐츠 마케팅을 공략한 대표적인 사례다. 2025 세대의 여성을 관찰 조사해 현재 대학생들의 월 평균 용돈 소득은 30~40만 원 수준이고, 그중 미용에 쓸 수 있는 돈은 평균 4~5만 원 전후라는 것을 발견하고 타깃으로 선정했기 때문이다.

브랜디드 콘텐츠 제작에 따른 상황분석은 어디에서부터, 무엇을 고려하며 시작해야 할까?

- ✅ 첫째, 브랜드의 정체성과 관련된 소비자의 보편적 상식과 시각에 기반을 둔 관점으로 제작한다.
- ✅ 둘째, '왜 동영상 PPL(Product Placement) 기법의 브랜디드 콘텐츠이어야 하는가?' 하는 문제의식을 가지고 제작한다.
- ✅ 셋째, 측정 가능한 모바일 플랫폼 기반의 브랜디드 콘텐츠를 제작한다.
- ✅ 넷째, 'If 기법(만약 ~한다면)'이라는 조건에 기반을 둔 상태에서 질문하고, 수시로 선순환 구조에서 재조명하고 확인하는 접근 방식의 제작이 필요하다.
- ✅ 다섯째, 브랜디드 콘텐츠 마케팅에서는 콘텐츠와 광고의 비율을 80:20 정도 비율로 잘 조정하여 자연스럽게 녹일 때 효과가 크다.

▍상품 브랜드의 PLC 주기에 따른 브랜디드 콘텐츠 제작의 주안점

현재 브랜디드 콘텐츠 마케팅을 진행하려는 제품 브랜드의 '제품 수명 주기(PLC)'를 진단하고, 그에 부합하는 콘셉트로 광고의 목표에 부합하도록 조합하여 만드는 것이 좋다.

- ✅ 도입기(이노베이터형 고객 타깃 목표): 인지도 제고
- ✅ 성장기(얼리 어댑터형 고객 타깃 목표): 선호도 제고, 구매 의도 제고
- ✅ 성장기(얼리 머저리티형 고객 타깃 목표): 차별화 생성, 유지, 제고, 구매 의도 상승화
- ✅ 성숙기(레이트 머저리티형 고객 타깃 목표): 브랜드 충성도 유지, 제고, 구매 의도 최대화

✅ **쇠퇴기**(레거드형 고객 타깃 목표): 이미지 유지, 평판 관리

모든 광고를 만들 때 선행하는 것이 자사 제품 브랜드의 PLC 주기 시점의 상황적 진단이 필요하다. 목표 고객 수의 달성 정도에 따른 각각의 이노베이터(2.5%), 얼리 어댑터(13.5%), 얼리 머저리티(34%), 레이트 머저리티(34%), 레거드(16%)의 비율을 계산 값으로 진단하고, 그 시점에 부합하는 광고 목표의 핵심 전략들에 부합하는 브랜디드 콘텐츠를 개발한다.

기존 광고 콘텐츠들과 가장 큰 차별점은 콘텐츠 형식에 있다. 단순 '그림+글+음성'의 조합 방식에서 다양한 문화적 요소와 스토리에 비하인드 스토리까지 결합하여 콘텐츠 안에 브랜드 메시지를 자연스럽게 녹이는 것을 목표로 하기에 브랜디드 콘텐츠에 고객들이 반응하는 속도는 기존 광고 콘텐츠에 비해 빠를 수밖에 없다.

웹 드라마를 '인간적인'이라는 제품 브랜드 콘셉트에 부합하도록 스토리와 감동이 있는 광고로 승화시키기도 하고, 국제 패션쇼를 준비하는 전경에 미용기기 사용기를 보여주기도 한다. 또한, 모델 워킹 장면에 제품 브랜드의 로고나 제품들을 적정히 노출하기도 하고, 크리에이터들 같은 경우 라이브 방송 중간에 이미지 슬라이드 혹은 자막 노출 방송 프레임 안에 광고판을 세워두고 모바일 동영상 PPL을 진행하기도 한다.

브랜디드 콘텐츠, 최적화된 시간 자체가 브랜드 되기도

대표적인 예는 72초 TV다. 삼성의 이어폰 레벨 U와 재치 있는 포맷의 브랜디드 콘텐츠를 제작해 대중에게 좋은 평가를 받은 바 있다. 또한, 72초 TV의 웹 모바일 드라마 '오구실'은 일반 콘텐츠임에도 조회 수가 500만을 상회한 사례다.

모바일 플랫폼에서 유튜브의 조회 수가 100만이 넘는 동영상의 광고들

은 기존의 오프라인 매체 속 CF, PPL, 영화관 PPL들보다 빠른 시간성과 지속성을 가지고 있으며 검색 엔진과도 연결되어 있기에 독립적이고 탁월한 실효성을 가지고 있는 게 사실이다.

신제품 목표 판매 수가 100만 개라면 위의 PLC 주기별 시점 진단을 계획하고, 광고 목표에 부합하는 브랜디드 콘텐츠 기획을 미리 하고, 제작을 해가면 전략적으로 진행 제품 판매와 처음부터 연계해 간다면 그 어떤 마케팅 툴의 기법보다도 탁월한 마케팅을 전개해갈 수 있다.

브랜디드 콘텐츠 활용법은 다음과 같다. 자사 홈페이지에 노출, 유튜브 자체에 노출, 뉴스 기사에 삽입하여 노출, 상품 상세 페이지에 삽입해 노출, 소셜 상세 페이지에 삽입하여 노출, 제휴한 기업들과 콜라보를 통해 배너와 연결해 노출, 이메일 마케팅에 노출, 언론사 배너 광고와 연결해 노출, 랜딩 페이지에 삽입해서 노출하기(병원 마케팅이나 다이어트 마케팅에서 가장 많이 사용) 등 재활용 측면도 마케팅 툴에서는 꽤 중요하다.

▌브랜디드 콘텐츠 마케팅 전개 시 기존 방송 광고의 규율 준수도 진정성 있게 선행해야

MCN 산업에 종사하는 크리에이터들은 1차원적으로 스마트폰과 자신의 강점만을 가지고 체계적인 교육 없이 먼저 라이브 방송을 하다가 스타가 된 경우가 많이 있다 보니 고객의 입장에서 올바른 정보 전달의 미흡, 과대광고의 위험성, 재미에 치우친 가십적인 상품 소개, 브랜드 마케팅 광고 콘셉트에 부합하지 못한 노출 등으로 오히려 그 제품 브랜드가 가지고 있는 강점을 어필하기 이전에 품위 자체를 떨어뜨리는 경우도 적지 않다. 한 가지 미디어 커머스 관점에서 쇼호스트의 스타일들을 시간만 줄여 단순 판매 쇼를 하는 것 역시 그 실효성과 시너지 효과를 급격히 반감시킬 수 있다.

▌마켓 4.0시대 진정성이 1순위, 크리에이터들 진정성과

▌전문성 강화 필요

크리에이터들의 전문성 강화와 진정성을 더해 기존 플랫폼사의 자율 운영 정책 정립과 모니터링 문화 정착이 필요하며, 법제화를 통해 모니터링 및 관리 기구에서 배심원단을 선발해 제보가 들어온 문제가 된 콘텐츠에 대한 심사와 평가 진행을 통해 제품 브랜드들의 품위를 지켜주는 문화 또한 필요하다.

유명세나 조회 수에 집착하지 않고 브랜디드 콘텐츠 자체의 품질에 기본을 두고 클린 콘텐츠 어워드 같은 것을 진행해 브랜디드 콘텐츠 문화 산업과 창작가로 활동하는 크리에이터들의 전문성을 강화하는 교육산업의 발전과 권익 보호를 위한 관련 협회, 진흥 산업도 함께 나올 필요성이 대두되고 있다.

> 브랜디드 콘텐츠는 단순히 콘텐츠로서의 역할을 넘어 제품 수명 주기를 통해 해당 콘텐츠가 브랜드화되는 것을 의미한다. 마켓 4.0시대에서 진정성을 어필할 수 있는 콘텐츠이며, 그것을 위해서는 홍보를 진행하는 채널이나 크리에이터들을 체계적으로 교육까지 할 수 있어야 한다. 똑같은 콘텐츠는 똑같은 결과만 불러온다.
>
> #브랜디드콘텐츠 #브랜드PLC주기 #유튜브
> #크리에이터 #동영상PPL

구분	도입	성장	성숙	쇠퇴 or티핑포틴트
basic	인지도 관리	시장점유관리	경쟁사 취약 방어 공격	절감 자금 회수
목표비율	2.5%	13.5%	34%	34%	16%
15,000대	375	2025	5100	5100	2400
정의	이노이터	얼리어뎁터	얼리 머저리티	레이트 머저리티	레거드
MD전략	내고	사은품	경품/판촉/B2B	사은행사 선구매 할인쿠폰 우수고객사 맴버십	경쟁사보다 DC
제품	핵심가치1% 3가지		서비스관리	모델개발	구조조정(死活)
가격	원가+ α+인건비		시장 침투 가격	경쟁 대응 가격	가격인하
경로(유통)	선택적		집중적	집중적	선택(이익)적
광고	인지도		흥미유발	차별성	핵심선택
촉진	강력한 판촉 (샘플)		지속판촉영업	브랜드 강화	최저수준
중점	품질관리		광고	가격	전략의사결정
비용	적자감수		적자보상	이익추진	이익회수
Tip	-		신상품개발착수	CSR시작	-
BCG상관간계	문제아		스타	젖소	개

4. B 마케팅

[04] 가치 마케팅, 가격으로 경쟁하지 말고 '가치'로 독점하라

Q04 유통 채널에서는 가격 경쟁이 너무 많아서 관리가 어려운데, 다른 방법이 있나요?

        2002년부터 신유통 산업의 태동에 필요한 신 마케팅 직업군들인 상품 기획자(MD, 머천다이저)의 실무 교육에도 고관여하며 교육과 컨설팅을 이어오면서 예비 상품 기획자, 브랜드 매니저, 카테고리 매니저, 마케터, 바이럴 마케터, 콘텐츠 마케터, 전략 기획가, CMO(마케팅 최고 경영자), 예비 창업가, 스타트 기업가들에게 필수적으로 이해시키고 가르치며 명심하게 했던 명제가 "가격으로 경쟁하지 말고 가치로 독점하라."라는 이야기로, 늘 제1순위로 주장해왔다.

    상품의 가치는 크게 네 가지 계층으로 분류해서 설명할 수 있다. 리테일 공산품의 기준으로 볼 때 가치의 관점은 기능적 가치, 경제적 가치, 정서적 가치, 사회적 가치 등으로 이야기할 수 있다.

▌기능적 가치, 단순할수록 가치가 크다

    애플의 스마트폰의 'One-button' 시스템이 대표적이다. 스티브 잡스가 단순화하고 단순화한 예이기도 하다. 필자가 컨설팅을 진행했던 기능적 가치의 패러다임 시프트 사례를 보면 흡입 방식의 '동글이 청소기', 살균과 항균을 강조했던 '스팀 청소기', 구석구석 자동으로 청소하는 '로봇 청소기'까지 그 기능적 가치는 모터 중심의 핵심 기술 가치에서 스팀 중심의 핵심 기술 가치로 다시 센서 중심의 로봇 청소기까지 진화했다.

한 가지 아쉬운 것은 필자가 스팀 청소기 마케팅 전략 컨설팅에 고관여한 브랜드가 15년여 만에 실패 사례로 간 것이 아쉽다. 기능적 가치는 우수했지만, 과도한 CEO의 퍼스널 브랜딩과 가족 관계의 사람에게 무리한 투자를 하는 바람에 제품 생애 주기(PLC)를 15년으로 단축한 사례가 아쉽다. 요즘 CF를 보면 다이슨 청소기가 한국 주부들의 마음을 사로잡고 있다. 다시 모터 기술의 혁신인 항공 모터를 도입하여 미세먼지까지 흡입할 수 있겠다는 믿음을 주고 성장하고 있다.

▎경제적 가치, 가치는 수치다

사물이 지닌 쓸모나 대상이 인간과의 관계에 의하여 지니게 되는 중요성을 일반적으로 가치라고 정의하며 경제적 가치, 가격 비용 대비 가치, 중요성, 유용성, 도덕적 가치, 숫자로 환산된 값어치가 비즈니스에서 말하는 가치 정의다. 결국, 상품에 대한 돈으로의 환산하는 총체적인 것이다.

경제적 가치는 원가, 가격, 가치의 3단계의 상향식 구조를 따른다. 독점적 지위를 차지하고 있다면 제조 비용과 무관하게 가격을 책정할 수 있고, 브랜드로 자리매김한다면 고객들이 생각하는 이상의 가치 기준에서의 가격이 책정되고, 가격 할인 없이 고가격군을 형성할 수 있다. 명품 브랜드가 대표적이다.

희소성이 크면서 꼭 필요한 것일수록 경제적 가치는 급상승한다. 다이아몬드, 금, 석유 등이 대표적인 예다.

▎정서적 가치, 감정을 사로잡는 감성 마케팅을 할 때 인식이 전환된다

정서적 가치는 제품 이상의 재미, 디자인, 만족, 스토리, 즐거운 추억이라는 키워드들이 믹스되어 가슴에 새겨지고, 머리에 인식되는 감성 중심의 상품들과 여성들이 주 고객인 상품들, 유아나 어린이들이 주 고객인 상품들이 대표적으로 정서적 가치에 속한다.

　4차 산업에서 한참 개발되는 신제품들인 디바이스군은 정서적 가치의 모든 요소를 모두 잘 구현해가고 있다. 여성 중심의 화장품, 이미용, 뷰티 산업들은 정서적 가치에 광고, 콘텐츠, 동영상, MCN 등이 채널 마케팅을 전개한다. 정서적 가치를 창출하는 마케팅 툴 중에 최고는 스토리텔링이다. 신제품의 개발 동기, 비하인드 스토리, 고객과의 추억 발굴까지 마케팅의 차별화 콘셉트과 차별화 메시지, 차별화된 이미지 커뮤니케이션을 하는 영역이기도 하다. 여기에 마케팅 혁신에서 가장 중요한 가치 부분으로 통합 마케팅 커뮤니케이션(IMC) 전략의 입안과 실행은 필수적으로 해야 한다.

▎사회적 가치, 사회 공헌(CSR), 공유 가치(CSV)를 창출하는 브랜드가 지속 성장한다

　2000년 이후 뉴 비즈니스 모델들은 처음부터 사회문제적 이슈를 기업 성장과 함께 해결하겠다는 의미에서 사업을 시작하는 것이 트렌드다. 또한, 통합적이며 기간적 단계를 통해 매출 신장에 따른 일정 부분을 사회문제 해결과 공유가치창출 부분에 기부해 나가거나 재투자를 해가며 브랜드 마케팅을 전개해간다.

　TOMS의 창립자이자 디자이너인 Blake Mycoskie는 아르헨티나를 여행하던 중 신게 된 민속화인 '알파르가타'의 밝아 보이는 차별화된 디자인과 편안한 착용감과 잠재된 매력에서 영감을 받아 한 켤레의 신발이 팔릴 때마다 한 켤레를 가난과 질병에 고통받는 맨발의 어린이들에게 되돌려주고자 결심을 하고 실천하고 있다. Blake는 처음엔 200켤레의 신발을 제작하여 미국으로 돌아왔는데, 이것이 지금의 TOMS 슈즈다. 첫해 200켤레에 불과했던 TOMS가 이듬해엔 10,000켤레가 되어 아르헨티나의 아이들에게 되돌아갔다고 한다. 지금은 아르헨티나뿐 아니라 가난과 질병으로 고통받고 있는 제3세계 국가들의 아이들에게 신발이 전달되고 있다.

위 사례를 보면 알 수 있듯 가치 창출은 스토리 창출이 모든 것을 대변한다. 기업들이 혁신하고 선한 스토리를 만들어가면서 그 안에 기능적인 가치, 경제적 가치, 정서적 가치, 사회적 가치를 모두 담아 기업과 고객, 사회가 모두 상생할 수 있는 상품의 가치를 창출할 수 있다면 가격으로 경쟁하지 않더라도 고객의 마음을 독점할 수가 있다.

▍가격으로 경쟁하지 않고, 가치로 독점하면 좋은 이유

『맥켄지』의 연구 사례를 보면 단위당 판매량의 증가 없이 1%의 가격 할인이 이루어질 경우 영업 이익은 평균 8% 감소한다고 한다. 즉 상품 가격이 1만 원이고 영업부에서 상품을 9,900원에 할인 판매를 하고자 한다면 그것이 현저한 이윤 감소를 초래하게 될 것이라는 얘기다. 영업 수입에 가장 큰 영향을 미치는 것은 가격을 올렸을 때라는 것을 반증한다.

각각을 1% 올렸을 때 영업 수입의 증가율을 보면 ▶ 고정비용 2.3%, ▶ 단위 판매량 3.3%, ▶ 변동 비용 7.8%, ▶ 가격 11.1%의 변동이 발생한다. 예를 들어 가격을 15% 할인할 경우, 단위 판매량을 150% 늘려야 할인하기 전과 동일한 매출 총이익을 올릴 수 있다.

▍마케팅 혁신 방식은 가격을 내리는 정책은 애초에 시도하지 않는다

결론적으로 보면 혁신 기업들의 마케팅 혁신 방식은 가격을 내리는 정책은 애초에 시도하지 않는다는 것이다. 애플은 세계 어떤 나라에서도 할인은 하지 않는다. 애플지수를 보면 나라별로 조금은 더 받는 경우는 있어도 할인은 하지않는다. 스타벅스 역시 마찬가지다. 이처럼 능력 있는 기업들은 가격으로 경쟁하지 않는다. 신제품을 사면 사은품을 주거나 경품을 줄지언정 1+1이나 할인(DC)을 하는 정책은 그 제품의 생명 주기를 초 단축

시키는 지름길이다. 브랜드로 창출되지도, 지속 성장하지 못하며 마켓케즘을 생각보다 빨리 맞이하게 된다.

마케팅 혁신에서 가장 중요한 키워드를 한 가지를 뽑으라면 새로운 '가치 창출'이라고 당당히 말할 수 있다. 가격으로 경쟁하지 말고, 가치로 고객의 마음을 독점해가라. 이것이 마케팅에서의 궁극적인 해답이다.

> 시장 점유는 가격으로 경쟁해서는 안 되며, 제품의 가치로 경쟁해야 시장에서의 승리를 가져올 수 있다. 상품의 가치는 크게 네 가지 계층으로 분류해서 설명할 수 있다. 리테일 공산품의 기준으로 볼 때 가치의 관점은 기능적 가치, 경제적 가치, 정서적 가치, 사회적 가치 등으로 구분할 수 있다.
>
> #시장점유 #제품가치 #4가지상품가치
> #가치창출 #마켓케즘

5. B 마케팅

[05] 상품평 마케팅, 진정성 있는 고객 후기가 많을 때
온·오프라인 매출 극대화되는 시대

Q05 소비자 구매 활동과 브랜드의 매출에 가장 많은 영향력을 끼치는 것은 무엇일까요?

디지털 마케팅 시대에 마케팅 기본적인 전개 방식은 온라인뿐만 아니라 오프라인까지도 구매 전에 모바일 검색을 통해 상품의 특장점과 가격대, 후기 등을 보고 구매하는 것이 보편화되었다.

마케터나 MD들의 고정관념 중에 하나가 명품이면 명품, 아니면 '가성비(가격 대비 품질이 우수한 것)'가 좋은 것만 팔린다는 고정관념으로 인해 놓치고 가는 마케팅들이 많이 있다. 그것이 바로 상품평 또는 상품 후기 마케팅 영역이다. 신제품일수록 상품평 마케팅은 강력하다.

오프라인 같은 경우는 '가심비(가성비+친절한 서비스)'가 기본적인 시대가 되었다. 완제품이 출시됐다고 무조건 돈을 받고 판매하면 팔릴 것이라는 기대감은 곧바로 상실감을 주기 일쑤다. 고객들의 행동들을 분석해 보면 기술의 고도화와 정보들의 고도화로 인해 상품을 보자마자 구매하는 경우는 없다고 생각해도 될 것이다.

▮상품평 부정적인 역풍으로 실패한 사례

메이저 라면 기업들도 실패하는 것을 종종 본다. 그 대표적인 사례가 '신라면 블랙'이었다. 신라면이 너무도 잘 팔리고 있었고 라면도 프리미엄 시장이 열릴 것이라는 가설과 자체 시장조사 기획을 통해 '신라면 블랙이라면 하나에 설렁탕 한 그릇에 버금가는 맛과 영향이 들어 있다.'는 프리미엄 콘셉

트로 판매를 시작했지만, 결과는 원하는 만큼 나오지 않았다.

국내 라면 시장점유율 1위를 차지하고 있던 회사 제품은 소비자의 신뢰를 잃고 판매량은 급감했으며 회사는 결국 생산 중단을 결정했다. 이런 결과가 나온 이유를 보면 인터넷 블로거의 블랙 라면 후기가 공통으로 기존 라면과 별 차이 없다는 식의 반응이었고, 출시 한 달 만에 90억 원의 매출이 나왔지만, 한 번 먹어본 고객들이 재구매로 이어지지 않은 사례다.

▍한국의 네티즌들은 상품평을 매우 신뢰하는 고객

시장조사 전문 기업인 '마크로밀 엠브레인'의 조사 분석 결과를 통해 본 상품평, 구매 후기, 상품 리뷰들이 제품 구매에 직접적으로 미치는 영향을 보면 다음과 같다.

- ✅ 제품 구매 시 상품 후기 반드시 확인하고 구매하는 고객 78.6%
- ✅ 지인 추천일지라도 상품 후기 확인하고 구매하는 고객 58.45%
- ✅ 소비자 평가가 부정적일 경우 구매하지 않는 비율 69.4%
- ✅ 고객 후기가 기업 입장인지 고객이 직접 작성한 것인지를 구분할 줄 아는 비율 44.2%

위의 결과를 보듯이 한국의 고객들은 똑똑하고 사전 검색을 통해 충분히 조사 분석 후에 구매하는 상품 구매 행동의 습관이 70%를 넘는 것을 알 수 있다.

신제품일수록 바로 판매, 세일즈, 영업을 통해 수익 창출할 수 있는 시대는 지났다. 그 정도의 시간이 기업을 기다려 주지 않는다. 출시 전부터 고객 후기 마케팅을 위해 목표 판매 수량의 16% 가까이 배송비만 받고라도 고객평을 긍정적이고 진정성 있게, 일정 부분은 [01]바이럴 마케팅하는 차원

---

01 _ 바이럴 마케팅(viral marketing)은 네티즌들이 이메일이나 다른 전파 가능한 매체를 통해 자발적으로 어떤 기업이나 기업의 제품을 홍보할 수 있도록 제작하여 널리 퍼지는 마케팅 기법으로, 컴퓨터 바이러스처럼 확산된다고 해서 이러한 이름이 붙었다[네이버 지식백과] 바이럴 마케팅 [Viral Marketing] (시사경제용어사전, 2017. 11., 대한민국정부)

에서라도 상품평 마케팅을 전개하는 것이 필수인 시대다.

온·오프라인 고객의 상품평을 확인하는 비중은 점점 증가 추세다
- ✅ 모바일 디지털 87.8%
- ✅ 오프라인 57.9%

고객들이 상품평을 직접 작성하는 상황의 비율은 다음과 같다.
- ✅ 구매한 제품 품질이 나쁠 때 상품평을 작성하는 비율 80.4%
- ✅ 구매한 제품 품질이 좋을 때 상품평을 작성하는 비율 76.5%
- ✅ 구매한 제품이 적립금, 포인트를 줄 때 상품평을 다는 비율 75%

모바일 중심의 디지털 마케팅 시대에서 고객들은 스마트하고, 적극적이며, 좋고 싫음에 대한 표현을 직접 하는 시대가 되었다.

고객들의 구매 과정 프로세스에서 고객의 상품평 영향력 점점 커져

- ✅ 구매 고객이 직접 찾아보고 구매하는 비율 38.1%
- ✅ 구매 고객들의 상품평에 영향을 받아 구매하는 비율 61.8%

위의 결과처럼 고객들은 스스로 논리적으로 상품 설명을 일일이 다 따져보고 사는 비율보다 마케팅 전략과 전술, 입소문과 상품평의 영향을 받고 구매하는 비율이 훨씬 많이 나온다. 이것에 초점을 두고 해석하여 고객 중심의 마케팅 전략과 상품평의 영향력에 대한 충분한 조사 분석과 그 상품평의 유형에 따라 매출의 등락이 어떻게 전개되는지에 대한 연구를 CEO부터 막내 직원까지 모두가 신경 써서 마케팅을 전개해갈 때 목표하

는 판매 수량을 달성할 수 있다.

꼭 상품평 마케팅이 긍정적인 것만은 아니다. 기업들의 바이럴 마케팅 담당자들의 파워블로거나 자사 대표 블로그에서 작성해놓은 기업 중심의 상품평이나 고객 리뷰의 긍정적인 평가만 보고 제품을 구매했다가 실패한 비율도 다음과 같다.

상품평의 긍정적인 브랜드 평판만 보고 실패한 경험이 있다는
✅ 응답 비율 61.7%

2015년 전만 해도 오픈 마켓의 상품평에 노출된 고객들의 후기들과 블로그의 상품평들이 인기를 얻었지만, 2030 세대 여성 중심의 마켓에서는 인스타그램과 페이스북으로 그 영향력이 이동하는 실정이다.

스마트폰 중심의 구매 시대, 검색 화면 작아져 경쟁 더욱더 치열

스마트폰의 화면 프레임과 UI(유저 인터페이스), PC 버전에서의 펼쳐진 레이아웃을 분석해보면 보이는 영역의 항목수도 줄고, 보이는 방식도 바뀌었으며, 보이는 개수 또한 바뀌다 보니 기업들의 경쟁은 더욱더 치열해졌다.

상품 상세 페이지를 소셜 형식으로 전환하고, 상품평을 그 하단에 바로 보이게 하는 방식으로 웹 반응형 홈페이지를 재구축하고, 직접적인 판매 마케팅을 전개해 가는 방식도 고려해볼 만하다.

수만에서 수십만 만종의 제품들이 메이저 유통 기업들의 쇼핑몰에 입점하여 있지만 메인 페이지나, 서브 페이지, 이메일로 노출되지 않는다면 물류 창고에 입점하여 있는 격이다.

메인 페이지 배너 광고 비용을 추가로 내고 마케팅을 전개하는 비용이나 직접 마케팅을 통한 고객 유입과 매출 최적화를 시키는 것의 비율이 중소기업이나 신제품을 출시하는 기업의 입장에서 보면 빅데이터 마이닝을 하지 않더라도 대등한 관계를 볼 수 있다.

출시한 신제품이 강점적 차별성을 지닌 우수한 품질의 제품들이라면 판매 중심의 퍼포먼스 마케팅 차원의 유통만 할 것이 아니라, 브랜딩을 하는 차원의 통합 마케팅 커뮤니케이션(IMC)을 통해 그 상품의 수명 주기(PLC)를 연장하며 지속 성장하는 브랜드 제품으로 목표 전략을 잡아 전개해가는 것이 올바르다.

직접 마케팅을 전개하며 내방 고객화하거나 상담을 진행하여 비즈니스를 하는 병원, 학원, 외식업, 맛집, 서비스 기업들은 스마트폰 검색 화면에서 노출이 많이 되는 키워드, 브랜드 페이지, 뉴스, 블로그나 SNS 채널인 인스타그램, 페이스북, 카카오스토리, 밴드 등의 채널 등을 중심으로 디지털 마케팅을 통합하여 전개하는 추세다.

구전 효과가 말로만 하는 것이 아니라 상품평, 고객 리뷰, 이미지, 사진, 콘텐츠, 동영상 노출까지의 총합이 고객들의 구매 후기 영역으로 해석되고 브랜드 평판으로 이어지고 있어 어느 특정 하나의 SNS 채널에 월 10개의 콘텐츠를 노출한다고 해서 판매 퍼포먼스가 나는 것이 아니다. 고객의 고객에 의한 고객을 위한 진정성 있는 상품평이 많이 노출될 때 판매량은 증대되는 시대다.

상품평은 고객의 제품 구매 요소에 최전선에 있는 요소다. 부정적인 상품평으로 피해를 본 기업들도 있는데, 온·오프라인 상품평이 고객들에게 주는 영향은 지속해서 커지고 있다. 또한, 모바일화된 시장에서 고객은 더 쉽고 편리하게 그들의 소리를 내고 있다. 상품평이 점점 중요해지고 있는 시대다.

#상품평마케팅 #바이럴마케팅 #SNS마케팅
#고객후기 #모바일시대의무기

6. B 마케팅

[06] 병원 마케팅, 과당 경쟁에서 경쟁 우위를 갖는 법

Q06 의료 서비스 산업 부문의 경쟁이 치열한 것 같습니다. 차별화를 위해 필요한 것은 어떤 것이 있을까요?

병원들이 세분화되고 의사들의 전공 분야의 전문성에 따라 강점적 차별성을 가지는 것이 현실이다. 병원들이 새로운 증상, 세분화, 융합, 재정립된 치료법 등의 콘텐츠를 가지고 마케팅을 진행하다 병원 관련 키워드 분석을 해보면 키워드 비용이 상당히 높은 편이다. 예를 들어 피부 키워드로 성형외과와 피부과가 과당경쟁을 한다. 치과, 안과, 척추병원도 심하다. 종합병원의 내과와 전문병원 내과, 한방병원의 내과 진료 역시 과당 경쟁 시장이다.

'랜딩 페이지(타겟층에 맞춘 직관적인 콘텐츠 디자인과 마음을 움직이는 디자인 페이지)'로 경쟁하는 병원들은 고객의 데이터를 먼저 확보한다. 그리고 예약을 잡는 아웃바운드 텔레마케팅(T/M)을 병원 인포메이션과 고객 사이에 두고 DB 마케팅을 하는 추세다. 대행사들은 자체 확보한 고객 정보들의 적극적인 푸시를 통해 환자들을 몰아주기까지 한다. 이것이 가장 큰 문제다.

■ 고객은 어떻게 좋은 병원을 선택하고 있을까?

환자는 증상에 대한 치료법을 가지고 있는 병원을 찾아가기 위해 검색을 하고 게시판 상담, 카카오 상담을 하거나 전화 문의를 한다. 콘텐츠는 TV에 출연하는 의사들의 정보를 신뢰하고, 담당 의사를 검색

하여 찾아가는 것도 다반사다. 병원은 이러한 환자들의 니즈에 맞추기 위해서 여러 가지 마케팅 활동을 전개하는데 대세인 모바일에서는 뉴스 마케팅을 가장 많이 하는 추세다. 다양한 의료 정보를 고객 후기 리뷰형, 의사 인터뷰형, 병원 소개형, 새로운 치료법 소개, 병 관련 칼럼 등에 기고하여 의사 개인의 퍼스널 브랜딩과 병원의 우수성을 어필한다.

▎'Before 병원 마케팅', 랭키닷컴 순위 2만 등 안에 드는 병원들 과당 경쟁 중

랭키닷컴의 '네이비 툴바'를 PC에 다운로드 받은 네티즌들이 자주 들어가는 사이트의 빈도수에 따라 그 순위, 즉 인기도가 올라가는 방식이다. 여기 랭키닷컴 20,000등 안에 드는 병원은 모두 병원 마케팅을 어떤 식으로든 공격적으로 하고 있음을 볼 수가 있다.

고객들이 여기까지는 모르겠지만 성형외과, 피부과, 치과, 안과, 척추전문병원, 한방병원, 한의원들은 디지털 세상에서 자립도를 높이기 위해 365일 마케팅을 지속해서 하고 있다.

▎통합 커뮤니케이션(IMC) 차원의 병원 마케팅의 필수 요소 다섯 가지

☑ 첫째, 병원 의사들을 메인에 배치한다. 프랜차이즈를 진행하고 있는 병원일수록 메인 페이지에 의사가 많다.

☑ 둘째, 증상별 호전 사례 후기를 배치한다. 증상별 비교 광고가 법적으로 안 되다 보니 병원은 자신의 병원 고객들의 후기를 디자인하거나 동영상을 촬영해 배치한다.

☑ 셋째, 랜딩 페이지를 배치한다. 고객들과의 '진실의 순간(MOT)'을 이해시키는데 랜딩 페이지는 가장 그 효과성이 좋다. 수많은 정보, 콘텐츠, 동영상 정보를 검색하여 고객들이 비교하더라도 랜딩 페이지의 1페이지 제안 형

식의 의료 정보 노출 방식은 모바일 환경에서도 최적화되어 있다.

✅ 넷째, 의사들의 수상 내역, 소비자 만족 브랜드 수상 로고들을 배치한다. 고객들에게 신뢰를 더하기 위한 어필을 한다.

✅ 다섯째, 일반화된 병원 마케팅 전략과 실행을 따르는 것이다. 그 프로세스를 보면 ▶ 병원 브랜딩에 맞는 노출 키워드 선정, ▶ 경쟁 병원 가격 및 특징 분석, ▶ 경쟁사 대비 강점적 차별성 도출, ▶ 병원 우수한 리콘셉트 도출, ▶ 분석에 따른 가격 책정과 양질의 콘텐츠 생성, ▶ 병원 뉴스 지속 노출, ▶ 전략적 랜딩 페이지 업그레이드, ▶ 모바일 환경 최적화 홈페이지 업그레이드, ▶ 디지털 마케팅과 바이럴 마케팅을 통한 콘텐츠 배포, ▶ 디지털 배너 노출, ▶ 동영상 의학 정보 노출, ▶ 지역 중심의 오프라인 광고, ▶ 고객 정보 통합 관리 등의 핵심 프로세스가 병원 마케팅의 일반적인 방식이다. 전체 웹사이트 순위 2만 등 안에 드는 병원들의 IMC 프로세스다.

▌'In 마케팅', 의사들의 전문성과 친절성, 병원 스텝들의 밝은 미소가 단골손님 만들어

고객들은 병원 공간의 시각화된 서비스 디자인과 인테리어, 홍보물을 보면서 그 병원의 전문성을 알아간다. 하지만 전제 조건이 아픈 심리의 상황에서 내방을 한 상황이기에 무엇보다도 병원 스텝들의 분주함이나 딱딱함, 미소 없는 응대, 툭툭거림, 환자들 옆에서 수다 떨기 등은 환자 고객들로 하여금 부정적인 생각을 하게 하는 것이 사실이다. 이와 같은 것들을 해결해준다면 아주 기본적인 CS 실무 중심의 전문 교육을 통해 업그레이드하는 것만으로도 병원의 재방문율은 높아진다. 이는 1차 내방 고객의 의사 결정을 돕는 데 높은 영향을 미친다.

▌'After 마케팅', 진료와 처방을 받고 돌아갈 때 '콘텐츠 북'을 주어라

처음 진료 후 병원의 카탈로그 대신 병원의 우수성, 의사들의 소개, 칼럼, 증상에 따른 올바른 예방 생활 습관, 의학 상식, 고객들의 후기 인터뷰, 외부 전문가들의 칼럼 등 다양한 주제로 고객에게 도움이 되는 주제의 '콘텐츠 북(무크지)'을 만들어 주고 그것을 기준으로 스텝들이 상담으로 이해를 더해준다면 효과가 크다. 환자 고객들이 검색을 해보고 사전 학습을 하고 있지만, 올바른 의학 정보에 대한 이해도가 적기 때문에 병원 의사들을 중심으로 한 콘텐츠 개발을 통해 콘텐츠 북을 만들어 병원 내에 배치하고 목적 고객의 손에 들려서 보낸다면 그 시너지 효과는 상상 이상의 결과를 창출해 준다. 무엇보다도 의사들의 전문성과 친절함, 친밀함 등 인간적인 부분을 부각하는 인터뷰를 노출한다면 '환자'는 한결 더 그 병원의 우수성에 대한 학습 효과가 커질 것이고, 입소문을 내는 데 근거 데이터가 되어 줄 것이다.

▌권위 의식 내려놔야 '환자'에게 명의로 각인되는 세상

대학교, 대학원, 인턴까지 십수 년을 공부하고 의사가 되더라도 '권위 의식'이 느껴지는 표정, 시선, 어투를 내려놔야 환자 고객들에게 명의로 각인되는 세상이다.

환자들의 가장 큰 불만은 두 가지다. 하나는 진료 및 진단 시간이 합리적이지 못하고 너무 짧다. 보편적으로 대학병원, 종합병원, 전문병원의 진료 시간은 평균 1분~3분이다. 환자의 증상만 보고 약을 처방하는 것이 전부다. 두 번째는 의사들이 너무 불친절하다. 형식적이고 권위적이다.

전문병원이나 종합병원의 의사들은 동네 병원 의사의 친절함을 배워야 한다. 필자의 동네에 있는 명의가 계신 내과를 가보면 의사들이 할머니와 할아버지께 사탕을 줄 정도로 부드럽고 친절하며, 병에 대한 설명을 쉽게 해주고 불안감을 없애주기 위해 노력하는 모습을 볼 수 있다. 진료 시간도 정해지지 않았다.

고객들에게 "어디 아프신 데는 없으세요? 궁금하신 거는요? 이 병의 원인은 이런 것인데 굳이 항생제는 안 맞아도 됩니다. 경과를 지켜보고 또 처방하는 것으로 하시죠."라고 친절하게 물어보면서 관계를 쌓아간다.

▌브랜드 병원들, 대행사들에 고객 정보를 텔레마케팅으로 맡기는 것 가장 위험해

환자를 내방시키기 위해 랜딩 페이지로 고객 정보를 통합하는 것은 일반적이지만, 그 운영을 병원 스텝들이 아닌 아웃소싱 대행사들이 하는 방식은 환자 고객들에게 불친절함과 불편함을 줄 수 있는, 일관성 없는 고객 응대 시스템이다. 환자 입장에서 여러 명의 안내를 받다 보면 스트레스가 가중된 상태로 내방을 하기 때문에 1차 방문 후 재방문율이 20% 이상을 넘지 못하는 경우가 많다.

여기서 생각해볼 점은 이렇게 재방문을 놓친 80%의 환자 고객들의 기억 속의 병원 평판이 부정적인 입소문과 영향을 끼치고, 병원 비즈니스의 생명 주기는 짧아지게 된다. 가장 두드러진 분야들이 신생 성형외과와 피부과로, 연 단위 폐점률을 보면 알 수가 있다.

▌의사의 퍼스널 브랜딩과 병원 브랜딩의 과당 경쟁에서 경쟁 우위를 갖는 법은?

의사들의 전문성과 진정성의 강점으로 무장하라. ▶ 전 스텝들은 친절과 친밀함으로 고객을 대하라. ▶ 사전·현장·사후 환자 고객 정보와 고객 관리는 병원 내부에서 직접 하라. ▶ 진료 시간을 제한 두지 말아야 한다. ▶ 환자의 불안하고 두려운 심리를 안정시켜주고 어루만져 줄 수 있는 의사가 명의고 간호사들이 전문가다. ▶ 경쟁 우위의 콘셉트 도출과 뉴스, 콘텐츠 마케팅의 빈도수를 높여라. ▶ 내부에 인성이 바르고, 진정성 있는 마케팅팀을 두어라. ▶ 의사는 직원들을 파트너처럼 대하라. ▶ 병원은 사람이 전부여야 한다.

의료 부문에서도 마케팅은 중요한 점이다. 기존 병원들이 진행하던 마케팅은 멈추고 의사 자체의 퍼스널 브랜딩 구축과 새로운 고객 접근이 필요하다. 이를 통해 타 병원과 다른 차별화를 꾀하는 앞서 말한 다섯 가지 마케팅 전략을 구사해야 한다.

> 의료 부문에서도 마케팅은 중요한 점이다. 기존 병원들이 진행하던 마케팅은 멈추고 의사 자체의 퍼스널 브랜딩 구축과 새로운 고객 접근이 필요하다. 이를 통해 타 병원과 다른 차별화를 꾀하는 다섯 가지 마케팅 전략을 구사해야 한다.
>
> #의료부문마케팅 #의사의퍼스널브랜딩 #Before,In,After
> #경쟁우위전략 #5가지병원마케팅전략

7. C 마케팅

[07] 모바일 4M 마케팅, 모바일 마켓을 여는 네 가지 키워드 머천다이저, 마켓, 미디어, 메시지

Q07 모바일 시장이 대세인데 모바일 시장점유율을 크게 높일 만한 방법이 있을까요?

마케팅의 핵심 키워드들은 마케팅 산업의 진화에 발맞추어 진화 중이다. 필자가 중요시하는 3단계의 '마케팅 툴의 맥락적 진화'를 보면 다음과 같다.

- ✅ 1964년 필립 코틀러 박사의 오프라인 4P: 제품, 가격, 장소, 촉진
- ✅ 2000년 인터넷 등장과 온라인 4C: 커머스, 콘텐츠, 커뮤니티, 커뮤니케이션
- ✅ 2015년 알리스 리스&리스 회장의 모바일 4M: 머천다이저, 마켓, 미디어, 메시지

'무엇은 되고 무엇은 안 되고, 이제 4P는 가고 4M이 와라!'라는 식의 이분법적 사고로는 마케팅을 해석하거나 적용할 수 없다. 단지 '그 산업의 중심에 있는 가치의 무게 중심이 무엇이냐'에 따라 달라질 뿐이다. 마케팅은 이분법적 사고가 아니라 이원론 관점에서 전체가 하나라는 마케팅 툴의 통합 전개 관점이 필요한 이치다.

▎'통합 마케팅 커뮤니케이션((MC)' 관점에서 오프라인

온라인과 모바일의 중심을 본다면 오프라인은 광고나 프로모션 중심

이었고, 온라인은 검색이나 링크 중심이었으며, 모바일에서는 플랫폼이나 동영상 중심으로, 그 '마케팅 툴'의 무게 중심이 이동되며 공존하고 있는 것이 사실이다. 단, 현시점에서는 마케팅 산업의 경제구조가 '1순위 모바일, 2순위 PC, 3순위 ATL&BTL'이라는 비율이 있을지언정 그 쓰임새는 변함이 없다.

리스&리스의 회장이자 『마케팅 불변의 법칙』, 『포지셔닝』의 공동 저자로 유명한 알 리스가 미국의 광고 마케팅 잡지 『애드버타이징 에이지』에 최근 기고한 글에서 찾을 수 있다.

「4P는 잊어라, 마케팅의 4M을 주시하라」라는 제목의 기고에서 그는 대부분의 마케팅 전략에서 아직도 제품 구상을 하는 것이 첫 번째 단계라고 얘기하면서도 나머지 가격, 장소, 판촉은 더는 적합하지 않은 요소라고 밝혔다. 대신 그는 상품(Merchandise), 시장(Market), 미디어(Media), 메시지(Message)를 포함한 '4M'을 새로운 마케팅 요소로 제안했다.

필자가 국내 최초로 2002년부터 그 당시에는 창직(創職, Job Creation)이었던 상품 기획자(MD, 머천다이저) 교육에 관여해오면서 머천다이저(Merchandise, 상품 기획자)들에게 통합 마케팅 커뮤니케이션에서 가장 중요한 것이 일관된 메시지의 전달임을 강조해온 것과 일맥상통함을 볼 수 있다.

▌모바일 산업에 '4M' 요소를 부각할 때 시너지 효과 커

- ✅ 상품(Merchandise)

    특정 상품이 아닌 카테고리 마케팅의 중요도 계속 증가 중, 카테고리 최초의 기업, 상품군, 서비스 등의 유니콘 기업 사례들이 좋은 예

- ✅ 시장(Market)

    발견, 세분화, 융합을 통한 새롭게 발견된 마켓은 젊은 층, 1인 가족, 혼밥족, 실버 세대, S세대, 욜로족, 그루밍족, X세대, 기타 다수 등

- ✅ 미디어(Media)

    다양한 미디어 활용보다는 카테고리의 콘셉트와 맥락에 부합하는 유튜브, 페이스북, 블로그 한 개에 집중해라. 입소문 내기 좋은 채널 선정하고 집중하는 것이 현명

- ✅ 메시지(Message)

    광고 문구는 간결할수록 소비자 설득에 효과적

가장 중요한 것은 카테고리의 전문성과 스토리적인 메시지가 하나로 뭉쳐진 솔루션(Sloution)이 재미(Fun) 요소와 결합하여 퍼져나갈 때 그 파급효과는 상상 이상이라는 점이다.

2008년 스티브 잡스가 문을 열어준 스마트폰의 새로운 역사 속에 창출된 '앱(애플리케이션)', 플랫폼 산업은 마케팅 산업의 블랙홀처럼 성장했고, 그 누구도 상상하지 못했던 유니콘 기업들이 전 세계적으로 250여 개 이상 출현하여 기존의 오프라인, 온라인 산업을 송두리째 무너트리고 그 위에 건재하기 시작했다.

처음부터 뉴 카테고리 선점과 플랫폼이라는 새로운 마켓을 선정의 내리고 뉴미디어들인 SNS 채널들에 일관된 메시지로 시그널을 지속해서 보내는 기업들이 새로운 강자가 되어 마켓 패러다임 시프트를 할 것이다.

새로운 마케팅 가이드라인이 필요한 이유는 '4P' 개념이 생긴 이후 네 가지 중대한 변화 때문이다.

- ✅ 첫째, 사람들에게 인식되고자 경쟁하는 브랜드 수가 많이 늘어남

    미국에서는 약 300만 개의 등록 상표가 있다. 그리고 매년 약 25만 개의 새로운 상표가 등록된다. 이와 더불어 미등록된 상표까지 사람들에게 인식되려고 치열한 경쟁을 하는 상황이 과거와는 다르다.

- ✅ 둘째, 광고 비용과 광고량(volume)의 증가

광고량이 늘어날수록 각 광고의 효율성은 떨어진 반면에 광고비는 상승하는 현재의 추세는 결과적으로 광고의 효율성을 저하시킨다.

✅ **셋째, 기업의 글로벌화**

과거와는 달리 대부분 기업은 규모와 상관없이 글로벌 기업으로 운영되고 있다. 마지막 변화는 인터넷의 탄생이다. 인터넷이 생긴 후 많은 마케팅 프로그램이 TV와 인쇄 광고에서 온라인 광고로 이동했다.

주변을 돌아봐도 옥외 광고 산업의 하락과 잡지, 신문 등의 종이 매체 산업의 하락은 이미 가속화되었고, 고객들의 구매 행동 패턴의 변화로 대형 유통 기업과 신유통 기업, 모바일 중심의 유통 산업의 3파전에서 서서히 모바일 중심의 유통 산업의 시장 규모가 증가하는 추세다.

■ 사회문제 이슈로 상품화시키고 마케팅 산업 지속 성장할 터

마케팅은 점점 '사회문제 이슈'를 상품화시키고 마케팅을 전개하며 하나의 플랫폼화 하여 시장을 재편성하고 있다. 출퇴근 시간의 문제 해결에 앞장선 '우버', 무료 배송 양방향의 메시지를 앞세운 '자포스' 등 사회의 큰 이슈의 한 가지 문제 해결책을 메시지로 정해 반복·지속적으로 '마케팅 시그널'을 보내 고객의 호감을 사고 성장하는 것을 볼 수 있다.

4M은 현재 모바일 중심의 환경에서 가장 적합한 포지셔닝 방법론이다. STP에서 D(디퍼런트)를 찾아내고, 포지셔닝은 다시 4P로 대변하는 것은 변하지 않을 마케팅 전략의 가치다.

무엇보다도 중요한 것은 오프라인 중심의 4P가 인터넷 중심의 4C로 대체된다는 식이라든가 다시 4C가 4M으로 대체된다든가 하는 단편적인 해석은 금물이다.

▎4P, 4C, 4M은 퍼즐 조각과 같은
 마케팅의 확장된 핵심 가치일 뿐

    4P, 4C, 4M은 마케팅의 도구일 뿐 목적은 아니다. 대개 새로운 개념 정립이 마치 사업의 목적에 부합한다는 마인드로 맹목하는 사람들이 마케팅에서 실패하는 것을 자주 본다.

마케팅의 사고법은
- ✅ 플래닝(Planning), 마케팅 원리를 세우고,
- ✅ 플랜(Plan), 액션 플랜을 짜고,
- ✅ 마케팅(marketing), 기획자 관점에서 전략적으로 구조화시켜가는 것이다.

특히, 창조적 마케팅 사고법의 큰 틀은
- ✅ 전체에서 부분으로
- ✅ 부분의 합이 전체로,
- ✅ 중복이 없고,
- ✅ 부족함 없이 하나의 퍼즐을 퍼펙트하게 맞추듯

    1) 밑그림을 그리고, 2) 색칠하며, 3) 다시 그림들의 퍼즐 위치에 칼자국을 내어 퍼즐을 만들고, 4) 색칠한 그림을 사진 촬영해놓고, 5) 흩뜨리고, 6) 다시 그림을 연상하며 맞추는 행위 7) 미리 찍어 놓은 색칠된 그림과 비교해보는 프로세스와 같은 것이 '마케팅 전략의 구현'일 수 있다.

    4P, 4C, 4M의 12가지 키워드 조각들을 깊이 있게 학습하고, 실패 속에서 경험한 경험치들을 가지고 마케팅 실무에 적용해 간다면 분명 중복되거나 부족함이 없는 퍼펙트한 마케팅 실행을 통해 마케팅 전략의 실현을 창출해 갈 수 있을 것이다. 당신 기업의 큰 퍼즐 그림을 그리는 것에서부터 시작해보자. 4M은 당신의 퍼즐 그림의 완성도를 높여 줄 것이다.

C 마케팅

기존 마케팅 이론에서 보여준 4P와 4C에서 나아가 4M의 시대가 왔다. 모바일 시대가 옴으로써 모바일 마켓을 여는 4가지 키워드 머천다이저, 마켓, 미디어, 메시지를 중심으로 마케팅을 열어야 한다는 것이다. 기존 4P와 4C에서 4M으로 대체가 되는 내용이 아니며 새로운 채널 변화에 맞추어 이론도 변화해야 함을 시사하고 있다.

#모바일마케팅 #4M마케팅 #IMC #통합마케팅 #마케팅사고법

8. C 마케팅

[08] B2B 마케팅, 마케팅 툴의 경계를 허물고 사람 중심에 진정성을 더하라

Q08 저는 특별히 고객이 기업인 경우가 있습니다. 이런 경우는 어떤 마케팅을 구사해야 할까요?

기업의 마케팅 역량 강화 워크숍 교육, 메이저 유통 기업들 중심으로 하는 MD 역량 강화, B2B 마케팅 전략 강의를 하면서 우수 사례를 찾기가 힘들다 보니 외국 사례나 서적 중심의 사례들을 주로 이야기할 때가 많다.

기업들을 컨설팅하면서 마케팅 혁신 전략들을 CMO(컨설케이션, 매칭, 아웃소싱) 사외이사 관점으로 차별화시켜 컨설팅과 교육을 하다 보면 한국의 우수한 사례들을 종종 이야기할 때가 있다.

필자가 처음 사회생활을 FA 산업과 컨트롤 산업에서 시작하다 보니 인접 시장의 산업 장비나 공구 등에 관한 산업도 주의 깊게 관찰을 하고 볼 수가 있다. B2B 마케팅은 B2C 마케팅과 접근 방식이 다르다는 것을 먼저 이해해야 한다.

▎B2B 마케팅의 영업 경로의 구조 보기

✅ 사전 서비스(Be-fore Service): 기업가 정신, 사내 고객의 전문성, 사내 고객의 만족도, 복지

✅ 현장 서비스(In Service): 사내 고객의 내부 서비스 품질, B2B 영업의 전문성, 파트너사들의 경제적 만족도, 관계의 지속성, 고객 서비스 가치 증대, B2B 고객군(승인자, 기안자, 관리자, 사용자)의 만족도 증대

✅ 사후 서비스(After Service): 고객 로열티 증가, 파트너사들과 지속 성장, 매출 신장, 이익률 증가

위 3단계의 B2B 서비스 체인이 선순환 구조로 이어져 산업군이 형성되고 영업과 애프터 서비스 중심으로 선행하는 것이 B2B 산업이다. 이런 전반의 프로세스를 균형감 있게 만족하게 해가며 산업을 선도하는 아시아 최고인 한국의 선한 강소기업에서 B2B 마케팅 전반을 배우며 벤치마킹해 보자.

▌B2B 마케팅 우수 기업, 강소기업 크레텍
배울 점 많아 화제

1971년 산업 공구 산업에 첫발을 내딛고 한국 공구 산업의 메카이자 중심이 된 기업이다. 케이스 스터디를 해보자. 45년 이상의 시간과 산업 전문성의 사업 노하우, 마케팅 노하우가 녹아 있는 기업이다.

✅ 첫째, 기업가 정신이 명확하고 CEO가 직접 소통한다

좋은 상품, 바른 가격, 책임을 다하는 서비스 구현을 지향점으로 길을 만들어 미래를 개척하는 산업 공구 전문 기업이다. 자체 공구 산업의 전문 매거진인 월간 『TOOL』을 통해 크레텍 홍보 PR은 물론 경쟁사나 인접 시장의 광고, 홍보까지도 적극적으로 돕는 기업이다. 크레텍 대표이사이자 『TOOL』의 발행인 최영수 회장의 칼럼은 일반적인 칼럼, 그 이상의 깊이와 진정성을 내포하고 있으며 나아가 내부 고객들인 직원들과 파트너사, 그들의 현장 고객사들과 파트너쉽으로 수평적인 소통을 하며 한국의 공구 산업을 선도하고 있다.

✅ **둘째, 사내 고객들에게 감성적이고,
디테일한 선한 스토리의 복지 마케팅을 전개한다**

자녀 학자금 지원, 경조금 및 경조 휴가 지원, 도서 구매 지원, 야유회·체육대회, 문화 공연 관람, 동호회 활동 지원 등은 여느 강소기업들이라면 다 하는 것이라고 생각이 들기도 하겠지만, 차원이 다른 대목은 이 부분이다.

설날, 추석 등의 선물 세트는 4~5가지가 보통이고, 김장 시즌에는 김장에 필요한 채소, 고춧가루까지 지원하고, 생일과 결혼기념일 선물도 지원한다. 이런 기업의 선한 스토리를 대놓고 하지 않는 기업이지만, 직원으로 두고 있는 부모나 가족, 친구들에게는 분명 부러움을 사는 부분이다. 이런 감성적이고 디테일한 부분까지도 B2B 마케팅의 귀감이 되는 이유는, 외부에서 관찰하는 것만으로도 직원들에게 잘하면 직원들은 파트너사에 잘하게 되고, 파트너사는 구매 고객들에게 친절을 더할 수 있는 이치다.

✅ **셋째, 클라우드 기반 통합 소통 협업 관리 시스템(UC 시스템)과 온라인 주문 시스템(CTX 시스템) 적용을 통해 재고관리의 효율화를 선도한다.**

크레텍 그룹이 취급하고 있는 '크레텍 책임'과 '크레텍 웰딩'의 메이커 수는 국내 외의 1,150여 메이커에 취급 품목 수가 150,000여 품목이 되는 것들을 현장 중심 CS 경영 추진(1:1 고객 관계 관리 강화, VOC 대응 관리 고도화, Just in Time 배송 강화), CS 역량 강화(상품 지식 역량 배가), 공구 상용(CTX 활성화, A/S 만족도 제고), 서비스 개선의 일상화(상담 서비스 친절도 향상, 서비스 개선 활성화, 서비스 품질 평가 지속) 등의 동반 성장 9대 전략 안에는 크레텍 CEO와 전 직원의 기업가정신이 발현되어 있고 녹아있다고 볼 수 있다.

빅데이터 기술을 접목해 재고를 예측하고 고객에게 맞춤형 제품을 추천하는 빅데이터 기반 맞춤형 구매 서비스를 제공할 계획이라고 한다.

입소문을 들어보면 대구, 군포, 서울 중심에서는 한국의 우수 강소기업으로 입소문이 나있고 입사를 희망하는 청년들과 장년층까지 기업의 브랜드 평판이 우수한 것을 볼 수 있다.

▮ B2B 마케팅은 핵심은 사람, 품질, 통합 마케팅 커뮤니케이션(IMC)을 전개해가는 것에 있다.

B2B 산업은 내부 고객인 직원들의 전문성, 스킬, 감정 관리를 잘해주는 것부터가 기본이고, 고객 응대를 할 때 CEO부터 막내 직원들까지 일관되고 전문적이며 실시간으로 고객 응대와 지원 서비스가 기본이다.

B2B는 소통에서 시작하고 소통으로 마무리되는 산업인만큼 내부 직원들의 수평적이고 격이 없으며, 친절한 기업 문화 특히 여직원들끼리나 정직원과 계약직 직원들 간의 업무 제약이나 텃새 없이 직원들의 역량을 긍정적이고 강점적으로 이끌어 주는 기업 문화가 될 때 직원들의 이탈이 적고, 지속 성장하며 강소기업으로 갈 수 있는 기반을 만들 수 있다.

▮ 왜 B2B가 IMC를 해야 하느냐고 묻는다

사전에 홍보 마케팅은 역시 온라인과 모바일 중심의 키워드, SNS, 기업의 동영상 광고가 중요하며, 현장 마케팅은 회사 소개서, 브로셔, 명함, 제품 기술서, 견적서 등이 필요하다. 마지막으로 사후 서비스는 고장 수리, 반품, 교환 서비스도 중요하지만, 파트너사들과 그 파트너사들이 쉽게 정보를 접할 수 있고 이해할 수 있는 잡지, 신문, 소책자, 무크지(잡지+책) 형태로 지속해서 열독 되고, 연결고리로 이어질 수 있는 마케팅 툴이 제공되어야 한다.

영업 사원 1명이 하루에 영업 마케팅할 수 있는 물리적 거리의 효율성 최적화가 B2B 마케팅 산업의 관건이다.

크레텍 그룹처럼 홈페이지, 온라인 마케팅, 영업 마케팅, AS 지원 마케팅, 현장 중심의 고객 응대와 서비스 마케팅까지 필요한 것이 B2B 마케팅이다.

고객들의 구매 채널의 다각화는 필수인 시대다. 신규 고객을 확보하기 위해 영업 사원의 역량 강화 교육이나 AS 및 CS 사원들의 역량 강화도 중요하겠지만, 크레텍 그룹처럼 통합 마케팅 커뮤니케이션(IMC) 차원에서 기업가 정신의 명확한 입안과 직원들과의 공유를 통해 또 다른 방식으로 응용하고 혼연일체가 되어 한목소리(One voice)가 나올 수 있도록 해가야 한다.

B2B 기업 영업 스킬 개인별 체크 리스트를 만들어 자가 체크하는 문화를 만들어 간다면 지속 성장에 도움 커

필자가 한 예시를 하나 들어보려 한다. 개인별 영업 사원의 역량 강화를 위해 15가지 체크 리스트 사례를 들면 다음과 같다. 각각의 항목에 5점 척도로 점수를 매겨본다면 75점 만점이 나온다. 120%, 150%로 진정성과 열정, 전문성과 친절을 더하는 B2B 영업인이라면 속한 기업에 핵심 인재로 거듭날 수 있다.

이 책을 읽는 B2B 마케팅 산업의 종사자가 스스로 '직무 자가 체크 리스트'를 만들고 역량 강화를 해가는 면모를 기업에 보여준다면 기업의 입장에서는 더없이 좋을 것이다.

목표하고 미션을 체크하고 도전하며 성취해가는 구성원의 프로세스가 기업에 더해질 때 지속 성장을 하는, 작지만 강하고 탄탄한, 기업가 정신이 반영된 기업 문화를 만들어 갈 수 있다.

개인별 B2B 영업 사원의 역량 강화
(KPI-Key Performance Indicator)를 위한 15가지 체크 리스트

No.	체크리스트	5점 척도
1	• 나는 주 단위, 월 단위, 분기 단위, 연 단위의 목표를 설정할 수 있다. • 월 140콜 미팅을 한다.	
2	• 우리 장비의 모든 특징을 알고 있고, 고객이 무엇을 원하는지와 잘 매칭한다.	
3	• 고객의 유형별에 따라 초점을 맞춰 우리 장비를 잘 설명할 수 있다.	
4	• 나는 잠재 고객 DB와 가망 고객 리스트를 엑셀로 정리하여 프린트로 가지고 다닌다.	
5	• 나는 우리 상품의 모든 매뉴얼과 카탈로그를 잘 분류하여 상담 파일로 가지고 다닌다.	
6	• 나는 직원이나 고객사 고객들과 합의점을 잘 찾는다.	
7	• 나는 목표에 대한 세부적인 4.2.1 (기존, 신규, 계약 등)의 방문 실행 계획을 1주 전에 준비하고 실행한다.	
8	• 나는 고객 유형에 따라 고객이 원하는 것을 촉으로 알아차리는 능력이 있다.	
9	• 나는 먼저 다가서고 먼저 이야기하며 관계를 지속해서 관리하는 능력이 있다.	
10	• 나는 업무 시간 외에 고객을 발굴하기 위해 정보를 수집하고 정리하는 시간을 늘 가진다.	
11	• 나는 나의 의견을 기준점이 있게 피력하고 협상하며 설득하는 능력이 있다.	
12	• 나는 모델별 수량 중심의 영업을 하고 있다. 전체 모델의 특징을 잘 파악하여 제안 영업한다.	
13	• 나는 신규 고객을 개발하는 나름 대로의 노하우가 있다.	
14	• 나는 경쟁사의 장비 경쟁적 제안의 상황에서도 우리 회사의 장비를 선택하도록 할 수 있다.	
15	• 나는 한번 선택한 고객이 또다시 선택할 수 있도록 지속적인 관리 노하우가 있다.	

B2B 마케팅의 경우 B2C와 다른 전략으로 접근해야 한다. 일단 기업의 정신이 명확하여 내부 직원들과 파트너사에 수평적인 소통이 필요하다. 또한, 선한 스토리와 복지 마케팅을 통해 외부에서 찾아오게끔 만드는 전략이 있다. 핵심은 사람, 품질, IMC 마케팅을 전개하는 것이다.

#B2B마케팅 #B2B내IMC전략활용 #수평적소통
#사람,품질,IMC가핵심 #15가지체크리스트

9. C 마케팅

[09] 시너지 창출, 마케팅 혁신 패러다임 시프트

Q09 기존 마케팅으로는 이제 고객들을 사로잡기 힘들어졌는데요. 현재 효과적인 마케팅 방법은 무엇일까요?

▍뜬구름 잡은 사람들이 성공하는 시대 4차 혁명 시대

뜬구름 잡은 사람들이 2010년 이후 유니콘 기업들로 급부상했고, 제품을 생산에서 단수 판매 패턴에서 트렌드를 워칭하고 수요를 예측하여 판매하는 시대도 넘어, 이제는 고객에게 직접 물어보고 고객이 원하고 제시하는 것을 맞춤으로 가치를 제공하는 글로벌 신발 업체 '아디다스' 같은 기업들이 속속 나오고 있다.

마케팅 패러다임 역시 이성, 감성, 지성, 영성의 각 영역에 가치를 제공하고 고객의 니즈, 원츠, 디멘드 그 이상의 선택을 하고 있다.

소비자이자 생산자가 되어가고 있는 인류는 지금 절체절명의 위기와 기회의 한중간에 놓여 있다. 싱귤래리티(특이점) 차원의 흐르는 강물 위의 배를 타고 가는데 급커브와 급 낙차를 만나는 상황에 또 다른 격동기의 대변혁기를 통과하고 있다는 것이다.

마치 나이아가라 폭포가 바다를 만나기 전 가장 큰 낙차를 보여주듯, 그런 지점을 통과하고 있다.

▎기업 중심의 관점에서의 4차 혁명이 바꾸는 마케팅 패러다임 시프트 다섯 가지

- ✓ 첫째, 욕구의 혁신은 고객의 니즈, 원츠, 디멘드의 혁신, 스스로 무엇을 원하는지 명확히 하는 고객군과 스스로 무엇을 원하는지 모르는 산만한 고객 군으로 분류되고 있다.
- ✓ 둘째, Data 혁신은 인공 지능화하여 고객의 행동 분석 모두를 하여 배달 시간의 초 단축은 기본이 되고 있다.
- ✓ 셋째, 상품 마케팅 혁신은 공유 경제의 정보 혁신을 통해 상품 상세 페이지의 디자인 중심 UI에서 소셜 페이지로의 전환과 동영상 PPL 마케팅의 해시태그 적용 시대가 되어가고 있다.
- ✓ 넷째, 신사업 혁신은 포지셔닝 선정 후 예상 매출을 예측하고, 필요 자원과 투자금을 결정 후 시작하는 관점에서 사회 가치를 발견하고 평가받는 것으로 시작하여 가치 투자 문화로 바뀌고 있다.
- ✓ 다섯째, 비즈니스의 혁신은 제조사들의 카테고리 중심에서 플랫폼 안에서의 퍼미션 마케팅과 커스터 마이징 중심으로 이동하고 있다.

▎신기술에 따른 마케팅 툴의 진화가 마케팅 혁신을 결정하는 시대

1964년 마케팅 관리가 나온 이래 필립 코틀러 박사의 마케팅은 50년 이상 유효했다. 물론 지금도 그 연장선에 있는 것이 맞다. 하지만 피터 드러커의 말처럼 고객을 영입 하기 위해서 기업이 할 것은 마케팅과 혁신뿐이다. 마케팅 페러다임을 인쇄물에서 컴퓨터로, 다시 인터넷에서 모바일로, 이제는 AI까지 넘어오면서 생산자 중심에서 고객중심으로 완전히 그 수요의 추이가 맞춤 마케팅 시대로 넘어오고 있다. 마켓 3.0에서 마켓 4.0으로 7년 만에 넘어와 고객과 고객이 연결되고 고객 집단으로 힘이 이동하여 제품 개발의 태도는 배타적에서 포용적으로, 기업의 경쟁력은 수직적에서 수평적인 세계화로, 고객의 기호는 개인적에서 사회적으로 그 변화가 확연히 이동했다.

▌기업의 입장에서 시너지를 창출해야 하는 마케터는 무엇을 실천해야 하는가?

- ✅ 첫째, 고객의 핵심층을 공략하라. 고객의 3개 중심층은 어린이, 여성, 주부, 모바일족, 1인 가족, 실버족 등으로 세분화시키고 콘텐츠에 재미를 더해 트렌드를 리드와 리딩한다.
- ✅ 둘째, 모바일 마케팅 툴은 CEO부터 막내 직원까지 고객들과 전사적 소통을 한다. 애사심이 있다면 기업의 생존 앞에서 전 직원이 블로그, 페이스북, 카카오톡, 밴드 등을 활용해 모바일 마케팅을 하는 것은 기본이 되었다. 특히 B2B 업체일수록 아직 도전하는 기업들이 적어서 그 효과가 크다.
- ✅ 셋째, 메시지와 재미를 더한 콘텐츠, 동영상, 카드 뉴스, 뉴스 등을 적극적으로 푸시하라. 모바일 UI에 맞춰진 레이아웃에 충실한 스크롤바의 속도인 0.3초 안에 집중해서 메시지 전달을 할 수 있도록 키워드와 해시태그를 달아 연결과 연결에 충실하라.
- ✅ 넷째, 여성과 관계된 소비재같은 화장품, 이미용, 육아 용품, 뷰티 등의 동영상은 동영상 쇼핑몰을 만들어 마케팅 혁신의 툴로 사용한다. 동영상을 만들고 Youtube에 올리며, 이것을 다시 페이스북이나 인스타그램에 연결하고 연결해가면 그 시너지 효과는 극대화될 것이다.
- ✅ 다섯째, 블로그 방문자는 3년이 걸려도 100만 명 보기가 어려운데 Youtube 동영상 PPL은 단기간에 100만을 달성 할 수 있는 모바일 마케팅 시대의 최고의 마케팅 툴로 등장했다. 새로운 마케팅 툴들을 학습하고 콘텐츠를 만들고 씨앗을 뿌리듯 뿌려라. 열매가 되어 돌아올 것이다.

4차 혁명에 맞추어 마케팅도 혁신을 이루어야 한다. 다섯 가지 혁신은 욕구, 데이터, 상품마케팅, 신사업, 비즈니스 요소이다. 핵심 고객층을 통해 모바일화된 플랫폼에서 단순히 판매가 아닌 재미 요소를 집어넣어야 한다. 단순한 메시지가 아닌 영상을 통해 시너지 효과를 내야 마케팅 혁신이 이루어질 수 있다.

#마케팅혁신 #마켓 #모바일마케팅
#마케팅혁신5가지요소 #마케팅은재미요소

10. C 마케팅

[10] 마켓케즘, 얼리어답터와 얼리 머저리티 갭 뛰어넘는 전략 3가지

Q10 히트 상품을 만들고 브랜드를 구축하기 위해 필요한 전략은 무엇일까요?

신생 기업이나 신사업을 하는 기업, 신제품을 개발하는 기업들의 90% 이상이 상품 개발에 올인하고 마케팅 예산이 없어 펼쳐보기도 전에 폐업하거나 중장기적으로 투자를 유치하기 위해 떠도는 사람들이 많이 있다.

마켓케즘(CHASM, 지질학 용어, 맨틀의 간극 정도, 지층의 대단절), 즉 마켓의 대단절을 막고자 한다면 진입기와 성장의 갭을 줄이기 위해 3단계의 프로세스에 충실할 필요가 있다.

✅ **1단계: 인지도 마케팅 단계** - 키워드 및 콘텐츠의 노출, 목표 시장 고객 터치, 브랜드 인지도 확산
✅ **2단계: 관계 마케팅 단계** - 목적 고객군의 사용자 그룹과 관계 형성, 인지도 확산 및 신뢰도 형성, 목적 고객 타겟 마케팅
✅ **3단계: 가망 고객 발굴 단계** - 회원 가입이나 랜딩 페이지를 통한 서비스 응대 및 DB 확보, 가망 고객 발굴 및 육성, 가망 고객 분류, 영업 기회 파악 및 고객 구매 전환 진행

위 3단계를 처음부터 기획하고 진행하며 통합 마케팅 커뮤니케이션(IMC) 전략을 세우고, 마케팅 예산을 투입하고, 인소싱과 아웃소싱 마케

팅 실행 담당자들과 'T.F.Team'을 꾸려 진입기에서 성장기로 잘 넘어가야 마켓케즘에 걸리지 않고 비즈니스를 지속할 수 있다.

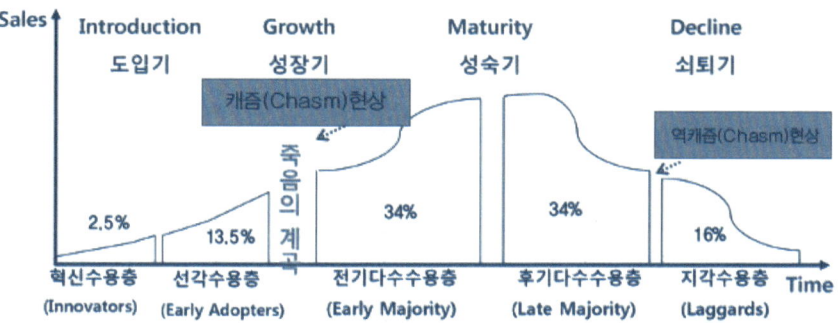

출처: 제프리 무어의 『캐즘마케팅』, 2002

▌마켓케즘, 얼리어답터와 얼리 머저리티 갭 뛰어넘기 전략 세 가지

이노베이터(초기 진입기), 얼리어답터(진입기), 얼리 머저리티(성장기), 레이트 머저리티(성숙기), 레거드(쇠퇴기)의 5단계 브랜드 사이클 포지셔닝에 브랜드 마케팅 전략 중 가장 중요한 것은 이노베이터(혁신가) 고객 군집에서 얼리 머저리티 고객군집으로의 이동 시에 있는 가장 큰 진입 장벽이다. 이 단계에서 크게 세 가지가 진행되어 진다.

첫째, 마케팅 예산을 가장 효율적으로 집행해야 하는 PLC 구간 한국 마켓인 포털 사이트들의 키워드, 인터넷 배너, 뉴스 마케팅, 동영상 마케팅, 바이럴 마케팅, SNS 마케팅, 인플루언서 마케팅, 크리에이터 마케팅, 인터넷 드라마 PPL, 페이스북, 블로그, 인스타그램 마케팅 등 툴을 활용하여 전개할 때 기업의 마케팅 예산 없이 진행하는 방법을 쓰는 것으로는 마켓캐즘을 뛰어넘을 수 없다. 신제품 개발 비용의 마케팅 예산은 보통 목표 매출 기준 10~45%까지 예산 편성을 하고 진행하는 것이 통상적이다.

유통 메이저 기업인 백화점, 할인점, 편의점, 홈쇼핑, 인터넷 종합 쇼핑몰, 소셜 커머스, 오픈 마켓, 폐쇄몰, 포인트몰은 적게는 15%에서 많게는 45%까지 입점 수수료를 가져가는 유통 구조를 선택하더라도, 목표매출에 5~10% 이상 마케팅 예산을 잡고 마케팅 전략을 수립하고 마케팅 툴의 우선순위를 정해야 마케팅 전략을 실행해 점프가 가능하다.

둘째, 100,000개를 목표로 판매 수량을 잡았다면 16%는 '후기 마케팅'을 해도 이윤 남아

도입기에서 성장기로 진입하는 시기의 마케팅 전략은 크게 두 가지로 구분되는데 하나는 샘플 하나도 판매를 하려는 전략과 다른 하나는 고객 후기 생성을 위해 파워블로거나 고객들에게 무료로 나눠주고 후기 생성과 동시에 페이스북, 블로그, 인스타그램에 적극 콘텐츠를 노출하여 고객과 관계 형성을 하고 잠재 고객군을 확보하려는 마케팅 전략으로 구분된다.

현금으로 마케팅 예산을 잡고 마케팅을 전개해가는 것도 중요하지만, 이처럼 목표 판매량의 16%인 16,000개는 파워블로그나 이노베이터, 얼리어댑터 고객들에게 연중 52주 프로모션 이벤트를 통한 후기 마케팅을 적극적으로 전개해나갈 때 마켓캐즘을 극복할 수 있다.

셋째, 성장기로 넘어가는 시기에 신제품 기획 개발 필수

도입기에서 성장기로 넘어가는 시점에서 신제품을 개발해야 하는 가장 큰 이유는 이시기에 레벨 업된 신제품이나 세분화되고 재정의된 신제품들을 기획해 놓지 않으면 다음의 마켓케즘의 공백 기간은 길어지고 결국 기업들이 지속 성장을 하는 데 한계에 부딪히게 되어 힘든 상황을 맞이하게 된다.

마케팅 이론은 누군가에게 평생 사업의 성공 프로세스의 결과적 데이터라는 것을 잊지 말아야 한다.

가장 널리 알려진 마케팅 이론의 '제품생애주기(PLC-Product Life Cycle)'를 잘 활용하는 제품군 중에 하나인 반도체 칩의 개발 주기는 즉 시즈(Seeds)의 트렌드가 무어의 법칙에 따라 18개월마다 배가된다는 이론을 바탕으로 버전업하며 기술의 업그레이드 시점에 뉴 스마트폰들을 시의적절하게 론칭하여 지속 성장을 하며 글로벌 마켓을 형성하고 있다.

▌마케팅은 타이밍이다.
위 세 가지 타이밍 놓치면 재고만 늘어 문제

기업의 CEO, 상품 기획자(MD), 브랜드 매니저(BM), 마케터들이 가장 간과하고 있는 것 중 하나는 기본적인 것에 대한 자의식 부족이다. 제조되는 대로, 판매되는 대로 흘러가다가 결국은 브랜드 구축도 못 하고 처음부터 가격 할인이나 1+1행사를 통해 그 상품 가치를 스스로 떨어뜨리다가 재고 처리되고 사장되는 신제품군들이 90%가 넘고 있다. 보통 3년 이상 제품 유지가 어려운 상품들을 브랜드라고 말을 할 수 없는데, 시장에는 브랜드로서의 판매량이 되지 않는 상품만 연간 50만 개 이상 있는 것으로 추정된다.

필자는 최근에 브랜드는 말할 수는 없지만, 유통 기한이 2개월 남짓 남은 생리대 수십만 개를 전 직원들의 지인 네트워크를 통해 무상으로 나눠주는 경험을 할 수 있었다. 이유는 그 제품들을 파기하는 비용이 무상으로 나눠주는 비용보다 더 많이 들기 때문에 그렇게 했다는 이야기를 접했다.

편의점의 가정 간편식(HMR), 제과점의 빵들도 유효기간의 얼마 남지 않으면 자체적으로 소진하는 경우들을 종종 볼 수 있다.

▍마켓케즘을 뛰어넘기 위한 필수 전략과 실행이 통합 마케팅 커뮤니케이션(IMC)

제품 생애 주기(PLC)와 보스턴 컨설팅 그룹에서 만든 BCG 그래프를 토대로 한 IMC 전략은 마케팅 실행, 해석, 피드백이 한결 편리하다.

기준을 기술 개발과 제품 생산 비용 최대치가 아닌 유통기한 2년으로 하였다면 예상 판매되는 타이밍과 제품 생산의 시간을 잘 계산하여 생산과 마케팅 예산 편성의 균형 감각을 잘 유지했을 것이다.

요즘 스마트 팩토리, 3D 프린터의 보급으로 프로토 타입(시제품)이나, 샘플을 쉽게 만들어 낼 수가 있다. 이는 타깃으로 예상하는 고객군 1,000명의 데이터를 구축하고 오프라인 서포터즈단을 구성하거나 품질 평가단을 구축해 신제품 교육과 동시에 바이럴 마케팅과 SNS 등의 콘텐츠 마케팅을 제품 기획 단계부터 시작해가는 것이 필수다.

준비되지 않은 짧은 기간의 성공은 오히려 신제품 브랜드 평판에 악영향을 줄 수 있기에 목표 판매량과 PLC 주기에 따른 마케팅 전략과 실행 방식을 체득하고 '마케팅은 타이밍이다.'라는 마인드로 마케팅 실행을 전사적이고 IMC적으로 해갈 때, 브랜드가 되고 성과 창출이 되며 지속 성장할 수 있다는 것을 명심하자. 더 이상의 스텝 바이 스텝의 직열식 마케팅 전개는 없다. 병렬식의 기획, 전략, 마케팅, 영업, 관리, 서비스 등이 총체적으로 전 방위적으로 각을 세워 전개되는 시대다. 마켓케즘을 뛰어넘을 때 히트 상품이 되고 브랜드가 된다.

마켓케즘이라는 마켓 단절을 막고자 한다면, 진입기와 성장기의 갭을 줄이는 것이 관건이다. 그러기 위해서는 3단계의 전략을 통해 전체적인 비즈니스를 지속해야 한다. 얼리어답터와 얼리 머저리티 간의 갭을 줄일 수 있으며, 마케팅 예산 설정과 명확한 목표 설정은 사업의 성공을 이룰 수 있는 핵심이다.

#마켓캐즘 #PLC주기 #마케팅은타이밍 #시즈 #기술수용이론

II. 고객과 마켓

"고객은 자신의 불편함을 단순한 방법일지라도 완전하게 해소해 줄 수 있는 사업에 호응했습니다. 아무리 기술이나 디자인이 빼어난 제품일지라도 명확하게 고객을 정의하고 그들의 니즈를 파악하는 데 실패하면 성공할 수 없었습니다."

Philip Kotler

1. A 시장

[11] 한류 마케팅, 한국 중소 브랜드
아시아 한류 마케팅 시대 열릴 것

Q11 한국 업체들이 해외를 향한 판매 확대에 주목하고 있는데, 어떤 방식의 마케팅이 필요할까요?

▌한국 기업들의 세계화 애로 사항

대기업조차 자신의 기업 브랜드나 제품 브랜드를 아시아 현지화하는 데 상당한 금전적 투자와 노력을 요하는 부분이다. 중소기업 브랜드는 더더욱 세계로 뻗어 나가는 데 한계에 부딪히는 것이 사실이다.

싸이의 세계 열풍도 2년을 넘지 못했고, 중국에서 한국 브랜드도 사드의 진입 장벽에 막혀 한계를 넘지 못하는 실정에서 우리에게는 새로운 형태의 아시아 진출에 필요한 무대들이 필요한 실정이다.

중국의 왕홍 MCN의 열풍과 1인 방송의 열풍은 폭발적이다. 한국에서도 동영상 비즈니스나 라이브 방송의 1인 방송 비즈니스가 태동하였지만, 이것이 세계화를 만들어가는 것에는 한계가 있어 보인다.

▌온·오프가 믹스된 콘텐츠 마케팅은 이제 동영상이 대세

첫째, 동영상 콘텐츠는 메시지와 재미의 결합 유형 둘째, 퍼포먼스와 비주얼의 결합유형 셋째, 스타나 명사들의 스토리텔링 동영상 등이 인기가 있으며, 영향력 있는 동영상으로 각광받고 있다.

새로운 트렌드 이벤트 행사에 기업 브랜드 PPL 노출, 웹 드라마 PPL 노출, 행사장의 디스플레이에 의한 자연스러운 노출 등으로 한국 브랜드 마케팅을 전개해가고 있다.

■ **한류 브랜드 창출에 공헌하는 아시아 모델 페스티벌 화제**

한국이 주최하는 국제 행사로는 '아시아 모델 페스티벌'과 '부산 국제 영화제'를 양대 산맥으로 '서울 드라마 어워즈' 등 다양한 국제 행사를 진행하고 있지만, 한국 브랜드를 아시아에 진출하는 데 이바지하는 행사로는 '아시아 모델 페스티벌'이 단연 애국적이다. 한국의 패션 문화와 한국 브랜드의 우수성을 알리는 것은 물론 아시아 27개국에서 나라별 현지 아시아 페이스오프 대회를 개최하여 각 나라 톱 모델 선발과 아시아 스타상을 선정하여 주는 모델, 문화, 공연, 시상식, 한국 브랜드 퍼포먼스의 융·복합적인 국제 행사를 통해 궁극적으로 한국 브랜드가 한류 브랜드가 되는 데 공헌하는 행사다.

각 나라의 국영방송이나 메이저 방송의 노출은 물론 140만 아시아인들이 이웃으로 되어 있는 페이스북을 통해 행사의 취지에 맞는 콘셉트 메시지 전달과 한류 브랜드의 우수성을 적극적으로 알려주는 SNS 채널의 시너지 효과 또한 최고다.

■ **아시아에 진출하려는 기업에게 필요한 것은?**

첫째, 현지 문화 이해와 인맥 둘째, 현지 브랜드 론칭과 이슈화 셋째, 현지 사무실 오픈을 통한 직접적인 브랜드 마케팅 전개 등이 필요하다.

단순 수출을 통한 마케팅 비즈니스는 일회성일 확률이 높지만, 한국 브랜드를 현지화하고 있는 패션, 이미용, 외식업 프랜차이즈, 리테일 상품 현지 유통 등은 자리를 잡아가는 추세다.

한국에서도 인기가 있다는 정도를 알기 위해서는 매출, 수익 구조, 대형 유통 업체 입점 현황도 중요하지만, 연예인이나 스타, 모델 등 누구를 활용하고 있는지에 대한 인지도로 그 브랜드를 평가하고 브랜드를 선호하는 것은 한국이나 아시아나 같은 맥락이다.

▌아시아 진출에 필요한 한류 마케팅 전략

첫째, 행사에 브랜드를 노출해 스타나 톱 모델들과 프레임을 창출한다. 둘째, 브랜드 콘셉트에 부합하는 모델을 선정 다국어 홈페이지 및 웹 반응형 쇼핑몰 자체 구축하고, 상세 페이지 구축, 소셜 페이지 핵심키워드나 해시태그를 통해 적극적으로 노출한다. 셋째, 해시태그와 연계된 동영상 콘텐츠의 라이브 생성 및 Youtube 노출 방식을 적극적으로 활용하는 것이 기본이다.

▌한국 방문하는 외국인 관광객의 한류 마케팅 대안

외국인 관광객들을 버스로 이동시키며 단체 관광 차원에서 끝나는 한류 마케팅이 아니라 아시아인들의 선호도와 입맛에 맞는 맞춤 관광과 연계된 한국 숨은 명소들의 관광과 맛 그리고 문화 스토리 등을 새롭게 창출하고, 모바일에 다국어로 설명하고 예약을 하여 반 자유 여행을 할 수 있는 자연스러운 한류 마케팅을 펼쳐나갈 필요가 있다.

중국인 단체 관광을 보면 중국인의 자본이 제주도에 투자되어 중국인 관광객을 중국 사람들이 한국 여행사나 한국 관광 종사자를 거치지 않고 진행하는 추세다.

한류가 불과 15년도 안 돼서 중국인들이 한국 현지화에 성공해가고 있다. 안방을 내어주는 일을 인제 그만하려면 단체 한류 관광에서 한국 문화, 한국의 맛, 한류 공연, 젊은 커플들의 트렌드, 사진 촬영 및 동영상 촬영의 추억 만들기까지 원스톱으로 지원하는 한국 내의 새로운 비즈니스 모델의 태동도 필요한 시점이다. 청년 창업의 정부 지원 영역을 확장해 한류 브랜드 활성화 비즈니스 영역에도 지원이 필요하다.

모바일 플랫폼 안에서 호텔의 차별화는 이제 가격 이외에는 없기에 호텔, 펜션, 게스트 하우스들도 강점적 차별화를 창출하는 한국 기업들이 출현했을 때 한류 마케팅도 그 성과에 빛이 날 것으로 보인다.

외국어를 전공한 대학생들과 각 산업군의 전문가들, 나아가 '아시아 모델 페스티벌' 같은 '판' 기획을 하는 분들이 연합하고 융합하여 한국의 중소기업과 중견기업들의 한국 브랜드가 한류 브랜드가 될 때까지 중심을 잡아주는 전방위적인 융·복합된 민간단체의 출현도 필요하다.

한류 브랜드가 해외로 뻗어나가기 위해 필요한 것은 바로 온·오프라인 믹스이다. 그런 브랜드 창출에서 한류 마케팅 전략 구상이 필수적이며, 예시로 아시아 모델 페스티벌과 같은 이미지 정립을 가능케 해주는 마케팅이 부상하고 있다. 강점적 차별화를 위해 한류 브랜드의 전방위적인 융복합 한류 마케팅이 필요하다.

#한류브랜드 #융복합마케팅 #아시아모델페스티벌
#강점적차별화 #온오프라인믹스

2. A 시장

[12] S세대 마케팅, 마켓을 선도하는 S세대 여성을 학습하라. 마케터들이여!

Q12 마케팅에서 제일 중요한 것은 고객인데, 현재 고객 중 제일 중요한 타깃은 누구라고 생각하시나요?

트렌드는 마케팅의 용어 중 세분화의 영역에서의 세대별, 라이프 스타일의 군집별 의식의 특징들이 신조어와 결부되어 마켓의 수요 예상군을 재정의 내리고 마켓을 선도하는 가까운 미래의 물결들이다.

1988년 전후로 태어난 S세대란 '싱글(Single)'과 '솔로(Solo)'의 이니셜(initial)인 'S'와 세대(generation)를 결합하여 만든 신조어로, '쿨(cool)' 하게 살기를 선망하는 젊은 세대들을 지칭하는 말이다. S세대들은 첫째, 자기관리가 철저하고 둘째, 취미 생활도 전문적이며 셋째, 자기애(自己愛)도 강하다. 이들은 휴일이면 직접 장을 봐서 요리를 해먹고, 고급 와인과 프리미엄 맥주를 즐기며, 자신만의 스타일과 브랜드를 찾는데 많은 시간과 열정을 쏟는 것이 이들의 특징이다.

2018년 한국의 30대 여성은 직장인 주부, 싱글 주부, 주부의 색깔에 맞게 소비의 중심에 우뚝 서 있다. S세대가 선도하고 있는 3가지 시장은 첫째, 출산시장, 둘째, 자녀교육시장, 셋째, 먹거리 시장이다.

▋경력 단절 여성 스스로 해법을 찾아가는 S세대

임신부터 초등학교 들어가기 전까지의 마켓 쉐어의 핵심은 역시 자녀와 관련이 집중되어 있으며, 좋은 옷, 좋은 먹거리, 좋은 교육을 시키려는 프리미엄 마인드로 치면 세계 그 어느 나라에도 뒤지지 않는 시장을 형성하고 있다.

S세대의 여성들은 70% 이상 카드 결제자의 소비력으로 한국 마켓의 VIP 고객이며, 마켓을 선도하는 트렌드세터들이다. 주부이기 이전에 파워 블로거이며, 주부이기 전에 품평단이며, 부모이기 이전에 교육 전문가다. 그들은 자녀를 위해서라면 지역별 주부들의 독서 모임부터 키즈카페, 서점까지 어느 곳을 가든 그들의 온·오프 커뮤니티를 형성하여 입소문을 주도하고 소비자 평판을 리드하고 있다.

S세대는 실용적인 정보를 찾을 때 실용적인 지식을 우선한다. 노하우(know how)와 노웨어(know where)에 관심을 두기 때문에 진리나 도덕성보다 실용 정보나 능력, 스펙을 우선한다. 타인에 대한 의식보다는 자기 내면의 목소리, 표현의 자유를 중요한 행동 근거로 삼는다.

'말랑비치'의 공동대표인 여성 CEO들을 보면 커리어 우먼이었을 때 가지고 있던 노하우를 가지고 아동 전문 패션을 선도하는 '아동 패션 디자이너'들이다. 이들은 브랜드 쇼핑몰의 패션 MD로, 어린 자녀들 키우는 엄마로 1인 3역 이상을 하며 경력 단절도 극복하고, 자신만의 전문성을 세분화시켜서 아동패션 브랜드를 차별화하며 선도하는 여성 '뉴노웨어'를 걷고 있다.

S세대는 탈권위적이다. 윤리와 관련해 상대적으로 재해석하는 경향이 있기에 자신에게 맞는, 자기 입장에서의 소비 윤리를 찾는다. 가시성, 가벼움, 즐거움, 나르시즘에 집착하고 의미보다는 이야기에 집중한다.

■ 욜로족(You Only Live Once)을 선도하는 싱글족 S세대 '트렌드 메이커'

'You Only Live Once(한 번뿐인 인생)'의 이니셜을 따 만들었다. 흔히 "오늘을 즐기라."라고 인용되는 라틴어의 "카르페디엠(Carpe Diem)"과 유사한 표현이다. 한 번뿐인 인생을 충분히 즐기며 살라는 의미가 있다.

현재를 중시하는 2030 세대의 가치관이 욜로 문화로 나타났다고 보는 시각도 있다. 전 세계적으로 저성장 기조가 장기화하면서 미래를 준비하기보다 오늘에 집중하려는 태도가 2030 세대를 중심으로 자리 잡았기 때문이다.

페이스북이나 인스타그램을 조사해보면 화려한 옷, 여행지, 음식 데커레이션, 집 인테리어 이미지들로 어필하며 일반인들이 블로그로 시작해서 책을 쓰고 저자 사인회를 하고 강의를 하는 여성 S세대들은 결혼보다는 '한 번뿐인 인생 즐기자!'를 선도하며, 그에 맞는 소비를 선도하고 있다. 이들은 큰 특징은 지금 자신이 서 있는 곳, SNS를 하는 곳, 사진을 올리는 곳이 국가이고 정체성이며, 자신의 모든 것인 것처럼 자기중심의 사진과 동영상 문화를 창출하며 '트렌드 메이커'로 급부상하고 있다.

온라인 요리 시장을 리드하는 S세대

직장인은 바빠서, 아이를 키우는 주부들은 아이를 위해서 그리고 싱글족의 여성들은 자신만의 입맛에 맞는 요리와 반찬 다이어트 식품들을 인터넷에서 시켜 먹는 문화가 창출되었다.

간편식으로 즐기는 냉동 만두, 즉석밥, 편의점 삼각김밥이나 레토르트 국·탕·찌개, 냉동 피자의 구입율이 증가 추세다. 1인 가구는 편의점에서 2인 가구는 대형 마트에서 간편식을 주로 구매하고 10명 중 4명은 반찬을 사 먹고 있다.

S세대답게 조미료 사용과 위생 측면의 우려와 맛의 비선호 때문에 반찬 구매를 망설이기도 하지만 동네 반찬 가게나 마트, 백화점에서 완전 조리 제품 구매는 꾸준하게 매출이 늘어나는 추세다.

특히 모바일 마켓은 평균 주 2.4회, 주 47,000원을 온라인 반찬이나 반조리 식품을 소비하는 통계를 보이고 있다.

▋S세대가 S세대에게 직접 상품 기획(MD)을 하고 마케팅을 하는 S세대

S세대가 출현하기 전에 간편식 트렌드나 레시피에 필요한 음식재료, 레시피를 구매하는 정보 사이트가 존재하지 않았다.

단순 음식 배달 서비스를 하는 배달의 민족이나, 요기요, 배달통의 플랫폼 문화에서 음식재료를 배송하는 서비스 업체인 마트플라이, 마켓컬리, 롯데프레시 같은 플랫폼들도 트렌드로 급부상하고 있다.

S세대들은 특히 호칭 면에서 '언니'라는 단어를 좋아하는 문화와 관련하여 브랜드명도 '써니떡볶이', '미자언니네', '언니네 텃밭' 등 블로그나 팟캐스트, 책 출판 등의 1인 미디어을 통해 S세대들을 직접 공략하여 집안에 있던 주부 언니들이 시장의 트렌드를 레시피, 정보, 진정성을 어필하며 시장의 중심으로 진입하고 있다. 이제 주부가 경쟁자가 되어버린 시대에 마케터나 상품 기획자(MD, 머천다이저)들은 S세대를 학습하고 그들의 니즈, 원츠, 디멘드보다 반걸음 앞선 트렌드를 리드해야 하는 시대가 되었다.

> 새롭게 떠오르고 있는 S세대 여성들을 위한 마케팅과 상품 개발이 진행되어야 한다. S세대는 같은 세대끼리 서로 홍보 PR하며, 스스로 시장을 리드하는 세대이다. 그들을 위한 플랫폼이나 마케팅은 이제 어색한 것이 아니다. S세대들을 공략하여 시장의 트렌드와 중심을 꿰차는 마케터가 승자가 될 것이다.
>
> #S세대 #셀프기획 #트렌드메이커 #욜로족
> #시장중심으로가는핵심

3. A 시장

**[13] 남성 고객 라이프 스타일,
아빠 고객들은 이런 마트에 가고 싶어 한다**

Q13 이제는 남성들도 마케팅 고객군으로 타깃을 많이 하고 있습니다. 남성 타깃으로 어떤 전략을 세워야 할까요?

마케팅이기 이전이 인생의 라이프 스타일에 따른 고객의 구분이 상당히 중요한 시대다. 할인점의 MD(상품 기획자)라면 분명 마트 반경 500m, 2km, 5Km, 10km, 전국의 주거 환경의 특성을 조사할 것이고, 내방 고객 증대를 위해 마케터 역시 마케팅 전략을 짜고 유관 부서와 전략적인 마케팅 예산을 선정하고 연중 마케팅을 전개해 갈 것이다.

고객의 라이프 스타일은 고객의 현재 상황에 따른 세분화 차원에서 다음과 같이 분류하여 해석하고 인지하며, 내방 고객을 응대하고 판매 세일즈를 전개해가는 것이 과학적이다. 또한, 실시간 응대를 통한 매출 증대를 모색해야 한다.

▎남성 고객 스타일 유형

집밥 해주는 남자들을 위해 신선 식품 MD들도 남성 고객 스타일 트렌드 워칭 통해 선도해가야 한다.

- ✓ 건전한 스타일: 정치, 국가, 환경 등 사회에 대한 참여와 공헌 의식이 높고, 과거부터 이어져 온 전통을 중시함- 웰빙 생활, 서구 지향에서 자국 전통 지향으로, 진품과 자연 지향 전통 식단으로의 회귀

- ✅ 성공 스타일: 지적 매너, 트렌드, 예술 등 폭넓은 관심을 보이고, 성취감을 찾아 자기 계발에 투자함- 환경보호에 대한 적극적 참여, 글로벌한 생활, 진품, 자연 지향, 해외 수입 명품 선호
- ✅ 규범적 스타일: 지역 내 교류와 명절, 관습, 도덕 등을 중시하며, 착실한 일상을 보냄- 건강과 전통을 중시, 채식 자연 지향
- ✅ 평온한 스타일: 가족과 보내는 평온한 행복을 중시하며, 사회의 이슈나 사건·사고에 관심이 많음- 건강에 관심이 있으나 비용을 지출하고 싶지 않음. 자연지향으로 변화하고 있으나 저 가격을 중시함
- ✅ 절약스타일: 일상생활을 잘 운영하면서 화려한 생활에 동경심을 갖고 있음- 무엇보다 지출을 억제하고 싶어 함. 낮은 가격을 좋아함
- ✅ 화려한 스타일: 긍정적이고 낙천적으로 새로운 즐거움을 찾아 친구, 동료 등과 공유하는 것을 즐김- 맛있는 것, 진기한 것을 찾으나 건강에는 무관심, 해외의 유기농 식품, 작은 장식품 선호
- ✅ 감각적 스타일: 사물을 감각적으로 파악하여 판단하고, 타인과 다른 개성인 자신을 인정받고 싶어 함- 개성을 연출할 수 있는 색다른 것을 좋아함, 토속적 음식재료, 해외의 유기농 식품, 작은 장식품
- ✅ 무관심 스타일: 인생에 달관한 것 같은 내정한 시각을 가지고 있으면서도 특정한 관심 영역에 대해서는 식견이 깊음- 미식에 관심이 없으며, 무엇에든 신경을 쓰고 싶어 하지 않음, 채식 선호

고객의 입장에서 마트 현장 판매원들이 고객의 성향을 암묵적으로 선 이해하고, 전문적인 서비스를 베푼다면 아수라장 같은 매대의 진열과 고

객들의 혼잡 속에서도 발길을 멈추고 손길이 가게 된다는 것이다.

오프라인 상점들은 더 이상의 경계가 없어지고 있다. 무경계의 마켓 상황이다. 마트, 슈퍼마켓, 할인점, 편의점 등에 입점하여 전략적으로 목적 고객들에게 접근하여 판매량을 늘리고 매출을 증대하고 싶다면 고객의 라이프 스타일을 명확히 조사·분석·인지하여 디테일하고 세분화된 고객특성에 맞는 마케팅을 전개해가야 할 것이다.

▎직접 요리(집밥) vs 외식의 고객층별 '라이프 스테이지'의 변화

라이프 스테이지(Life Stage)는 인간 생활을 라이프 사이클에 따라서 구분하는 단계를 일컫는 말로 연령의 변화를 축으로 학생 생활, 결혼, 사회적 지위, 수입, 가족 구성원 등을 참작해서 일정한 그룹으로 나누는 방식이다. 좀 더 쉽게 말하면 소비자 그룹을 단순히 생리 연령에 따라서 나누는 것이 아니라 생활 연령을 기준으로 나눈다는 말이다. 트렌드 워칭에서 중요한 분석 스타일이기도 하다.

✅ 학생, 미혼의 청춘 사회인: 양과 가격이 중요, 고급 식당에 대한 니즈
(여자 친구, 애인 중심)
✅ 결혼한 사회인: 고급이면서 합리적인 가격의 레스토랑에 대한 니즈
(아내 중심)
✅ 자녀를 둔 사회인: 가처분 소득이 적어서 가격이 가장 중요함
(가성비 중심)
✅ 자녀를 독립시킨 장년층: 다소 고가라도 질을 중시, 건강 측면도 중시
(가족 중심)
✅ 고령자: 삶의 질과 건강을 가장 중시(자녀들의 용돈, 선물에 의존)

남성 고객들의 금융 자산의 변화를 보면 40대 중반 이후에 자녀들이

대학에 입학하고 결혼을 하는 고객의 라이프 스테이지이기 때문에 수입의 곡선보다 지출의 곡선이 많아지는 시기로 '집밥을 먹을 것이냐? 외식할 것이냐?'에서 경제적 부담감이 문제가 되는 경우가 많이 있다.

남성 고객들의 외식 세그먼테이션을 보면 혼밥, 배달 음식, 간편 조리 식품, 도시락 등으로 세분화하여 식비의 트렌드는 계속 증가 추세다.

마트의 MD 관점에서 보는 고객의 구분
- ✅ 시민들이 가성비를 따지며 음식재료를 사러 오는 고객
- ✅ 집에서 요리해서 먹는 고객
- ✅ 레시피를 보고 따라서 요리를 해먹는 고객
- ✅ 손질된 요리 재료들을 사러 오는 고객
- ✅ 싱싱한 지역 해산물과 특산물을 사러 오는 고객
- ✅ 배달을 원하는 고객
- ✅ 구매 대행 서비스를 원하는 고객
- ✅ 마트 내에 있는 푸드코트에 외식하러 오는 사람
- ✅ 간단한 생필품을 사러오는 고객

▎일요일에 요리해주는 아빠의 관점에서 본 마트

할인점(마트) 입구에서: 입구에 들어가는 데에 녹슨 카트들이 즐비하다. 고객의 가방이나 짐은 가지고 들어가지 못하게 하는 정책이 있는지 사물함 줄서기는 기본이다. 공간이 남아서인지 땡처리형의 진열대들이 수두룩하다.

✅ 마트 안: 40대 중반의 아빠는 인터넷에서 요리할 레시피를 검색해서 캡처한 후, 마트로 가서 요리에 필요한 음식 재료를 카트에 담기 시작한다. 아내를 닮아 더는 즉흥적이지 않고, 합리적인 소비를 한다. 가성비에 친절 서

비스까지 보는 가심비도 꼼꼼히 체크하며 현지 직송의 싱싱하고 신선한 해산물과 고기, 채소, 지역 음식 재료, 과일류와 요리에 필요한 양념류, 기타 음식 재료를 구매하고 마트에서 나오기 시작한다.

✅ 마트를 나오다가: 신선 식품들과 신선한 요리 재료들을 고르려는데 레시피들이 보여 호기심에 상품 진열 매대에 서서 읽어본다. 그리고 추가로 더 산다.

■ 고객인 아빠 고객 관점에서 마트에 바라는 점

▶ 계절상품을 월 단위로 표시해준다면, ▶ 지역 특산물들도 주기적으로 판다면, ▶ 지역 특산물을 예약 판매해준다면, ▶ 레시피대로 4인 가족, 3인 가족, 2인 가족, 1인 가족이 요리해서 먹을 수 있는 일회용 필요 양념류를 묶음으로 판매한다면, ▶ 마트 재료들로 맛있게 요리해 먹는 법을 야간 강좌로 진행 서비스해준다면, ▶ 마트의 음식 재료로 요리한 전문점이 마트 내에 있다면, ▶ 마트에 '공구'들을 판매한다면,

마트를 자주 드나들고 싶은 남성 고객들의 니즈, 원츠, 디맨드가 있는 것이 사실이다.

남성 고객 중심의 마트 '조닝(Zoning: 공간을 용도나 기능별로 나누어 배치하는 일)'을 구성한다면, 1인 가족의 남성들, 4050 세대의 가족에게 요리해주고 싶은 아빠 고객들, 혼자 사시는 남성 고령자들까지 20%의 숨은 고객들을 대상으로 한 서비스의 차별화를 시도한다면 남성 고객들 스스로 마트로 발걸음을 돌려 당당히 다니는 새로운 문화도 창출될 것이다.

배달해먹는 음식보다 요리해먹는 비용이 저렴하고 행복을 더해준다는 '가심비'를 유지해준다면, 고객들은 여전히 집에서 가까운 대형 마트에 차를 몰고 가서 주차하는 불편함과 비좁은 시장 일지라도 발길을 이어 갈 것이다.

외식 문화, 배달 음식 문화, 집밥 문화, 혼밥 문화는 무한 경쟁에서 오프

라인, 인터넷, 방송 마켓은 요리해주는 아빠 고객 문화를 트렌드로 선도하여 마켓으로 남심은 이동해 줄 것이다.

    카드 결제자의 70%가 여성이지만 30%는 여전히 남성이라는 것을 잊지 말자. 시사하는 바가 크다. 남심의 비율을 높여가는 기업이 레드오션 속 강자가 될 것이다.

> 라이프 스타일에 따라 고객군을 분류하고 타깃하여야 하는데, 예를 들어 남성 타깃의 경우도 여러 남성의 군집을 마련하여 그중 우리 제품에 맞는 타깃을 선정, 공략하여야 한다. 마트에서 본 남성들은 가정적인 아빠라는 타깃으로 가성비 좋은 제품을 내놓지만, 1인 가구 남성들을 타깃으로는 혼밥 문화를 선도하는 제품이 유리하다.
>
> #라이프스타일에따른분류 #타깃마케팅 #남성마케팅
> #타깃선정 #마트관점타깃

4. B 시장

**[14] 그루밍족, 고객 세분화에서
1조 시장 트렌드 창출까지 남성 마켓 공략하라**

Q14 타깃을 설정하는 것이 쉽지 않습니다. 어떤 방법으로 타깃을 설정하고, 신규 시장은 어떤 것이 있을까요?

기업들이 마케팅 전략을 세우고 마케팅 실행을 통해 고객을 창출함에 있어서 가장 중요한 시작이 고객 세그먼테이션, 즉 고객을 세분화시키고 비슷한 행동 양식을 보이는 특성 있는 고객군의 조합을 통해 새로운 고객군의 정의를 내리는 것이 세그먼테이션이다. 고객 세분화는 단순 틈새를 발견하는 것에 준하지 않는다.

▌'세그먼테이션'에서 틈새시장으로 다시 '트렌드' 창출까지

남자 고객의 분류와 세분화를 통해 틈새시장 발견과 그루밍족의 트렌드 전략까지 세워 보기를 해보자. 세상에서 가장 간단한 성향 중심의 고객 분류를 세분화해보면 다음과 같다.

A. 외모가 남자답고 성격도 남자다운 고객
B. 외모는 남자다운데 성격은 여성스러운 고객
C. 외모가 여성 같고 성격은 남자 같은 고객
D. 외모는 여성 같고, 성격도 여성 같은 고객

이렇게 남자 고객만 놓고 보더라도 네 가지 군집의 고객군으로 분류된다. 그렇다면 어떤 고객군이 그루밍족을 대표할까?

여기서 1차원적으로 구분을 한다면 외모 기준으로 D 유형만을 그루밍족으로 정의 내릴 수 있겠지만, 한 차원 높은 마케터는 단계별로 D형, B형을 함께 묶어 정의 내리고, B형까지 확장해서 그루밍족이라고 고객군을 군집화하고, 세 가지 남자 고객 유형의 여자친구 또는 아내를 공략하는 광고 카피 전략이나, 콘텐츠 스토리텔링 전략으로 입안하고 마케팅을 실행해나가는 것이 맞다.

틈새시장(적소 시장) 마케팅은 매력적인 마켓으로, 그 특징으로는 고객들은 독특하면서도 약간 복잡한 욕구가 있으며 그들의 욕구를 최상으로 충족시켜주는 기업에 더 많이 지급한다. 또한, 전문화를 통해 특별한 경제성을 획득한다. 그리고 틈새시장은 충분한 규모, 이익 및 성장 잠재력을 지니고 있어야 한다. 이처럼 세분화는 틈새시장의 발견이고, 이것은 다시 트렌드로 진화하여 새로운 레드오션 속 블루오션을 창출해준다.

고객 분석을 하는 과정에서 고객 세분화하는 방식을 지리적 세분화, 인구통계학적 세분화, 심리 묘사적 세분화, 행위적 세분화의 믹스를 통해 나타나는 이슈나 현상, 구매로 이어지는 것을 새롭게 정의 내려 신조어를 만들고 세대별로 트렌드까지 분석해야 한다.

▌그루밍족은 어떤 고객적 특성을 지니고 있을까?

그루밍(Grooming)은 마부가 말을 목욕시키고 빗질하는 것을 뜻하는 그룸(Groom)에서 유래한 단어로 차림새, 몸단장이라는 뜻이다.

그루밍, "외모도 경쟁력이다."라는 슬로건 하에 남성들이 피부 관리, 헤어스타일 관리, 제모까지 이제는 제모하는 남자들이 늘고 있다.

메트로섹슈얼이 패션 중심으로 남성들이 외모에 신경을 써 왔다면, 그루밍족은 피부를 중심으로 진화하여 화장품을 디테일하게 사용하고 나아가 헤어 전용 왁스 사용, 색조 화장품 사용, 여성들의 전유물인 줄 알았던 다리털 제모와 수염을 밀고, 겨드랑이 털을 민다. TV를 보면 연예인들이 제모하는 상황들을 심심치 않게 볼 수 있다.

　피부과에서 수염을 제모하는 남성 고객 100명을 대상으로 조사한 결과 대학생이 32%로 가장 많았고 그다음으로는 직장인, 연예인, 연예인 지망생, 의료인, 군인 순으로 많이 나왔다.

　드럭스토어를 가보면 남성 화장품, 왁스들의 입점한 것들을 볼 수가 있다. TV에서 다시 꽃미남 트렌드 이후 남성 전용 화장품 CF까지 등장했다. 나아가 남성 정장 시장도 맞춤 시장으로 확대로 보편화하고 있다. 전반적으로 남성 전용 제품군 트렌드되어 확산 중이다.

▌한국 그루밍 시장 규모 세계 1위, 1조 시장 형성

　시장조사 기관 유로모니터의 통계를 보면 한국 남성 그루밍 시장 규모가 1조 640억 원 규모 수준이라고 밝혔다. 2020년까지 매년 50% 성장할 것으로 보인다.

한국 남성 화장품 시장규모

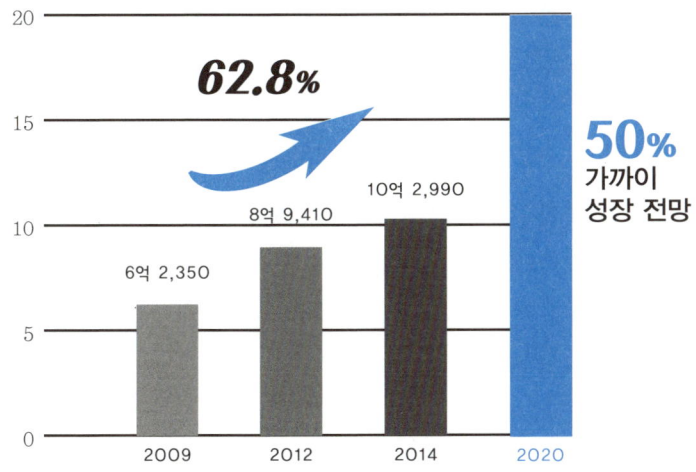

출처: 김태우, 2016, 남자도 이젠 미용에 관심 가져야 할 때 '필립스 맨즈 그루밍', iT dong A

올리브영은 이미 2012년에 '그루밍존'을 설치하여 매장을 운영하고 있으며 매년 연평균 40%씩 성장하는 등 고객의 호응도가 높은 편이다. 현재 '다슈'라는 왁스 브랜드 같은 경우 그루밍족에게 인기로 스타일 고정력과 세정력이 우수해 연 50만 개 이상 팔리고 있다.

시장조사를 하고 자신들의 강점, 원료, 서비스 등의 특성들을 객관화시키고 신제품 개발의 화두를 상품 기획자, 브랜드 매니저, 마케터, 회계, 전략가 등이 머리를 맞대는 것이 필요한 시점이다.

'내 제품이 최고다.'라고 생각하는 사람은 세상에 CEO밖에 없다. 혼자만의 아이디어에 특허를 내고 제품을 생산해서 판매하려는 패턴은 더는 존재하면 안 된다. 마케팅 전략은 가설을 세우고 유추하는 것부터 시작한다.

시장조사나 통계자료를 접하지 않더라도 유추해보면 외모가 경쟁력인 시장에서 남성 고객의 성장 트렌드에 발맞춰 지속 성장할 것을 보면 다음과 같다.

그루밍족이 확장하고 있는 남성 카테고리들을 보면 남성 화장품, 피부과, 제모 관련 제품, 미용 관련 기기, 남성 전용 미용실, 남성 전용 피부과, 오프라인 업태들의 그루밍족 증가, 남성 맞춤 정장 시장, 남성 전용 양산, 남성 전용 피부샵 등 충분히 유추되는 카테고리의 확장이다.

▎고객 세분화의 중요성 그리고 틈새시장 발견과 트렌드 창출

고객을 세분화하기 위한 분석 기법을 보면 필립 코틀러의 『마케팅관리론』에 26가지 키워드가 있다. 이렇게 디테일하게 분석하더라도 필자가 위에서 시작한 조사 분석 기법의 네 가지 경우의 수에 따른 대응 방안 모색을 처음부터 놓치고 간다면 틈새시장의 발견이나 트렌드 창출은 물 건너가기에 십상이다.

현대의 트렌드 워칭은 자사 가입된 고객들의 구매 패턴, 지역, 구매 시간대 등의 빅데이터 마이닝만을 가지고 목적 고객의 타겟팅을 우수하게 하고 있는 것이 사실이다. 하지만 필요한 것이 있다.

고객들의 구매 시점, 구매 장소, 구매 상황을 피드백받기 위해 고객들의 MBTI 인적성검사의 값까지 산출하고 적용해볼 수 있다면 고객 경험 위주의 구매 행동 패턴 결과치들이 좀 더 과학적인 것에서 직관적인 것까지 반영되어 맞춤 푸싱의 마케팅 자동화가 잘 될 것이고, 고객들의 구매 전 피로도는 확연히 줄어질 것이다.

털이 많은 사람에게 위의 전략을 사용하면 되지만, 털이 없는 고객들, 눈썹이 없어 반영구 화장을 하는 남자, 턱수염이 부족해 오히려 수염을 붙이는 남자들까지 그 세분화의 구분은 역으로 확장되어 틈새시장의 발견을 넘어 트렌드로 정의하고 산업으로 성장해 가는 것을 볼 수 있다.

▌레드오션 속 블루오션인 남성 마켓을 공략하라.

마트, 대형슈퍼, 백화점, 기존의 드럭스토어, 신규 드럭스토어들이 남성 마켓을 공략하는 것이 필요한 시점이다. 신제품 비즈니스, 신사업 비즈니스, 신규 서비스업, 피부과, 치과, 성형외과 모두 남성 키워드를 공략하는 통합 마케팅 커뮤니케이션(IMC) 전략을 세우고 공략해 갈 때 '블루오션 시프트(새로운 비즈니스 창출)'가 될 것이다.

> 트렌드를 파악하기 위해서는 세그먼테이션 과정이 절대적으로 필요하다. 화장품 시장에서 남성들의 관리는 1조 대의 시장을 형성하고 있으며, 그에 맞춰 남성을 만족하게 할 제품과 마케팅을 전개해야 한다. 이런 세그먼테이션으로 틈새시장을 발견하여 레드오션 속 블루오션을 만들어내는 IMC 전략이 실행되어야 할 것이다.
>
> #그루밍족 #고객세분화 #틈새시장 #트렌드창출
> #블루오션시프트

5. B 시장

[15] 마케팅 자동화, 100만 명 이상 고객이 있는 기업
'마케팅 자동화'로 구매 전환율에 날개를 다는 시대

Q15 업체 중 어느 정도 고객군이 형성된 기업의 경우 많은 고객 수로 그만큼 많은 고객 니즈가 생기는데요. 그것들을 다 파악할 방법에는 무엇이 있을까요?

O2O가 기업이 주도적으로 온라인이나 오프라인 채널을 확장하는 데 초점을 맞추고 있다면 모든 것을 의미하는 라틴어의 '옴니(Omni)'와 상품의 유통 경로를 의미하는 채널(Channel)이 합성되어 만들어진 것이 옴니 채널이다. 고객들이 모바일과 온라인, 오프라인 등 다양한 경로를 넘나들며 상품을 검색하고 구매할 수 있도록 한 서비스다.

현존하는 쇼핑 채널을 보면 PC, 모바일, 오프라인 매장 TV, TV, 다이렉트 메일, 카탈로그, 랜딩 페이지 등을 이용한 쇼핑 채널을 통하여 고객 경험을 끊지 않고 집중화하는 것을 말한다.

**▎데이터 사이언티스트의 과학적인 빅데이터 마이닝,
　구매 전환율을 껑충 뛰게 한다**

2019년 한국의 기업들은 '어도비'에서 나오는 '마케팅 자동화 솔루션'을 통하거나 자체 구축 시스템을 통해서라도 이 옴니 채널에 효과적으로 프로모션하기 위해 마케팅 자동화 솔루션을 이용하여 디지털 마케팅 담당자들의 업무를 과학적이고 타이밍을 맞춘 고객들의 구매 패턴을 분석하여 적용해야 하는 시대다.

기업의 마케팅 담당자들은 52주 단위, 요일별까지는 근무시간 내에 고객 관계 관리(CRM)을 하고 있지만, 시간대별, 실시간 예약 맞춤 이벤트 푸

시까지 고도화된 데이터 분석과 해석을 통해 기업들의 마케팅을 전개하기까지는 아직 미약한 것이 사실이다. 홈쇼핑사들은 12시 이후에도 구매 욕구가 있다는 것을 컨설팅을 통해 발견하고 밤에도 생방송을 진행하여 매출을 극대화하고 있다.

빅데이터 시대에 걸맞게 인기 있는 '데이터 사이언티스트'들은 현존하는 마케팅 채널 중에 옴니 채널을 실현한 백화점들이나 할인점, 편의점, 드럭스토어, 전문 쇼핑센터, 아울렛 등 그 어떤 소비재를 판매하는 곳이라면 모바일, 온라인, 오프라인, 콜센터에 들어온 문의 정보까지 통합한다. 또한, 과학적으로 이벤트들이 알고리즘화된 고객들의 성향과 소비 패턴에 맞춘 맞춤 이벤트 푸시가 가능하다.

강점은 의도하지 않았던 일관성 없는 캠페인 메시지들을 날리지 않을 수 있고, 무엇보다도 구매 전환율의 효율이 중간의 디지털 마케팅 대행사들이 할 때보다 한결 더 올라간다는 것이다. 가입된 고객 대상으로 일반적인 구매 전환율이 3% 전후라면 빅데이터 마이닝을 통한 과학적인 푸시를 통해 6%~8%대까지 올라가는 실정이다.

▍자체 회원들이 100만 이상 되는 기업이라면 효과 커

트렌드는 1인 가족인 250만 명 시대니 그쪽으로 몰아가는 이슈로 창업을 유도하고 있지만 사실 4인 가족, 3인 가족, 2인 가족, 1인 가족의 소비 행동 패턴을 자체 빅데이터로 분석하거나 그에 따른 소비 패턴을 분석하여 초 세분화된 이벤트 헤드 카피나 할인율 적용, 사은품 제공, 경품 제공, 1+1 등의 이벤트를 하는 기업들은 없다.

재고가 예상되는 제품들을 3개월 전에 푸시하여 마케팅 자동화를 통해 이벤트를 진행하고 그에 부합하는 판매 전략을 짜거나 실행하는 부분들도 취약한 것이 사실이다.

■ 고객들의 피로도 극복하기 위해 유통 기업들 '마케팅 자동화' 전개 중

온라인 쇼핑몰은 자체 CRM이 탑재되어 MD(상품 기획자)들이 주간 회의를 통해 이메일, SMS 등의 시스템을 연동하고 있지만, 온·오프라인을 하는 멀티채널이나, 온·오프라인과 홈쇼핑까지 하는 대기업 같은 경우도 일관되지 못하고 각각 통합하지 못하는 것이 현실이며, 옴니 채널 특성상 각 유통 업태의 특징에 맞게 이벤트를 하면 한 브랜드로 인식하고 있는 고객들의 피로도는 높은 것이 사실이다.

옴니 채널이 고객 경험 강화 및 과학적인 관리를 한다면 파급효과가 클 것으로 기대된다. 오프라인 기반을 두고 온라인 시스템을 두고 연결하는 멀티채널들은 기업 주도의 독립적인 운영과 유통 채널의 분리를 통해 각 채널의 운영 효율성과 수익성 극대화에 집중한다. 하지만 옴니 채널은 고객 주도의 통합 마케팅 커뮤니케이션(IMC) 차원의 운영을 하며 전 채널을 유기적으로 연계하여 고객 경험 강화와 과학적인 고객 운영 관리에 집중하고 있다.

■ 고객의 구매 접점관리의 최적화를 구축하는 마케팅 자동화

오프라인에 기반을 둔 대형 유통사라면 옴니 채널 마케팅 자동화에 투자해야 할 때다. 할인점, 슈퍼, 편의점, 화장품 로드샵 기업들과 드럭스토어, 오프라인 중심에서 옴니 채널 마케팅 자동화 서비스를 도입하여 고객들의 편의성은 물론 구매 패턴에 따른 맞춤 마케팅 자동화 이벤트 푸시 서비스를 실시간으로 받는 문화가 된다면 '무엇을 입을까, 무엇을 먹을까, 무엇을 바를까, 어디를 갈까?' 하는 식의 결정 장애를 극복하는 데 많은 도움이 될 것이다.

또한, 내방 상담을 통해 서비스를 진행하는 산업군인 병원 마케팅, 학원 마케팅, 외식업 마케팅, 프랜차이즈 마케팅을 하는 산업까지도 마케팅 자동화 시스템의 도입은 기본인 시대가 곧 될 것이다.

고객들은 각자 개인들만의 취향과 성향, 때와 장소, 상황에 따라 구매 패턴과 선호 상품들이 있기에 입점한 신제품들까지도 이벤트 푸시를 과학적으로 해서 매출, 재구매, 단골손님으로 정착하게도 할 수 있다.

■ 빅데이터는 구축도 중요하지만 어떻게 활용하느냐가 더 중요

현존하는 데이터 중에 가장 현실적인 것은 각 카드사의 고객 정보를 입력한 값들이다. 일반 온라인, 모바일, 홈쇼핑, 플랫폼 정보보다 고급 정보임에 틀림이 없다. 카드사에서 운영하는 포인트 몰 역시 이 마케팅 자동화 맞춤 이벤트 솔루션을 도입한다면 고객의 입장에서 한결 더 완성도 있고 기분적으로도 만족할 수 있는 알림 서비스를 받고 쇼핑을 즐길 수 있을 것이라는 생각이 든다.

대형 오프라인 유통 기업들의 근접 배송 문화를 앞당기는 것에도, 모바일, 온라인에서 구매하고 오프라인에서 수령해가는 문화 역시도 자연스러운 문화로 자리매김 될 것이다.

모바일 플랫폼 중심으로 스타트 기업들 역시 처음부터 마케팅 자동화 초 세분화, 지역화, 실시간 이벤트, 요일별 예약 운영 정책 등 입안을 통해 고객 중심의 마케팅 서비스를 전개해 간다면 고객의 만족도 품질은 높아질 것이다.

■ 확보된 TPO(때, 장소, 상황)에 따른 고객들에게 맞춤 이벤트 알리미 서비스 기본

연중 Day 마케팅, 수요가 급증할 때 균형 감각을 찾기 위한 디데이 마케팅, 고객 맞춤 생일, 결혼기념일, 아기 탄생일, 입학, 졸업, 기념일 등의 입력 값을 받아 마케팅 자동화 이벤트 푸시 서비스로 고객 중심의 마케팅 서비스를 전개하는 것에 초점을 맞추는 빅데이터 마이닝 시대가 되었다.

빅데이터를 마케팅 운영 전략에 부합하도록 워칭하여 상품 판매, 샘플 신청, 이벤트 프로모션, 설문을 통한 리타겟팅, 상품권 푸싱, 크로스 마케팅, 초 세분화된 맞춤 판매, 기타 응용하고 싶은 이벤트 프로모션들을 모바일 메신저들과 제휴를 통해 과학적인 데이터 분석과 활용을 통해 통합 마케팅 커뮤니케이션(IMC)들을 해갈 수 있을 것이다.

　　예를 들어, 식품이라는 카테고리로 놓고 볼 때 마트는 마트끼리, 슈퍼는 슈퍼끼리 경쟁을 해왔지만, 옴니 채널에 마케팅 자동화를 응용한다면 구매 전환율은 기본이고, TPO 마케팅의 과학화로 전방위적인 경쟁을 하더라도 최상의 고객 서비스를 선도하는 기업이 될 수 있을 것이다. 오프라인 매장의 위치 기반 서비스까지 도입과 지역 매장의 층수, 위치까지 알려주고 고객들이 찾아가는 위치 알리미 서비스까지 도입된다면 고객 생활의 질은 두 차원 이상 높아질 것이다.

　　생산이 자동화되고 있듯이 마케팅도 자동화, 분석화하여 체계적으로 고객들을 관리해야 한다. 데이터들이 모여 빅데이터가 되고 빅데이터 마이닝을 통해 고객의 니즈를 분석하여 구매 전환율로 변화시키는 TPO 마케팅이 실현되어야만 한다. 이미 유통사들은 이 과정들이 어느 정도 자리를 잡았고, 이를 다른 사업과 연동한다면 고객 생활의 질은 분명 높아질 것이다.

#마케팅자동화 #옴니채널 #트렌드창출
#빅데이터 #TPO마케팅

6. B 시장

[16] 리테일 마케팅, IOT 기술과 만나 옴니 채널,
그 이상의 브랜드 구매 경험시켜주는 시대

Q16 제품 자체만이 아니라 그와 연결해주는 어떤 것이 융합되는 시대인데요. 미래에 각광받을 만한 마케팅이 무엇이 있을까요?

SNS에서 입소문으로 정보를 얻고 오프라인에 가서 체험하고 모바일로 구매한다. 고객 경험의 테마가 진화하고 있다.

개인화, 실시간화, 끊임없는 오프라인의 고객 경험들 그리고 전방위적인 구매 채널들을 통한 고객들의 구매 트렌드, 리테일 마케팅의 경계는 사라지고 있고, 무한 경쟁의 시대로 진입했다.

유통 업체의 콘셉트라고 하여 법적으로 구분하는 오프라인 매장 중심의 리테일 진열 판매만으로는 옴니 채널까지 앞세워 글로벌 마켓까지 진입하는 대기업들과 경쟁해서 이길 수가 없는 시대다. 하지만 IOT 기술과 옴니 채널 방식을 잘 선점하고 큐레이션 서비스를 잘 도입한다면 작은 리테일 기업도 얼마든지 글로벌화해 비즈니스를 지속해갈 수 있을 것이다.

리테일은 죽지 않고 영원히 갈 것이다. 앞으로도 계속 성장할 것이고 브랜드들은 변화에 맞춰 재빠르게 진화할 것이다.

▌리테일 구매 행동 진화 프로세스

고객 중심의 패러다임 시프트의 시대에 리테일 업계 사람이라면 디지털과 물리적 경험의 결합이야말로 리테일 마케팅의 해답이라는 사실을 보고 놀라서는 안 된다.

✅ 첫째, SNS 정보의 동기부여로 오프라인에서 경험하고 모바일로 구매하는 새로운 구매 패턴으로 진화되고 있다.
✅ 둘째, VR 기기를 통해 가상 스토어에서 해외 백화점의 옷들을 셀렉하여 해외 직구하는 새로운 구매 패턴으로 진화되고 있다.
✅ 셋째, 무점포에서 로봇 '카트'가 따라다니며 구매한 물건을 담아 계산까지 해주는 새로운 구매패턴으로 진화되고 있다.

위의 3단계로 진화 중이고 중국의 옴니 채널을 선도하는 기업들이 먼저 앞서고 있다.

모바일과 오프라인 체험 구매 트렌드

온라인 매출의 절반 이상은 재방문 시에 발생한다. 그리고 80% 이상은 오프라인 매장에서 확인 후 구매한다. 여기에서 중요한 두 가지는 고객의 데이터를 활용한 머천다이징을 리테일 기업에서는 하고 있다는 것이고, PB 브랜드 경험을 확대해 경쟁력을 강화하고 있다는 것이다.

30% 고객의 편의시설로 차별화 선도 중

잘 팔리는 품목 위주의 70%를 진열하고 나머지 30% 공간은 고객의 편의시설, 재미 요소, 주부들이 유모차를 끌고 와서 체험할 수 있는 서비스들이 공존하는 머천다이징을 하는 것이 리테일 산업의 트렌드다. 많은 상품을 진열하고, POP을 눈에 띄게 강조하고, 판매 사원을 늘린다고 매출이 늘어나는 시대는 지나고 있다.

오프라인에서 잘 팔리는 매출 증대 상품이나, 이익 증대 상품, 충동구매 상품으로 진열하고, 모바일 쇼핑에 구색 상품 중심의 상품의 다양성을 구축하는 트렌드다.

오프라인 이벤트와 온라인 이벤트를 각각 구분하여 52주 D-day 마케팅을 해가는 리테일 쇼핑몰들을 관찰해보면 그 변화 추이는 더욱더 극명하다.

▌브랜드 경험만 시키는 월마트가 인수한 'BONOBOS'

미국 전역에 '브랜드 가이드 샵'이라는 오프라인 매장을 열기 시작했고 비즈니스 모델의 주요 특징은 이 매장의 콘셉트는 매출을 내지 않아도 되는 매장이다. 재고를 가지고 있지 않으며, 이 매장에서는 브랜드를 접하고 경험할 수 있게 만들어진 매장이다.

눈으로 보고, 옷을 몸에 대어보고, 입어보고 사진 촬영해보는 것까지다. 쉽게 말해 편하게 와서 개인의 쇼룸에서 옷을 입어보는 브랜드 체험 공간이라는 이야기다.

월마트가 'BONOBOS'를 인수하여 고객들에게 브랜드 경험을 시키고, 구매는 나중에 집에 가서 침대에서 편하게 모바일 쇼핑으로 해도 된다는 식의 새로운 브랜드 구매 프로세스 경험을 창출하고 있는 셈이다.

▌리테일 마케팅 산업의 과제

오프라인 큰 매장을 중심으로 하는 할인점, 백화점, 대형 슈퍼, 아울렛 등의 공간 비즈니스를 하는 기업들은 ▶ 옴니 채널, ▶ 적시 마케팅, ▶ 모바일 커머스만의 특별한 배송 전략, ▶ 온·오프라인, 모바일 채널 간의 업계 간 합종연횡(이해관계에 따라 뭉치고 흩어지다), ▶ 고객이 찾기 전에 먼저 제안하는 머천다이징 등 이미 와있는 리테일 마케팅의 현주소에 걸맞은 마인드 혁신, 시스템 통합, 브랜드 구매 경험의 차별화, 뉴 머천다이징 차원의 신제품과 신 서비스 개발 등이 필요한 시점이다.

리테일 마케팅은 '크로스 세일링'도 중요하고 '업 세일링'도 중요하지만, 다른 분야의 업체가 협업을 진행하는 것으로 각자의 전문성과 이용자 기반을 공유하면서 경쟁력을 강화하는 것이 미래 리테일의 상생 전략이다.

고객들의 브랜드 경험은 고객의 취향과 기호에 맞는 제품을 먼저 제안함으로써 간편한 쇼핑 경험을 제공하고 발품 파는 시간이 길어 다리가 아프기 전에 휴식을 취할 수 있는 '스타벅스'같은 편의 시설들을 중간중간에 제3의 공간을 두어 쇼핑의 경험이 '힐링의 경험'으로까지 기억할 수 있게 오프라인 매장 서비스 디자인 자체를 개선하는 것부터 필요한 시대다.

▎고객들의 성향을 모바일 고객 데이터로 받는다면 구매 행동 패턴은 좀 더 과학화될 터

여성과 남성, 주부의 특징과 나이 차, 지역의 특성, 직장인과 비직장인, 군집화된 트렌드 차원의 신용어 중심의 '족'이나 '세대'의 정의를 근본적으로 뛰어넘는 고객 마케팅은 인공지능 고객 데이터 마이닝 시스템에 진로 검사 때 많이 활용하는 혈액형, 별자리, 에니어그램, 디스크, MBTI 등의 성격검사 툴을 적용해본다. 그리고 고객들의 구매 행동 분석과 구매 패턴 분석을 인공지능화한다면 두 차원 이상 높은 고객 마케팅이 될 것이다.

리테일 매장들의 진화도 예상된다. IOT, 즉 사물 인터넷으로 매장과 식품 진열대의 온도 센서가 감지해서 중앙 컨트롤을 통해 상할 수 있는 식품을 감별해 내고 고객에게 알려주는 서비스도 나올 것이고, 유통 기한을 알려주는 기술과 제품을 매장의 스타트 TV의 모니터에 뜨게 할 수도 있을 것이며, 요일별, 시간대별, 특별한 날 이벤트 진행의 분주함을 인공지능이 분석하게 해서 머천다이저에게 미리 그 상황을 대처할 수 있게 해주기도 할 것이다. 매장의 구매 고객 밀집도도 표현해 주는 시대도 곧 될 것이다.

RFID 태그 기술을 이용하여 재고의 정확한 위치, 온도, 압력 등을 체크할 수 있고 수요에 맞춰 정확한 재고 측정을 할 수 있는 시대가 될 것이다.

리테일 산업의 꽃, MD들은 그 어떤 직업인보다 '데이터 사이언티스트 역할'까지 해가야 하는 시대다.

▍리테일 산업도 센서를 기반으로 하는 IOT 기술로 브랜드 구매 경험 최적화될 터

아마존 '대시(Dash)'는 간단하면서도 IOT 기술을 활용해서 고객들이 자주 구매하는 상품을 손쉽게 구매할 수 있도록 하고 있다. 주문은 음성인식 외에도 바코드 스캐너를 이용할 수도 있다. 모든 공산품에는 제품을 식별할 수 있는 바코드가 있다. 대시의 스캐너로 제품의 바코드를 찍으면 그 제품이 주문된다.

삼성도 최근 카메라와 인지 센서를 탑재한 스마트 냉장고를 출시했다. 이 냉장고는 안에 수납된 식품을 카메라로 분석, 인지하여 고객에게 무엇이 떨어졌는지 알려주는 냉장고다. 가까운 시일 내에 한국의 유통 기업들과 MD들은 앞다투어 인공지능과 사물 인터넷이 기반이 되는 구매 경험을 제공하려고 할 것이다.

'챗봇'은 채팅(Chatting)과 로봇(Robot)의 합성어로 사람과의 문자 대화를 통해 질문에 알맞은 답이나 각종 연관 정보를 제공하는 인공지능(AI) 기반의 커뮤니케이션 소프트웨어를 지칭한다. 한마디로 대화형 메신저, 채팅하는 로봇을 말한다. 이처럼 챗봇 등이 구매 경험의 일부분으로 녹아있는 머천다이징 시스템들이 있고, 앞서 말한 아마존과 삼성도 조금씩 제품이나 유통 서비스에 반영하고 있다.

인공지능과 IOT의 결합, 이것이 리테일 마케팅에서 중요한 쟁점이 되는 이유는 결국 소비자가 머무르는 공간에 인지능력을 부여하고 머무르는 동안 발생하게 될 모든 데이터에 대한 시각적 접근이 가능하다면 지금보다도 훨씬 고객에게 초 고도화되고 개인화된 가치를 부여할 수 있게 되기 때문이다. 오프라인 공간이 굳이 매장일 필요는 없을 것이다. 소비자가 있는 곳이라면 그게 무엇이든, 이제는 연결 가능한 시대가 되었다.

샵 마스터나 퍼스널 쇼퍼, 나아가 코디네이터들이 모바일과 오프라인이 연결된 큐레이션 서비스를 중심으로 진로 검사를 해주듯 성격검사를 기본으로 하는 고객 브랜드 경험을 시켜주고, 구매는 매장에서 하지만 집에 도착하기 전에 거점화된 물류 창고 또는 스토어에서 근접 배송을 통해 물건을 집으로 배송해주는 구매 경험 프로세스를 곧 경험하게 될 것이다.

이제 유통 채널은 그 한계를 넘어서서 경계가 허물어지고 있다. 이런 리테일에서 고객 중심의 구매 행동에 대한 연구가 진행되고, 모바일, 오프라인 체험을 통한 구매 트렌드가 일어나고 있다. 이제 체험 후 모바일이나 온라인상에서 구매를 유도하는 업체들도 생겨나고 있다. 단순히 고객을 체험시키는 것이 아닌 체험을 통해 고객의 데이터를 수집하여 빅데이터화해야 한다.

#유통채널변화 #리테일마케팅 #체험구매 #고객데이터의중요성 #구매트렌드

7. C 시장

[17] 한류 콘텐츠 플랫폼, 코쿠닝 마케팅 성공 사례
'넷플릭스'의 마케팅 혁신 벤치마킹해야

Q17 대한민국은 지금 1인 시대라고 하는데, 이런 시대에
어떤 전략으로 진행해야 성공적인 마케팅을 진행할 수 있을까요?

미래학자 페이스 팝콘은 불확실한 사회에서 단절돼 보호받고 싶은 욕망을 해소하는 공간을 '코쿤(Cocon)'이라고 표현했다. 필자 역시 마케팅 혁신 컨설팅이나 MD 교육 현장에서 싱글족의 출현에 대한 트렌드 워칭과 코쿠닝 마케팅의 테마에 대해 자주 이야기했다.

▍코쿤족의 라이프 스타일 엿보기

『나 혼자 산다』라는 프로그램의 실제 판인 코쿤족의 예로 자취 3년차인 20대 쇼핑몰 운영자의 일상을 관찰해보면 '아침=집, 점심=집, 저녁=집'의 등식이 성립한다. 오피스텔이 집이고 쉼터이자 헬스장이자 모든 것을 해결할 수 있는 최고의 공간이다. 코쿤족은 집에서 아침을 먹고 3~4시간 상품 등록하고 이벤트 페이지를 올리고 배송 업무를 하다가 집 근처 카페에서 커피 한잔을 마시고 혼자 사색을 하다가 혼자 집에서 맥주 한잔 하고 '넷플릭스'로 영화 한 편 보고 잠자리에 든다.

일자리가 줄어들면서 이런 1인 가구나 1인 기업, 프리랜서, 창작가들은 점점 늘어 날것이다. 그런데 잠깐 여기서 '넷플릭스'의 글로벌 마케팅 사례는 경쟁자이기 이전에 벤치마킹해볼 필요가 있다.

▌1억 명의 고객을 거느리고 있는 넷플릭스(Netflix)는 어떤 기업인가?

리드 헤이스팅스는 1997년 어느 날, DVD를 제때 돌려주지 않아 연체료를 내야 하는 것에 불편함을 느끼고 스스로 넷플릭스를 설립했다. 오프라인 DVD 구독 배송 서비스 사업을 시작한 후, 2017년 동영상 스트리밍 서비스 고객 1억 명 돌파, 9조 2천억 원의 매출, 200여 개국 진출, SVOD(구독 주문형 비디오)의 플랫폼 등의 서비스를 하고 있다. 20년 동안 관찰해오면서 필자가 느끼고 배운 것은 한국에서도 '비디오버스', '비디오맨'이라는 프랜차이즈들이 넷플릭스 비즈니스 모델들이 벤치마킹하면서 잠시 흥행하고는 역사 속으로 사라졌지만, 넷플릭스는 진화에 진화를 거듭하고 있다는 점이다.

▌마케팅 혁신에 혁신을 더하며 지속 성장, 스트리밍 서비스로 재탄생

넷플릭스는 인터넷 기반의 동영상 서비스를 통해 콘텐츠를 제공하는 사업으로 전환하면서 급격하게 성장했다. 이처럼 불편함으로 시작한 회사가 이제는 콘텐츠 유통을 넘어 콘텐츠 제작에도 뛰어들어 명실상부한 영상 콘텐츠 시장의 큰손이 되었다.

오프라인에서 시작하여 온라인 그리고 모바일에서 글로벌 플랫폼 구축까지, 이제는 자체 영화나 드라마를 제작하는 21C의 모범적인 마케팅 혁신 사례 기업이다.

- ✅ 기존의 것에 안주하지 않고 새로운 것을 창조하려는 끊임없는 노력
- ✅ DVD 우편 발송
- ✅ 반납 서비스를 통해 DVD 구독 고객들의 취향에 맞춰 영화를 추천해주는 서비스
- ✅ 매달 10달러 정도의 가격 경쟁력, 인터넷이 통하는 어느 곳에서라도 영화를 볼 수 있는 스트리밍 서비스를 대중화

그들은 이처럼 성공에 안주하지 않고 최근에는 콘텐츠 제작에까지 발을 넓히고 있다.

경쟁 산업을 보면 영화관, 비디오 대여 사업, 비디오 판매 사업, 케이블, 위성, IPTV 등의 나라별 유료 채널과도 진입 장벽이 높은 경쟁을 하고 있다. 한 가지 무서운 것은 늘 미디어 산업의 중심에 있었고 '전방위적인 경쟁' 속에서도 굳건히 이겨내고 세계 1위의 기업이 되었다는 것이다.

넷플러스의 강점은 기존 방송 채널들의 유료 서비스를 월 10달러 전후의 가격으로 무제한 스트리밍 서비스를 한다는 것이다.

▍안방 시장인 한국을 교두보로 아시아권 돌파 중인 넷플러스

한국을 아시아권의 주요 시장으로 보고 2년 전 진출해 현재 케이블 방송사인 '딜라이브'와 제휴해 OTT 셋톱박스인 '딜라이브 플러스'를 서비스하고 있다. 오리지널 영화 『옥자』(감독 봉준호) 등 한국 유명 감독과 작가를 내세워 국내 시청자들에게 파고들고 있다.

빅데이터를 자체 제작 콘텐츠에도 사용했다. 기획부터 주인공 섭외, 배급까지 빅데이터 분석을 활용해 만든다는데, 그중 가장 유명한 것이 『하우스 오브 카드』(2013년 작으로 백악관 입성을 둘러싼 권력 투쟁과 추악한 음모를 그린 드라마다. 케빈 스페이스의 열연 등에 힘입어 넷플릭스를 콘텐츠 업계 강자로 만들었다.)라는 드라마다. 그동안 축적된 시청자의 성향을 파악한 후 그들이 원하는 연출 스타일이나 배우 등을 예측해 섭외한 것이다. 그 결과 시청자 85%가 만족했고 이 외에도 같은 방식으로 제작된 많은 영상물이 성공을 거두고 있다.

▍무모한 도전인가 한류 콘텐츠 산업의 강점을 살려 세계를 제패할 것인가?

경쟁의식을 느낀 월트디즈니사가 미국 21세기 폭스 영화사와 케이블 채널 '유럽 스카이', '스타인디아' 등 해외 사업부를 524억 달러(한화 약 57조 원)에 인수 합병한다고 발표했다.

판도라의 상자인 '한국의 한류 미디어 마케팅은 어디로 가야 하나?'의 화두 앞에 현실을 직시하는 것부터 필요한 시점이다. 100년 된 디즈니, 20년 된 넷플러스와 비교하는 콘텐츠 비즈니스 영역에서 수년 만에 수백억대의 투자를 받은 후발주자 스타트 기업이 나아갈 지향점은 처음부터 ▶ 마인드 혁신, ▶ 조직 혁신, ▶ 마케팅 혁신 등 모두가 필요하다.

▎'넷플릭스 vs 타이탄 플랫폼' 한국과 아시아 시장에서 맞불 승자될 때 기회 올 터

기술 특허 하나만으로 미래 가치를 환산하기는 어렵지만, 원청 콘텐츠를 중심으로 한 산업과 글로벌 유통을 중심으로 한 산업의 한판 대결 앞에서 후발주자는 초점을 달리해야 한다. 기간적인 목표를 두고 한류 콘텐츠의 차별성을 등에 업고 아시아 시장에서 제대로 한판을 붙어 역습하는 마케팅 혁신 전략이 유효할 것이다.

세계로 도전하는 한국 기업인 '타이탄 플랫폼'이 자체 개발한 TCI(TiTANplatform Content Identifier)는 디지털 콘텐츠의 저작권 보호와 크리에이터의 권리 증진을 위한 차세대 보안 기술이다.

콘텐츠 파일에 암호화 코드를 삽입하여 불법 유출을 방지함은 물론 실시간 모니터링을 통해 콘텐츠 유통 과정을 추적하는 것도 가능하다. 더불어 동영상부터 음원, 이미지, 문서 등 여러 종류의 디지털 콘텐츠에 적용할 수 있는 유연성이 TCI의 큰 특징으로 꼽힌다.

타이탄 콘텐츠 플랫폼인 '타이탄 플레이'와 스마트홈 디바이스 '타이탄 코어'에는 한류 콘텐츠의 3종 세트를 가지고 동시에 ▶ 목적 고객 발굴 ▶ 독자적인 한류 콘텐츠의 구축 ▶ 한류 네트워크를 통한 통합 '아시아 통합 마케팅 커뮤니케이션(AIMC) 전략' 실행을 동시에 전개해 간다는 것은 쉽지 않은 일이다. 하지만 원천 콘텐츠의 강점을 더 강점화한 디즈니나 혁신에 혁신으로 진화를 지속한 넷플릭스의 글로벌 '판' 대결이 진행되고 있다. 이런 추세가 시사하는 바는 한국의 코쿤족들은 아직은 한국에 상륙한 넷플릭스를 시청하다가 잠들고 있다는 것이다.

한국 네티즌의 특성상 휴식을 취할 때 '몰아서 보는 네티즌의 성향'에 어필하려는 넷플릭스의 마케팅 전략과 모든 콘텐츠를 영원히 보유하려는 운영 정책을 벤치 마케팅하며 한류 콘텐츠의 프리미엄 가격 경쟁력을 등에 업고 '한류 콘텐츠 생태계' 자체가 제작사들의 개별 진출이 아니라 범국가적 차원의 협업을 통해 함께 '움직이는 섬'이 되어 세계의 고객을 사로잡아가야 승산이 있을 것이다.

> 콘텐츠 플랫폼 시장이 각광받고 있다. 그 이유인즉슨 1인 가구에 대한 니즈 부합. 현재 시장에 맞추어 영화관보다 안방에서 영화를 즐길 수 있는 새로운 카테고리의 플랫폼을 선보인 넷플릭스와 넷플러스를 통해 새로운 마케팅을 선보여야 함을 마케터들에게 시사하고 있다.
>
> #넷플릭스 #코쿤족 #무제한스트리밍서비스
> #1인가구공략 #목적고객

8. C 시장

[18] 니치 마켓, 매스 마켓과
블루오션 사이 매력적인 니치를 찾아라

Q18 마케팅에서 틈새시장을 찾으라는 이야기를 많이 합니다. 틈새시장은 새로운 시장을 의미하는 것인가요?

글로벌 혁신 기업들의 성공 사례들은 어쩌면 이제 막 스타트 기업을 하려는 신제품 기획자 관점에서 있는 것이라고는 아이디어와 지식, 시간밖에 없는 상황에서 먼 나라 이야기처럼 들리는 것이 사실이다.

대한민국의 중소기업들은 이런 니치 마켓의 발견과 니치 마케팅의 집중적인 포지셔닝 전략을 통해 매스 마켓으로의 선점적 확장과 다시 블루 마켓을 찾고 블루오션을 창출해가는 것이 비슷할 수는 있지만, 전혀 다른 차원의 접근 방식이다.

블루오션은 사회의 문제점 발견이나, 불편함의 발견에서 시작하는 아이디어의 시작이라면 니치 마켓은 기존 시장에서의 발견부터 시작하는 것이다.

필자 역시 마케팅 전략 혁신 컨설케이션(컨설팅 교육)을 진행해오면서 니치 마켓에 대한 이야기를 많이 하는 것이 사실이다. 그렇다면 니치 마켓은 무엇으로 정의하는 것이 좋을까?

■ 니치 마켓과 니치 마케팅

시장에는 대기업들이 빠뜨린 '적지(적의 세력 아래에 있는 땅)'나 '틈새(벌어져 사이가 난 자리)'가 있다. 이것들을 스타트 기업들이나 중소기업들이 발견하고 소규모의 장점과 전문성을 발휘하여 효율적으로 수익을 올리는 계획적인 시장 활동을 니치 마케팅이라고 한다.

니치(Niche)는 지금까지 다른 기업들이 손대지 않은 잠재성이 있는 시장이다. 예를 들면 이런 것이다. 2000년 초반에는 키즈 엔터테인먼트는 니치였다. 2018년 반려동물 엔터테인먼트도 니치다. 이런 경우처럼 대기업이 손대지 않는 산업 그리고 기존 산업에서 뛰어들지 않은 산업이 니치다.

니치 마켓에서도 선점 효과는 항상 유효하다. 니치와 니치가 만나면 어떻게 될까? 이렇게 되면 또 다른 메스가 된다. 니치 다음이 블루오션이 아니라 니치의 확장은 메스 마켓으로 확장되게 된다.

키즈 플래닛의 경우 세계 최초 키즈 엔터테인먼트의 교육, 캐스팅, 나아가 지금은 중국을 중심으로 한 초등학생, 중학생 중심의 걸그룹과 보이그룹까지 자체 트레이닝을 하여 아시아 여러 나라에서 같은 걸그룹과 보이그룹의 이름으로 나라별 그룹을 만들고 동시에 활동하는 글로벌 시스템까지 니치 마켓을 창출하다 보니 한국을 대표하는 성인 중심의 엔터테인먼트 기업들도 후발 주자로 들어오고 있으며 후발 주자들에게는 시장점유율을 장담할 수는 없지만, 매력적인 시장임에는 분명하다.

니치 마켓은 작은 범주에서는 블루오션이라고도 할 수 있지만, 비즈니스의 목적으로 볼 때 과거에도, 앞으로도 니치 마켓은 고객 세분화의 중첩과 융합된 재범주화에서 나오는 매스 마켓과 블루오션 사이의 트렌드 속 비즈니스다.

니치 마켓을 발견한 중소기업들은 판매 수량 및 판매액에서 높은 성과를 얻을 수 있고, 성공 평판을 브랜드로 창출하여 경쟁 기업들의 진입 전까지 독점 시장을 노릴 수 있는 강점이 있다.

세상의 모든 마켓은 니치 마켓으로 시작하여 매스 마켓으로 확장되어 가고 있다. 이런 강점 때문에 현대의 기업은 니치 마켓의 발견에 최선을 다하고 있다.

▎블루오션과는 접근법이 다른 니치 마케팅 실천법

니치 마케팅을 실천하기 위해서는 우선 니치 시장을 발견하고 숨겨져 있는, 예상되는 문제를 질문하고, 세상의 트렌드나 현상을 관찰하고, 관심사가 같은 사람들과 네트워킹하여, 실험을 통한 견본품까지 만들어 보는 것들을 즐겨야 한다. 3D 프린터 기술에 스마트 팩토리까지 있는 세상에서 니치 마케팅 실천은 이제 기본이 되었다.

주변에서 대기업 팀장급 이상의 임원을 하다가 나와서 단품으로 사업하는 사람들을 보면 대기업의 관점에서 보면 마켓 사이즈가 작은 사내 프로젝트를 가지고 나와 스타트 업으로 시작하여 1천억 이상의 매출 마켓으로 니치 마켓을 성공시키는 사례들을 종종 볼 수 있다. 그들은 처음부터 크게 생각을 하고 시작을 하지만, 니치 마켓은 틈새마켓의 사이즈로 시작을 하니 어느 순간 'J'자 곡선을 그리기는 힘들 것이 사실이다.

니치 시장을 발견하기 위해서는 매우 상세한 시장 세분화가 필요하다. 그리고 시장의 신규성, 잠재적 규모, 장래성 등을 고려하여 대상이 되는 니치 시장을 명확히 해야 한다.

기업은 신규 타깃으로 선택한 시장에 신제품, 적정 가격, 적합한 채널, 차별화된 프로모션, 강점적 콘셉트의 스토리형 콘텐츠 마케팅 등을 신속하게 준비하여 전문 특화된 마케팅을 실천하는데, 이것을 니치 마케팅이라고 한다.

이 마케팅은 시장의 새로운 절단면을 찾는 것으로, 자기 구별적 우위성을 발휘할 수 있는 고객군 세분화의 군집화된 트렌드를 창출하거나 자기 구별적 우위성을 발휘할 수 있는 세그먼트를 찾고 그것을 철저히 추구하려는 것이다. 기업의 주된 전문 특화 방향으로는 다음과 같다.

▎니치 마케팅에 의한 단일 브랜드의 전문 특화의 방향

- ✅ 특정 제품의 특성에 특화시키는 브랜드
- ✅ 고품질에 특화시키는 브랜드

- ✔ 서비스에 특화시키는 브랜드
- ✔ 저가격에 특화시키는 브랜드
- ✔ 심플한 프로모션에 특화시키는 브랜드

등 니치 마켓의 범주에서 한국의 중소기업들은 단일 제품을 가지고 마케팅을 전개하는 경우가 대단히 많다.

필자가 제품 컨설팅 현장에 나서거나 공공기관 지원 프로그램의 제품을 심사하면서 느끼는 것은 '잘 준비된 신제품이 빛이 난다.'는 것이다. 상세한 시장 세분화로 니치 시장을 발견한 후, 그 시장의 니즈를 충족하는 다양한 전문 특화을 모색한다. 심플한 프로모션은 프로모션 비용이 들지 않는 마케팅을 말한다.

니치 마켓은 대부분 포지셔닝에서 집중적인 포지셔닝의 영역으로 필자가 고관여 자문 컨설팅을 진행하면서 그 니치 마케팅 성공 사례들을 보면 BLDC모터 드라이기, 로봇 청소기, 병원 화장품 브랜드, 담적병치료전문 한방병원, 온골요법 족욕 시스템, 청소차, 화장품, 신물질 개발, 건강식품 등 니치 마켓을 잘 발견하여 지속 성장하고 있는 것을 볼 수 있다.

■ '제품 브랜드 네이밍=기업 브랜드 네이밍'이라는 등식이 니치 마케팅 성공률 높아

스타트 기업가 중에 니치 마켓을 발견하고 신제품을 기획하고 브랜드를 만들어가며 유통을 하며 집중적인 포지셔닝 전략을 통한 니치 마케팅을 하고 싶다면 무엇보다 성숙기의 판매 타이밍을 잘 예측하고 잘 준비하여 마케팅을 기간별로 목표 수량의 균형감 있는 안배를 통해 '제품 브랜드=기업 브랜드'라는 등식으로 강점적 차별성을 집중적으로 '적지'를 찾고 틈새를 찾아 초점 마케팅을 전개할 때 성공 확률이 높다.

니치 마켓의 성공 브랜드들이 특화를 하는 가운데 기업 관점에서 지향할 점은 시장이 커지면서 대기업에서 들어오는 인수 제안들에 대한 최종적인 생각까지 하고 니치 마케팅을 하는 것이 좋다는 것이다.

■ **니치 마켓 브랜드들이 인수되면 고객 구매 접근성 후퇴되기도**

국내 개발이든 수입 브랜드든 동종 카테고리의 제품군을 많이 소유하고 있는 대기업에 인수되어 시너지를 극대화 시키는 경우도 많이 있다지만, 종종 애용하던 '실크테라피'라는 외국 브랜드가 LG생활건강에 인수된 사례나 BB크림의 대표 브랜드인 '한스킨'이 셀트리온에 인수된 기업들은 여전히 성장하고 있지만, 고객 관점에서 보면 구매 접근성이 후퇴된 느낌이 들어 아쉽다는 생각이 들기도 한다.

홈쇼핑이나 인터넷 쇼핑몰, 오프라인 매장에서 독립적인 브랜드로 인식되다가 인수되고 흡수되다 보니 기존 카테고리에 묻혀 차별성을 잃고 어디에서 사서 써야 하는지 고객들이 혼동하게 되는 경우도 생긴다. 인수되더라도 독립적인 마케팅은 지속하는 것이 좋다.

니치 마켓을 발견하고 아이디어를 내어 조사 분석을 통해 강점적이고 집중적이며 차별화된 포지셔닝 전략을 잘 전개해간다면 니치 마켓은 5,000만 인구의 소비 시장에서 PLC 주기에 따른 누적 매출 1,000억 이상의 마켓 사이즈가 나올 수 있는 매력적인 마켓이 니치 마켓이다.

> 시장 내에서 니치 마켓을 발견하고 그에 맞춘 아이디어로 조사 분석하고 차별화된 포지셔닝을 전개하는 것이 혁신 기업들의 강점이다. 5천만 인구의 매출을 새로이 쏠 수 있는 유일한 시장이며, 이 시장을 선점하는 것이 혁신 기업이 되는 유일한 통로가 될 것이다. 니치 마케팅을 빠르게 전개하라!
>
> #니치마켓 #니치마케팅 #포지셔닝 #혁신기업의강점
> #매출증대방법

9. C 시장

**[19] 관여도 진단, 신상품의 관여도 진단은
마케팅의 시작과 모니터링의 끝**

Q19 요새는 수많은 광고가 우리를 뒤덮고 있는데요.
이런 광고 중에서 살아남을 요령이 있다면?

광고 마케팅은 마케팅의 가장 기본이다. 인터넷 시대를 넘어 모바일 시대로 진입하면서 TV CF, 잡지 광고, 신문 광고, 옥외 광고, 지하철 광고들은 배너 광고, 상품 상세 페이지 광고, 소셜 페이지 광고, 이메일 광고, 쇼핑몰 상품 광고, 카드 뉴스형 광고, 유튜브의 동영상 광고 등 필수 영역의 광고가 많다. 관여도 진단 이후에 표현되는 관여도와 모든 광고의 브랜드 연계성이다.

고객들이 직접 만들어 가는 소셜타이징에 1인 미디어 중심 MCN 채널 광고까지 마케팅 툴의 전개 방식이 디지털 트렌스포메이션 되었을 뿐 마케팅 시작에서 관여도 진단 방식의 기본은 변하지 않았다.

- ✅ 귀사의 상품 관여도 진단은 어떻게 하고 있는가?
- ✅ 귀사의 상품은 저관여입니까?
- ✅ 귀사의 상품은 고관여입니까?

소비자 행동론에서 가장 중요한 관점이며 특정 상황에서 자극으로 유발하는 중요성이나 관심도의 수준을 관여도라 한다. 관여도는 고객의 구매 행동 유형과 마케팅 전략의 상관관계임으로 중요하다. 관여도는 '브랜드 로고 간의 차이 vs 고객 상품의 관여도'에 따라 네 가지의 경우의 상황이 나온다.

✅ **고관여 수준 vs 브랜드 간의 차이가 크다**

　복잡한 절차를 거치는 구매 행동의 과정이 있기 때문에 차별성은 필수다. 비싼 상품, 리스크가 있는 상품, 장기간 사용 상품, 가족 의사 결정이 필수인 상품들이며, 욕구 인식, 정보 탐색, 대안 평가, 구매 결정과 구매, 구매 후 행동 등 다섯 가지 모두 구매 결정 과정을 거치게 된다.

✅ **고관여 수준 vs 브랜드 간의 차이가 작다**

　불안감을 줄이려는 구매 행동 패턴을 보이며 관계십에 의한 입소문을 신뢰한다. 비싸고, 가끔 리스크가 발생하며, 위험을 수반하는 제품이며 구매 후 부조화로 인한 구매 갈등이나 불안감이 생기는 현상을 동반한다. 반품률이 증가할 수 있다.

✅ **저관여 수준 vs 브랜드 간의 차이가 크다**

　다양성과 가치 중심적인 구매 활동을 한다. 별로 중요한 상품이 아닌데 상표 간 차이가 크게 느껴질 때 이것저것 보는 경향이 있다. 경쟁자가 다수이며, 가격이 저렴하고, 선택의 폭이 넓은 카테고리의 상품들이다.

✅ **저관여 수준 vs 브랜드 간의 차이가 작다**

　생활용품이나 주변 유통사에서 쉽게 구매하고 습관적으로 구매가 가능한 필수품 같은 경우 저관여 수준에 브랜드 간의 차이가 작을 때 과거에 구매했던 상표를 별다른 생각 없이 반복적으로 구매하려는 경향이 있다. 마트, 드럭스토어, 슈퍼, 편의점에서 취급하는 대부분 제품이 이에 속한다.

관여도의 종류

✅ **지속적 관여도**

　개인적이고 마니아적인 성향의 관여로 자신이 선택한 제품이나 서비스에 관련성이 높고 수단 목적 사슬에서 속성을 결과와 가치로 연결한다. 예를 들면 자동차 마니아들은 신차에 지속적으로 관심이 있거나 음악을 좋아하는 마니아들이 스피커에 지속적인 관심이 있는 경우다.

상황적 관여도: 전기밥솥의 뚜껑이 방 천장으로 날아간 뉴스가 있었다. 이런 경우 전기밥솥을 구매하는 소비자 행동에 고관여를 갖게 한다.

▌고관여 광고 마케팅 전략

고관여 제품은 고객의 관심과 고객의 행동이 일치되는 정도이며 구매 행동 등에 자신을 몰입할수록 관여도가 높다고 말한다.

고관여 제품일수록 고객의 구매 행동은 더 신중하고 진지하며 구매 후에도 의사 결정에 대해 불안감을 느끼기도 한다. '내가 구매한 이 제품은 과연 잘 산 제품일까?' 하고 고민을 하기도 한다. 노하우를 이야기하자면 관여도에 따라 통합 마케팅 커뮤니케이션(IMC)에서 제일 중요한 마케팅 메시지 구성 방식을 다르게 조합하는 것이 광고 마케팅 관점에서 필요하다.

관여도가 높은 제품일수록 광고할 때 신뢰성 있는 정보나 콘텐츠 전달식이 필요하다. 예를 들면, 건강 보조 식품 같은 경우 전문가 추천 광고를 생각할 수 있다.

광고를 통해 고객이 느끼는 관여도 수준을 일시적으로 변화시킬 수 있는데, 예를 들어 화장품 광고를 할 때 유해 물질을 경고하는 식으로 메시지를 전개하면 소비자 관심이 증폭되어 관여도가 높아지는 결과를 창출하게 된다.

▌고관여 카테고리의 특징

- ✓ 상품 속성의 차별화가 크다.
- ✓ 제품과 관련된 어느 정도 이상의 정보량이 요구된다.
- ✓ 제품에 대한 깊은 이해가 필요하다.

- ✅ 구매의 계획성이 높다. 구매 전 입소문과 평가 비교가 크다.
- ✅ 구매 의사 결정 프로세스상의 리스크에 대한 부담이 크다.
- ✅ 구매 의사 결정에 필요한 리드 타임이 길다.
- ✅ 브랜드 로열티가 높은 상품군이 많다.

고관여 상품 카테고리 상품군을 보면 다음과 같다. 이삿짐센터, 외국어학원, 자동차, 냉장고, 가전제품, 스마트폰, 디지털카메라, 컴퓨터, 노트북, 화장품, 명품백, 주얼리, 아파트, 대학교, AV기기, 인공지능 제품군, 로봇 청소기, 학습형 제품군 등이다.

고관여 제품군의 시장 전략은 장기적 마케팅 전략이 필요하며, 커뮤니케이션의 누적과 마케팅 툴 상의 콘텐츠 빈도수가 무엇보다 중요하다.

고관여 제품군 광고 전략은 제품을 이해시킬 수 있는 카피 전략이나 심미성을 강조하거나 사회성을 강조한 이미지 전략이 무엇보다 중요하다.

▌한국 사회 200,000원 이상의 제품군은 고관여 제품군으로 분류 후 마케팅 전개 필요

고관여 제품군을 마케팅 할수록 IMC 마케팅은 필수다. 그 이유로는 고객의 관점에서 제품군의 가치를 따지기 때문이다.

고관여 고객에 대한 마케팅 전략으로는 제품의 차별화 전략, 광고 전략, 포지셔닝 전략, 브랜드 충성 전략 등을 주로 사용한다.

저관여 제품은 구매가 습관적으로 이루어지며 구매 후 갈등을 일으키는 일도 거의 없다. 저관여 제품 마케팅 전략은 광고 전략, 가격 전략, 유통 전략, 판매 촉진 전략 등을 주로 사용한다.

보편적으로 관여도 측정은 두 가지 축으로 매트릭스화하여 진단 분류하는 것부터 시작하면 좋다. 중요한 vs 중요하지 않은, 관심이 있는 vs 관심이 없는 등과 같이 의미 차별 척도의 설문 항목을 만들어 고객 관여도를 진단하고 그에 따른 마켓 마케팅 전략을 입안하는 것이 기본이다.

개발하고자 하는 신제품의 포지셔닝이 고관여 제품인지 저관여 제품인지에 따른 마케팅 기법도 세분화하고 구체화하여 들어가면 마케팅 경우의 수와 대응 방안의 광고, 커뮤니케이션 전술들은 각각 다르다.

만약에 자사의 신제품 관여도가 높다고 진단되었다면 브랜딩에 있어 마케팅 세일즈 프로모션을 기획할 때 고객의 구매 프로세스를 염두에 두고 해야 한다. 고관여도 상품들의 오프라인 상점 중심 구매 프로세스는 다음과 같다.

▌관여도에서 시작된 마케팅 요인 및 마케터의 마케팅 자극과 고객의 구매 반응 관계

Be-fore 마케팅-인지 단계: 인지·이해

    통제 영역: 브랜드 콘셉트, 광고, 판매원 정보, IR, 세일즈 프로모션 (고지 타입)

    통제 불가 영역: 구전, 소문, 신문 기사, 외적 요인의 변화

    결과- 브랜드 쉐어: 지명도 상기도, 이해도 증가

In 마케팅태도 단계: 평가·비교·선호

    통제 영역: 가격, 머천다이징(상품 계획), 판매원 태도, 서비스, 세일즈 프로모션(감성 자극, 체험)

    통제 불가 영역: 경쟁사 전략, 대세 상품의 출현, 라이프 스타일 및 트렌드의 변화, 소점포 정보, 경제 요인 및 규제의 변화 (예: 김영란법, FTA 등)

    결과- 마인드 쉐어: 선호도 증대

After 마케팅– 행동 반응: 방문・접촉(상담)・구매

통제 영역: 점포가 있는, 점포 프로모션, 채널에 충실한, 유통이 충실한

통제 불가 영역: 메이저 유통 기업의 수수료 정책, 운영 정책, 사고에 의한 유통의 피해, 제품의 진열 및 배치 등

결과- 마켓 쉐어: 판매량 증감, 매출 증감, 이윤 증감

관여도 진단에서부터 사전, 현장, 사후 마케팅 범주에서의 구매 프로세스와 통제 영역, 통제 불가 영역, 결과 등에서 마케팅 전략 입안의 시작과 끝으로 연결되는 매우 중요한 영역임을 알 수가 있다.

> 우리 주변의 광고. 광고는 고객들에게 대상을 어필해야 하는 미션이 있다. 그런 광고를 관여도 진단을 통해 얼마나 어필되는지 추정해볼 필요가 있다. 소비자의 관여 정도와 브랜드와 로고 사이의 연결 정도에 따라 네 가지의 상황이 나온다. 이 상황을 고려하여 고관여 할 수 있는 광고를 생산하고 고객 접근 단계를 Before-In-After로 나누어 고객 구매 반응 관계를 생각해보도록 하자.
>
> #관여도진단 #브랜드로고와브랜드 #고객접근에따른BIF
> #고객구매반응관계 #광고와관여도

10. C 시장

[20] 마켓 리더십, 마켓 창출과 선도에 영향을 주는 요소들과 최악의 리스크에 대비해야

Q20 기업 경영 시 새로운 시장을 발견하고, 그 시장을 선점하는 방법이 궁금합니다.

기업을 경영하다 보면 기업이 통제할 수 있는 요소와 통제하지 못하는 요소로 구분된다. 여기에서 마케팅의 내부 요소인 전략, 전술, 예산, 인력, 자원, 운영 정책, 운영 계획, 평가 등은 통제할 수 있다. 하지만 마케팅 외부 환경은 기업이 쉽게 통제할 수 없는 요소다. 이러한 이유로 인해 마켓과 고객, 경쟁사를 조사하고, 트렌드 분석 등을 통하여 기업에 상대적으로 유리한 영역으로 선택하고 집중시키기 위해 마케팅 목표 설정을 통해 과정 중심의 지속적인 퍼포먼스로 목표 달성을 해가는 것이다.

■ 마켓 창출과 선도를 위한 마케팅 목표 설정과 달성도 "운칠기삼(運七技三)"

마케팅 리더십에 영향을 주는 요소 두 가지

통제 가능한 부분과 통제 불가능한 부분으로 나뉘며, 마케팅 목표 설정과 달성도는 "운칠기삼", 즉 70%는 통제 불가능한 '운'이고, 30%는 통제 가능한 '技(기술, 재주나 능력)'다.

통제 불가능한 부분을 기업으로 우호적일 수 있게 마케팅 전략을 입안하고 운영 정책을 세우며, 관계된 모든 외부 환경의 주체자들과 수평적인 소통을 지속해서 유지해가는 것이 기본인 시대다. 최악의 변수에 대비하

고, 그런 상황이 왔을 때 적극적이고 실패를 최소화하기 위한 선행적인 노력을 하는 것이 목표 설정 능력의 중요한 가치다.

　기업의 내부 환경은 통제할 수 있지만, 기업의 외부 환경은 통제가 안 되는 영역임으로 통합 마케팅 커뮤니케이션(IMC)을 지속해서 관리해야 한다.

　외부 환경은 경쟁자, 잠재적 경쟁자, 언론, 일반 대중, 고객, 가망 고객, 잠재 고객 등은 통제 불가능한 요소다.

　마케팅 환경에 반응하는 CEO의 유형의 세 가지는 마케팅 전략 입안대로 추진하는 '원칙형'과 마켓의 경기에 상황에 따른 대책 강구의 '대응형', 중장기적인 안목으로 마켓을 주도적으로 리드하는 '주도형'이 있다.

▌마켓 리더십, 누가 어떻게 시장을 움직여 갈 것인가?

　마켓 안에서 목표 설정을 하고 목표 달성을 하기 위해 마케팅 리더십 관점에서의 마케팅 기법들은 세 가지 측면으로 분류할 수가 있다. 또한, 마켓 리더십은 전개 방식에 따라 다르게 작동하는 것을 볼 수 있다.

첫째, 수요에 따른 판매량 증대 기법으로 마케팅 전개

　마케팅이란 수요 예측을 통해 판매량과 매출을 늘리기 위한 목적으로 사용하는 모든 판매 기법이 이에 속한다. 1차원적인 차원에서 마케팅을 영업, 광고, 판매 촉진 활동이라고 단순히 말하는 이유도 여기에 있다. 이미 생산된 상품을 머천다이징(상품 판매 기획과 계획) 기법만으로 더 팔거나 잘 팔기 위한 메이저 유통 기업에 입점 판매를 하는 노력 차원이다. 입점 수수료 15%~55%에 광고, 홍보, PR 투자를 해야 하기 때문에 가장 비용이 많이 소요된다.

둘째, 고객의 가치 창조 과정으로 마케팅 전개

시장조사와 분석, 트렌드 워칭을 객관화하는 선행 작업을 하고 IMC 전략 입안을 통해 일관된 정책의 메시지를 고객들에게 전달하며 자연스럽게 팔리도록 마케팅 시스템을 구축해가는 기법이다.

고객들에게 큰 가치를 제공하는 것은 기본이다. 마케터, 머천다이저(MD), 브랜드 매니저(BM) 등 마케팅에 종사하는 실무자들이라면 고객의 니즈와 원츠, 디멘드를 고객보다 더 잘 이해해야 하며 진정성 있는 고객의 소구점을 찾아내어 어필하는 능력이 필수적이다.

고객의 정보를 고객 가치로 전화시키고 숫자로 전환하는 지속적인 마케팅 혁신의 노력이 팀워크를 중심으로 최적화되어야 한다. 마케터는 고객이 꿈꾸는 것을 현실로 창출해주는 실무 전문가이기 때문이다.

셋째, CEO의 기업가 정신으로서의 IMC 차원에서 시장 창출과 선도하는 기법

고객의, 고객에 의한, 고객을 위한, 고객 지향적 경영 철학의 바탕과 기업가 정신을 내부 고객들과 자의적 합의를 통해 구축하고, 모든 부서의 인력은 마켓과 고객, 경쟁사를 이해하는 것부터가 시작이다.

기업의 전 구성원들은 다음과 같은 역량이 필요하다. 첫째, 제품이나 서비스의 관여도 이해 및 적용 능력이 필요하다. 둘째, 고객 관점에서의 제품의 기능적 가치, 정서적 가치, 경제적 가치, 사회적 가치를 함께 창조해간다. 셋째, 고객 가치 극대화를 위해 운영 시스템의 개선, 직원들의 변신, 마켓의 파괴적 혁신까지 할 수 있는 마케팅 운영 노하우를 직·간접적으로 인소싱과 아웃소싱을 융합하여 고객 가치 창조와 마케팅 인력, 영업 인력, 지원 인력, 자원, 마케팅 예산을 적극적으로 투입하여 시너지를 극대화해가는 방식이다. 불황기일수록 CEO의 톱다운 방식은 효과를 발휘한다.

▍마켓 리더십에 영향을 주는 요소 네 가지

마케팅 전략을 입안하고 전술을 세우고 판매 원리를 창출하여 마케터의 자극과 고객의 반응 사이에 마케팅 리더십이 필요한 관계 사이에 고객의 자유 의지에 영향을 주는 특성들은 아래와 같다.

✅ 문화적 요인
그 나라의 문화, 국적, 종교, 인종, 지리적 범위, 지방 특성, 사회계층 등
✅ 사회적 요인
트렌드에 따른 라이프 스타일, 집단과 사회적 네트워크, 가족, 직업적 역할과 지위
✅ 개인적 요인
고객 생애 주기 단계, 직업, 경제적 상황(연봉 수준), 생활 방식, 성격과 자아 개념
✅ 심리적 요인
동기, 지각, 학습, 신념과 태도, 인·적성검사(에니어그램, MBTI, 디스크, 별자리, 혈액형, 기타 등)

요즘처럼 불황기에 저성장 시대에는 마케팅 전략에 필요한 선행 마켓 조사, 분석, 트렌드 워칭과 적용, 최악의 리스크들의 경우의 수에 따른 대응 방안까지 사전에 전략과 전술 대비책을 강구해 나아가야 한다.

현장이나 고객 접점에서 구매에 영향을 미치는 네 가지 요인들에 대해 선행 학습을 하고 영업 사원, 세일즈맨, 판매 사원, 에프터 서비스 하는 직원들까지 마켓의 특성과 고객의 특성을 학습시키고 한목소리로 응대시키는 스킬을 체득시키는 역할(Role)까지 마케팅 디렉터(MD)가 해가야 하는 범주가 되었다.

■ 잠재 고객, 가망 고객, 구매 고객, 추천 고객, 단골손님에게 어떻게 마케팅 자극(메시지)을 통합적으로 전달할 것인가?

마케팅 자극의 유형은 12가지 이상이며, 전사적으로 각각의 아이디어 입안과 콘셉트화, 나아가 비주얼하고 디테일하게 디자인하여 마케터로서 고객들에게 지속적인 자극을 주는 총체적인 행위가 통합 마케팅 커뮤니케이션(IMC)이다.

- ✅ 오프라인 4P: 제품, 가격, 유통, 판매 촉진
- ✅ 온라인 4C: 커머스, 콘텐츠, 커뮤니티, 커뮤니케이션
- ✅ 모바일 4M: 머천다이저, 마켓, 미디어, 메시지

위의 12가지 경우의 IMC 핵심 키워드들과 함께 오프라인의 각종 광고, 상품 상세 페이지, 소셜 페이지, 이벤트 배너, 광고 배너까지 한목소리의 메시지를 보내 고객이 설득되어 반응을 보일 때까지 지속해가야 하는 영역이다.

마케팅 리더십은 마켓을 선도하며 레드오션과 블루오션의 경계를 자유롭게 넘나든다. 강점적 차별성을 창출하여 고객이 구매 시점을 인지하기까지 세 가지인 세분화 관점의 차별성과 타깃적인 관점의 성취성, 포지셔널인 관점의 강점들을 명확히 어필한다.

여기에 기업과 제품이 스토리텔링을 통해 구전과 소문이 저절로 퍼지게 되면 마케팅 요인들과 요소들, 나아가 마켓 리더십 스타일에 따른 마케팅 실행 방식 전부에 '새로운 것을 받아들여 시너지를 창출하는 마케팅 혁신'의 과정들이 동반되어야 한다. 이를 통해 기업은 마케팅의 목적인 마켓 창출과 마켓 선도를 이룰 수 있다.

기업 경영 시 기업이 통제 가능한 요소와 통제 불가능한 요소가 있다. 이를 마켓 리더십으로 이끌어 나가야 하며 통제 가능한 요소는 30%이다. 마켓 리더십으로 판매량 증대 기법과 가치 창조로 마케팅을 전개해 나가야 하며, CEO는 IMC 차원에서 시장 창출 및 선도를 해야 한다. 마켓 리더십에 영향을 주는 네 가지 요소를 고려하여 고객들에게 마케팅 메시지를 통합적으로 전달하도록 노력해야겠다.

#마켓리더십 #마켓창출 #4C #4P #4M

III. 마케팅 디렉터
(CMO, 마케팅 최고 경영자)

"브랜드 아이덴티티를 시발점으로 STP의 콘셉트를 도출하고 차별화를 통해 구매 자극을 높이는 것이 마케팅 툴이다. 마케팅 툴을 통해 아이덴티티를 형성하려면 지속성, 일관성, 현실성을 갖춰야 한다."

David A. Aaker

1. A 마케팅 디렉터

[21] 취업마케팅, 청년 일자리 창출 트렌드,
'퍼스널 브랜드 마케팅'으로 승부를 겨루는 원년 될 것

Q21 현재 대한민국의 청년 취업률이 점점 떨어지고 있습니다. 청년들에게 조언해주실 수 있으신지?

한국 사회는 격동기의 시대를 살고 있다. 성장과 복지의 사이, 일자리 창출과 일자리 퇴출 사이, 취업과 창업 사이, 창직과 퍼스널 브랜딩 사이, 무엇보다 주요한 이슈는 청년과 노년의 일자리들이 점점 줄어들고 있는 시점에서 국민 개인들의 미래 가치를 극대화해 자신의 강점을 발견하고 기업이나 고객들이 원하는 새로운 역할(Role)들을 발견하여 지식의 융합과 신직업군의 재정의를 통해 이름 석 자 앞에 뉴 잡 닉네임을 부여해서 도전하고 개척하는 것이 대세다.

■ 자기가 자기를 고용하는 시대, 꿈으로부터 시작하여
퍼스널 브랜드까지 창출하는 시대

인터넷 이력서의 구인·구직 양식이나 기업의 구인·구직 양식에 단편적인 질문을 채워 넣는 식의 자기소개서나 이력서, 경력 기술서 또는 과거에 어떻게 성장했고 무엇을 해왔는지 나열식의 자기소개서는 그 가치를 인정받기 어려운 시대다. 대학생들도 취업을 위한 창업과 취업을 위한 공모전, 취업을 위한 스펙 쌓기에서 탈피하여 자신이 하고 싶고, 이루고 싶고, 성취하고 싶은 것들을 정리하고 시장조사 분석하여 1년, 3년, 5년, 10년 단위의 개인적인 꿈, 직업적인 꿈을 꾸고 도전하는 시대에 살고 있다. 그 예로는 '엔젤리더 꿈기부파티', '인크루트의 취업 학교', '세바시의 강연 프로그램' 등

이 있다. 꿈에서 시작하여 취업, 창업, 창직, 퍼스널 브랜딩, 창조랜서 등의 역할적인 일을 발견하고, 정의하고, 프로세스화 시키고 그 모든 것들엔 새로운 역할 중심의 직무 기술서를 만들고 필요 역량을 자가 개발하여 도전하는 청년이나 장년층이 점점 늘어나고 있다.

■ 공무원 아니면 대기업 취업이 꿈이라고 스스로 갇히는 것에서 탈피 필요

공무원 아니면 대기업, 대기업 아니면 다시 대학원 박사 학위까지 현실 안정성에 대한 눈치 보기식 갈구로 인해 30만 명 청년들이 공무원 준비에 1~2년 이상을, 대학교도 휴학을 내고 공부하고 있는 시점에서 그 돌파구를 찾기란 쉽지 않지만, 기존의 일자리 얻기의 패러다임인 대학교 졸업, 과정의 취업 또는 과와는 아무 상관 없는 취업, 그렇게 해서 입사한 대기업의 3개월 이내에 퇴사 절망의 끝자락에서 필자가 만나본 청년들은 하고 싶은 일을 좇고 그 일을 하기 위해 퇴사를 결정했다고 말한다. 그런데 문제는 자신이 무엇을 하고 싶은지, 꿈이 무엇인지를 제대로 알지 못하고 방황을 한다는 것이다. 여기에 학자금 대출까지 끼어 있다면 한국에서는 남자같은 경우, 서른 전후의 나이까지 공부 부채인 학자금 대출의 영역에서 벗어나지 못한다.

■ 왜 퍼스널 브랜드 마케팅인가?

취업을 준비하는 취준생이 연봉, 기업 브랜드만 보고 들어가려 하는 시대는 지났다. 인크루트의 통계를 보면 "직업 선택에서 중요한 요소는?"이란 질문에 "꿈, 적성 39%", "복리후생 18%", "연봉 19%", "조직 문화 15%", "기업의 비전 7%", "기타 2%"로 나왔다. 현시점에서 한국 사회의 20대 취준생들의 취업 트렌드를 볼 수 있다.

꿈과 적성이 1순위이다 보니 "현재 입사하고 싶은 기업의 규모는 어느 정도인가?"라는 질문에는 "중견기업 49%, 대기업 28%, 중소기업 22%"로 나왔고, 그 이유를 물어보니 "내가 정말 원하는 직무의 일을 할 수 있을 것 같아서 34.5%", "다양한 업무를 경험할 수 있을 것 같아서 31.3%", "수평적 조직 문화를 원해서 14.5%", "재미있게 일 할 수 있을 것 같아서 14.4%"로 나왔다. 이처럼 자신이 원하는 일을 할 수 있기를 희망하는 청년들은 스스로든, 타인이나 기관 단체의 도움을 받든 '취업부터 하고 보자!'식의 취업 준비가 아니라 자신의 성향 분석, 강점 찾기, 꿈의 발견, 최종 진로를 결정하기 전에 무엇이 자신에게 맞는 직무인지 선택을 하는 과정에서 단순 취업 교육에서 탈피하여 자신의 꿈을 정의 내리고 멘토를 찾아 교훈을 얻거나 자신의 꿈을 PPT로 만들어 2011년 한국 최초로 대학생 꿈 공모전을 진행하고, '엔젤리더 꿈기부파티'에서 지식인들이 그 꿈을 경청하고 지지하며 도서 장학금을 주고 재능 기부 진로 멘토링을 돕는 프로그램에 참여하는 추세다.

▎퍼스널 브랜드로 도전하는 청년들 나와 화제

취업뽀개기, 대학생 1등 앱 브랜드 아이캠핑, 창직 교육센터, 한국 기업평판 연구소, 한국 퍼스널 브랜딩 연구소, MIR 마케팅 혁신 연구소, 인사쟁이에서 공동으로 주관한 엔젤리더 꿈모전 입상자들의 창직가적인 퍼스널 브랜딩 네이밍을 엿보면 세상에서 처음 듣는 것들도 많았고, 미래지향적이며 전문적인 잡 닉네임들도 많았다. 그 예를 보면 퍼플아티스트(최재연), 나무의사(권순근), 경제스피커(최일욱), 언어심리치료사(박예지), 퍼스널브랜딩코치(하정연), 항공승무원(김에녹), 트레블스케쥴러(임혜진) 등의 사례가 좋은 예이다.

이들은 이미 자신의 이름 석 자에 각각의 퍼스널 브랜드를 입혔고, 세상과 사람들에게 마케팅을 시작했다.

이들의 꿈은 기업이 요구하는 이상적인 인재로 코드 맞추기를 뛰어넘어 자신들의 꿈을 선택하고 스카우트해주는 기업들과 일하고 싶다는 포부를 밝히기도 한다.

■ 미래 한국 자가 일자리 창출 문화 태동 희망 밝아

　미래 한국에는 이처럼 4차 산업 혁명의 부정적인 측면에서 두려워하거나 먹먹한 가슴으로 망설이는 청년들이 아니라 스스로 무엇을 원하고 있는지 알아보고, 그것을 위해 꿈을 꾸고 준비하고 지향점을 가지고 도전하는 청년들이 있다. 청년들 스스로 자신의 새로운 역할(Role)들을 발견하고 꿈을 선포하고 도전하는, 세계 어느 나라에서도 볼 수 없는 청년들의 꿈 꾸기 문화 창출은 한국 미래의 밝은 면모를 볼 수 있다는 증거다. 용기를 내어 자신의 이름 석 자로 꿈을 꾸고 퍼스널 브랜드를 창출해 스스로 삶을 개척한 사람이 일자리 창출 사회에 재능 기부 멘토로 참여하는 시민 참여문화도 필요하다.

현재 청년 일자리 트렌드는 기업이 원하는 이상적인 인재를 넘어 일자리를 창출하는 문화로 바뀌어야 하는 시대다. 그런 점에서 한국의 미래는 밝다고 볼 수 있다. 한 예로 엔젤리더 기부파티의 CSR 활동에서 보이듯 20대 청년들의 꿈과 포부로 미래를 예상해 볼 수 있겠다.

#청년일자리 #대한민국의미래 #청년창업
#퍼스널브랜드 #문화창출

2. A 마케팅 디렉터

**[22] CMO(마케팅 최고 경영자), 액션 플랜 실행도
솔선수범할 때 직원도, 고객도 리드 된다**

Q22 CMO라는 마케팅 최고 경영자를 목표로 하는 마케터들이 많습니다. 이런 CMO에게 필요한 자질은 무엇일까요?

2002년부터 마케팅 직업군, MD 직업군들을 트레이닝해 오면서 마케팅 최고 경영자(CMO)들을 현장에서 만나기도 하고, CMO가 되고자 하는 분들을 트레이닝하면서 필자는 기본 교재로 필립 코틀러 박사의 『마케팅관리론』부터 번역된 책들 모두를 읽어보고 체득해보라고 권하는 것을 기본으로 트레이닝을 했다.

마케팅이라는 단어는 사실 미국, 한국, 일본, 인도네시아나 아시아 정도에서 주력으로 사용하는 단어들이다.

명함에 CMO라고 당당히 파서 다니는 분도, 기업 문화도 많이 볼 수 없는 점도 아직은 아쉬운 부분이다.

CMO는 고객 중심의 창의적 사고의 소유자며, 디지털 마케팅의 이해와 적용 능력까지 탁월한 적극적인 자신이 창출한 브랜드의 대변자로 초세분화된 고객군들을 리드하며 트렌드를 창출 선도하는 커뮤니케이션 전문가가 CMO가 아닌가 싶다.

▌왜 한국에는 진정한 CMO가 적은가?

대기업의 CMO들이야 MBA를 나오고 임원이 되거나 광고 기획사 출신들이 대기업으로 이직하여 마케팅을 총괄하는 관점이지 시장조사를 체계적으로 직접 조사해보거나 마케팅 액션 플랜을 52주 단위로 직접 짜고 예

산을 편성하고 인소싱과 아웃소싱을 T.F.Team으로 운영하면서 갑을 마인드를 배제하고 자신이 속한 기업이 지속 성장하는 것에 몰입해서 하는 사례들을 접할 수 없음이 아쉬웠던 부분들이다.

무엇보다도 CMO가 한국 마케팅 산업에 정착하지 못한 이유는 중소기업들 같은 경우 CEO들에 기술 개발에서 유통까지 혼자 모든 부분을 의사결정하려는 문화가 90% 이상이다. 그러다 보니 아직 그 중간에 브랜드화하기 위한 '통합 마케팅 커뮤니케이션(IMC)' 전략을 입안하고 중앙 컨트롤 타워의 수장관점에서 마케팅 프로세스의 A부터 Z까지 총괄하는 관점보다는 편하게 길들인 분업과 아웃소싱, 갑을 마인드 그리고 성과 창출이 안 되면 1~2년 단위로 잦은 이직의 기업 문화로 인해 모든 기업에 마케팅의 전문가, 아니 실무 전문가들이 필요한 상황임에도 불구하고 인정받지 못하고 있다. 가장 큰 이유를 세 가지 들어 보면 다음과 같다.

첫째, 리더인 CEO가 마케팅과 영업, 세일즈의 정의를 구분·해석하려 들지 않기 때문

각각의 키워드, 마켓의 문을 열고 제품이나 서비스 비즈니스 모델들을 체계적이고 전사적이며 일관성 있는 브랜드 입안과 브랜드 구조, 전략, 전술, 액션 플랜, 평가, 피드백하는 흐름을 기다려주지 않는다.

둘째, 마케터로 도전하는 사람들이 처음부터 CMO가 목표가 아닌 경우가 많기 때문

1991년까지만 해도 한국 대학에서는 마케팅을 경영의 부분으로, 짧게 특강 형식으로 가르쳐왔고, 그 이후에 마케팅 학부들이 나오면서부터 마케팅 전문 대학 교육이 생겨왔지만, 직접적인 취업으로 연결되지 않다보니 역으로 필자가 고관여 해온 2002년 MD(상품 기획자, 머천다이저)의 직업군이 신유통(인터넷, 모바일, 플랫폼, 직구, 역 직구 등)의 태동과 함께 기존의 메이저 유통 기업들의 바이어, 카테고리 매니저들의 닉네임이 MD로 PD처럼 대중화되었다. 이러한 이유로 마케터가 존귀한 전문직이라기보다는 누구나 다 하는 것처럼 일반인들의 인식 속에 자리 잡은 것도 크다.

셋째, CMO의 범주가 너무 넓기 때문

CMO가 알아야 할 지식이 너무도 많은 것이 사실이다. 기본적으로 통계학, 사회학, 경영, 심리학, 기술 트렌드에 오프라인 구조, 온라인 구조, 모바일 구조, 방송 및 홈쇼핑의 구조까지 총체적으로 실무 지식이 축적되고 학습되어야 하고 협업으로 직간접적인 경험을 통해서 제품 기획, 서비스 기획, 광고 기획, 이벤트 기획, 홈페이지&쇼핑몰 기획, 시장조사 기획, 트렌드 워칭 능력, 협상력, 리더십까지 참 많은 것들을 이론적으로나 실무 경험 차원에서 체득해가야 할 영역이다 보니 "꿈이 CMO입니다."라고 진로를 선택하기란 쉽지 않기 때문이다.

대기업에서 어찌하다 보니 CMO로 정년 퇴임하신 분들조차 책을 한두 권 쓰고 컨설팅이나 교육을 하시지만, 그 호흡들이 길지 못한 것이 현실이다.

▎CMO(마케팅 최고 경영자)의 역할(Role)

브랜드의 아버지인 '데이비드 아커' 박사는 그의 저서들에서 선택 가능한 CMO의 역할을 다섯 가지 정도로 요약한다. 광의적이긴 하지만 "동기 부여자, 컨설턴트, 서비스 제공자, 전략적 파트너, 전략적 선도자"라고 정의 내려 준다. 물론 이 키워드들은 CMO들에게 핵심 기준점 역할을 한다.

CMO들에게 묻는다. 모기를 잡는 에프킬라를 팔아야 하는데 모기가 없다면 어떻게 해야 하는가? 정답은 없다. 하지만 사람들에게 안 좋은 모기일지라도 에프킬라를 팔고 싶다면 웅덩이에 물을 가두고 그곳에 모기가 생성되게 하여 모기 잡는 시연이라도 보이며 광고 연출을 해가는 것이 CMO의 지략일 수 있다는 이야기다. 이 비유는 어느 지인 CEO 분께서 필자에게 비유해준 것이다.

무엇보다도 365일 의식이 깨어 있어야 하며, 강력한 브랜드의 구축과 효과적 제품, 서비스, 솔루션, 신사업, 뉴 비즈니스 모델을 창출하는 것이 가장 큰 역할이다. 그리고 고객을 창출하기 위해 탁월한 마케팅 프로그램을 개발하고, 적용할 줄 알아야 한다.

CEO의 분별력에 전략과 액션 플랜, 평가 방식, 피드백을 기본으로 하며 매출 증대 능력과 직원 교육 능력, 나아가 조직을 떠나려는 인재를 홀딩시킬 수 있는 인간미도 있어야 한다.

1,000억 이상 매출을 올리는 기업의 성장기에서 성숙기 범주의 포지션에 있는 기업의 CMO는 시장 안에서 기업과 고객을 정보로 연결하는 실무 전문가다. 고객 행동 모델별로 충성 마케팅(고객 회원 카드, 컨시어지 서비스, 회원 전용 이용권), 인지 마케팅(TV 광고, 상품 노출 빈도, 스폰서십), 사용 마케팅(쿠폰 제공, 영업 활동, 이벤트 광고), 평가 마케팅(상품 브로셔, 상품 상세 페이지, 홈쇼핑 동영상, MCN 동영상, 상품 비교표, 백서) 등의 마케팅 활동 유형별로 지표를 선택하고 측정해가며 피드백을 줄 수 있는 능력과 분별력이 있어야 한다.

CMO는 목표 달성 능력보다 중요한 것이 목표 설정 능력과 예산 편성 능력, 인재들에게 역할 미션을 주는 능력과 아웃소싱 기업들과 담당자들을 진정성 있는 수평적 리더십으로 액션 플랜 실행까지 솔선수범하며 리드해가야 고객 창출은 물론 고객들도 블루오션을 넘어 성숙한 레드오션까지 나와 지속 성장을 이어갈 수 있다.

▍대한민국에 '시너지 마케팅 실무 대학(가칭)'이 나와 줄 때

4년제 대학의 일부 과 관점의 마케팅 학부가 아니라 글로벌 마케팅 산업 관점의 시너지 마케팅 실무 대학의 출현도 필요하다.

삼성에서 운영 중인 세리의 CEO 포럼을 보면 은퇴한 대기업, 강소기업,

중견기업 임원들이 갈 자리가 없다. 이분들의 노하우를 정보화, 지식화하는 차원에서라도 전국에 이런 마케팅 실무 대학을 정부 차원에서 창설해가는 것도 국가 경쟁력을 강화하는 데 큰 역할을 할 수 있다고 본다.

지금의 스타트 기업들의 투자 설명회를 가보면 정부 지원 자금을 받으려고 사업 기획서를 쓸 뿐 원 페이지 상품 기술서 같은 것들을 나눠주고, 직원이 몇 명이고 이 사업 아이템이 좋으니 20억~30억 1차 투자를 해달라고 15분도 안 되는 시간에 프레젠테이션을 한다.

청년 창업가, 스타트 기업가들에게 이야기해주고 싶다, 3년 이상은 자신이 창출하려는 산업의 생태계 현장에서 실무 경험을 충분히 체득하고 투자 유치를 해달라고 요청하라는 것이다.

한국의 CMO 노하우가 계신 분들이나 정년퇴임을 하신 선배 세대분들께서 기업의 관점의 눈높이에서 내려오셔서 10억 매출, 100억 매출, 300억 매출, 1,000억 매출, 1조, 1경 클럽까지 필요한 마케팅 전략들을 세분화해 컨설팅, 코칭, 멘토링, 교육, 컨설케이션들을 도와준다면 세계 어디에도 없는 시너지 마케팅 실무 대학이 출현할 날도 멀지 않았다고 본다.

> 대한민국 CMO는 아직 갈 길이 멀다. 동기 부여자, 컨설턴트, 서비스 제공자, 전략적 파트너, 전략적 선도자 총 다섯 가지의 임무를 가지고 실무 관점에서 업무에 접근해야 한다. 또한, 이런 실무들을 컨설팅, 코칭, 멘토링, 교육 등으로 교육화한다면 대한민국 CMO의 역할은 밝다고 할 수 있다.
>
> #CMO #실무중심 #실무교육 #CMO의역할 #솔선수범

3. AI 마케팅 디렉터

[23] 마케터 사고법, AI 시대 마케터는 어떤 사고법을 체득해야 하는가?

Q23 AI 시대에 마케터들은 어떤 생각과 전략을 구사해야 할까요?

구글이 왜 무인 자동차 시대를 열어가려고 할까? '구글로 지구를 낱낱이 본다.'라는 사실은 충격 이상이다. 세상의 모든 사물과 움직임 태동들을 동영상 데이터 기록으로 남겨가고 있는 시점에서 구글 비즈니스의 본질은 검색 시장 그 이상의 데이터 중심의 컨트롤 타워가 되겠다는 의지다.

구글과 같은 유니콘 기업들이 연합하거나 합병에 합병을 진행한다면 머지않아 컴퍼니 국가의 태동을 막을 수는 없을 것이다.

마케터, BM, AE, 카피라이터, 바이어, CM, MD, 전략가, 에디터, 크리에이터, PD, 이벤트 기획자, CMO, CIO, CSO, CEO들은 전략을 세우기 위해 조사 분석, 데이터 마이닝, CRM 분석 등을 통해 세상을 바라보고 있고 기업 가치의 관점에서 전략 도출을 하기 위해 데이터를 초 세분화시키고 합쳐진 정보를 다시 세분화하고 조합하여 새로운 개념의 설득 논리를 만들어 가고 있다. 이렇게 나오고 있는 글로벌 사례를 보면 실시간 고객 응대, 당일 배송, 로켓배송을 넘어 이제 '근접 배송'이라는 문화가 나올 것이다.

미국의 유명 백화점이 모든 오프라인 백화점의 거점 일부 공간을 물류 기지화한다는 것은 근접 배송의 실현을 현실화하겠다는 것이다.

구글의 무서운 전략은 무인 자동차로 세상의 모든 공간과 사물들을, 그 안에 있는 사람의 행동들까지 동영상으로 촬영해 데이터로 지배하려는 전략과 맞서 싸워 이런 상황에서조차 마케터들은 경쟁에서 이겨야 하는 시대다.

기업들이 가치 중심의 해답을 찾고자 한다면 스스로 생각하고 해석하고 판단하는 분별력을 길러내기 위해 끊임없이 관찰하고 생각하고 관계 안에서 사고하며 그것들을 정리해갈 수 있는 마케터가 되어야 한다.

▍마케터는 이제 양 뇌를 다 쓸 줄 알아야 하는 시대

좌뇌 우뇌 사고법은 1차원적인 사고법의 정의들이다. 양 뇌를 어떻게 잘 활용하고 사용할 줄 아느냐가 관건인 시대에 살고 있다.

마케터들은 생각하는 것이 싫다면 다른 사람들이 생각해서 만들어 놓은 매뉴얼대로 시간당 일자리 노임 단가의 급여만을 받고 살아가는 사회 구조다. 타인의 생각과 사고에 의한 의도적인 생각의 구조에 갇혀 살지 말아야 한다.

좌뇌적 관점의 '벤다이어그램 사고법'은 조사 분석으로 세분화시켜가며 아이디어를 내거나 공통점을 찾아내거나 분업의 역할들의 직무 프로세스를 조직화하기에 최적화 되어 있는 사고법이다.

우뇌적 관점의 '시너지 사고법'은 서로 다른 관점의 사람들이 모여 팀빌딩 이상의 하바르타식의 수평적인 사고법과 소통법이다. 1단계, 전체에서 부분으로 접근한다. 2단계, 부분의 합이 전체가 되게 한다. 3단계, 중복이 없게 한다. 4단계, 가장 이해하기 쉬운 프레임 속 콘셉트의 이미지로 설득 논리들을 어필까지 한다.

종이와 연필로 세상 바라보기 두 가지 개념에서 아래의 세 가지 접근성을 충족하는지를 보자. 세상은 인터넷의 태동 이후부터 언제와 어디서의 연결로 인해 '육하원칙'이 아니라 '오하원칙'으로 그 기준의 해석이 달라진 것이 사실이다.

▌좌뇌의 알고리즘(algorithm) 사고법

논리적 알고리즘은 원래 '필산'이란 뜻으로 손으로 풀어나간 계산은 과정이 눈에 다 보일 만큼 명확하고 한정되어 있다는 특성을 물려받았다. 어떤 문제에 알고리즘이 있다는 것은 정답, 즉 옵티멀(optimal)의 답을 구할 수 있다는 것을 보장해 주기에 기업들은 앞다투어 알고리즘 중심의 ICT 기술, AI 기술에 지향점을 두고 경쟁하고 있다.

기획자, 전략가, 마케터들은 종종 기업의 문제 해결에서 '해결'에만 집중하다 보니 문제를 잊어버리거나 추가적인 문제를 발견하는 것을 잊고 지낼 때가 대부분이다.

알고리즘은 기계적 학습을 통해 정답을 제시한다. 하지만 이것은 일직선 상에서 출발과 일등을 결정하는 논리적 관점이다. 그리고 사람들은 원형의 출발점에서 각자가 다른 해답을 찾고자 하는 인간의 본성에 충실하기 위해 '시너지 사고법' 차원 전체에서 부분으로 접근 방식의 시작 차원에서 구조화된 전체인 시스템을 설계하고 구축하여 그것을 유지하려고 한다.

▌우뇌의 휴리스틱(heuristic) 사고법

'번뜩임' 중심의 휴리스틱은 "주먹구구 셈법, 어림짐작 판단, 찾아내다, 발견하다."라는 뜻의 발견법이다. 직관력과 영감 차원으로 복잡한 논리나 수학적 계산법에 따르지 않는다. 정보의 제한과 시간의 제약을 고려해서 해답을 찾는 방법이기 때문에 최적의 답을 시간 안에 찾기는 힘든 것이 사실이다. 알고리즘처럼 정답은 못 주지만, 사람들의 의구심이나 호기심, 발견된 문제들에 해답을 줄 수는 있다. 불확실한 상황들의 연속에서 오장육부에서 발현되는 무의식과 전의식, 의식 모두를 총동원해서 발견하여 판단하는 법이다.

▎진정한 융합적 사고에 의한 창의는 사람들에게 이로운 시너지 창출

알고리즘 vs 휴리스틱으로 사람들의 필요 이상을 발견하는 것이 필요하다. ICT 기술의 발달과 진화로 AI 시대에 진입한 지금, 기술이 이끌어 가는 사고법은 알고리즘과 휴리스틱이 있다. 알고리즘의 여러 가지 비즈니스 모델은 여러 가지 기호, 숫자, 명제, 언어들로 분석되고 표현된다. 기술을 적용하여 사고하려는 시스템적인 사고는 목적을 위해 상호작용하는 요소들의 집합체들이 다시 조합하고, 융합하고, 통합하여 하나의 객체로 단순화시켜가는 빅뱅의 사고법까지 진화하고 있다.

세상의 현상과 문제들을 나누고 쪼개고, 그것을 모델로 만들고 알고리즘으로 답을 얻는 하나의 방식을 두려워하기보다는 "지구는 둥글고 태양을 중심으로 돌며 우주는 빅뱅에 의해 탄생한다."를 발견한 것처럼 관점이 부분의 합이 전체가 된다는 것에서 탈피해야 한다 시너지 사고법의 4단계를 처음부터 훈련하고 사고하는 것을 체득한 '시너지 마케터'들이 세상을 리드하고 연결하며 조력자로서 고객과 기업들을 매치메이킹해줄 수 있을 것이다.

세상을 이처럼 시스템으로 보고 요소들을 알기 쉽게 분석하고, 상호작용이 무엇인지 모델링하고 목적을 규명하고자 알고리즘과 휴리스틱을 총동원하여 시너지 관점으로 사고하는 사람들이 세상이 아니라 사람들에게 이로운 시너지를 창출해가고 있다.

마케터들은 좌뇌와 우뇌를 모두 쓰는 융합적 사고법을 채택해야 한다. 즉, 논리적 영역과 감각적 영역의 합산으로 시너지를 내는 것이 마케터들의 사고법인 것이다. 시너지 사고법 4단계를 훈련하고 사고하여, 세상을 리드하고 연결하는 매치메이킹의 역할을 해야 할 것이다.

\# 마케터의경쟁자는구글 #시너지사고법 #알고리즘
#휴리스틱 #융합적사고

4. B 마케팅 디렉터

[24] 트렌드 워칭, 트렌드를 통해 세상을 스캔하고 브랜드를 감지하라

Q24 마케팅 디렉터는 시장에 뒤처지지 않기 위해서 어떤 요소를 꾸준히 발전시켜야 할까요?

기술 중심의 스타트 기업이나 필요에 따른 창업을 하려고 하기 전에 반드시 선행해야 할 부분이 트렌드 워칭을 통한 성공할 수 있는 브랜드를 감지하는 능력이다.

사업을 시작할 수 있다는 것은 스스로 소비자 트렌드를 감지하고 그 트렌드 이면을 해석할 수 있어야 하며 그 트렌드가 이슈로 끝날지, 지속해서 뉴 카테고리를 창출하며 시장을 선도하는 트렌드일지, 나아가 트렌드 주기는 몇 년이나 될지 등등을 체크 할 수 있어야 한다.

트렌드가 표출되는 유형을 보면 다음과 같다

- ✅ 첫째, 기술특허, 즉 '시즈' 형태로 부각이 되기 시작한다.
- ✅ 둘째, SNS나 유튜브에 노출이 극대화가 되어 방송에 나오기 시작한다.
- ✅ 셋째, 방송 뉴스나 신문의 기사로 주목받기 시작한다.
- ✅ 넷째, 각 산업의 연구 기관에 조사 분석한 자료 형태로 노출된다.
- ✅ 다섯째, 연말연시에 나오는 트렌드 책으로 부각이 된다.

위 5가지 외에도 기업 주도형으로 판매 매출, 차별적 이벤트 성공 사례, 전문가 칼럼, 논문 속 사례 등으로 발표되기도 한다.

■ 트렌드를 선도하는 비법

가장 좋은 방법은 명확한 트렌드 콘셉트과 프로모션 성공 사례, 판매 사례, 입소문 사례 등을 인터넷 언론에 직접 보도 자료화하여 언론이 관심을 두게 하는 것이 중요하다. 그 이유는 트렌드 기사로 노출되는 것은 거의 모든 트렌드가 그러하듯 강력한 기회를 제공해주기 때문이다.

트렌드는 연결하고 열광시키는 비즈니스의 DNA를 가지고 있다. 트렌드 속에는 대중의 인지도가 증대되어 고객인 자신에게까지 그 정보가 도달되었음을 신뢰하기 때문에 그 속에서 필요성의 동기부여와 믿고 사고 싶다는 강한 자가 발전적 신뢰, "나도 구매했다."라는 열광까지. SNS 마케팅 툴들인 유튜브, 인스타그램이나 페이스북, 블로그, 카페 등에 인증샷을 찍고 위치 정보까지 적극적으로 노출하며 자신의 라이프 스타일을 자연스럽게 노출하는 문화가 기본이 된 지 이미 오래되었다.

■ 마케터라면 트렌드 워칭하며 트렌드를 평가하고 모니터링하는 것은 필수

트렌드 사례들로 나오는 것을 보면 트렌드 조사의 목적, 트렌드가 가지는 역량 평가, 트렌드를 선도하기 위한 조직의 역량까지 따져보고, 자신이 속한 기업이 한 산업을 선도하는 트렌드가 되도록 기획한다. 트렌드 제품이나 서비스, 기술들을 구축하고, 한해를 시작하기 전에 전년도에 이미 마켓에서 이슈 메이커 차원에서 검증을 받은 결과 중심의 뉴스화가 중요한 트렌드의 핵심 요소다.

마케터나 머천다이저(MD)들이 트렌드를 평상시에 워칭하는 방식은 메이저 각 유통사, 트렌드 연구소, 산업 연구소, 해외 트렌드 연구소 등에 사전에 회원 가입을 하고 지속해서 이메일을 받아 보는 것이 가장 보편적이다.

2010년 이후 매년 출간되는 트렌드 관련 서적을 일관적으로 구매해서 보는 것 역시 좋은 방식 중 하나이다. 한 가지 단점은 트렌드가 이미 전년도에 이슈화되어 나오는 뉴스 스크랩 차원의 재분류와 공동 저자의 관점 정도가 합성어처럼 만들어 키워드 중심으로 재분류하는 차원이라는 점과 전년도 대비 트렌드 평가를 자체적으로 하여 비교 분석하여 예측했다는 것 역시 인터넷 뉴스나 방송 등에 나온 뉴스 코드를 맞추는 정도이다 보니 깊이 측면에서는 떨어지는 경우가 많이 있다.

마켓 세분화에서 확장, 세분화, 융합, 재정의되는 신조어로 고객의 뇌리에 각인되는 것 외에는 기억되는 경우는 별로 없다.

가성비나 가심비 정도가 기자들의 입에서 지속해서 오르내린다는 정도일 뿐이라는 것이다.

진정으로 트렌드를 워칭하고 자신이 기업 중심의 신제품이나 신 서비스, 신기술 차원에서 강점적이고 독점적이며 뉴 카테고리 창출 차원의 트렌드 창조를 하기 위한 목적으로 트렌드를 선도 할 수 있는 마케팅 프로세스와 마케팅 시스템, 마케팅 프로그램 운영 설계까지 통합 마케팅 커뮤니케이션(IMC) 전략과 전술까지 큰 흐름의 판 기획을 처음부터 할 수 있을 때 트렌드 성공 사례, 히트 상품 사례, 브랜드 성공 사례 등으로 고객들의 재구매화, 단골손님화, 입소문 마케팅화까지 이어질 수 있다. 이처럼 트렌드를 통해 세상을 스캔하고 브랜드를 감지하라. 트레드 워칭이 선행되는 것은 기본인 시대가 되었다.

▌5,000만 한국사회에서 트렌드 선도는 "하늘에 별 따기"일 수 있어

브랜드 론칭, 신제품 발표부터 차별화된 마케팅 사례, 신제품 리뷰, 컨슈머 리포트까지 다양한 방식으로 자신의 기업들의 제품과 서비스, 신기술들을 노출하지만, 최종의 트렌드 선도 승자는 충분한 판매량과 매출, 고객들의 반응도에 따른 입소문과 바이럴 콘텐츠들의 우수한 품질들이 그 이정표로 디지털에 잔존할 때야 비로소 트렌드 성공 사례로 인정받게 된다.

한국 사회의 인구 통계학적인 관점에서 50만 개 이상의 판매가 되고 재구매가 30% 이상 이어지는 뉴 카테고리일 때 비로소 고객들의 인지도 상승과 더불어 브랜드가 된다고 할 수 있다.

▌한국 고객들은 브랜드 다음으로
　백화점 이상에서 파는 브랜드를 '메이커'라 칭해

트렌드 성공 사례로 뉴스화되고 책에 나왔다고 다 브랜드라고 생각하거나 '잘 빠진 로고나 심볼들이 있으니까', '포장이 비주얼하니까' 등 브랜드라고 착각하는 기술자 중심의 제조 회사의 단품 브랜드일수록 트렌드로도, 브랜드로도 성공하지 못하는 경우가 90% 이상이다.

한 해에도 유통 기한이 2년 미만으로 찍어 신제품으로 나왔음에도 불구하고 성격이 급한 기술자형 CEO들은 50% 할인, 1+1까지 유통 중심의 판매만 하려 든다. 이럴수록 트렌드는 더욱 될 수 없다.

▌마케터나 MD들 영업 사원 취급하는 장사꾼형 CEO들
　절대 트렌드 만들지 못해

기대 경제하에서 신제품과 신 서비스의 선택은 상당히 가변적이고, 예측 불허이며, 너무 빠른지, 너무 늦은지 가장 적합 것이 무엇인지에 집중하지 못하고, 눈에 보이는 매출만 쫓으면서 마케터나 MD들을 영업사원 취급하는 장사꾼형 CEO들이 많다.

아이디어 1개를 변리사를 찾아가 특허를 내고, 가까운 가족이나 지인, 친척 돈들을 끌어모아 완제품 3만 개를 만들고, 기술 특허가 있으니 신용보증기금, 기술 보증 기금 같은 국가 기관에서 대출을 최대치로 받고, 벤처 투자 캐피탈(VC)에 투자받기 위해 기업을 포장하고 MOU만 수십 번하며 홈페이지에 CEO 얼굴만 잔뜩 나오는 비즈니스 모델의 스타트 기업이나 창업 사례일수록 스스로 할 수 있는 것이 없음을 증명이라 하듯 입으로 트렌드를 선도하고 있지만, 정작 사전에 철저한 시장조사 분석이나 트렌드 워칭 없이 한 경우가 많아 재고만 산더미처럼 물류 창고에 쌓이고, 그 비용까지 나가 이중고를 겪는 장사꾼형 CEO들을 컨설팅 일선이나 스타트 기업 경진 대회 심사, 창조자가 들어간 기관의 심사를 하러 가면 참 많이 볼 수 있다.

트렌드는 추세일 뿐 그 이상도 그 이하도 아니다. 마케팅을 전개해나가는 데 그 타이밍을 시기적절하게 맞춰나가는 기업에게 덤으로 오는 행운 같은 것이지, 트렌드가 되었다고 마치 성공할 수 있다는 착각을 내려놓고 자기 기업의 수준에 맞게 계속 적용해가며 균형 감각을 잃지 않는 것이 중요하다.

▌트렌드는 양면의 칼을 가지고 있다

진정성이 결여된 이슈 사례 차원의 과도한 뉴스 창출이 성장의 발목을 잡는 사례들을 많이 볼 수 있다.

장사꾼형 CEO들은 스스로 얼굴마담 형태의 언론 보도나 트렌드 성공 사례들은 조심하는 것이 좋다.

투자자 관점에서 직장을 구하는 취준생이나 이직을 준비하는 직장인이든 그 기업의 제품을 구매하려는 고객들까지도 조심하라고 조언하고 싶다.

트렌드보다도 발 빠른 CEO의 허세와 과도한 퍼스널 브랜딩으로 실패한 사례들은 2000년 이후에 많이 볼 수 있다.

책을 쓰고, 신문에 노출되고, 강연하고, 청춘 콘서트를 하고, 정치하고, 돈 안 들이는 기업 홍보 및 광고를 하는 차원에서는 성공했을지는 모르지만, 기업의 브랜드 평판은 하락하게 되고 트렌드 실패 사례로 낙인 효과가 생겨 결국엔 기업의 존폐 위기까지 몰고 가는 경우를 종종 볼 수 있다.

트렌드는 1~3년, 메가 트렌드는 7~10년, 인더스트리 트렌드는 30년 전후, 패러다임 시프트는 100년 전후의 장벽을 넘게 해주는 위대한 에너지를 지니고 있다. 키워드를 자신의 기업, 제품, 서비스, 신기술, 뉴비니스 모델에 붙였다고 해서 다 트렌드가 되는 것은 아니다.

트렌드로 뉴스화되었다는 것은 어쩌면 그해 1년 동안의 한 가지 사례일 뿐일 수 있다는 것이다. 너무 빠른 인기를 트렌드라 잘못 정의 내리지 마라. 장수하고 지속 가능한 기업이 되기 위해서는 '트렌드는 양면의 칼을 가지고 있다.'는 것을 명심하자.

> 트렌드는 기술 중심 산업에 없어서는 안 될 필수 확인 요소이다. 트렌드가 표출되는 곳은 여러 채널이 있으며, 이 트렌드를 선도한다면 강력한 기회가 제공될 것이다. 마케터라면 트렌드를 워칭하고 평가하여 반영해야 한다. 한국 사회에서 트렌드 선도는 쉽지 않을 수 있지만, 역으로 작은 내수 시장에서 브랜드 구축 후 판매를 하여 장사꾼이 아닌 트렌드 선도자가 되어야 한다.
>
> #트렌드표출유형5가지 #모니터링 #중기적인추세
> #양면의칼 #트렌드선도자

5. B 마케팅 디렉터

[25] 마케팅 플랜, '하지 않을 것'을 가려내야
성공 지수 높일 수 있어

Q25 계획의 중요성을 강조하셨는데, 특별한 계획 방식이 있으신지요?

요즘처럼 마케팅 가치가 중요시되고 있는 시점에서 맥스(Max) 차원의 마케팅 목표를 설정하고 강행하는 것도 중요하지만, 마케팅 플랜(Marketing Plan)을 선행적으로 짜고 마케팅을 실행해가야 하는 시대에서는 마케팅을 전개해가기 위한 마케팅 플랜의 기본적인 가치의 중요성을 판단하고 진행하는 것이 필수인 시대다.

기업이 앞으로 나아가고 싶은 또는 가야만 하는 지향점을 명확히 하고 그 지향점으로 나아가기 위한 전략, 실행, 계획, 예산 배분 등을 가리켜 마케팅 계획이라고 한다.

필자가 마케팅 전략이나 마케팅 혁신, 나아가 머천다이징과 마케팅 및 브랜딩 전반을 강연하지만 마케터들이 스스로 마케팅 플랜을 자발적으로 설계하고 하향식 방식으로 제안하고 사업을 전개해가는 전경을 보기 힘든 것도 사실이다.

기업의 CEO가 120% 목표 매출 신장 계획을 세워 놓으면 역추산으로 마케팅 목표 매출을 설계하고 짜맞추기식으로 설계하는 것이 일반적인 기업 문화다.

상황 분석, 목표 설정, 마케팅 전략, 마케팅 프로그램 기획, 액션 계획 입안, 예산 분배, 마케팅 실행 제어 방법 설정 등을 순차적으로 기업의 인적 자원과 운용 노하우, 나아가 파트너사나 아웃소싱사들의 상황까지도 제대로 분석을 하여 전개해가는 경우는 보기 힘든 것이 사실이다. 기껏해야 전년도 10월쯤 워크숍을 통해 목표 설정하는 흉내만을 내는 경우가 많다.

▌마케팅 계획 프로세스, 마케팅 플랜은 마케팅의 51%다

단계	목차	내용
1	상황 분석	조직을 둘러싼 다양한 대·내외적인 환경 변화에 의한 기회와 위협 그리고 상황에서 조직의 강점과 약점을 명확히 하는 SWOT 분석, 현재 기업 진단 차원에서 Cross SWOT 분석을 통해 포지셔닝을 재정립하고, 그에 따른 마케팅 목표 설정을 하는 전반의 과정들이 마케팅 상황 분석을 한다.
2	목표 설정	기업의 리더와 조직이 추구하는 마케팅 목표를 정한다. 예를 들어 예상 판매 수량, 소비자가격, 매출액, 마케팅 점유율, 경상이익, 브랜드 평판 등의 구체적인 수치로 명확히 한다.
3	IMC 마케팅 전략	IMC 마케팅 전략의 핵심은 전반적인 원가 선도력, 차별화, 세분시장 단위의 사업 집중력, 메시지의 일관성 등이다. 마켓의 설정과 그 목표 시장의 반응을 최대로 하는 최적의 마케팅 믹스 개발이 이루어진다. 모바일 마케팅 진행은 기존의 온라인 4C인 커머스, 콘텐츠, 커뮤니티, 커뮤니케이션과 모바일의 4M인 머천다이저, 마켓, 미디어, 메시지 등의 통합 마케팅 커뮤니케이션(IMC) 전략을 입안하고 목표 설정을 명확히 해야 한다. 이처럼 마케팅 디렉터는 사명, 마케팅 목표, 재무적 목표를 정의 내릴 수 있어야 한다.

4	IMC 마케팅 프로그램 기획	마케팅 아이덴티티, 콘셉트, 메시지, 마케팅 카피, 콘텐츠, 홈페이지 디자인, 상품 상세 페이지, 메이저 쇼핑몰 상세 페이지, 이메일 페이지 기획, 배너, 주 단위 이벤트, 소셜 콘텐츠, 홍보 PR 콘텐츠, 동영상 콘텐츠, 서포터즈 운영, 기자단 운영, 현장 체험 프로그램, 신상품 품평회, 마케팅 광고(SNS, ATL, BTL), 산업 전시, 해외 전시, 게릴라 마케팅 프로그램 등을 기획한다.
5	액션 계획 입안	구체적으로 상세한 마케팅 활동을 위한 마케팅 프로그램 설계와 합당한 인재의 배치와 실천 장소나 실천 시기, 인소싱 부분과 아웃소싱 부분, 인소싱과 아웃소싱의 협업 부분들을 명확히 구분하고 분기별, 월별, 52주의 연간 스케줄을 세운다.
6	예산 분배	입안된 마케팅 액션 플랜을 실행으로 옮길 때 어느 정도의 비용이 필요한지 그것의 우선순위를 어떻게 배분할지를 생각한다. 마케팅 실행 인재의 중요성은 마케팅 예산의 결정보다 선행되어야 하며, 아웃소싱만으로 마케팅 실행을 하려는 함정을 피해가야 한다. 특히나 아웃소싱 기업들의 콘텐츠 노출과 트래픽의 총량에 관한 결과 보고서로만 해석하려 들려고 하면 함정에 빠질 수 있다.
7	마케팅 실행 제어 방법 설정	CEO부터 막내 직원까지 마케팅 실행에 전략과 운영 규율을 기본으로 실행에 동참해가는 것은 필수이며, 조직 활동을 감시하고 모니터링 전담자를 별도로 두어 항상 그 정보를 피드백하여 적절히 마케팅 성과를 수정하기 위한 제어 방법 및 운영 규율을 설정한다.
8	브랜드 평판	그 카테고리 산업을 뛰어넘어 오프라인, 온라인, 모바일의 각종 트래픽, 커뮤니케이션, 커뮤니티, 기업 경영 상태까지의 총합으로 브랜드 평판을 평가받는 시대인 만큼 신제품 개발 단계에부터 '브랜드 평판 지수'를 염두해두는 것 역시 마케팅 플랜 세우기에 필수 항목으로 자리매김하고 있다.

■ 중소기업이나 강소기업들 CMO 부재 많아
　외부 아웃사이트 실무가 활용 트렌드

　　조직의 인원이 30명에서 300여 명까지를 두고 매출은 100억 대에서 1,000억 대를 넘기고 싶어하는 B2C 기업이나, B2B 기업들은 세 가지 측면에서 부재한 현상을 보인다. IMC 마케팅 전략의 타당성 검토 부재, 마케팅, 머천다이징, 브랜딩 담당자의 트레이닝 부재, 마케팅을 실행 시 필요한 유통 업체 매칭이나 자체 웹 반응형 모바일 쇼핑이나 앱 구축의 기획 및 IMC 마케팅 툴 운영 스킬의 부재들이 들어나 마케팅 실무 전문가 중심으로 사외 이사나 아웃소싱 T.F.Team 관점으로 수평적인 협업 전개하는 기업 문화들이 트렌드로 자리매김 되고 있다.

　　위 8단계가 잘 완성이 되었다면 다음과 같은 질문에 답변을 해봐야 한다. 마케팅 계획은 단순한가, 구체적인가, 예산은 적절히 분배되었는가, 현실적인가, 전체에서 부분으로 요소들이 포함되어 있는가 등이다.

　　요즘처럼 남북 정상회담과 북미 정상회담 등이 정치적 이슈의 기간일수록 환경의 영향을 많이 받는 것이 사실이다.

　　마케팅은 경영을 포괄한다. 기획, 영업, 관리, 서비스, 생산 모든 것을 포함하는 경영에 물건을 팔기 위해 물류 창고, 배송, 반품, 고객 서비스같은 엄청나게 많은 일을 고관여 해야 하기 때문이다.

■ '마케팅 디렉터(MD)=뭐든지 다한다(MD)'

　　위의 등식이 성립하는 고도화된 지식산업과 마켓의 조력자다. 마케팅 디렉터들이 마케팅 플랜을 짜는 것은 단순한 사업 계획 이상의 차원을 뛰어넘으며 자신의 능력은 물론 조직의 능력, 나아가 파트너사들과 아웃소싱사 그리고 고객들의 수요예측까지 디테일하게 분석할 수 있는 전문성이 필요한 영역이기 때문이다.

　　마케팅 플랜을 설계한다는 것은 마켓 전체를 통찰한다는 것과 같은 이치다. '무엇을 더할까?'라는 지혜로 긍정적인 관점으로 진행하기에는 고위험 영역이다.

마케팅 플랜은 할 것들의 나열 이전에 하지 말아야 할 것들을 예견하는 명철의 분별력을 더 많이 요하는 부분이다.

단순히 마케팅 예산을 절감하는 차원으로 몰고 가는 마케팅 플랜 세우기의 미팅을 탈피해 예산을 투자해가면서까지 하지 말아야 하는 범주를 명확히 예견하는 능력이 필요하다.

마케팅 플랜과 예산을 가지 실행을 돕는 마케팅 실행사들의 제안을 받기 시작할 때 예산이 있으니 집행하고 보자. 한 사이클을 돌려보고 판단하자는 식의 마케팅 실행을 미연에 예방하며 마케팅 전략에 따른 마케팅 실행의 성공 지수를 높여가야 한다.

그 기업의 막내 마케터를 보면 그 기업의 미래가 보인다. 마케팅 전략을 숙지하고 있는지, 마케팅 프로그램의 이해도는 있는지, 마케팅 실행을 52주 플랜을 숙지하고 있는지 등을 관찰하고 반문해보면 그 기업의 미래는 극명하게 드러난다고 해도 과언이 아니다.

▌CEO들의 마케팅 착각에서 하루빨리 탈피해야
절반 이상 성공할 수 있어

'시장조사 없이도 마케팅은 가능하다. 고객을 알고 있다. 마케팅 예산 비용이다. 매출만 나오면 된다. 마케팅도 아웃소싱으로 대체 가능하다.'라는 식의 마케팅 착각으로 썩은 사과가 사과 상자 밑부분부터 썩는 줄 모르고 착각 속에서 1년을 보내다가 목표 매출 120%라는 강압적인 설정 앞에 목표 달성은 65%~75% 달성하고 전년 대비 미달성으로 정체하고 퇴보하는 사례들을 다수 볼 수가 있다.

▌마케팅 플랜을 세울 수 있는 실무 전문가가
진정한 '마케팅 디렉터(MD)'

마케팅 계획 프로세스에 CEO부터 전 직원이 고관여 해가는 추세다. 부서장이나 팀장들이 고관여 하여 자의적인 합의를 본 마케팅 전략 입안과 마케팅 프로그램 기획, 나아가 브랜드 평판 요소들까지 미리 체크하고 체크하여 만전을 기할 때 전년 대비 높은 판매량과 매출, 이익을 얻을 수 있는 시대다.

목표 고객에 따른 마케팅 프로그램 기획이 창조적인 파괴의 창의성과 상상력, 나아가 기획 능력을 요하는 영역이다.

대기업이니까, 마케팅 예산이 많으니까, 마케팅 인력이 우수하니까 등등의 부정적인 인식으로 마케팅 플랜을 할 시간 없어서, 상황이 안 돼서, 예산이 없으니까 못한다는 식이라면 이미 그 상품, 기업, 개인들은 브랜딩에서 51% 실패를 하고 들어가는 것이다. 마케터라면 마케팅 플랜을 스스로 세울 수 있어야 하는 것은 기본이다. 스스로 마케팅 플랜을 세울 수 있을 때까지 마케팅 디렉터(MD)라는 전문 직업명을 잠시 보류하는 것이 맞다.

> 마케팅의 51%는 플랜이며 8가지 단계를 통해 계획적으로 진행해야 한다. 많은 CEO가 착각하는 것 중, 대행사에 맡기는 것은 마케팅을 하지 않겠다는 것과 마찬가지인 생각이다. 마케터로 마케팅 플랜을 스스로 세울 수 있는 능력이 필요하며, 마케팅 디렉터는 그러한 사람에게만 통용되는 직책이다.
>
> #마케팅플랜 #마케팅디렉터역량 #51%플랜
> #8가지계획단계 #기획자MD

6. B 마케팅 디렉터

[26] 머천다이저(Merchandise),
뉴 카테고리 창출 마케팅에 답이 있다.

> **Q26** 기획자를 꿈꾸는 저는 창의적인 무언가를 만들어 내는 것에 열정이 있습니다. 이런 제가 어떤 마케팅을 창출해가야 하는지 조언 부탁드립니다.

머천다이저(MD, 상품 기획자) 직업군들은 점점 신기술, 플랫폼, 뉴 카테고리의 진화에 따라 정보와 지식을 체득하고 총체적으로 자기계발을 해가야 할 역할(Role)들이 늘어나고 있다. 머천다이저들이 비전 있고 유망한 직업으로 자리매김할 수 있었던 것은 IT의 기술들이 혁명을 이루고 진화하면 할수록 뉴 카테고리들이 초 고도화, 초 세분화되어 시장들을 선도할 것임에는 틀림이 없다.

▌'머천다이저(Merchandise)'의 올바른 정의

머천다이저 리더십을 묻는 분들께 항상 이야기하는 것은 다음 세 가지다.

- ✅ 첫째, 갑 중의 갑 지식을 항상 체득하라.
- ✅ 둘째, 과정 지식의 천재가 되어라.
- ✅ 셋째, 준 CEO 관점에서 분별력을 가지고 의사 결정을 내릴 수 있는 실무 전문가들이 머천다이저다. 이들의 가장 핵심적인 역할은 뉴 카테고리의 발견이고 이를 구체화해 세상에 론칭하는 실무 능력 역시 필수다.

모바일 마켓의 시장 사이즈가 점점 더 커지면선 'O2O'를 넘어 사실 'M2O'로 진화·정착되고 있는 시점에서 오프라인에서 매장을 중심으로

POP(Post Office Protocol), MOT(Moments of Truth), T.P.O(Time, Place, Occasion)의 판매 기법만으로는 스스로 일자리를 유지하기 점점 힘들어지고 있다.

■ 머천다이저들의 핵심 기능은 뉴 카테고리 창출에 있다.

'대체품인가?'&'카테고리 최초인가?'부터 자문자답해보자

신상품 개발이나 PB 브랜드 개발에서 가장 중요한 질문은 두 가지이다.

1. '대체품인가?'라는 질문
2. '카테고리 최초인가?'라는 질문

뉴 카테고리 창출 기법은 개선, 변화, 혁신, 변신시키는 상향식 로드맵으로 창조되는 것이 맞다. 비즈니스 모델의 영역에서 공통 질문들은 다음과 같다.

- ✅ 상품, 카테고리 최초인가?
- ✅ 서비스, 카테고리 최초인가?
- ✅ 플랫폼, 카테고리 최초인가?
- ✅ 뉴 기술, 카테고리 최초인가?
- ✅ 솔루션, 카테고리 최초인가?

제품 판매 마케팅, 브랜드 마케팅 차원 수를 넘은 시점이 이미 오래다. 기업들은 처음부터 움직이는 섬이 되어 기존 항구의 역할이 고정되어 있었던 것이라면 위의 세 가지를 동시에 창출하는 기업일 때 글로벌 카테고리 리더로 자리매김 될 수가 있다.

▎인간의 뇌와 언론의 공통점

인간의 뇌는 1등만 기억한다. 1등의 강점을 세 가지로 기억하기를 좋아한다. 그 이상의 콘셉트와 맥락이 조합하면 인간의 뇌는 기억하기를 거부하고 무의식의 저장고에 무한 저장을 한다.

언론도 1등만 기억한다. 1등의 카테고리가 되면 언론은 조건 없는 이슈메이킹 역할을 자처하며 뉴스를 창출해낸다.

해외의 수많은 유니콘 기업들의 카테고리 리더들의 뉴스 콘텐츠는 자발적으로 생성되고, 소셜 네트워크를 통해 무한 반복 재생되며 저절로 마케팅되게 만든다.

저비용 마케팅은 두 가지뿐이다. 카테고리 1등이 되어 저절로 뉴스와 콘텐츠들이 회자하게 하거나 CEO부터 막내 직원까지 전 직원이 온라인 모바일 마케팅 툴의 최적화를 공부하여 처음부터 365일, 날마다 지식근로자로서 뉴스, 콘텐츠, 스토리 등을 생성해가야 한다는 것이다.

▎카테고리 최초의 인기와 성장 관리

홈쇼핑에서 히트하고 있는 화장품 성분의 뉴 카테고리화로 성장하고 있는 병원 브랜드인 울트라브이 앰플은 '이데베논'이라는 신 성분의 뉴 카테고리 창출을 통해 히트하고 있고, 터치는 화장품의 차별화된 콘셉트로 단기 매출이 나오고 있는 좋은 사례다.

카테고리 최초의 인기를 등에 업고 지속 성장을 하려 한다면 시즌2, 시즌3 등을 처음부터 마케팅 타이밍, 즉 기간별로 버전업된 카테고리를 준비하고 있지 않다면 그 'PLC 주기'는 짧아질 수 있다. 지속 성장의 제동이 걸릴 수도 있다.

상품의 뉴 카테고리 생성의 예로는 BB크림이나 CC크림, 나아가 짠맛의 포테이토, 단맛의 과자, 더 나아가 짜고 단 맛의 뉴 카테고리인 허니버터칩 같은 성공 사례에 볼 수 있듯이 유통의 안정화가 된다면 지속 성장할 수 있는 계기를 마련할 수 있다.

▎뉴 카테고리 리더가 1등 산업 선도할 기회 커

단순히 신상품을 뛰어넘어야 한다. 기업 브랜드 관리도 동시에 진행해야 한다. 나아가 솔루션까지 확장하고 플랫폼도 직접 만들어 가야 한다. 우수한 상품만 만들면 팔린다는 시대착오적인 R&D 관점으로는 기존의 카테고리의 틈새를 벌리고 새롭게 성공할 수 없는 시대다.

올바른 카테고리를 발견하기란 힘든 일이다. 하지만 잘못된 카테고리를 택하면 손실을 피할 수 없다. 그렇지만 일단 카테고리를 발견하고 나면 나머지는 물 흐르듯 자연스럽게 흘러간다.

▎뉴 카테고리 리더십의 3단계

1단계, 신기술과 특허를 겸비한 신제품 개발, 2단계, 기업 브랜드 마케팅 전개, 3단계, 뉴 카테고리 선점 및 확장으로 이어진다.

뉴 비즈니스 모델의 발견보다 뉴 카테고리 발견이 마켓에서 성공률이 높다는 것은 2010년 이후 급속도로 성장하고 있는 유니콘 기업들의 성공 사례들을 보더라도 알 수가 있다.

뉴 카테고리 리더가 되기 위해서는 여러 가지 키워드에 준한 명확한 자문자답을 해보는 것이 좋다. 비전과 사명, 고객군의 세분화된 정의, 선결 과제 및 문제점의 정의, 기존의 문제 해결을 위한 사례 발견, 제품·서비스·솔루션의 정의, 비즈니스 모델 설계 및 구현, 통합 마케팅 커뮤니케이션(IMC) 전략의 입안 및 시장 진입, 올바른 조직의 구현, 자금 조달 전략과 조달 등의 체크 리스트에 총체적인 선 정립부터 한 후에 뉴 카테고리 리더십을 발휘해가는 것이 좋다.

▌뉴 카테고리 리더가 된 기업들의 사례

뉴 디자인 카테고리(IDEO), 뉴 모바일 플랫폼(페이스북), 뉴 디지털 인맥 플랫폼(링크트인), 뉴 사이버 강의 카테고리(TED), 뉴 오픈 마켓(알리바바), 뉴 O2O 창출(아마존), 뉴 검색의 구현(구글), 사회 혁신가들의 후원자(아쇼카) 등 수백 개의 유니콘 기업들로 뉴 카테고리 플랫폼을 창출한 글로벌 기업들이 있다.

▌뉴 카테고리를 발견하기 위한 3가지 원리

호기심을 가지고 세상을 관찰하고 유창성을 발휘하여 현상 속에서 맥락적으로 우수한 비즈니스 모델 이상의 뉴 카테고리를 창출을 위해서는 발견(Discovery), 세분화(Segmentation), 융합(Convergence)을 통한 뉴 카테고리의 재정의와 구현을 해가는 것이 무엇보다 중요하다.

모바일 마케팅의 4M 마케팅 툴 중에서 1순위인 머천다이저의 '역할(ROLE)', 단순 개선된 신제품을 뛰어넘는 트랜스포메이션된 뉴 카테고리를 선정의 내리고 선점하여 글로벌 마켓의 목표, 미션, 도전, 성취의 의미 있고, 가치 있는 결단과 실행력으로 한국에서 뉴 카테고리 챔피언들이 탄생하는 뉴 카테고리 리더십의 생태계를 구축해갈 필요성이 있다.

머천다이저는 뉴 카테고리 창출에 답이 있다. 본인에게 '대체품인가?'라는 질문과 '카테고리 최초인가?'라는 두 가지 질문을 던져 보았으면 한다. 인간의 뇌는 1등만 기억한다. 1등의 강점을 세 가지로 기억하기를 좋아한다. 그 점을 가지고 고객에게 다가간다면 뉴 카테고리 창출은 이미 구축할 수 있다.

7. C 마케팅 디렉터

[27] 마케팅 디렉터(MD), 외부 변화를 초월하는
마케팅 정의 내리는 법

Q27 마케팅 디렉터에 대해 이야기를 많이 하셨는데
마케팅 디렉터는 어떤 방식의 마케팅을 진행하는 걸까요?

　　　　　　필자는 군인 시절 필립 코틀러의 『마케팅 관리론』에 동기부여받아 데이비드 아커의 『브랜드』, 스티븐 코비의 『자기계발 및 성공학』, 엘빈 토플러의 『미래학』, 안창호의 『인격자』 등의 키워드를 믹스하여 '마케터가 되고 싶은 것이 아니라 마케터를 양성하는 실무 전문가가 되고 싶다.'는 꿈을 꿨다. 그래서 위 석학들이나 독립운동가분들에게 영감을 받아 마케팅 기획, 컨설팅, 교육, 코칭, 멘토링, 컨설케이션 산업에 올인해왔다.

　마케팅의 전략, 구조, 전술, 계획, 원리를 세워가는 플래닝까지 시너지를 내기 위해서는 모든 것들이 '꼬리에 꼬리를 무는 마케팅'이어야 했다.

　마케팅의 석학들이 말하는 마케팅의 정의를 보면 다음과 같다.

▍피터 드러커의 마케팅 정의와 질문 다섯 가지

　마케팅의 할아버지 피터 드러커는 "과거의 마케팅이 '구매'라는 최종 목적지에만 집중했다면 오늘날의 마케팅은 '고객의 구매프로세스 전체'를 대상으로 한다. 고객은 구매하는 과정부터 구매 후까지 모든 단계에서 도움을 기대하기 때문이다."라고 정의 내려준다. 그리고 그다음 기업과 상품, 뉴 비즈니스 모델, 나아가 하고 싶은 모든 것들을 마케터 관점에서 객관화시키기 위한 화두를 던진다.

- ✅ 왜 무엇을 위해서 존재하는가?
- ✅ 반드시 만족하게 해야 하는 대상은 누구인가?
- ✅ 그들은 무엇을 가치 있게 생각하는가?
- ✅ 어떤 결과가 필요하며 그것은 무엇을 의미하는가?
- ✅ 앞으로 무엇을 어떻게 할 것인가?

▌필립 코틀러의 마케팅 정의

마케팅의 아버지 필립 코틀러는 마케팅을 "고객 가치와 관계의 창출이다. 이것은 고객의 근원적 욕구(needs)와 구체적 욕구(wants)에 대해 이해하고, 달성할 수 있는 목표 고객을 설정하여 목표 고객을 유지하고 키워 나갈 수 있는 가치를 제안하는 것에서 출발한다. 어떤 조직이든 이러한 일들을 잘 수행한다면 그 조직은 시장점유율, 수익 그리고 고객 자산의 형태로 보상받을 것이다."라고 그의 저서에서 밝혔다.

1964년 『마케팅 관리론』을 집대성하면서 50년 넘도록 세계의 비즈니스인들에게 마케팅의 중요성을 각인시켜준 최고의 석학인 그의 정의를 필자는 항상 신뢰해왔다.

▌시너지 플래너 이준호 소장의 마케팅 정의

필자는 마케팅의 정의를 "통계학이고, 경영학이며, 사회학이고, 심리학, 신기술의 적용이다. 고객의, 고객에 의한, 고객을 위한, 고객들의 니즈, 원츠, 디멘드(스토리가 있는 수요)를 충족시켜주며 이윤을 창출해가는 것"이다.

마케팅의 가장 간단한 정의는 고객에게 자극을 주고 고객의 자유 의지로 반응하게 하는 사전 마케팅, 현장 마케팅, 사후 마케팅을 통해 고객에게 사랑받아 꼬리에 꼬리를 무는 가치 창출과 사회 공헌에 이바지하는 총체적인 과정이다."라고 내린다.

필자는 마케터가 아니라 마케터를 양성하는 실무 전문가를 꿈꾸었기에 마케팅 디렉터(MD) 관점의 '상품 기획자(MD, 머천다이저)'라는 신직업군을 실무 중심으로 훈련해오면서 "마케팅은 네 가지 이상의 학문이 융합된 것이기에 마케팅을 공부하는 것은 기본적으로 세상을 살아가는데 조금 더 지혜롭고, 사고들이 유연해지도록 도와줄 것이며, 자신이 선택한 꿈과 일, 역할들에 시너지 효과가 더해질 것이다."라고 수천 번을 강의했던 기억이 있다.

▌미래의 마케팅 디렉터(MD)들에게 스스로 마케팅 정의 내려보게 하는 방법

외부의 변화 속도를 내부의 변화 속도가 리드할 수 있도록 만들기 위해서는 신기술의 태동과 인터넷 모바일, 디지털 기술들의 혁신적인 발전들 앞에서 자신만의 마케팅을 한 줄 정의를 내려놓는 것이 좋지만, 그러기 힘들어진 것이 사실이다.

마케팅의 정의는 주체, 상황, 업태, 역할, 기대 효과적인 측면까지 그 산업의 주체적이고, 중첩적이며, 효과 창출적인 각자의 정의로 탈바꿈되어 마케터 자신만의 새로운 정의와 신념 가치, 의미로 창출된다.

예를 들어 보자. 마이크로소프트 존 레프트 위치의 SW 마케팅 이사의 정의를 살펴보면 "마케팅이란 정확한 제품을 정확한 장소에 정확한 가격으로 정확한 프로모션을 통해 시장에 내놓는 것이다."라고 정의하고 있다. "마케팅 담당자로서 모든 업무를 완벽히 해낸다면 세일즈나 영업팀의 도움은 아예 필요치 않을지도 모른다. 이것이 마케팅의 본질이다."라고 전한다.

- ✅ 마케터의 역할(ROLE): 발견, 세분화, 융합, 단순화, 기획, 영업, 관리, 서비스, 협상, 매칭, 아웃소싱, 리더십, 준 CEO 관점, 고객의 니즈, 원츠, 디멘드 스토리 관점 등
- ✅ 업태: 백화점, 홈쇼핑, 할인점, 편의점, 슈퍼마켓, 드러그스토어, 로드샵, 편

집샵, 인터넷 쇼핑몰, 오픈 마켓, 소셜 커머스, 서브스크립션 커머스, MCN 커머스, 신유통, 기타 등

✅ 기대 효과: 사회 공헌, 공유가치창출, 가치 창출, 의미 찾기, 행복하기, 성장하기, 성공하기, 문제 해결하기, 수익 창출, 매출 증대, 브랜드 창출, 부자되기, 기타 등

예비 마케팅 직업군의 희망자 입장에서 자신이 꿈꾸고 희망하는 직업인이 되거나 취업하거나 창업하거나 스타트 기업을 만들거나 그 어떤 포지션에서 어떤 목적과 목표가 있든, 자신의 가치관과 세상에 기여하고 싶은 사회 공헌과 공유가치창출 관점이 지향되고 연결되는 각자의 뉴 마케팅에 대한 정의를 먼저 내리고 나서 비즈니스 영역에 종사하는 것이 필수인 시대다.

대학을 졸업하고 직장을 잡으려 스펙을 쌓고 공모전에 나가고, 어학연수에 인턴에 영어, 토익까지 참 많은 투자를 하지만 사실 입사를 하기 전까지 필요한 것이지 기업의 실무자들 관점에서는 필요성이 많이 떨어지는 것이 사실이다.

블라인드 테스트 취업 문화 속에서 자신이 도전하는 역할(Role)자로의 일거리를 찾아가라. 남이 정해 놓은 일자리에서는 단순하고 반복적이며 타인의 관점과 규율들의 매뉴얼대로 살아가는 기능적인 역할자를 초월할 수 없다.

마케터는 외부의 변화 속도보다 내부의 변화 속도를 더욱 올릴 수 있는 유연한 실력가여야 한다. 마케팅은 타이밍이다. 필요하고 원하는 것을 목표한 기간, 시간에 성취, 성공하기 위한 전략, 전술, 플랜, 플래닝의 상관관계를 충분히 체득하여 현장과 실무에 적용해 스스로 목표한 성과 창출을 하는 것이다.

▌일거리 부족과 수요가 적은 시대의

MD 관점에서의 마케팅 정의

MD 관점에서 마케팅은 '사람들의 욕구와 필요를 관찰하고 발견하여 이를 현재 이용 가능한, 혹은 미래에 개발할 특정 제품과 연결하는 것'이다.

이처럼 마케팅의 정의는 자신이 속한 산업의 비즈니스 모델, 업태 특성, 제품 브랜드의 특징, 가치, 의미, 기대효과와 포지션별 역할에 따라 달리 개념화되고 정의되는 것을 볼 수 있다.

불황기, 저성장기, 초 고도화된 정보 시대, 글로벌 마켓까지 처음부터 설계하여 마켓에 접근해가야 하는 시대에서 마케팅이란 제품을 판매하고 서비스하는 것이라던가 고객은 왕이라는 식의 1차원적인 접근만으로 소비자의 욕구 충족을 하는 것이 마케팅이라는 식으로는 그 어떤 브랜드 마케팅적인 성취도, 유통도, 브랜드 자산 관리도 할 수 없는 시대다.

▌필립 코틀러의 두 가지 질문과 답변

마케팅의 핵심은 무엇일까? 그는 두 가지로 요약해 '정보'와 '연결성'이라고 말한다.

"마케팅 영감은 어디에서 무엇으로부터 받는가?"에 대한 질문에 그는 답한다. "나에게 영감을 준 선각자들이 있다.미국의 미래 전략 이론가인 허먼 칸, 공상 과학 소설의 대가 아이작 아시모프, 제3의 물결을 이야기한 앨빈 토플러, 캐나다의 미디어 이론가이자 문화 비평가 마셜 맥루한, 팝콘 리포트로 유명한 미래학자 페이스 팝콘, 로봇 연산 법칙을 이야기한 미래학자 레이 커즈와일 등이다."

이처럼 마케터들은 누군가에게 영감을 받고 누군가에겐 영감을 주며, 마켓과 고객들을 리드하고 선도한다. 밀물이 들어 왔을 때 배에 돛을 달고 항해하는 항해사처럼 세상의 모든 가용 정보와 지식, 지혜, 빅데이터 분석을 활용하여 목적으로 하는 고객군에게 목표하는 판매량 수요와 기간을 맞추는 타이밍 시대다.

"마케팅은 타이밍이다."라는 정의가 가장 위대한 정의가 아닐까 생각한다. 마케팅의 정의는 앞으로도 마케팅 5.0 등으로 진화하며 새로운 마케팅 정의로 업그레이드될 것이다. 당신이 정의 내리는 마케팅이란 무엇인가?

> 마케팅 디렉터는 자신만의 마케팅 정의를 내려야만 하는 숙제를 가지고 있다. 피터 드러커가 말한 마케팅 정의와 다섯 가지 질문, 필립 코틀러의 마케팅 정의 그리고 시너지 플래너인 이준호 소장의 마케팅 정의처럼 각자의 정의를 내리듯, 지금 당신도 당신만의 마케팅 정의를 내려야 마케팅 디렉터로서 한 발짝 더 성장할 수 있을 것이다.
>
> #마케팅디렉터 #필립코틀러의마케팅정의
> #피터드러커의마케팅정의 #시너지플래너의마케팅정의
> #당신의마케팅정의

8. C 마케팅 디렉터

[28] 영업 마케터, 기획 능력과 맞춤 제안 능력을 겸비한 영업 마케터일 때 그 생명력 길어져

Q28 마케터에게 세일즈 능력은 어떤 것인가요? 그 상관관계를 말씀해주실 수 있는지요?

CEO부터 막내 직원까지 '영업 마케팅'은 필수인 시대다. 1인 기업인들을 컨설팅하다 마주하게 되는 가장 큰 문제점 중의 하나는 마케팅 전략과 PPT는 정부 지원 창업 프로그램을 통해 배우고 표현까지는 어떤 식으로는 잘하지만, 자신의 비즈니스 모델을 가지고 영업을 하라고 하면 막상 쉽지 않은 것이 사실이다.

그 이유로는 낯가림이 심해서, 내성적인 성향이어서, 아직 준비가 안 돼서 등 원인론적 관점, 즉 '무엇 때문에 못해요!'라는 식의 부정적이고, 소극적인 태도를 일관하는 경우가 많이 있다. 또한, 영업은 마케팅과 다르다며 기획과 전략은 상사가 하고 실행만 영업 사원이 하는 것이라고 목소리를 높이는 중소기업들의 임원이나 CEO들을 자주 컨설팅과 교육 현장에서 자주 마주하게 된다.

▌무엇을 하기 전에 틈틈이 영업 능력을 체득하는 것이 기본

15년 이상 컨설팅이나 교육을 실무와 현장 중심으로 진행하면, 디지털 마케팅이 대세인 요즘 시대에 영업 마케팅의 필요성을 인지하지 못하는 경우가 많이 있다. 기업의 마케팅 전략을 입안하고 인적 판매, 판매 관리, 프로세스별 노하우, 판매 촉진 등을 진행한 필자로서 영업 마케팅은 필수 요소이다.

인터넷 프로그램 개발, 블록체인 프로그램 개발 등의 가져다준 이점은 보안, 암호화, 계약, 결재 문화를 디지털 속에 내재시켜 보안성과 안정성, 편리성을 증대시켜준 것 외에 실제로 온·오프라인상의 마케팅 초 접점에서 마주하게 되는 고객들과의 관계는 영업 마케팅을 전개해가야 하는 실정이다. 이해, 정보전달, 설명, 설득, 협상, 제품 리더십 등에서 아직도 면대면 영업은 가장 강력한 무기인 셈이다.

▌영업 마케팅(인적 판매)의 본질과 비전

퍼스널 세일링, 인적 판매, 영업 마케팅 단어가 다를 뿐 세상에서 가장 오래된 직업 중 하나이고, CEO일지라도 영업 마케팅을 경영 시간 관리 차원에서 10% 이상 안배를 통해 참여하는 기업들이 그 영업 마케팅과 오더 메이커로서 지속 성장의 중심에 서 있는 성공 사례들을 많이 볼 수 있다.

필자 역시 IMC 컨설턴트, 교육, 칼럼니스트, 방송 출연, 비즈니스 행사 스피커 등 다양한 비즈니스를 병행하고 있지만, 클라이언트 대상의 특징 및 요구 범주에 따라 맞춤 기획 제안을 통해 영업 마케팅을 기본으로 사회 활동을 하고 있다고 해도 과언이 아니다.

'영화롭게 이룬다(영업).'는 것은 비즈니스를 하는 관점에서 최상의 가치고 성취감이며, 기분 좋은 자아실현의 단어다. '영업'하면 부정적이고 고정관념을 가지고 있는 사회 풍토 속에서 영업 마케팅 영역은 다시 각광받기 시작했으며, 그 역할들을 자랑스럽게 여기고 자신의 강점적 역할에 집중하며 일을 잘해가다 보면 다음에 스타트 기업을 창업하거나 새로운 비즈니스를 창출해가며 CEO가 되었을 때 그 진가를 발휘할 수 있을 것이다.

▌스타트 기업가를 꿈꾸는 청년들에게 조언

희망하는 창업 카테고리 산업군의 기업에 입사하여 사업 목적과 목표, 기업가 정신의 함양, 사회문제의 해결 가치 도출, 사회 공헌 의미 정립, 조직 규율의 경험, 시장분석, 경쟁사 분석, 기업 분석, 고객 분석, 마케팅 전략 입안, 마케팅 실행 전술 실천, 마케팅 프로그램 기획 및 전개, 판매량 증대, 목표 매출 달성, 기획, 영업, 관리, 서비스, 협상력, 리더십 등을 사전에 경험하고 도전하기를 권한다.

필자는 실무 교육 현장에서 예비 창업자들에게 다음과 같은 이야기를 항상 전달하고 있다. 트레이닝되지 않은 개성은 야생으로 남고, 결국 실패로 남는다. 트레이닝된 개성일 때 매력적이고, 그 매력에 에너지가 더해져 목적적이고 목표하는 것을 이룰 수가 있다. 실패가 나쁘다는 것이 아니라 현실의 현상들을 파악하고 분별하는 능력과 넓고 깊게 카테고리 지식을 알고, 영업 마케팅 관점에서의 통합적 사고 능력이 필수인 시대다.

▌영업 마케팅 판매관리 프로세스

영업 전략과 구조에 대한 설계, 영업 사원의 모집과 선발, 영업 마케터의 훈련, 영업 마케터에 대한 보상 프로그램 설계, 영업 마케터 교육 및 관리 리드, 영업 마케터 역량 및 매출 평가

영업 마케터를 선발할 때 가장 중요한 것은 영업의 관점과 마케팅의 관점 그리고 그 비전과 즐겨 할 수 있는지에 대한 사전 소통 체크가 영업 마케팅 부서의 리더에게는 필수적인 부분이다.

영업 마케팅은 무조건 교육만 한다고 해서 되는 것이 아니다. 스스로 기획하고, 영업하고, 관리하고 서비스해가는 전 과정의 프로세스 안에서 계약 체결과 사전 서비스, 현장 서비스, 사후 서비스 전 영역에서 즐거운 일을 만들어가며 일할 수 있는 열정이 있는 사람들을 선발하는 것이 90% 이상을 차지한다.

▌우수한 영업 마케터의 특징

당신도 인재인가? 최상의 영업 마케터는 스스로 내재적 동기부여 능력

이 있고, 트레이닝 되어 개성이 넘치며, 어프로치 하는 능력과 계약을 마무리하는 능력 그리고 무엇보다도 고객과의 관계를 구축하고 리드하는 능력 등을 가지고 있다.

과거와 달리 목적론적 관점에서 자신이 선택한 카테고리 산업군의 제품, 서비스, 고객, 경쟁사 지식을 항상 학습하고 체득하며 새로운 고객 유형을 만날 것을 예비하여 고객 유형별 영업 마케팅 처세술 스킬도 콜 스크립을 스스로 스토리텔링의 형태로 구축하고 체득하여 언제 어디서나 영업으로 성과 창출을 할 수 있도록 능동적이고 밝으며 상대에게 에너지를 선물해주는 에너자이저 같은 사람들이 영업을 잘한다.

■ 영업 마케터들이 하는 역할들

고객 접점에서 판매가 이루어지고 계약서가 작성되고 제품 납기나 서비스 실현의 시간은 전체 업무 시간의 10% 전후다.

기업들의 영업 마케터들을 자유롭게 해주어 그들이 고객들과 가망 고객들을 직접 만나는 데 더 많은 시간을 사용할 수 있도록 조치하고 지원하며 효과적인 성과 창출 방법론을 가르쳐 주고, 스스로 할 수 있게 반복 훈련과 실행 그리고 지지적인 피드백 차원에서 오더 하나하나에 대한 소통과 코칭이 필요하다.

서비스 컨설팅을 비즈니스로 하는 영업 마케터의 일과 시간 안배 평균 비율을 보면 다음과 같다.

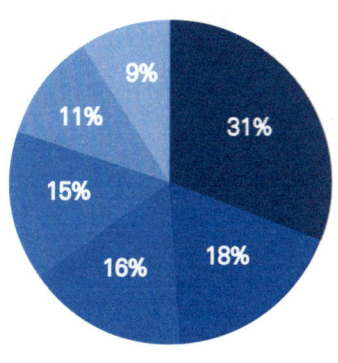

- 맞춤기획 및 문서, 서류작업(31%)
- 문제해결 방안 모색 및 맞춤 콜스크립트 구축(18%)
- 개인적인 휴식(16%)
- 외근 및 출장시간(15%)
- 실제 영업 마케팅 판매 및 계약체결, 기타(11%)
- 타깃 고객군 발굴 및 가방고객 탐색(9%)

타깃 고객군 발굴 및 가망 고객 탐색 9%, 문제 해결 방안 모색 및 맞춤 콜 스크립트 구축 18%, 개인적인 휴식 16%, 외근 및 출장 시간 15%, 맞춤 기획 및 문서, 서류 작업 31%, 실제 영업 마케팅 판매 및 계약 체결, 기타 등이다. 산업별, 기업 특성에 따라 그 사용 시간의 비중은 다를 수 있지만, 정해진 시간에 진행되고 있는 일의 시간 안배들이다.

▌영업 마케터의 가방 속 필수품 Tip

영업 마케터들이여 당신도 럭키백이 있는가? 20년 동안 직장 생활을 하고, 20년 동안 GE의 회장을 역임한 잭 웰치 회장도 계약을 수없이 하게 했던 20년 이상 된 '럭키백(가죽 가방)'이 있다고 그의 자서전에서 어필한 적이 있다.

사무실에서 내근 중심의 영업 마케팅을 하든 외부 외근이나 출장 중심의 외부 영업 마케팅을 하든 영업 마케터에게 가방은 필수품이다. 아래 필자의 Tip 속에 많은 것들이 함축되어 있다.

1. 명함: 항상 효과적으로 인사하라.
2. 홍보 인쇄물: 전문성을 비주얼하게 알려라.
3. 메모지: 경청하고, 메모를 통해 신뢰를 더하라.
4. 볼펜: 여러 종류의 컬러 펜을 준비하라.
5. 책: 틈틈이 1~2권의 신간 도서를 읽어나가라.
6. PPT 제안서: 쫄대로 제안을 컬러로 하라.
7. 잠재 고객 및 고객사 정보: 사전 조사 분석된 고객사 정보를 체득하라.
8. 손수건: 이동하며 흘린 땀은 미리 닦고 미팅을 해라.
9. 껌: 말을 많이 하면 입에서 단내가 난다. 그것까지도 신경 써라.
10. 도장: 계약서는 화장지에도 작성할 수 있다. 마케팅은 타이밍이다.

창업이나 스타트 기업을 하기 전에 3할 대 타율의 영업 마케터 경험하라 필자 역시 디지털 세상에서 만나는 역할(Role)자로 일인다역을 실천하고 있지만, 영업 마케터이기도 하다. 영업 마케터는 자신만의 통계치를 가지고 있어야 한다.

✅ 1. '푸시(Push) 마케팅' 차원에서 10명의 반응 고객 중 3명이 가망 고객이고, 1명의 오더 고객이 나온다는 것이 통념이며 확률이 떨어진다.

✅ 2. '풀(Pull) 마케팅' 전략과 실행, 52주 주 단위의 마케팅 프로그램 기획과 시각화 통합 마케팅 커뮤니케이션(IMC) 전개를 통해 반응하고 문의해 오는 고객들에 대한 고객 발굴은 10명의 반응 고객, 6명의 가망 고객과 그 중에 3명 이상을 오더 고객화시키는 능력을 체득할 때까지 모바일 마케팅 범주인 4M 마케팅 키워드인 머천다이저, 마켓, 미디어, 메시지까지 학습하고 공부를 지속해가는 것은 기본인 시대다.

영업 마케팅을 체득하고 스타트 기업을 하는 경우가 그렇지 못한 경우보다 실수를 줄이고 실패조차 최상의 역발상 성취 기회를 창출하여 성공해가는 것을 마케팅 필드에서 자주 맞이하게 된다.

취준생, 예비 창업자, 예비 스타트 기업가, 창직 준비자, 퍼스널 브랜딩으로 무엇인가 새롭게 이정표를 세우고자 하는 모든 분에게 영업 마케터 역할(ROLE)을 먼저 느끼고 배우고 사랑하며 체득하라고 강추한다.

2019년 이후의 4차 산업혁명 시대, 일자리가 없어지는 시대에 기업의 경쟁력을 강화하고 싶거나 업그레이드하고 싶다면 영업 마케팅의 본질과 스킬, 비전을 선정의 내리는 것부터 시작하라.

무엇을 하기 전에 틈틈이 영업 능력은 체득하는 것이 기본이다. 영업하면 부정적이고 고정관념을 가지고 있는데, 영업 마케팅 영역은 다시 각광받기 시작했으며, 영업을 토대로 스타트 기업을 창업하거나 새로운 비즈니스를 창출해 가며 CEO가 되었을 때 그 진가를 발휘할 수 있을 것이다. 영업은 모든 것의 기본이다.

#영업의중요성 #영업마케팅 #비즈니스의기본
#CEO의필수덕목 #영업의진가

9. C 마케팅 디렉터

[29] PR 마케팅, 브랜드 평판의 시대에 공중(또는 대중) 관계를 리드하는 것은 마케터의 필수 능력

Q29 마케터에게 요구하는 많은 업무 중에서 '필수 업무는 어떤 것이다!'라고 정의할 만한 것이 있을까요?

기업들이 사회의 일반 사람들(공중)과 우호적인 관계를 구축해나가기 위해 PR 마케팅을 전개한다. 마케팅의 촉진 믹스의 범주에서 불특정 다수까지 그 영향력을 전이시켜나가야 하는 영역이기에 마케팅의 영역에서도 가장 근본적이고 마케팅 메시지를 잘 전달하는 중요한 마케팅 툴이다.

공중 관계는 고객들을 고관여 시키고 참여시키며 고객들이 브랜드 스토리의 부분이 되어 이야기하게 만드는 힘을 가지고 있다.

▌애플의 아이패드 PR 마케팅 사례

✓ 사전 마케팅

아이패드 신제품 런칭은 머천다이징 산업에서 가장 혁신적이고 성공적인 사례 중 하나였다. 사전 광고 없이 신제품을 런칭하였고, 애플은 단순히 PR 마케팅에만 집중했다.

사전 평가 방식을 도입하여 아이패드를 배포하고, 온라인 및 오프라인으로 구미가 당기는 토막 뉴스를 제공하고, 수천 개의 구매 가능한 아이패드 앱에 대한 온라인 열기를 제공함으로써 아이패드 출시 예고의 입소문을 구축했다.

✅ 출시 마케팅

아이패드 시판 시기에는 TV 시트콤 『모던패밀리』에 단역 출연, TV 토크쇼에 시판 당일 출연 및 다른 이벤트를 이용해 그 열기에 활력을 불어넣었다.

하루 이틀 전부터 애플 매장에 줄을 세우고 밤을 지새우는 프레임들이 전 세계 주요 이슈 뉴스에 나오게 하였고, 공중 관계만으로도 아이패드 런칭은 끊임없이 이어지는 소비자 흥분과 미디어 열광을 창출하였다.

그 결과 애플은 판매 첫날에 30만 개 이상을 판매했고, 첫 두 달 동안 200만 개 이상을 판매했다.

✅ 사후 마케팅

애플의 아이패드 성공사례의 공중 관계(PR) 마케팅의 성공적인 이슈 이후에도 아이패드2, 아이폰 시리즈들의 신제품들이 나올 때면 미국은 물론 전 세계적으로 줄 세우는 문화는 여전히 유효하게 이어져 가고 있다. 이처럼 공중 관계에 집중하는 마케팅에 집중하는 것들을 마케터들은 체득해야 한다.

■ 방송들도 외식업 맛집 사례들 속 줄 세우는 공중 관계 프레임으로 동기부여

2018년 핫이슈 중에 하나도 줄 서서 먹는 집 테마의 방송 프로그램들을 많이 연출하며 보여주는 것이 트렌드다.

단순히 기업의 신제품이 출시되었다고 뉴스 몇 개를 노출하는 것보다 이처럼 신제품 사전 평가 체험 마케팅을 PR 마케팅으로 전략적으로 연계시켜나가거나 맛집들의 전략들처럼 CEO 스스로 욕심보다 20~30% 작은 공간을 연출하여 줄을 서게 한다.

줄 서는 동안 휴식할 수 있는 미니 카페형 휴게 공간이 있는 테마 맛집들은 바이럴 마케팅의 맛집 후기만을 보고도 도시 외곽 지역임에도 불구하고 줄을 서서 먹는, 성공적인 공중 관계를 창출해가는 우수한 사례들은 많이 볼 수가 있다.

■ PR 마케터가 기획, 운영, 전개해가야 할 공중 관계 역할들

✅ 언론사 및 PR 대행사와의 관계 선 구축
    사람, 제품 혹은 서비스에 대한 주의를 끌고, 브랜드를 구축하기 위해 네이버에 노출되는 미디어에 트랜디하고 이슈적이며 가시성이 높은 정보를 기획·개발하고 제공하는 역할

✅ 신제품 퍼블리시티 능력
    신제품, 신 서비스 관련 뉴스를 기획하고 작성하며 각 언론사의 콘셉트와 타깃에 부합하도록 뉴스를 송출하는 능력

✅ 공중 문제
    커뮤니티를 중심으로 전국적인 또는 지역적인 온·오프라인 커뮤니티 관계를 구축하고 유지해가는 역할

✅ 로비 활동
    입법과 정부 규제에 영향을 미치기 위하여 입법 관계자나 정부 관료, 정치인, 지방의회 의원, 조례를 만들고 법의 선진화에 고관여 하는 사람들과의 관계를 구축하고 유지하는 역할

✅ 투자 관계
    금융 커뮤니티에 있는 주주나 이해 관계자들과 관계를 유지하는 역할

✅ CSR 마케팅과의 연계
    자발적인 후원과 기부를 통하여 비영리 단체의 관계자 및 회원들과 공중 관계를 유지하는 역할 등

■ 왜 공중 관계를 창출하고 유지하는 PR 마케팅이 중요한가?

공중(또는 대중)은 기업의 목표에 대하여 실제적 또는 잠재적으로 관심을 가지고 소비에 적극적이다. 모든 제품은 주 고객층이 주부들이 전문성과 실용성, 가성비, 가심비 차원에서 기업의 진정성 없는 것을 짚어내고 입소문을 내며 고객 관점에서의 방어기제를 발산하는 시대가 된 지 이미 오래다.

결국, 공중 관계를 기업이 원하는 방향과 지향점으로 창출하고 유지하는 역할의 목적은 제품, 서비스 마케팅 프로그램에 대하여 우호적으로 이미지를 반영하는 기업 이미지 구축이 최고의 방법이 바로 PR 마케팅이다.

■ 브랜드 평판의 시대 필수 뉴스 마케팅과 뉴스 릴리즈 마케팅

기업들이 지향하는 마케팅 전략, 콘셉트, 프레임, 메시지에 부합하게 브랜드 평판을 관리하기 위해 하는 PR 마케팅, PR 바이럴 마케팅, PR SNS 마케팅, 뉴스 마케팅, 뉴스 릴리즈 등은 타깃 고객군에 영향을 줄 수 있다.

기업의 이미지를 제고하며, 판매량 증가에 직간접적인 영향을 미치는 것이 사실이며, 요즘처럼 모바일 그리드 시대에 보여주는 화면의 크기가 작아지고 노출되는 네이버 섹션 별 개수가 적게 뿌려질 때는 PR 마케팅 관점에서 뉴스 송출 마케팅과 뉴스 릴리즈 마케팅은 그 효과가 가장 우수하다고 할 수 있다.

■ PR 마케팅을 통한 공중 관계의 실행과
　평가 방식 브랜드 평판 지수가 가장 우수

단순히 트래픽이나 노출 횟수, 인지, 이해 또는 태도 변화의 설문 조사, 매출액과 수익에 대한 공헌도식의 측정도 좋은 방식이지만, 브랜드 평판 지수로 새로운 기준점을 제시하고 있는 한국 기업 평판 연구소의 브랜드 평판 발표 사례를 기업의 마케터, MD, BM, CM, PR 마케터, SNS 마케터,

광고 기획자, 카피라이터, PR 대행사, CEO들까지 학습하고 그 지수들의 추이를 면밀히 관찰하는 전략적인 접근이 필요한 시대다.

■ 브랜드 평판 지수는 새로운 브랜드 마케팅의 평가 요소로 자리매김 한 트렌드

고객들의 관점에서 참여 지수, 미디어 지수, 소통 지수, 커뮤니티 지수, 사회 공헌 지수, 브랜드 평판 지수 등을 선 고려한 PR 마케팅 전략과 실행 스케줄, 마케팅 PR 프로그램 설계 및 적용, 네이버 언론으로의 체계적인 송출이 필요한 시대다.

통합 마케팅 커뮤니케이션(IMC) 전략을 세우고 실행전술, 마케팅 프로그램들을 적극적으로 전개하고 판매량을 증대시키고 지속 성장을 해가도 결국 브랜드 평판으로 평가받는 시대에 살고 있는 마케팅 산업 종사자들과 CEO들은 브랜드 평판 지수를 월 단위로 챙겨보는 문화가 트렌드로 자리 잡아가고 있다.

단순히 공중 관계를 우호적으로 구축하고 유지하는 것이 목적이었던 오프라인과 온라인 마케팅만 있을 때와 모바일 마케팅이 중심이 된 현재에는 브랜드 평판들이 빅데이터 마이닝을 통해 추출되고, 조사 분석되며 실시간으로 그 추이가 변동되는 시대에서 마케터들의 전문성 또한 고도화되고 연결되어야 한다.

■ 대기업의 마케터들 언제까지 '마케팅 프로그램' 관리만 할 것인가?

대학을 졸업하고 마케팅 관련 부서에 입사하여 대중과 직접 소통하는 마케터는 손에 꼽을 정도다. 기업의 대표 블로그조차 월 단위로 하청을 주며 광고 대행사들이 제안하는 것들을 검수하는 것 외에 하는 역할들은 없는 듯 보인다.

결국, 마케팅 프로그램을 잘 기획하고 이벤트를 진행하며 매출을 극대화 시켜가는 것도 중요하지만, 기업, 제품, 서비스, CEO들의 평판 관리를 제대로 못 하여 공중 관계의 실패 사례로 꼽히는 모기업의 경영 문제점, 일가의 문제점, 관세청까지 결탁하였다는 느낌의 부정적인 뉴스들의 파급 생성 확장 속도를 제어할 수 있는 능력을 상실한 것을 보면서 마케터들은 스스로 무능함을 보여주는 사례가 아닌가 싶다.

틈틈이 공중 관계와 관계된 관계사, 관계 기관, 관계인들, 나아가 일반 대중들과의 직접적인 SNS 소통까지 해가는 마케터가 되지 못한다면 기업의 평판 위기에 섰을 때 그 모든 책임의 51%는 마케팅 관련 부서가 지는 것이 맞다.

▎평판 사회에서 기업의 메시지는 진정성이 반영될 때 지속적이고 시너지 커

기업의 메시지는 단순하고 예외적이며 구체적이고 신뢰할 만한 메시지일 때 강력하다. 이런 강력한 메시지는 긍정적이든 부정적이든 급속도로 확산하는 속성이 있다. 마케팅 메시지의 일관성 있고 진정성 있는 공중 관계의 확산은 기업 브랜드 평판을 좌우하는 가장 강력한 것이다.

기업의 브랜드 부정적인 평판의 회복 요소로는 수용, 반응, 접점, 공감, 투명성, 전문성, 책임감이 수반된다.

한국 기업의 평판 시사점들을 연구·분석해보면 한국의 압축 성장과 2세~3세로 이어지는 창업주 중심의 가족 경영 문화, 유교적 가치관에서 기인하는 기업 관점에서 종종 최악의 오너 리스크가 증대하는 시대가 요즘이다.

기업, 제품, 서비스, 개인들의 '평판'은 가장 중요한 '브랜딩 vs 평판'으로 대비된다. 그만큼 중요한 기업의 핵심 가치로 급부상하고 이슈로 대두 되고 있다.

이제 마케터들이여! 탁상공론 차원을 넘어 평판 기획 및 평판 위기관리 능력도 체득하자!

> PR은 마케팅 영역에서도 근본적이고 메시지를 전달하는 중요한 마케팅이다. PR은 기존의 푸시와는 달리 브랜드 평판과 관련이 많고, 대체적으로 뉴스와 공신력 있는 매체를 통해 진행되는 경우가 많다. 그리하여 브랜드 평판 지수를 구축하고 마케팅만 하는 브랜드가 아닌 평판 구축으로 지속적인 브랜드력을 가진 브랜딩을 진행해야 하겠다.
>
> #PR마케팅 #브랜드평판 #진정성 #공신력있는매체활용 #메시지적전달

10. C 마케팅 디렉터

[30] 시너지 마케터, AI 시대 한국 제조 기업들이 직접 브랜드 창출하는 '시너지 마케터' 양성 시급

Q30 전 세계적으로 AI 시대가 도래하고 있습니다. 마케터들은 이 시대에 어떤 생각을 하고 어떻게 적응을 해야 할까요?

▌IT 역사와 함께한 마케팅 산업인 '고객 접점의 핵심 직업군' 엿보기

IT의 역사와 함께한 유망 직업군을 마케팅 산업에서 고객과의 접점에서의 신생 직업과 유망 직업이 되어버린 직업군의 연관성을 보면 다음과 같다.

컴퓨터와 인터넷의 역사 속에서 새로운 역할자들이 신직업, 유망직업, 창직가 형태로 안정적인 직업군으로 자리 잡아 왔다.

1981년 IBM이 PC를 선보였을 때는 컴퓨터 프로그래머, 컴퓨터 엔지니어의 태동▪1984년 애플 매킨토시가 나왔을 때는 그래픽 디자이너▪1994년 넷스케이프가 처음으로 상용 웹 브라우저를 내놓았을 때▪1998년 구글이 설립됐을 때는 바이럴 마케팅 역사의 시작▪1999년 도메인 신청 대중화는 웹 마스터, 웹 디자이너▪2002년 종합 쇼핑몰의 태동에는 상품 기획자(MD, 머천다이저)들의 B2C 소매 유통업 중심의 직업군으로▪2007년 애플 아이폰 출시 이후, 모바일 콘텐츠 에디터들이 파워블로거, 콘텐츠 에디터 등으로 안정적인 직업군이 되어왔다.

또한, 2016년 MCN의 대중화 열기로 크리에이터 직업군들이 속속 부상하고 있다. 2018년 이후 새로운 직업군이기보다 기존의 새로운 역할들

을 잘 융합하고 연결하며, 제조사의 직접 브랜드 퍼포먼스를 창출할 수 있는 '시너지 마케터(Synergy Marketer)'들이 출현해야 하는 시대다.

▍지금 제조사는 위의 직업군을 모두 거느리고 직접 브랜드 마케팅을 해야 하는 시대

디지털은 세상을 바꿨다. 한 번도 아니고, 수없이 바꿨다. 이제 디지털 기술은 인공지능(AI)과 맞물려 디지털 세상은 '죽음의 별(Death Star)'과도 같다. 산업과 기업, 커리어를 궤도 안으로 잡아당긴 후 기존의 성숙기에서 쇠퇴기로 넘어가는 산업들로 아직 수익성이 좋은 사업 모델을 없애 버린다. 그리고는 새로운 사업 방식을 적용한다. 함께 혁신하지 못하면 죽음만이 남을 뿐이다. 이런 변신을 한 번도 아니고, 끊임없이 요구한다.

더는 아웃소싱으로 일하려 하기보다는 모바일 시스템과 잡지사의 패턴을 가지고 52주 단위의 전략적 아이디어의 구체화와 고객들에게 혁신적이고 신선한 자극을 주고 고객들의 실시간 반응에 응대해야 하는 시대에 살고 있다.

▍시너지 마케터 그들은 누구인가?

시너지 마케터들은 독립채산제 준 CEO 리더십 마인드가 강하다. 재능보다는 관계십에 능하고, 끈기와 노력을 많이 하는 리드&리더십의 소유자들이다. 기획, 전략, 콘셉트, 디자인, 영업, 관리, 서비스, 사무, 행정, 협상, 리더십 등의 이해도가 높다. 또한, 일과 삶을 균형 감각 있게 배분하며 자주적이고 창의적이며 호의적인 태도의 소유자들이다.

▍AI 시대 호의적인 '태도(attitude)'의 등식이 성립되는 '시너지 마케터' 인재상

✅ Achievement
인성이 우수하며, 자신의 지식과 skill을 종합적, 전략적, 구체적, 과학적으로 객관화시키며 향상해가는 성취 능력과 자기 계발 병행을 통한 지속 성장 능력

✅ Trand
트렌드 조사, 분석, 관찰, 해석, 적용 능력, 트렌드 서칭, 워칭, 세터 지속 능력

✅ Technology
컴퓨터 활용 능력, S/W&H/W 활용 능력, 신기술 활용 능력, 4차 산업과 AI나 ICT, 사물 인터넷 같은 신기술의 태동과 관련된 시즈 정보 체득 능력, 트렌드적인 신기술의 학습과 이해 능력

✅ Inspiration
독창적이고 독특한 번뜩임의 아이디어들을 영감적으로 도출하는 능력, 숙련된 통찰력(인사이트&아웃사이트), 전략적 직관력, 영적인 통찰력, 영감적 조합 능력

✅ Talent
자신에게 부여된 달란트(능력)인 마음씨, 말씨, 글씨, 솜씨. 맵시를 가지고 눈 품, 손품, 발품의 실천 지식을 축적, 학습, 공유, 응용, 창출을 통해 비즈니스 열매를 맺는 능력

✅ User
이용자 및 사용자의 고객 특성을 명확히 분석하고 예측할 수 있으며, 고객 접점에서 심리적으로 리드할 수 있는 능력, 특히 고객이 핵심적인 요구 사항을 선 파악하고 예상되는 비즈니스 시나리오를 '컨설케이션(컨설팅 교육)' 하는 능력

✅ Design
디자인 감각, 해석, 적용 능력, 예술적 경지로 향상해가는 능력, 컬래버레이

션 능력, 상상력, 창의력, 창조력

✅ Energizer

지칠 줄 모르는 활력, 열정, 긍정, 진정성을 가지고 비전, 꿈, 미션의 지향점을 일관성 있게 지속하는 '수평적 리더십' 소유자

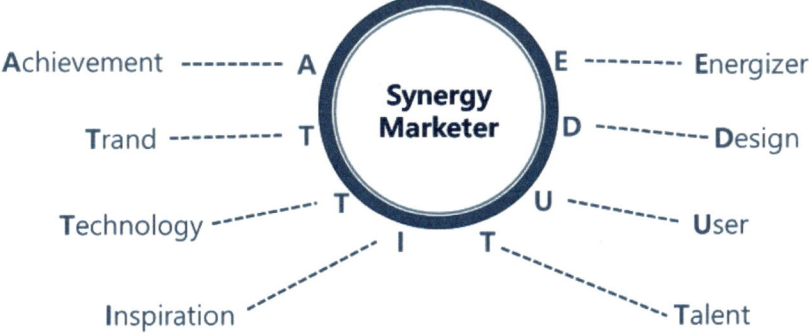

▌AI 시대 한국 제조 기업들 '시너지 마케터' 양성 시급

무엇보다도 시너지 마케터는 고객 지식, '갑'의 지식, B2B, B2C, B2G 기획 제안 능력이 우수하고, 준 CEO 관점의 시너지 리더십과 호의적인 태도 차원의 8가지를 업그레이드하고 체득하는 '실무 전문가'이어야 한다.

디지털 마케팅이 추세인 요즘 한국 종합 쇼핑몰, 오픈 마켓, 소셜 커머스, 모바일 앱 쇼핑 채널들은 제조사와 직접 거래를 희망하고 있고, 기존의 벤더사들의 역할들은 축소되거나 사라지기 시작했다.

종합적이고 융·복합적인 실무 역할(Role)들을 트레이닝하거나 준비된 인재들을 마케팅 디렉터 차원 이상으로 업그레이드된 시너지 마케터를 중견, 중소기업의 제조 기업들은 1순위의 조직의 핵심 인재로 채용하고 지지하며 함께 쓰나미처럼 밀려오고 있는 AI 시대를 예비해야 한다.

고객, 파트너, 경쟁사들을 통찰로 리드할 수 있는 '시너지 마케터' 양성이 시급하다. 스타트 기업들도 가장 필요한 인재가 바로 기존 세분화된 마

케팅 직업군의 업그레이드된 미래지향적인 인재가 '시너지 마케터'다.

> 시대마다 그것을 대표하는 직업군들이 존재한다. AI가 지배하는 시대가 오고 있고, 그에 맞추어 필요한 것은 시너지 마케터가 될 것이다. 시너지 마케터는 'ATTITUDE'라는 각 7가지 능력이 필수 조건이며, 한국 제조업에서는 이러한 마케터를 양성하고 채용하는 것이 AI 시대를 대비하기 위한 필수 조건이라 하겠다.
>
> #시너지마케터 #ATTITUDE #AI시대의주역
> #마케터의양성 #미래를준비하는방안

Ⅳ. 전략

마케팅은 통계학이고, 경영학이며, 사회학이고, 심리학이다. 온전히 이 학문을 체득하는 것이 전략을 짜는데 기초가 되어준다. 마케팅 전략은 경우의 수에 따른 대응 방안을 짜는 것이며, 마케팅 목표를 달성하기 위해 다양한 마케팅 활동을 이끌어 이기는 방법론이며, 속임수의 미학이고, 상생의 습관이다.

Synergy planner 이준호

1. A 전략

[31] 세일즈 프로모션, 52주 '마케팅 다이어리'를 기반으로 푸시하는 마케팅

Q31 제품 판매에서 고객이 자사 제품에 흥미를 가지게 하기 위해선 어떤 계획이 필요할까요?

고객의 관점에서는 4C를 중점, 즉 고객의 가치 (Customer value), 비용(Cost), 커뮤니케이션(Communication), 편의성 (Convenience)을 근간으로 월별을 넘어 52주 마케팅 다이어리를 미리 세일즈 프로모션 방식으로 푸시하는 마케팅이 트렌드다.

-고객의 가치를 증대시켜주는가?
-고객의 구매 비용을 절감시켜주는가?
-고객과 수평적으로 실시간 소통을 하고 있는가?
-고객의 구매 편의성을 최적화하고 있는가?

마케팅이라는 키워드에서 '세일즈 프로모션'은 단연 1순위 키워드다. 제품 판매를 촉진하는 수단에는 인적 판매, 광고, 발표 등이 있지만, 그와 더불어 비교적 단기적인 판매 촉진 효과를 노리는 세일즈 프로모션이 있다.

세일즈 프로모션은 단순히 최종 소비자만이 아니라 판매업자나 사내를 대상으로 실행된다. 기존 고객을 유지하는 차원이든 신규 고객을 유치하는 차원에서든 세일즈 프로모션 전략은 마케팅에 있어 가장 중요한 수단 중에 하나다.

▌고객의 구매 태도 변화 프로세스

고객의 태도 변화를 선도하는 세일 프로모션일 때 가장 강력한 마케팅 무기로 인정받는다. 광고 마케팅에서 고객의 태도 변화 프로세스는 행동 관심(Attention), 흥미(Interest), 욕구(Desire), 기억(Memory), 구매 행동(Action)이다.

- ✅ 행동 관심(Attention): 광고를 들여다본다. 인식한다.
- ✅ 흥미(Interest): 흥미를 가진다.
- ✅ 욕구(Desire): 갖고 싶어진다.
- ✅ 기억(Memory): 메이커명과 브랜드명을 기억해 둔다.
- ✅ 구매 행동(Action): 옴니 채널 방식으로 다가오는 편리한 소매 채널에서 구매한다.

하지만 여기에서 흥미, 욕구, 동기 부분은 정량화하기 곤란하기 때문에 마케팅 평가에서 그 결점을 보완하는 것으로 'AMTUL 모델'을 주로 사용한다.

이 모델에서는 단계마다 마케팅 조사를 통해 지표화된다. 구매 후 단계 구분을 하는 것도 특징적이라 할 수 있다. AMTUL 단계와 정량화하는 지표는 다음과 같다.

- ✅ Awareness(인지시킨다.): 재 인지율
- ✅ Memory(기억시킨다.): 재기억률
- ✅ Trial(시험적으로 사용한다.): 사용 경험률
- ✅ Usage(빈번히 사용한다.): 주 사용률

✅ Loyalty(브랜드를 결정한다.): 향후 구매 의향률

이처럼 담배, 맥주, 샴푸 같은 일용품일 경우는 샘플을 사용하게 하거나 무료로 제공하여 우선 소비자의 행동을 바꾸고, 그 결과 심적 태도에 변화를 일으킴으로써 이후 단골손님으로 만들어 갈 수 있다.

감성적으로 충동구매를 유도하는
푸시 마케팅 노하우가 기업의 경쟁력

우리는 고객의 입장에서 알게 모르게 마트나 슈퍼의 시음 행사에 노출되어 있고, 이렇게 무의식적으로 구매 태도에 변화를 줌으로써 고객 관점에서 4C 차원의 감성을 자극받아 우뇌 차원의 무의식적인 충동구매를 자연스럽게 하고 있다고 보면 된다.

자동차 같은 내구재일 경우는 다양한 인센티브를 제공하여, 잠재 고객의 발길을 판매사원에게 유인하고 새 차를 시승하게 해야 한다. 냉장고는 매장에서 문을 열어보도록 세일즈 프로모션을 해야 한다.

고객이 사용감을 체감하는 동안 판매 사원은 현재 고객이 보유하고 있는 기존의 제품을 진단 파악하고 그 자리에서 조건을 제시하는 것이 대체수요를 유지하고 신규 고객을 획득하는 수단이 된다.

세일즈 프로모션은 오프라인 중심의 자동차 매장, 가전 매장, 백화점, 마트, 슈퍼 등 체험이나 맛보기 이벤트를 통해 고객의 태도 변화를 이끌어 내며 구매 결정 프로세스의 확률을 높인다.

오프라인과 모바일이 연계된 세일즈 프로모션은 기본

52주 세일즈 프로모션으로 푸시하는 온라인 및 모바일 쇼핑몰들은 이메일 푸시 마케팅을 벤치마킹하는 것이 필수다.

IMC 세일즈 프로모션에 노출된 우리는 충동구매인지도 모른 채 구매의 태도를 스스로 변화시켜 전방위적인 구매를 하며 살고 있다.

마케터, 상품 기획자, 브랜드 매니저들은 과학적인 푸시 수단을 전문적으로 알고 있어야 하며 경쟁사들의 세일즈 프로모션 현황까지 줄줄이 체득하고 있어야 하는 맥락에서 벗어나지 못한다.

세일즈 프로모션 마케팅 프로그램을 기획하는 입장에서 차별화는 가장 기본적이지만 어려운 영역이다.

차별화에서 고객의 공감을 얻어내기 위해 쇼핑몰에 회원 가입을 하는 순간부터 고객들의 주의, 흥미, 욕구, 동기가 행동으로 이어지게 하기 위해 빅데이터 분석부터 감성 마케팅의 카피나 이미지 적용, 나아가 가격 할인 이벤트에 1+1, 2+1, 사은품, 경품, 포인트까지 다양한 방식으로 세일즈 프로모션을 한다.

세일즈 프로모션의 세 가지

첫째, 최종 고객용 세일즈 프로모션이다.

수요 자극 수단(경품, 덤, 추첨, 퀴즈를 통한 경품, 상금), 고객 교육 수단(시연 판매, 전시회, 콘퍼런스), 수요 지속 수단(포인트 카드, 쿠폰, 고객의 조직화) 등이 있다. 고객의 니즈를 자극하고 비교적 단기간에 판매량을 높이기 위하여 진행하는 프로모션 기법들이다.

둘째, 판매업자용 세일즈 프로모션이다.

판매업자를 B2B 고객으로 생각하는 경우 판매 콘테스트, 리베이트, 할당을 준다. 판매업자를 동료로 생각하는 경우는 경영지도, 자금 원조, 진열 용구를 무료 제공한다. 이 방식은 판매업자를 고객으로 생각하고 수요를 높이기 위해 행한 것과 공통 목표를 가진 동료로서 지원하기 위해 하는 방식이다.

셋째, 사내용 세일즈 프로모션이다.

판매 의식의 고양 차원에서 판매 콘테스트, 판매원 교육을 하고, 판매 기술의 고도화 차원에서 판매 회의나 판매 매뉴얼을 작성하는 워크숍을 진행하기도 한다.

세일즈 프로모션은 적극적인 푸시 방식의 마케팅 촉진방식이며, 전사적으로 52주 단위에 Day 마케팅 플랜에 따른 마케팅 이벤트 프로그램을 기업의 제품이나 서비스 콘셉트에 부합하게 설계하고 추진해갈 때 그 시너지 효과는 크다.

고객 관점에서 기업들의 세일즈 프로모션 활용하는 Tip

✓ 온라인 쇼핑몰

메이저 쇼핑몰 회원 가입을 모두하고 세일즈 프로모션 이메일을 받아 각종 이벤트를 체크하여 구매하는 좋은 습관을 들여 본다. 급하지만 않다면 똑같은 제품을 5~10% 이상 더욱 저렴하게 구매할 수 있다.

✓ 오프라인 소매점

저녁 구매를 장려한다. 식품이나 유통기간이 제한적인 것들은 묶어서 묶음 판매나 할인 판매를 많이 진행한다.

✓ 홈쇼핑 구매

앱을 다운받아 추가 할인과 포인트 적립을 해보면 좋다.
한국 유통 채널들은 저마다의 세일즈 프로모션 콘셉트와 할인 이벤트의 특징이 있다. 할인점은 2+1의 이벤트의 차별화로 정평이 나있다.
고객이 상품 기획자(머천다이저)들보다 똑똑한 세상이 되어 가고 있다.

상품기획자 당신이 고객의 관점으로 돌아갔을 때 더 필요한 모든 것을 세일즈 프로모션에 담아 타깃별로 이벤트를 진행할 때 고객들의 기억에 남을 것이고 유지되며 재구매 확률이 높아질 것이다.

지속적인 유혹의 세일즈 프로모션을 연구하고 52주 '세일즈 프로모션 다이어리'를 2주~4주 전부터 푸시하라. 기업 관점에서 할 수 있는 최고의 마케팅 수단 중에 한가지다.

> 고객 중심 분석 4C를 활용해 세일즈 프로모션을 진행해야 한다. 이에 따라 고객의 구매 태도를 광고학의 AIDMA와 AMTUL 법칙을 통해 고객의 심리까지 파악하여 푸시하는 마케팅이 필수이다. 수요를 자극할 수 있도록 사은품, 전시, 멤버십 등을 활용한다면 성공적인 세일즈 프로모션이 가능할 것이다.
>
> #세일즈프로모션 #고객구매태도 #푸시마케팅
> #수요자극수단 #성공적인마케팅

2. A 전략

[32] 신제품 기획, 트렌드 현상을 다르게 해석하면
기회가 보인다.

Q32 제품을 기획하고자 하는데 어떤 요소를 고려해야 시장에서
히트하는 제품을 만들 수 있을까요?

　　　　　　　틈새시장을 발견하기 위해 상품 기획자(MD, 머천다이저)들은 시장조사, 분석, 관찰, 연구, 시즈(seeds) 창출까지 다양한 방식으로 신제품 기획을 하기 위해 노력하는 것이 사실이다.

　리테일 상품 기획을 기준으로 볼 때 제조사 MD 역할은 제조사의 사장이 하는 것이 1차원적이다. 하나의 아이디어 특허를 내고 상품 패키지는 아웃소싱으로 하여 일단 완제품을 찍고 판매에 돌입한다. 여기에 중소기업들은 여러 가지 이유로 '고객의 리서치, 고객 품평회, 전문가의 조언 등 90% 이상이 반영되지 않는다.'는 통계를 볼 수 있다.

■ '신제품 기획'을 위해 니즈(욕구), 원츠(선호도), 디맨드(수요)를 모두
　파악하여 목적 고객군 신념 겨냥 필요

　목적 고객군이 믿고 있는 이상적인 브랜드에 가장 접근한 제품은 무엇이며, 내재하여 있는 원료 레시피는 어떻게 되며, '성능과 그 목적은 무엇인가?'에 목적 고객군의 신념을 겨냥해야 한다. 상품 기획에 있어 기존 상품 가치에서 인간의 욕구, 원츠, 디맨드를 분석하는 것이 무엇보다 중요하다.

　특히 한국처럼 마켓 사이즈가 정해진 나라에서는 목적 고객군의 인구수도 무시 못 할 영역이다. 거기에 1인 가족, 2인 가족, 3인 가족, 4인 가족, 대가족으로 구분하고, 분류하는 시점에서 신제품 기획은 빅데이터적이고

과학적이어야 한다. 적어도 메슬로의 욕구 5단계인 생리적 욕구, 안전적 욕구, 소속과 사랑의 욕구, 존중의 욕구, 자아실현 욕구 영역에서 개발하고자 하는 신제품이 어느 포지셔닝인지는 숙지하고 개발에 들어가는 것이 올바른 개발 방식이다.

목적 고객군을 정의 내리고 신념을 겨냥하여 고객의 욕구를 읽어내는 신제품 개발의 새로운 관점으로는 ▶ 고객 관점으로 보기, ▶현재의 트렌드를 다르게 해석하기, ▶ 이 제품이 성숙기로 예상되는 미래 시점 상황에서 게임의 룰을 바꾸기 위한 관점 도입하기, ▶ 스스로 역량을 파악하고 아웃소싱으로 처리해야 할 것을 최대한 활용하기, ▶ 예상 PLC 수요에 따른 예상 물량 기획하기, ▶ 병렬식으로 신제품 기술서, 홈페이지, 상품 상세 페이지, 콘텐츠, 마케팅 전략과 전술을 시점에 따라 실행하며 동시에 준비해 가야 한다.

■ **신제품 기획 진행 시 필요한 평균 필요 고객 수**

- 오프라인상 고객 접점에서 만나야 하는 팔로우 수

단계	팔로우수	내용
1단계	1	아이디어 입안
2단계	10	프로토타입 만들기, 시제품 완성
3단계	100	완제품 품평회, 신제품 론칭 준비
4단계	1,000	고객 후기, 브랜드화를 위해 필요한 기본 인원수
5단계	10,000	신제품 도입기를 넘어 성장기로 가기 위한 필요 고객 수
6단계	100,000	'마켓캐즘'을 뛰어넘기 위해 필요한 고객 수, 성장기에서 성숙기로 가는 필요 고객 수

7단계	1,000,000	PLC 지속 성장과 고객들에게 브랜드 인지도가 각인되는 분기점

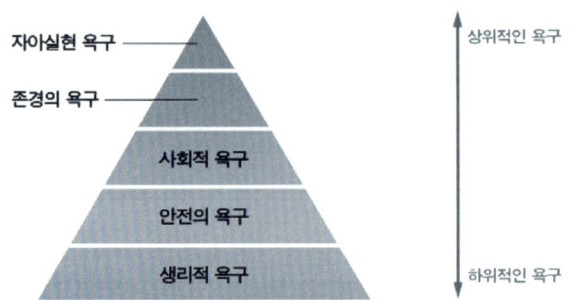

에이브러햄 매슬로의 욕구 5단계

에이브러햄 매슬로우의 욕구 단계설

▶생리 욕구: 허기를 면하고 생명을 유지하려는 욕구로서 가장 기본인 의복, 음식, 가택을 향한 욕구에서 성욕까지를 포함한다.

▶안전 욕구: 생리 욕구가 충족되고서 나타나는 욕구로서 위험, 위협, 박탈(剝奪)에서 자신을 보호하고 불안을 회피하려는 욕구이다.

▶애정·소속(사회 귀속) 욕구: 가족, 친구, 친척 등과 친교를 맺고 원하는 집단에 귀속되고 싶어 하는 욕구이다.

▶존경(명예) 욕구: 사람들과 친하게 지내고 싶은 인간의 기초가 되는 욕구이다. 자아 존중(자존감)과 자신감, 성취, 존중 등에 관한 욕구가 여기에 속한다.

▶자아실현 욕구: 자기를 계속 발전하게 하고자 자신의 잠재력을 최대한 발휘하려는 욕구이다. 다른 욕구와 달리 욕구가 충족될수록 더욱 증대되는 경향을 보여 '성장 욕구'라고 하기도 한다. 알고 이해하려는 인지 욕구나 심미 욕구 등이 여기에 포함된다.

(후에 매슬로는 자아실현의 단계를 넘어선 '자기 초월의 욕구'를 주장하였다. 자기 초월의 욕구란 자기 자신의 완성을 넘어서 타인, 세계에 기여하고자 하는 욕구를 뜻한다. 예를 들면 CSR, CSV도 이에 속하며 이를 '메타 욕구'라 한다.)

이렇게 고객의 인식 속에서 차별화된 브랜드로 선 인식되어야 한다. 그 다음이 매출이고, 이익이고, 시장점유율을 따져가는 것이 올바르다. 목적 고객의 예상 판매 수량에 따른 마케팅 전략과 전술, 실행, 피드백들은 모두 그 경우의 수와 대응 방안이 각기 다르다.

고객과 고객 사이에서 알더퍼(Alderfer)는 존재 욕구(Existence needs), 관계 욕구(Relatedness needs), 성장 욕구(Growth needs)인 ERG 이론을 통해 메슬로의 '욕구 5단계'를 3단계로 단순화시켰다. 고객들의 구매 욕구는 한 가지가 작용해서 진행되는 경우도 있지만, 메슬로의 욕구 단계와 알더퍼의 관계적 욕구가 더해져 구매하게 된다.

무엇보다 중요한 것은 이런 각각 욕구들의 조합을 상품 생애 주기(PLC)에 따른 마케팅 전략과 실행 방법론, 마케팅 프로그램, 이벤트 등을 실행한다면 신제품 론칭의 성공 지수는 높아진다.

예를 들어 샴푸 시장만 보더라도 대기업 브랜드, 헤어샵 브랜드, 피부과 브랜드, 중소기업 브랜드, 기능성 브랜드, 수입 브랜드, 탈모 예방 전용 브랜드 등 다양하며 그 종류도 많은 것이 사실이다.

구매 장소 역시 마트나 슈퍼에서 파는 브랜드와 홈쇼핑이나 인터넷에서 파는 브랜드, 나아가 헤어샵 전용 브랜드 등 그 콘셉트와 기능성, 레시피 정도 모두 다르다.

샴푸 브랜드의 현재 경쟁 포인트와 경쟁 구도의 변화 포인트를 명확하게 인식하고, 경쟁사의 역량이나 자사의 역량을 객관화해서 신제품 론칭 시점과 예상 수요를 예측하여 전사적인 마케팅 전개를 할 때 리스크를 최소화해서 신제품을 히트시킬 수 있다.

■ 카테고리 라이징 분석 명확해야 히트

상품의 재정의, "샴푸는 가루다."라고 트렌드를 다르게 해석하여 뉴 카테고리를 확장해 간다.

여성 중심의 샴푸 시장, 가족 중심의 샴푸 시장, 탈모 예방의 샴푸 시장, 두피 관리 샴푸 시장 등으로 카테고리 라이징도 가능하지만, 액체 샴푸와 가루 샴푸로 "샴푸는 가루다."라고 정의 내리고 '콜라겐 가루'를 샴푸에 섞어 사용하게 하는 혁신적인 신제품들도 나와 가격이 노출되지 않는 카카오톡이나 밴드, 특판, 헤어샵 전용 가루 샴푸의 뉴 카테고리 포지셔닝 위주로 판로를 개척하여 혁신적인 차별화를 가져가는 브랜드들도 있다.

이처럼 넓게 볼수록 기회의 창은 열린다. 그 효과는 머릿결 관리, 두피 관리, 탈모 예방이 고객들의 주 관심사지만 샴푸를 하는 방식에 재미를 더하고 다양한 기능성을 더해 프리미엄 혜택을 준다면 전혀 예상치 못한 성공 트렌드 사례로 자리매김할 것이다.

고객이 원하는 가치 중심으로 재정의하고, 사용 방식을 차별화하는 신제품 기획에 눈을 뜨고 레시피를 개발해가는 방식만으로도 상품 기획자(MD) 관점에서는 획기적이고 혁신적인 신제품 론칭일 수 있으며 고객들 사이 입소문을 내기 좋을 것이다.

상품을 재정의할 때 필수 키워드들로는 신제품이 고객에게 제공하는 가치 차원에서 유용하고 편리한지, 고객의 문제점을 해결하는지, 새로운 트렌드를 제공하는지 등등 꼼꼼히 체크 업하고, 고객의 문제 해결에 진정성 있는 기대감을 소구점으로 제시하고 입소문 내는 신제품 런칭 전략이 필요하다.

■ 문제의 재인식과 해결 수준 명확화 필수

기능성, 유용성, 편리성, 고객의 문제 해결의 축과 표면적인 문제, 근본적인 문제, 다르게 문제 해석하기, 문제 해결의 수준 (혼자, 팀내, 사내, 고객 품평단과 함께, 불특정 다수의 리서치) 등 매트릭스를 만들어 세밀하게 따져가다 보면 문제를 재인식하고 해결 수준을 명확히 해갈 수 있다.

모든 비즈니스는 신제품을 성공시킬 수 있는 자사의 능력 지수가 그 비즈니스의 성패를 좌우한다. 미래로부터 신제품의 니즈, 원츠, 디멘드의 비하인드 스토리와 펼쳐지는 스토리텔링 모두를 총체적으로 통합하고 예측하여 "마케팅은 타이밍이다."라는 명제하에 전사적이고 통합적인 마케팅 커뮤니케이션(IMC) 전략의 준비와 예상되고 필요한 콘텐츠들을 선 기획·제작해가며 실시간 마케팅 실행을 통해 그 PLC 주기에 따른 전술을 제대로 펼쳐갈 때 그 맥락 효과는 극대화된다.

> 신제품을 론칭하기 위해 필요한 것은 고객에게 제품을 명확하게 구분 짓고 이를 통해 제품을 포지셔닝 하는 것이다. 포지셔닝 후 고객 접점을 통해 고객의 needs, wants, demands를 파악하여 그에 맞춰 문제를 재인식하고 카테고리 라이징을 하여야 히트할 수 있다.
>
> #신제품 기획, #NPD, #트렌드해석 #시장세분화
> #뉴카테고리

3. A 전략

[33] 신상품 론칭, 성장기에서 성숙기로 넘어가는 타이밍에 '가심비' 적중시켜야 히트

Q33 이미 레드오션에 있는 카테고리에서 신상품을 내기는 정말 쉽지 않습니다. 기존 시장에서 신상품이 히트하게끔 만드는 요소가 있을까요?

기업에 속해 있는 상품 기획자(MD), 브랜드 매니저(BM), 마케터들이나 퇴사하고 사업에 도전하는 스타트 기업가들이 신상품을 개발하는 과제는 상당히 많은 부분의 트렌드를 워칭하고 부합하는 신상품을 개발 전개해가야 한다는 부담감을 가지고 있는 것이 사실이다. 생산되는 70%의 상품들이 세상에 필요 없는 상품으로 전락하고 마는 시대다.

신상품을 개발하고 신제품 혁신을 재촉하는 요인들을 한번 보자. 미국이나 독일에 비해 기술력은 3~4년 격차를 보이고, 4차 산업혁명의 슬로건에는 인간은 없어 보인다. 모든 것이 자동화, 디지털화, 인공지능화, 로봇의 구호들뿐이다. 그런데 정작 한국이 스스로 표준화를 이끌어가거나 선도하는 것은 단 한 가지도 없어 보이는 것이 현실이다. 그렇지만 신상품은 개발되어야 하고 그 가치를 세상과 사람들에게 어필해야 하며 비즈니스의 경쟁에서 히트를 시키고, 브랜드화시키는 것이 절실한 격동기를 우리는 지나고 있다.

▍신상품 론칭, 대한민국 산업 기업별 브랜드 평판 지도 제대로 벤치마킹 필요

글로벌 경쟁자들이 한국 시장에서 수입 브랜드라는 명목으로 경쟁하

는 시점에서 단순하게 계산하여 '신상품을 생산하는 데 특허를 받았으니 2만 개를 기준으로 1억 생산비를 들여 만들면 팔리겠지?' 하는 마인드의 CEO들이 있다면 '고집'보다 못한 '무지'인 것이다.

한국 기업 평판 연구소에서 매월 지표로 발표하는 「산업별 한국 기업들의 평판 지수」를 보면 대한민국 산업의 지도를 볼 수 있다. 이런 대기업이나 선도 기업의 시장에서의 움직임을 관찰하고 연구해보면 고객들의 '소셜 지수(기업들의 참여 지수, 미디어 지수, 소통 지수, 커뮤니티 지수, 사회 공헌 지수 등)'부터 금융시장에서의 매출 증가와 수익성, 주식가격, CEO들의 개인 평판까지 계속하여 신상품 개발의 필요성에 압력을 가하고 있고, 지속 성장에 압박을 가하고 있다.

앞으로 한국 시장 내에서 경쟁이 치열해지고 있고 점점 세계적인 경쟁이 되어 가고 있다. 제품 수명 주기는 점점 짧아지고 있고, 시장은 점점 성숙기에 접어들어 포화 상태에 이르고 있으며, 4차 산업혁명의 시작으로 쇠퇴기에 치닫고 있다. 인구 감소, 노령화, 일자리의 감소, 10년 이상 GDP의 제자리걸음 등은 마케터들이 신상품을 개발하고 전개하는 데 중요한 변수로 자리매김 되고 있다.

가장 커다란 문제점은 신 원료가 점점 보급되고 구 원료는 환경의 규제와 인식의 발전에 따라 사용이 점점 제한되고 있다는 것이다. 신기술의 혁신에 혁신으로 이에 신상품들의 개발 속도는 점점 더 가속화되고 있다.

■ '가성비'에서 '가심비' 반영 필요한 신상품 개발 필요

- 가성비: '상품의 가격 대비 성능'이라는 객관성
- 가심비: '상품의 가성비 대비 마음 만족'의 주관성

2000년 이후 유통 경로의 구성원들이 점점 영향력이 커지고 있다. 2010

년 전만 해도 신제품을 가지고 판매를 했는데, 지금은 소매업의 중간에 있는 바이어나 MD들이 고객이 더 선호하는 방식으로 신상품들이 수정·보완하여 판매하고 있는 것이 사실이다.

신상품의 수정·보완의 영역은 원료 레시피부터 포장 방식, 상품 판매 예상 수량, 가격대까지다. 잘 팔릴 수 있는 가성비까지 조율하는 MD들의 유통 파워는 참으로 대단해졌다.

2018년은 이제 완전히 '고객 중심의 상품 기획의 트렌드'들이 반영되는 원년이 될 것이다.

예를 들어 이제까지는 '싸고 성능만 좋으면 그만이지.'라는 관점에서 '싸면서 더 친절까지 해야지.'라는 관점으로 바뀌어 가고 있다는 것이다. 마음으로 만족한다는 것은 진정성 있는 친절에서의 각오가 아니라면 단순히 신상품만을 개발하여 판매한다는 것은 지속 가능하지 못하다는 것이다.

▍'제품+가격+스토리+친절=뉴 가심비 솔루션'의 신상품 개발 원리 이해해야

기존 방식대로 아이디어와 특허 내기, 신상품 완제품 만들기, 최소 수량 생산과 수출 또는 유통의 아주 일차적인 신상품 개발 프로세스를 따르는 사람들은 결국 생산 제품을 폐기하는 데 필요한 돈도 없어 허덕이는 사업 경험을 하게 될 것이다.

새로운 '기능성 샴푸' 개발을 유추해보자. 고객의 관점에서 개발된 샴푸로 미용실에서 서비스를 받는다면 분명 자신의 헤어스타일을 완성해주는 단골집의 진정성 친절한 서비스로 인해 자신에게 사용한 미용실에 진열된 샴푸를 물어보고 브랜드 인지도가 약하더라도 '가심비'가 좋은 그 현장의 기능성 샴푸까지 덤으로 사간다는 것을 유추하고 상상하고, 수요예측을 할 수 있는 관점의 수요자, 즉 마케터들이 신상품 기획을 할 수 있어야 하는 시대에 살고 있다.

▎제품 수명 주기(PLC) 성장기에서 성숙기로 넘어가는 타이밍에 '가심비'를 적중시켜야 히트

신상품 론칭은 현재 시점이 아니다. 앞으로 개발될 신상품의 '제품 수명 주기(PLC)'를 추정해보고, 앞으로 개발하는 신상품이 성장기에서 성숙기로 넘어가는 시점에서 트렌드에 부합하는지를 선행 조사·분석하고 예측한 후에 신상품을 개발하는 것이 기본인 시대다.

연초에 나오는 트렌드 책에 소개된 신제품 아이디어조차 제품 수명 주기(PLC) 성장기에서 성숙기로 넘어가는 타이밍을 기준으로 개발된 것들이 아니기에 90% 이상 사장되거나 빛을 못 보고 신상품 단순 사례의 뉴스나 사례로 끝나는 경우가 많다.

신상품을 기획하고 개발한다는 것은 전체에서 부분으로 접근하는 방식과 트렌드 리사이클의 선 이해 없이 수요를 창출한다는 것은 "하늘의 별 따기"가 많다. 다시 강조하고 싶은 것은 제품의 수명 주기에 따른 마케팅 전략들을 잘 이해하고, 신상품을 히트시키기 위해 예상되는 성장기에서 성숙기로 넘어갈 타이밍을 예측하고 론칭 시점을 준비하는 것이 신상품을 히트시키는 데 가장 커다란 지혜다.

그림만 사지 않는다. 그림과 함께 그림을 달 위치에 못 박아 주고, 그 떨어진 먼지도 치워주고 가는 시대, 이 시대가 '가심비'를 따지는 똑똑하고 지혜로운 소비자 디테일하고 원스톱 적이며, 맞춤으로 해주길 원하는 '온 디멘드(주문형) 생산 서비스'로 이동되어 가며, 스마트 공장까지 나오게 되는 시대가 되었다.

당신이 마케터이기 이전에 고객의 관점에서 얼마나 디테일하고 꼼꼼하게 요구하는지 관찰해보라. 온전히 당신의 상품 기획자(MD)의 전문성이 녹여져 서비스를 요구하고 있는, 엘빈 토플러가 주창한 '프로슈머(생산과 소비비의 주체)'가 당신이라는 것을 역으로 인지한다면, 신상품을 어떻게 히트시켜야 할지 유추가 될 것이다.

신상품을 론칭하는데 있어 시장 트렌드를 염두하는 것은 필수적이다. 현 시장 트렌드는 '가심비'인데, 가격 대비 심적 만족도를 이야기한다. 지금은 신상품 론칭보다는 제품 수명주기 상 성숙기로 넘어가고 있는 상품을 시장에 어필하여 '가심비 상품'으로 만들어야 한다.

#가성비 #가심비 #제품수명주기 #신상품기획 #프로슈머

4. B 전략

[34] 신제품 론칭, 기업들의 성공 요인을 찾아 2018년 트렌드 선도해야

Q34 신제품을 내놓고 고객들에게 어필하기 위해 기업들은 부단한 노력을 하고 있습니다. 신제품을 BCG 매트릭스에서 이야기하는 Star 제품으로 만들려면 어떤 것이 필요할까요.

뉴 비즈니스 모델, 신사업 기획, 신제품 론칭을 준비해서 2018년을 준비하는 기업들이 주변에 많다는 것은 희망적인 일이다. 새해를 준비하면서 필히 유념해야 할 것은 기존 제품을 모방하거나 지루하거나 싫증 나거나 평범한 신제품은 실패할 확률이 높다는 것이다. 고객이나 사용자들에 대한 정보, 통계, 통찰을 체득하고 확보하기 위해 틈틈이 모니터링하고 정리해두는 습관이 중요하다.

■ 데이터로 보는 신제품 실패 키워드

신제품 전문가인 '로버트 쿠퍼'가 말하는 최악의 성과를 낸 기업들의 데이터를 분석해 보면 다음과 같다.

−하위 20% 최악의 기업 결과
- ✓ 96%: 고객을 위한 제품 가치를 평가하는 작업을 제대로 하지 않음
- ✓ 93%: 시장조사를 제대로 하지 않거나 전혀 하지 않음
- ✓ 77%: 프로젝트에 대한 필요한 조치나 재무 분석을 제대로 하지 않음

−일반 기업 신제품 론칭 데이터 결과
- ✓ 84%: 고객을 위한 제품 가치를 제대로 평가하는 데 실패

- 82%: 시장조사를 제대로 하지 않음
- 78%: 운영이나 공급자원 평가를 충분히 수행하지 않음
- 74%: 사업 분석과 재무 분석 면에서 부족

이처럼 신제품 개발 기업들이 실패하는 가장 흔한 이유는 신제품 론칭 전반부 단계에서 필수인 시장 연구, 기술평가, 재무 분석 등이 겉으로만 행해지거나 전혀 이루어지지 않음에 있다.

고객들의 소리를 시장조사해보면 기술평가 56.3%, 사전 운영 평가 78.3%, 시장조사 및 고객의 소리 81.7%, 고객과의 콘셉트 평가 73.3%, 제품에 대한 고객의 가치 평가 83.5%, 사업 및 재무 평가 73.7% 등 사전 조사를 하지 않고 완제품을 만들어 형식적인 신제품 론칭을 했을 때 문제들이다.

신제품 론칭에 필요한 사전 조사 분석을 선 시행하고 연초에 트렌드를 선도해야 신제품 성공 확률이 높다는 것은 시사하는 바가 크다.

특허만 강조하며 최고라고 사장 혼자 떠드는 제품은 신제품 아니다.

필자에게는 유독 아이디어로 시작하여 발명하고, 특허받고, 바로 완제품을 만들고, 로고는 붙이지도 않은 채 패키지 디자인을 해서 최고로 좋은 제품이라며 2시간쯤 이야기를 하고서는 도와달라는 사장들이 많이 찾아온다. 이런 경우 필자는 세 가지를 당부한다.

첫째, 우선 시장 조사 및 트렌드 워칭을 한 후에 가치 환산을 하고
  신제품 개발에 착수할 것.
둘째, 신제품 품평회를 갖은 후 고객의 소리를 선 경청하고 수정·보완을
  하여 완제품을 만들 것.
셋째, 신상품 론칭 마케팅 전략을 세우고 문서화시켜 전문가들에게 자문

을 받고, 특히 신상품을 론칭 시기에 관해서 항상 자문받을 것.
신제품 성공 요인은 신제품 실패 요인을 역으로 응용하면 알 수 있다. 번뜩이는 하나의 아이디어를 가지고 외골수적인 마인드로 하다 보니 불 보듯 뻔한 스토리를 창출하거나 아예 시장에 나와 보지도 못하고 실패하는 경우가 허다하다. 이처럼 특허만 강조하며 최고라고 사장 혼자 떠드는 제품은 입점을 받아 판매해주는 유통 기업 관점에서는 신제품 아니다.

▌메이저 유통 기업 기준의 신제품 정의를 따라 준비하면 성공

제조사 관점의 신제품은 패키지화되어 눈에 보이면 신제품이고, 메이저 유통 기업에서의 신제품은 매출이 있고, 성장기에서 성숙기로 예상 목표 판매 수량 추이를 보이는 상품이어야 하며, 인터넷 PC 검색이나 모바일 검색 시 네이버 한판에 브랜드 네이밍의 노출들이 실시간으로 콘텐츠화되어 있을 때 유통 MD들은 신제품이라고 정의하고 입점을 받아준다.

불안정한 제품의 사양을 높이고, 프로젝트 범위를 최적화시키는 차원에서 깊이 있게 하고, 프로젝트팀 간의 장벽을 무너트리고, 인소싱 부서와 아웃소싱 회사 간 협의체인 T.F.Team을 만들고, 실무 전문성을 높여갈 때 성공 확률이 높아진다.

▌초점, 기간, 타이밍 3박자 맞추는 신제품 성공 요인 찾아 트렌드 선도해야

신제품 성공의 초점들을 보면 다음과 같다.
- ✔ 설득력이 있고 독특한 가치 제안의 우수한 신제품
- ✔ 시장 중심, 고객 중심으로 고객의 입소문이 나기에 충분한 신제품
- ✔ 신제품 개발 전 사전 조사를 통해 충분히 고객의 의견이 반영된 신제품
- ✔ 신제품 프로젝트 정의를 분명히 하고 신제품 론칭 마케팅 전략을 선행한 신제품

- ✅ 개발 초기부터 고객에게 결과물을 보여주는 구축 평가 피드백 수정 등의 나선형 개발 프로세스를 지켜 완성된 신제품
- ✅ 목표 기간 안에서 예산과 마케팅 실행을 일관되게 진행하며 마케팅 혁신까지 하는 신제품
- ✅ 신제품 마케팅은 타이밍과 퍼포먼스 실행의 질이 중요함

신제품은 될 수 있다면 연초에 그 타이밍을 맞추기 시작하는 것이 좋다. 이유는 마케팅 전략과 실행에 있어, 연간 플랜을 짜고 마케팅을 체계적으로 해가는 것에 있어서 연초만큼 그 출발의 시점이 좋은 때가 없기 때문이다.

신제품의 수익성과 출시 기간의 결정 요인들은 제품의 우수성, 강력한 시장 투입, 고객의 소리, 예리한 초기 제품의 콘셉트와 정의, 견고한 신제품 론칭 타이밍 준비, 효과적인 다기능 팀 자체 구축, 시장의 매력도 검증, 출시 품질 높이기, 기술적 숙련도 등과 같은 다중 매트릭스로 측정할 수가 있다.

매년 11월 말부터 다음연도 트렌드 분석 책들 속에 나오는 수많은 신제품은 1월 1일부터 이슈로 메이킹하기 위해 5~6개월 전부터 사전 준비하고 콘텐츠, 뉴스, 동영상 등으로 노출하여 이슈가 됐을 때 판매, 결제될 수 있도록 준비해야 한다.

온라인 쇼핑몰, 홈쇼핑, 데이터 유통, 모바일 유통 등 사전에 입점을 완료한 후 이슈화시켜 치고 나가는 신제품의 성공 사례들을 많이 볼 수 있다. 초점과 기간 다음으로 타이밍이 무엇보다 중요한 신제품 론칭 성공 요인이다.

신제품 론칭 시 많은 기업이 필수적인 요소를 고려하지 않는 경우가 많다. 제품의 기능적 측면이 아닌, 고객과 유통사 관점에서의 제품 소구가 필요하다. 유통 기업의 신제품은 어느 정도 콘텐츠와 매출이 갖추어진 제품, 독특한 가치나 고객들이 선호할 수 있는 제품 등이다.

#신제품실패요인 #신제품성공요인 #제조사관점
#유통기업관점 #메이저유통사관점

5. B 전략

[35] 마켓 드라이빙, 자신만의 방식으로
소비자를 가르치는 전략이 대세다

Q35 소비자들은 때때로 배움과 느낌으로 제품을 구매합니다.
그런 이유가 무엇인지 궁금합니다.

　　　　　　우리는 기존의 1등을 벤치마킹하여 새롭게 신제품을 만들어 판매하는 유통 전략만으로는 지속 성장할 수 없는 시대에 살고 있다. 아이디어를 발현시켜 기술 특허를 내고 제품의 지적 재산권을 확보하고 차별화된 신제품을 기획하고 완제품화를 시켜도 실패하는 이유 두 가지는 시장조사를 하지 않는 하나와 수요가 없는 제품을 만드는 개발자 1인의 마인드로 혼자 만족이 우선하기 때문이다.

　　트렌드를 워칭하고 그 워칭의 유추나 예측들이 브랜드 마케팅을 전개하여 매출 예상 시점의 타이밍에 맞아 떨어졌을 때 신제품은 성공하게 된다. 신제품이나 서비스에는 항상 트렌드가 반영되기 마련이다.

　　점점 더 빅데이터화되고 과학화되는 마케팅 전개 관점에서 10만 개의 신상품을 판매하는 데 들어가는 유통 이윤 그리고 마케팅 예산의 목표 매출의 비율은 두 가지 방식을 참조 반영한다.

첫째, 적게는 15%에서(온라인) 많게는 55%까지(홈쇼핑 밴더사의 경우) 유통 입점 마케팅의 중간 이윤을 투자하는 간접 마케팅이다.

둘째, 마케팅 예산을 목표 매출에 홍보·PR 차원의 온라인, 모바일, 키워드, SNS 마케팅 등에 14%, 광고 마케팅에 13% 이상의 마케팅 예산을 선정하고, 진행하는 마케팅 실행을 전개해 나아간다는 전제 조건하에 마케팅 전략과 액션 플랜을 짜고 실행을 해야 목표 매출 그 이상의 임계점을 넘어갈 수 있다.

불황기 저성장 시대일수록 공격적인 마케팅 투자를 통해 기업, 제품 브랜드나 서비스의 위치를 높여가는 것이 필요한 시점이다. 초점 없는 마케팅 전개는 "단팥 없는 붕어빵" 격이다.

■ 마켓 드라이빙 전략이란?

필립 코틀러 박사는 '마켓 드라이빙 전략'을 설명하면서 소비자의 잠재의식에 초점을 맞추고, 소비자가 아닌 기업이 주도권을 쥐는 마케팅 전략이라고 소개했다. 그러기 위해서는 "소비자의 꿈, 잠재의식, 감각적 경험과 기업의 범주적 차별화를 더해 완전히 새로운 마켓을 창출해가는 것이다."라고 강조한다. 즉 기업이 소비자 형태에서 마케팅 방법을 배우는 수동적인 단계를 뛰어넘어 혁신적인 제품이나 서비스를 통해 소비자를 '가르친다.'라는 뜻이 마켓 드라이빙이다.

한국에서 최초의 오픈 마켓인 옥션의 판매 시스템인 관리자 페이지 교육을 통해 '셀러(seller)'들을 먼저 교육 양성하면서 오픈 마켓의 대중화를 선도한 것도 마켓 드라이빙의 성공 사례다.

스티브 잡스의 아이폰 출시와 더불어 다음 카페에서는 150만여 명들이 카페에서 주는 스마트폰 운영법에 관한 고급 정보를 오프라인 교육으로 받아가며 과거의 역사에서는 한 번도 경험해보지 못한 스마트폰 사용법을 막연한 두려움에 카페 안의 얼리 어댑터들이 가르치는 사용법을 배우는 열풍이 일기도 했다.

에버노트 역시 스마트폰과 같은 사례라고 볼 수 있다. 에버노트의 강점인 연동과 연결의 사용법들을 비즈니스 실무에 연결하기 위해 컴퓨터 강사들이 강의하듯이 그 사용법들을 가르쳤고, 비즈니스 리더들과 직장인들이 애용하는 마켓 드라이빙 전략으로 성공을 거두었다.

위 사례들이 나온 시점에서 각각의 신상품 및 신 서비스의 포지셔닝은 블루오션이었고, 51%는 성공 지수에 부정적인 비중이 더 컸던 것이 사실이지만, 마켓 드라이빙 전략과 액션 플랜을 잘 실행한 결과 마케팅 혁신 성공 사례로 자리 잡고 지속 성장을 하는 것이 사실이다.

▌배우면서까지 구매하는 '네오피안족'

1인 가족이 4인 가족의 수를 앞서는 트렌드 사회에서 고객들은 '네오피안족'으로 변신에 변신하고 있다. 이들이 탄생하게 된 배경으로는 세 가지의 변화가 한몫하고 있다.

첫째, 미디어의 변화 둘째, 1인 가구의 지속 증가 셋째, 가치 소비의 성행을 들 수 있다. 이 세 가지의 큰 변화에 발 빠르게 대응하는 유통 기업들이 살아남을 것이다. 이런 네오피안족의 부류를 보면 미래학자 엘빈 토플러가 주장한 '프로슈머(Prosumer)'에서 확산된 '펀(FUN)슈머', '모디슈머'들도 이에 속한다.

▌밀레니엄 세대들의 역습에 유통 업체들의 고정관념 무너지고 있다

이마트를 보면 노브랜드를 적극 광고 홍보하며 PB 브랜드의 뉴 포지셔닝 전략의 실행을 통해 한국 사회의 적잖은 반향을 불러일으켰다.

가장 큰 특징은 유통 업체들은 매장의 입지, 인테리어, 디스플레이, 상품의 다양성, 가성비만 좋으면 팔리는 것이라고 자부해 왔다. 하지만 기존의 아성이었던 오프라인 유통 기업들의 성장 곡선이 추락하기 시작하면서 미국의 백화점들은 거점 중심의 절반 이상을 물류 기지화하고 거점 배송 문화로 돌파구를 찾고 있고, 한국의 대형 마트들은 법적 규제로 12% 이상 매출이 떨어지면서 PB 브랜드로 돌파구를 찾고 있다.

'옴니 채널' 시대에 고객들이 전 방위적으로 다양한 상품 구매 마케팅 툴을 사용하면서 마트, 슈퍼, 할인점, 백화점, 온라인 쇼핑몰, 오픈 마켓, 소셜 커머스, 모바일 쇼핑몰, 앱 쇼핑몰, 해외 직구 등 다양한 채널에서 구매를 동시다발적으로 하고 있고, 배송 역시도 로켓배송에 근접 배송까지 편리하게 구매하고 있다.

1인 가족 문화의 등장과 맞벌이 부부의 증가로 집에서 밥을 해먹지 않는 문화로 변화하고 있어서 마켓 드라이빙 전략은 더욱더 유효해지는 시대다.

간편 조리 식품들에 레시피를 넣어 간단하게 끓여 먹거나 조리해 먹는 것조차도 배우면서 먹는 밀레니엄 세대들!

그들의 음식 조합은 TV를 통해 '편의점 음식 맛있게 먹는 법' 등을 공부해가며 간편하게 기존의 도시락, 라면, 반조리 식품들을 다시 섞거나 순서대로 먹거나 하는 방식을 선호하며, 레시피 위에 '푸드 코디네이션'까지 열공하며 스토리텔링된 먹방 방송을 보고 맛있게 먹는 법까지 따라 하며 자기만의 특별한 가치 소비를 다양하게 하고 있다.

■ 고객이 고객을 가르치며 소비하는 '모디슈머(Modisumer)'들의 확산이 무섭다

모디슈머는 'Modify'의 '수정하다, 변형하다'와 'Consumer'의 합성어다. 모바일 환경은 쌍방향 커뮤니케이션 네트워크의 발전이 중학생부터 대학생 세대에게 점점 더 확산하면서 자신만의 제품 이용법, 음식 맛있게 먹는 법, 창의적인 소비 방식을 블로그, 카페, 페이스북, 인스타그램 등의 매체와 SNS를 통해 실시간으로 공유하는 것이 기본이 된 시대에 살고 있다.

모디슈머들은 단순히 자신의 소비만이 아니라 다른 정보 수용자에서 또 다른 모디슈머로서 상품과 서비스를 소비하게 하고, 이러한 과정을 통해 모디슈머의 확산에 기여하게 된다.

소비자의 영향력은 파워블로그의 수백 배이다. 네이버 파워블로거가 하루 5,000명 이상의 방문자 수를 자랑한다면 파워유튜버는 월 100만 이상의 방문자 수를 자랑한다. 거기에 구독자 수의 경우는 1만 명 이상만 돼도 파워유튜버로 그 파급효과는 TV CF의 효과보다도 타깃적이고 전문적이며 펀슈머들이 재미를 더해가기 때문에 구매나 소비, 서비스의 이용으로 연결되는 비중이 점점 높아지고 있는 것이 사실이다.

이런 마켓 드라이빙 전략을 세우고 모디슈머들을 활용해 마케팅에 성공한 사례가 안성탕면이다. 농심의 안성탕면 탄생 30주년을 맞아 안성탕면 레시피 공모전을 열어 1차 사전 마케팅을 전개했고, 우수한 레시피 중에서 우유와 치즈를 넣어 만든 '투움바 안성탕면'과 '바지락과 부추를 넣어 만든 안성탕면' 등의 레시피가 인기를 끌면서 모디슈머들에게 예찬 된 사례로 그 효과가 컸다. 공모전을 통해 얻은 고객 중심의 우수 레시피를 안성탕면 봉지 뒤에 넣었다. 이색 레시피를 재료와 조리 방법 및 개발한 사람의 이름과 캐리커처를 실어 스토리텔링 마케팅으로 이어졌고, 고객이 직접 참여하고 고객이 마케팅 드라이빙 하는 입소문 되기도 했다.

▎마켓 드라이빙 전략으로 돌파구를 찾아라.

'마켓 드라이빙 전략'을 전개하기에 좋은 제품이나 서비스는 전에 없던 사용법을 가지고 있는 제품과 서비스들이며, 직접 칠하는 친환경 페인트나 직접 만들어 쓰는 목공 가구 등 DIY 제품과 반조리 식품의 조리 레시피, 완전 제품끼리 조합하여 새로운 방식으로 먹는 레시피, 큐레이션 서비스가 가능한 신제품이나 신규 서비스들이라면 마켓 드라이빙 전략은 늘 유효하다.

마케팅 공모전을 통해 고객의 지혜를 얻고 고객이 원하는 방식으로 마케팅을 전개해간다면 마켓 드라이빙을 맞추는 것에 한발 먼저 다가설 수 있는 인사이트(Insight) 차원이 아니라 아웃사이트(Outsight) 차원의 마케팅 통찰력을 기업에 내재화시켜갈 수 있다.

파워유튜버나, 파워블로거, 모디슈머들을 신 메뉴 개발과 상품 개발, 신 서비스 개발에 적극 참여시키고 반영하여 새로운 기업과 제품 브랜드 마케팅을 전개하는 기업만이 생존하게 될 것이다.

> 마켓 드라이빙이라는 용어를 처음 제창한 필립 코틀러 박사는 이제 마켓에서도 고객을 '가르친다'는 개념으로 접근하여야 한다고 이야기한다. 이제 고객들은 구매로 끝나는 것이 아니고 뭐든 배우고 느끼면서 접근하는 일명 '모디슈머'들이 확산하고 있다. 마켓 드라이빙을 통해서 전략적인 돌파구를 찾아내는 것이 마케팅을 전개하는 기업들의 생존 전략이 될 것이다.
>
> #마켓드라이빙전략 #모디슈머 #파워블로거
> #유튜버 #네오피안족

6. B 전략

[36] 트렌드 전략, '크로스 SWOT 분석'을 통한 트렌드 전략, 마케팅 목표로 이어질 때 시너지 커

Q36 트렌드를 명확하게 알기 위해서 시장조사가 중요하다고 하셨는데, 명확한 트렌드를 알기 위한 전략은 어떻게 진행해야 할까요?

마켓은 트렌드다. 트렌드 분석을 체계적으로 할 줄 아는 개인은 경쟁력이 있다. 취준생, 이직 준비자, 창직 준비자, 창업 준비자, 스타트 기업 투자 유치 준비자들이 필수로 알아야 할 것들이 트렌드 전략을 짜는 것과 마케팅 지향점을 결정할 수 있을 때 기회가 온다.

수많은 도전 앞에서 필수로 해봐야 하는 마케팅 트렌드 조사, 분석, 워칭 프로세스를 실무 머천다이징, 마케팅, 브랜딩 관점에서 선행되고 습관화되어 지속적인 모니터링과 정리를 해가는 방법론을 체득해보길 바란다.

트렌드(Trend)는 독창적이나 저작권을 신경 쓰지 않고 남을 따라 할 수 있다고 여겨지는 것이며, 트렌드는 물결이다. 유행보다는 길고 꺾을 수 없는 대세(메가트렌드)보다는 작은 물결이다.

트렌드는 현상과 대응 방안을 찾아내는 관점에서 기존의 마케팅 조사 분석 기법 중에 SWOT 분석을 하는 것은 사회현상을 진단하는 것이고, 크로스 SWOT 분석은 그 트렌드 현상 속에서 마케팅 전략과 지향점 차원의 대응 방안을 강구하는 것이다.

▌돈 번다는 느낌이 들 때 기업들과 고객들까지 쏠림 현상 크게 나타나

'돈이 보인다.'라는 느낌이 들 때 비즈니스 대중은 쏠림 현상에 자유

롭지 못하다. 기업의 마케터나 MD, BM들, 나아가 CEO는 기본적으로 SWOT 분석 차원에서 강점, 단점, 기회, 위협 요소(변수)들을 기본으로 가볍게 진단을 하는 경향은 많으나 크로스 SWOT 분석을 등한시하는 경우가 많은 것을 볼 수 있다.

트렌드 워칭을 통해 기업에서 기획 및 개발하는 신제품, 신 서비스, 신 비즈니스 모델들이 트렌드 전략 차원의 히트가 되고자 한다면 크로스 SWOT 분석과 그 경우의 수에 따른 마케팅 전략적 목표 설정까지 자연스럽게 이어져야 한다.

▌트렌드 전략 진단 프로세스 및 경우의 수에 따른 마케팅 목표와 인사이트

1단계: 공급과 수요의 상관관계는 어떠한가? (수요 변화에 따른 트렌드 관심도 두 가지)

마케팅 트렌드는 시장 경쟁과 수요와 공급 사이에서의 상관관계에서 두 가지의 예를 볼 수 있다.

✅ 수요가 많은 시대(호황기)

경쟁사들과 평화공존의 시대를 열어간다. 이 시기에는 '만들면 잘 팔린다.'라는 공식이 성립되기 때문에 트렌드 전략의 관심도가 낮은 편이다. 이럴 때 나타나는 현상은 메이저 쇼핑몰 기업을 중심으로 밴더사나 셀러들이 적극적인 활동을 하게 된다. 물론 유통 기업들의 흑자 중심으로 전환하는 경우가 많으며 신유통 업태들이 뉴 비즈니스 모델로 많이 나오고 성장한다.

✅ 수요가 적은 시대(불황기)

수요가 적다는 측면은 팔릴 수 있는 제품을 전략적으로 기획하고 만들어가야 해서 트렌드 전략의 관심도가 상당히 높아진다. 이때는 유통 기업의 바이어, MD들이 단순히 입점 상담을 중심으로 엑셀에 숫자 맞추기식의 상품 소싱과 재고관리 차원을 뛰어넘어 PB 브랜드 개발과 글로벌 소싱, 나아가 전방위적인 유통 업태의 진출을 꾀하며 자사 유통 업태끼리 적극적인 경쟁을 한다.

수익 구조는 악화되고, 고객들 입장에서도 상품을 구매하는 패턴의 피로도가 높아진다. 기업은 적극적이고 공격적인 신제품, PB 상품, 글로벌 소싱으로 문제점을 해결하려 들고, 전문 판매점들은 특화된다. 체험적이며 스토리텔링적인, 차별화된 카테고리를 중심으로 라인 확장을 통해 기존의 메이저 유통 기업들과 경쟁을 하다 보니 트렌드 워칭을 통한 트렌드 분석과 전략 짜기는 점점 고도화되는 추세다.

불황기 시대일수록 트렌드 전략은 상품 기획 전 단계에서 선행되어야 하는 필수 코스다. 또한, 현재 속해 있는 마켓 유형을 먼저 진단하고 그 유형의 범주를 정의 내리는 것이 선행되어야 한다.

▌2단계: 당신 기업은 어떤 '수익을 내는 마켓 유형'인가?

(수익 구조에 따른 인사이트)

1. 저위험 고수익 마켓: 보호, 재집중(선택적 투자 필요, 브랜드 확장 전략, 장수 브랜드화)
2. 저위험 중수익 마켓: 구조 조정(제한된 확장, 마케팅 혁신, 단계적인 철수)
3, 저위험 저수익 마켓: 수확 및 퇴출(마켓에서 비즈니스의 철수, M&A)
4, 중위험 고수익 마켓: 선택적(마켓 지위 구축을 위한 투자 필요, 시스템 강화)
5. 중위험 중수익 마켓: 프라임(예산 집행, 차별화, 선택적 투자, 독자적 수익 창출)

6. 중위험 저수익 마켓: 기회관망 1(독자적 수익 창출, 조직 혁신)
7. 고위험 고수익 마켓: 프리미엄(마켓 지위 유지, 집중 투자, 전략적 협업)
8. 고위험 중수익 마켓: 도전(선별적 투자, 제휴 마케팅)
9. 고위험 저수익 마켓: 기회관망 2(마켓 지위 보호, 신규 진출의 탐색)

위의 9가지 경우의 마켓 유형 중에 자기에게 맞는 마켓 유형을 선 진단하고 그다음에 트렌드 전략을 강구하는 것이 필요하다.

역으로 기업에게 당신의 뉴 비즈니스 모델을 가지고 투자 유치를 받고 싶다면 당신은 위 '9가지 기업 진단'의 경우의 수를 가지고 유치 희망 기업을 분석하여 투자 설명회를 진행하는 것이 좋다. 취업, 이직할 때도 마케터나 MD, BM이라면 도전 기업의 기업 진단을 통한 선 파악이 기본이다.

3단계: 어떤 경영 전략을 선택할 것인가?
(마켓 공략의 네 가지 마케팅 전략)

- ✅ 기존 마켓 vs 기존 제품, 서비스: 마켓 침투 전략
- ✅ 기존 마켓 vs 신제품, 서비스: 신제품 개발 전략
- ✅ 뉴 마켓 vs 기존 제품, 서비스: 마켓 개발 전략
- ✅ 뉴 마켓 vs 신제품, 서비스: 다각화 전략

4단계: 발견된 강점, 차별성, 문제점에 대한 '대응 방안'은 무엇인가?
(크로스 SWOT 분석의 경우의 수에 따른 마케팅 목표와 지향점의 전략적 강구)

SWOT의 항목을 기준으로 분석하는 것은 마케팅 트렌드 현상을 스캐닝하는 것이고, 교차적인 상황의 전략들은 기업의 긍정적이고 부정적인 측면과 트렌드 측면과 내부적인 측면에서 발견된 강점, 차별점, 문제점을 경우의 수에 따른 진단과 트렌드 마케팅 전략의 강구를 하는 영역이다.

이처럼 크로스 SWOT 분석을 하는 이유는 개인, 기업, 정부의 새로운 마케팅 경영의 방향과 지향점을 목표하고 설정하기 위해 하는 것이다.

신제품, 신 서비스, 뉴 비즈니스 모델 개발들과 사업의 다각화 전략 및 트렌드 전략을 지향하려면 최근의 트렌드에 지속적인 모니터링과 관심이 필수다.

✅ SO 전략: 우선 수행 과제 전략 강구: 강점 활용에 의한 기회 확대 방안, 조직 혁신, 채널 확대, 지역화, 글로벌화, 사업다각화, 마켓 점유율 확대 강구
✅ ST 전략: RISK 해결 과제 도출 및 강구: 강점 활용에 의한 위협 요소 최소화, 원가 우위 강화, 수익성 강화, 선별적 비즈니스 제안 적용, 전략적 제휴, 시스템 강화 및 정보화, 품질 및 서비스 차별화, 아웃소싱 전문인력 활용, M&A 강구
✅ WO 전략: 우선 보완 과제 강구: 기회에 대응하기 위한 약점 보완 전략, 재무구조 개선, 경쟁력 보완, 교육 훈련 강화, 마케팅 역량 강화, 조직 단순화, 틈새시장, 신기술 개발, 사업 집중화 강구
✅ WT 전략: 장기 보완 과제 도출 및 강구: 생존 전력(매각, 합병, 철수, 우회, 회피 등), 구조조정, 유연 조직 구성, 인재 육성, 생산성 향상 강구

마케팅을 기본적으로 한 번만 배우거나 공부를 했다면 위의 진단과 경우의 수에 따른 대응 방안적 인사이트를 활용하여 충분히 트렌드 전략과 마케팅 지향점에 대한 목표화를 도출할 수 있다.

비즈니스를 처음 시작하는 예비 창업가, 스타트 기업, 취업 준비생, 이직 준비생, 나아가 은퇴 후에 인생 설계를 다시 하는 분들까지 크로스 SWOT 분석은 개인, 제품, 서비스, 기업, 트렌드, 관계 등 모든 영역에서 응용하고 새롭게 창출해 갈 수 있는 현존하는 트렌드, 마케팅, 브랜딩 진단 툴 중에 최고라 할 수 있다.

■ 트렌드 워칭과 트렌드 전략을 통해 트렌드 솔루션을 선도하고 언론의 사랑을 마음껏 받아라

기회(O)와 위협 요소(T)는 외부적인 환경 분석 툴로 거시적·미시적 환경 분석과 경쟁사, 고객 분석까지 이에 속한다고 할 수 있다. 거시적인 환경 분석은 'STEEP+G' 분석을 주로 많이 사용하는 추세다.

내부적인 환경과 조직 구성원들의 내부 분석은 핵심 역량 분석(신기술), 가치 사슬 분석, 조직 분석(인력 자원의 스킬), 재무 분석(운영 자금, 마케팅 예산), 사업 분석(신기술, 뉴 비즈니스, 신제품, 신 서비스 등)

■ 'STEEP+G'가 적용된 크로스 SWOT 분석이 적용된 트렌드 전략일 때 솔루션 구축 가능

트렌드 워칭과 트렌드 조사 분석을 통해 비즈니스 캠퍼스를 활용하는 차원에서도 6가지 키워드 중심의 ▶ 사회/문화(Social), ▶ 기술/정보(Technological), ▶ 경제(Economic), ▶ 생태학적 환경(Ecological), ▶ 정책/법규(Political/legal), ▶ 글로벌(Global) 'STEEP+G'가 적용된 크로스 SWOT 분석을 통해서든 자신이 속해 있는 기업의 트렌드 전략을 선행하는 것은 필수다.

7~10년마다의 패턴으로 찾아오는 IMF, 글로벌 금융 위기 같은 위기가 찾아오기 전에 트렌드가 우리 기업에 호의적으로 작동 될 수 있도록 52주, 12개월, 분기별, 년 단위 트렌드 패턴과 뉴 트렌드 창출을 통해 지속 가능한 마켓 선도 기업으로서의 위치를 선점해 갈 필요가 있다.

애플과 삼성, 알리바바와 아마존처럼 1등 기업과 2등 기업 간의 트렌드 선도 전쟁에서 살아남는 기업, 브랜드만이 생존하는 시대다.

트렌드를 선점하고 선도하는 업태의 1등은 언론들의 독점적 지위를 가지는 경우가 많아 2등과의 격차가 상당히 크게 난다. 언론은 트렌드 선도 기업을 사랑한다. 마케팅 직업군 종사자라면 트렌드 전략의 고수가 되라!

트렌드를 가공하고 전략을 구상하는 전략 관점이 마케팅의 목표와 연결되었을 때 시너지가 크다. 트렌드를 전략화하는 데 쓰이는 것은 Cross SWOT로 만들어갈 수 있다. 4단계로 관계와 현상을 대입, 비교하여 그 결과를 가지고 어떤 경영과 전략을 만들지는 마케터가 가져가야 할 문제 해결 방법이다.

#트렌드전략4단계 #CrossSWOT분석 #트렌드선점
#트렌드의가공 #마케팅목표와의연결

7. B 전략

**[37] 업 세일링, 크로스 세일링으로 매출을
업 세일링으로 후속 마켓을 전망하라**

Q37 프로모션을 진행하는데 비효율적인 것이 너무 많아요.
유통에서 효과적인 프로모션이 될 만한 것이 있을까요?

구매자 관점에서 대형 마트나 백화점, 동네 편의점이나 슈퍼마켓에 가서 기존 상품을 사려고 하면 주변에 연관된 상품이 눈에 띄어 함께 추가로 구매하는 경우가 많이 있다.

이런 현상을 보면 바이어나 MD들이 전문 용어로 크로스 세일링(교차 판매, 연결 판매) 기법의 진열을 미리 해둔 것을 알 수가 있다. 이 방식은 오프라인 매장의 매출 증대 기법으로 기본이 되어 있는 방식이다.

예를 들어 와인을 사러 갔는데 옆에 와인 따개와 치즈, 견과류를 함께 진열해두는 방식이다. 또 다른 예를 든다면 컴퓨터 옆에 프린터들과 마우스, 어댑터들을 함께 두어 일괄 구매를 유도하는 방식도 이에 속한다.

대형 마트가 요즘 많이 쓰는 진열 기법이기도 하다. 객단가를 올리고, 가치 소비를 하게 하고, 쇼핑의 편리성까지 주는 방식으로 각광받고 있는 것이 크로스 세일링이다.

내방 고객들을 중심으로 하는 마케팅 차원에서 크로스 세일링이 기본이 된 지는 오래다. 문제는 잠재 고객을 실수요 고객으로 전환하는 구매 과정 분석의 목표는 의사 결정 참여자들이 구매를 결정하는 과정을 이해하고 세일링을 방해하는 걸림돌을 확인하는 것에서부터 있다.

긴 매출 주기부터 뜻밖의 규제와 드러나지 않은 조직의 내부 사정에 이르기까지 실제 매출이 발생하려면 수요충족이라는 과제 이상의 난관을 극복해야 한다. 그러나 이 단계를 충실히 마치면 이후의 세일링 과정에 도사린 위험들을 지혜롭게 피할 수 있다.

▌내방 고객들이 줄어드는 매장, 업 세일링 전략 필요

'업 세일링(Up Selling)'은 격상 판매, 추가 판매 개념으로 메인은 DC하고 후속 메뉴는 정상가를 받는 식으로 추가 이익을 발생하는 방식이다.

짜장면은 할인하고, 나머지 요리 음식은 정상가를 받아 고객이 짜장면이 싸다는 느낌으로 입소문을 듣고 와서는 추가로 요리 음식들을 하나둘 더 시켜먹게 하는 문화를 창출하는 것이다.

애슐리도 업 세일링 프로모션을 통해 메인은 DC하고 뷔페 메뉴를 두어 추가 이익을 발생시켜 고객 1인당 객단가를 높이는 정책을 쓰고 있는 사례다. 고객들이 자발적으로 메뉴를 주문하고 그에 따른 추가 이익을 발생하게 하는 것이 목적이기 이전에 입소문을 내는 가격 전략으로는 검증이 끝난 방식이다.

유통 거점 마케팅에 총력을 기울여야 하지만 시장 정복 이후 벌어질 일도 고민하는 것이 좋다. 유통의 거점에 경쟁자가 치열하게 진입하고 있다면 다음과 같은 세 가지 질문에 자답해봐야 한다.

- ✅ 예상하는 후속 시장 후보가 있는가?
- ✅ 규모는 얼마나 되는가?
- ✅ 경쟁자들은 어떻게 공략하고 있는가?

옴니 채널 시대 고객들은 오프라인, 온라인, 모바일, 홈쇼핑 등 다양한 방식으로 구매를 선도하고 있고, 유통 업태들은 요동치고 있다. 무엇보다 중요한 것은 후속 시장과 그 규모를 진단 검토하고 새로운 세일링 마케팅을 전개해가야 한다.

▌후속 시장의 두 가지 마켓 유형

✅ 첫째, 동일한 고객에게 보다 고급스러운 제품을 추가로 판매하는 업 세일, 즉 상위 제품의 구매 유도하는 것이다. 이쯤이면 목표 고객의 욕구와 우선순위에 관한 전문가가 되었을 것이기에 어떤 제품을 만들면 고객에게 추가 가치를 줄 수 있는지 판단하는 것이 어렵지 않을 것이다. 또한, 고객에게 쏟은 투자와 돈독한 관계에다 기존 세일링과 유통망 그대로 활용할 수 있다는 이점도 있다.

유통 기업의 핵심 역량의 범위를 넘어서는 후속 시장이라면 경쟁적 지위를 달성하는 것이 어렵다. 이럴 경우 핵심 역량이 고객과의 상호작용에서 형성된 것이 아니라면 더더욱 위험하다.

✅ 둘째, 동일 제품으로 거점 시장과 유사한 인접 시장에 진출하는 전략으로 보통 혁신 주도 신생 기업이 걷는 길이다. 새 기능과 품질 개선, 차별화된 제품 구성, 마케팅 수단, 가격 체계 구축이 필요하지만 동일한 핵심 역량을 기반으로 거점 시장에서 쌓은 전문성과 규모의 경제 효과를 활용할 수 있다. 다만 고객 관계를 형성해야 하는데, 이것은 시간과 비용이 많이 들고 리스크도 크다.

▌기존 기업 브랜드로 매출이 떨어지고 있다면
후속 시장을 전망하라

한국의 오프라인 마켓은 홈쇼핑과 소셜 커머스, 오픈 마켓, 모바일 커머스와 옴니 채널들의 맹공격으로 고전을 면치 못하고 있고, 브랜드의 올드함으로 인해 젊은 고객들의 외면을 받고 있다. 예를 들어 피부가 노화되는 원인은 크게 세 가지다. 부정적이고 나쁜 습관에 의해 생기는 주름, 노화로 생기는 피부 주름, 자외선에 의해서 생기는 피부 주름. 이렇게 생기는 피부의 개선을 위해 피부과, 성형외과, 피부전문한의원들이 경쟁하고 있는 실정에서, 예를 들어 야외 활동을 많이 하는 2030 세대를 위한 익스트림 스포츠 자외선 차단제인 신제품을 개발하여 판매하고자 한다.

마스크 팩을 중심으로 시장 전체의 핵심 키워드를 봤을 경우 트러블, 주름 개선 분야와 화상, 탈모의 분야로 나뉠 수 있고, 그 두 가지 영역에서의 화장품 지속력 개선의 범주가 창출될 수 있을 것이다.

후속 시장 분석은 더 큰 시장 기회를 확인하는 단계다. 나아가 이러한 분석을 통해 사업의 단기적, 장기적 잠재력을 발견하고 준비하여 보여줌으로써 바이어, MD, BM, 마케팅, 경영지원, 각 T.F.Team들은 자신의 역할들을 명확히 하고 떨어져 가는 마켓 쉐어를 다시 점프 업할 수 있다.

▌유통 기업 업 세일링으로 확장을 하고 싶다면
브랜드를 리뉴얼하라

새로운 유통 업태들의 창출로 새로운 편리성으로 접근하여 경쟁이 과다해지고 있고 기존의 PB 브랜드들이 매출 증감의 폭이 현저하게 저조하다면 유통 브랜드일지라도 브랜드 리뉴얼을 하는 것이 좋다. 이마트의 노브랜드 PB 브랜드 마케팅이 핫이슈다.

고객군의 세분화를 다시 하고, 그 고객군의 속성을 다시 조사·분석하여 고령화되거나 고객의 경제적 구조가 변화했다면 거점 지역의 인접 시장 고객에게 업 세일링을 하기 위한 새로운 돌파구도 찾고 거점 시장 고객에게도 업 세일링을 해가야 한다.

구매 고객들의 판매량, 최종 사용자 수, 한 명당 매출액, 주 단위 매출액, 월 단위 매출액, 년 단위 매출액 등을 차례대로 계산한다. 시장조사에 너무 많은 시간을 투자할 필요는 없다.

문제는 내방 고객 수를 어떻게 늘릴 것인가에 대한 문제 해결과 기존 고객층의 브랜드 연상을 어떻게 젊은 세대에게 새로운 브랜드 네이밍과 로고, 상징, 슬로건, 브랜드 스토리로 어필하고 공격적인 마케팅을 통해 새로운 후속 시장까지 거점 시장화할 것인가를 고민해야 할 것이다.

"새 술은 새 부대에 담아라."라는 명언처럼 유통 기업일지라도 고객 중심의 라이프 스타일과 성향이 반영된 새로운 브랜드 네이밍을 정하고 명품이나 브랜드의 적극적인 마케팅 방식을 도입해 신규 고객층을 유입하여 고객 DB를 확보하는 것부터 다시 해가야 한다.

성숙기에서 쇠퇴기로 떨어지는 유통 업태의 라이프 사이클의 포지션을 진단했다면 파괴하고 혁신하며 재창조하는 업 세일링 차원에서 브랜드를 리뉴얼해야 한다.

크로스 세일링과 업 세일링을 통해서 매출을 점프업하여야 한다. 업 세일링을 통해 추가 판매의 개념을 활용하여 매출 증대를 이룩하고, 그러기 위해서 두 가지 유형의 후속 시장을 공략하여 시장 확장을 고려하여야 할 것이다. 시장 확장 시 새로운 브랜드 창출 또는 기존 브랜드 리뉴얼로 시장을 점유하여야 할 것이다.

#업셀링 #크로스세일링 #브랜드리뉴얼 #시장확장
#미끼상품전략

8. C 전략

[38] 브랜딩 목적, 브랜딩은 팔고 사는 관계를 넘어 인간미가 넘쳐나게 만드는 것

Q38 회사에서 제품의 브랜드를 인지시키려고 애쓰고 있습니다. 브랜드를 구축하는 데 있어 중요한 요소는 무엇인가요?

당신의 이름값은 얼마인가? 세상은 두 가지로 분류된다. 이름값 하는 부류와 이름값 하지 못하는 부류 나아가서 마케팅을 해도 안 되는 부류와 마케팅을 안 해도 저절로 되는 부류. 사실 그 매트릭스 행간 사이에서 마케터들은 질문하고 고민하며 열심히 기업의 브랜드의 이름값을 높이려고 애를 쓴다.

브랜딩을 진행한다 할지라도 저절로 팔리는 것은 세상에 아무것도 없다. 신조차 의사 결정의 문고리를 인간에게 주고 기다리듯이 브랜딩을 한다는 것은 기업이 고객에게 자유의지와 선택권을 주고 기다리다 못해 공격적인 마케팅 전개로 브랜드의 인지도를 고객들의 머리 속에 인식의 전환을 시켜가는 총체적인 과정의 합이다.

▌브랜딩의 구성 요소 이해

필립 코틀러는 '브랜드'를 특정 판매자 그룹의 제품이나 서비스를 드러내면서 "경쟁 그룹 제품이나 서비스와 차별화하기 위해 만든 명칭, 용어, 표지, 심볼, 디자인이나 그 전체를 배합한 것"이라고 말한다.

브랜드는 상표 출원과 법적인 안전장치를 마련한 생명체와 같은 역할을 하기 때문에 브랜드는 고객들의 인식과 기억, 가슴, 감성, 감정 속에서 수없이 커뮤니케이션 하며 생로병사를 함께 경험하는 것이 마켓 안에서의

자연스러움이 되었다.

당신이 지금 시작하려는 비즈니스, 창업, 스타트 기업의 궁극적인 브랜드 전략이 있는지 자문해보자.

✅ 브랜드 네이밍은 무엇인가? (키워드, 마켓의 문을 열어주는 단어, 마켓의 이정표가 되는 핵심 가치의 콘셉트 단어)
✅ 브랜드 심벌과 로고는 있는가? (기호화된 어떤 모양, 상징, 시각화, 상품이나 서비스의 속성 반영)
✅ 브랜드 슬로건은 있는가? (두 단어 이상의 마켓 지향의 마켓 전력을 설명하는 문구)
✅ 브랜드 캐릭터는 있는가? (미래지향적이고 이상적이며 고객이 신뢰하며 연상하기 쉬운 캐릭터)
✅ 브랜드 패키지의 콘셉트는 명확한가? (일차적인 포장 상품의 보호, 유통, 사용자 편의성 증대, 이차적 기능 시각화된 상품 정보 제고, 브랜드 이미지 전달, 그 자체가 광고 효과)

▍브랜딩의 궁극적인 목적의 세 가지 관점
✅ 경제적 관점: 마케팅 비용 절감, 매출 증대, 법적 보호
✅ 감성적 관점: 고객의 정체성 어필, 고객의 심리적 만족도 극대화, 고객의 입소문의 핵심 매개체
✅ 사회적 관점: 가성비, 가심비, 인간미를 만들어 주는 사회적 책임 마케팅(CSR), 공유가치창출(CSV)

▍아이디어, 콘셉트, 차별성, 브랜딩의 프로세스일 때 완성도 높아져

수익 창출이 될 수 있는 경제적인 아이디어의 입안을 시작으로 세분화,

타깃, 포지셔닝의 핵심에서 차별성이 도출되고, 그것의 키워드가 브랜드 슬로건+네이밍+메시지와 연결이 자연스러워질 때 고객들은 쉽게 인지하고 인식하며, 연상하여 스토리로 구전까지 시키게 만드는 과정이 브랜딩이다.

상품을 만들고 로고가 붙어 있다고 브랜드가 아니라는 이야기다. 브랜드로 각인되는 판매 수량의 이정표가 명확하고 구매 후기들이 여기저기에서 긍정의 소리로 디지털 세상에 노출되며 확산될 때 브랜드의 효용 가치를 극대화할 수 있다.

▍브랜드 실행 전략 다섯 가지

브랜드 네이밍, 브랜드 정체성, 브랜드 포지셔닝, 브랜드 로열티, 브랜드 확장이 브랜드 실행 프로세스다.

브랜드의 철학, 브랜드의 비전, 브랜드의 목적, 브랜드의 목표, 브랜드의 기대 효과를 처음부터 명확히 기술해보지 않고 1차원적인 관점에서 아웃소싱 디자인 회사에만 맡겨 로고 하나를 만들고 패키지 디자인을 했다고 해서 브랜드가 되는 것이 아니다.

팔리지 않는 제품은 팔리는 제품의 9배나 많고, 브랜드로 'J'자 곡선을 이루기까지 브랜드의 PLC 주기는 점점 짧아지고 있는 시점이다.

스텝 바이 스텝 브랜드 실행은 마켓에서 실패 사례를 눈뜨고 보는 격이다. 어떻게 만들어 낼 것인가? 어떻게 브랜드로 기업의 진정성, 고객의 성취성, 사회의 상생성 관점에서 포지셔닝하며 사회에 공헌할 것인지, 일자리를 창출해갈 것인지 등에 관한 마켓, 고객과의 관계 사이에서 팔고 사는 관계를 뛰어넘어 인간미 넘치는 관계를 창조하고 리드하며 세상을 이롭게 하는 관점에서의 브랜딩이어야 한다.

▍브랜딩 앞에서의 두 가지 유형의 리더

장사꾼 CEO는 브랜드라는 말은 많이 하지만 정작 숫자적 차원의 매출만 쪼아가며 유통 중심의 장사만 한다. 하지만 기업가형 CEO는 아이디어와 브랜딩 사이의 수백 가지 프로세스의 핵심 역량의 키워드와 정의, 직무의 이해, 고객의 이해까지 절대 시간을 잘 투자하여 장수하는 브랜드의 초석을 처음부터 다져가며 브랜드 실행 전략을 짜고 브랜딩의 여정을 즐겨간다.

고객의 가슴에 브랜드로 각인되기까지 남들은 10년여 만에 만들어 내는 브랜드를 3년의 시간 안에 창출하여 유니콘 기업까지 브랜드를 창조해내는, 마켓의 통찰력이 있는 리더가 많이 있다.

"브랜드가 좋은 거야!", "남들이 구매하니까.", "세계적인 브랜드잖아!" 하고 세뇌되어 손이 먼저 가서 사게 되는 애플의 스마트폰, 아이패드나 발이 먼저 가서 다이어리까지 받겠다는 일념으로 가는 스타벅스 같은 브랜드, 중독되고 마는 진로 소주까지 일상 속에 가슴 깊숙이 자리 잡고 떠나지 않는 브랜딩 여정을 관찰하고, 질문하고, 벤치마킹하며 브랜딩에 집중해야 한다.

▍뉴 브랜딩 전략에 따른 '시너지 마케팅 매트릭스 로드맵'과 브랜딩의 사전 질문들

브랜딩의 '시너지 마케팅 매트릭스 로드맵'은 사전 서비스, 현장 서비스, 사후 서비스와 Planning, Doing, See, Feed-back을 두 축으로 매트릭스 안에 놓이는 12가지의 핵심 키워드와 프로세스, 전략, 전술, 실행 아이디어, 평가받고 싶은 키워드들을 워크 시트지화 시켜서 자문해보고 고객에게 물어보며, 시장조사와 분석을 통해 완성도를 높이고 사업 기획의 사전 단계에 러프 스케치와 기획을 선행해보고 아래와 같은 질문들을 던져보자.

- 왜 그 일을 하는가?
- 그 일을 왜 그런 식으로 하는가?
- 사람들과 세상에 진정으로 이로운 것인가?

- 어떻게 더하고 빼고 곱하고 나누어 혁신할 것인가?
- 어떻게 단순화할 것인가?
- 어떻게 이 모든 가치를 잘 전달할 것인가?
- 어떻게 충성 고객, 추천하는 고객, 입소문을 내는 고객, 브랜드 추종자로 만들어 낼 것인가?
- 어떤 이정표로 기억되고 싶은가?
- 얼마의 판매 수량과 경제적 가치를 창출하고 싶은가?
- 함께 참여하며 일하는 사람들이 행복할 수 있는 브랜딩인가?

▌브랜딩을 인간미 넘쳐나게 한 MD, BM, 마케터 리더들

브랜드는 시스템이나 숫자에 가두어지는 것이 아니다. 브랜드를 만들고 패키지와 배송 포장까지 브랜드의 상징체계와 콘셉트, 슬로건, 메시지로 포장이 될 수는 있다.

하지만 브랜딩은 살아있는 생명체들의 생로병사와도 같아서 그 어떤 브랜드도 영생하는 브랜드는 존재하지 않는다. 브랜드가 살아 있는 동안 마켓과 고객 사이에서 가성비, 가심비 차원을 넘어 인간미를 배가시키는데, 그 역할을 할 수 있느냐가 중요한 관점이고 가치며, 의미다.

당신 이름 석 자의 이름값은 얼마나 되는가? 앞으로 10년 후 당신의 퍼스널 브랜딩의 이름값은 얼마의 브랜딩 자산 가치를 환산될 것으로 보는가?

스티브 잡스=애플, 마윈=알리바바, 손정의=소프트뱅크, 빌 게이츠=마이크로소프트 이들의 공통점은 저절로 입소문 나게 하려고 제품이나 서비스만의 브랜딩을 한 것을 넘어 처음부터 자신의 이름 석 자인 퍼스널 브랜딩을 병행했다는 것이 공통점이고, 브랜딩의 궁극적인 목적은 인간미 넘치는 것이어야 함을 반증하고 있다.

이들은 정치 논리는 철저하게 배제하며, 자신의 비전과 철학, 목적과 마케팅 메시지를 담아 75억 인구를 브랜딩으로 가슴에 새겨버린 진정한 머천다이저(MD), 브랜드 매니저(BM), 마케터들인 동시에 혁신가들이다.

> 기업들은 브랜드력을 키우려고 노력한다. 저절로 팔리는 것은 없다. 브랜드의 인지도를 고객 머릿속에 넣어야 브랜드력은 올라갈 것이다. 세 가지의 관점으로 브랜드를 생각하여 아이디어, 콘셉트, 차별성의 프로세스가 이루어져야 브랜드의 생명을 불어넣을 수 있다. 유통 중심의 장사와 달리 브랜드는 당신의 자산 가치를 높이는 척도가 될 것이다.
>
> #브랜딩 #브랜드력 #아이디어와차별성
> #브랜드스토리 #자산가치의척도

9. C 전략

[39] 마케팅 콘셉트, 고객 창조를 하고 싶다면 A부터 Z까지 마케팅 콘셉트를 어필하라

Q39 신규고객을 유치하기 위해서 마케터로서 어떤 전략을 진행하고 운영해야 할까요?

'콘셉트(Concept)'라는 단어는 고객들에겐 만국의 공통 키워드다. 콘셉트를 정의 내리라고 하면 명확히 말하기는 쉽지 않다. 사전적인 콘셉트의 뜻을 보면 개념, 직관적 대상, 관념, 구상 등을 의미한다. 여기서 이들의 총합으로 정의를 다시 내려보면 '창조적으로 구상된 관점=콘셉트'로 정의 내릴 수도 있다.

필자는 마케팅 강의를 하면서 콘셉트를 중첩된 이미지들 사이에 새롭게 의도하는 본질이라고 정의 내려주기도 하며, 광고나 디자인 기획들의 관점에서는 어필 포인트, 즉 소구점이라고 이야기하기도 한다. 중요한 것은 콘셉트는 생각보다 쉽게 정의내려지지 않는다는 것이다.

생산자 관점의 콘셉트, 마케터 관점의 콘셉트, 광고 기획자 관점의 콘셉트, 디자인 관점의 콘셉트, 유통 관점의 콘셉트, 고객 관점의 콘셉트들이 일치되는 경우보다는 중간에 있는 광고 기획자 관점의 콘셉트나 디자이너 관점의 콘셉트가 생산자와 고객 사이에서 중심을 잡아주는 것이 보편화 되어있다.

소구점(광고가 시청자나 상품 수요자에게 호소하는 부분이나 측면)을 어떻게 잘 기획하느냐가 마케팅의 핵심이고 본질이다.

마케팅 산업의 프로세스 어느 위치에 있든 콘셉트의 원리를 잘 체득해 둔다면 세상을 살아가는 것이 한결 편리해지는 것이 사실이다. 마케팅 콘셉트와 기업의 콘셉트, 하우스의 로드맵을 보면 다음과 같다.

▋마케팅 콘셉트란 STP에서 차별성(Difference)을 도출하는 것부터

마케팅 STP 전략의 상관관계를 보자. 김근배 교수의 『컨셉 크레에이터』를 보면 콘셉트는 STP 전략에서 나오는 것임을 알 수가 있다.

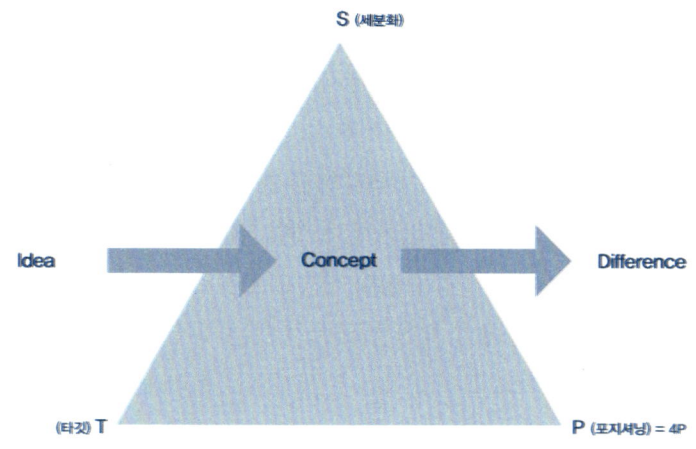

✅ 섬광처럼 번뜩이는 제품의 idea 입안하기
✅ 세그먼테이션과 타깃 사이에서 고객의 니즈, 원츠, 디멘드 등의 '필요성' 발견하기
✅ 타깃과 포지셔닝 사이에서 제품의 오감을 만족하며 표현하는 '유형성' 창조, 구상하기
✅ 포지셔닝과 세그먼테이션 사이에서 경쟁사와는 차별화되는 '차별성' 구축하기

✅ STP의 중심에 놓여있는 것이 콘셉트(concept, 본질)다. 핵심적으로 창조한 차별화된 콘셉트의 신제품을 마케팅 전략과 콘셉트를 짜고, 광고, 콘텐츠, 스토리를 입혀서 고객을 자극하고 반응하게 하는 총체적인 과정이 브랜드 마케팅 프로세스이면 고객들의 자유의지에 선택권을 주고, 제공방식을 비주얼하게 하거나, 스토리가 있게 하여 차별성을 지속해가는 것이 마케팅 콘셉트의 A부터 Z까지다.

▌마케팅 콘셉트, 기업 브랜드 콘셉트 하우스의 핵심

✅ 사업 영역과 고객 가치 창출 사이의 가치 창출하기
✅ 고객 가치와 고객 관계 사이의 운영 전략, 기술 개발(R&D), 가치 사슬 운영하기
✅ 사업 영역과 고객 관계의 가치 전달하기의 중심에 기업 브랜드가 있다.
✅ 경영자 관점에서의 큰 맥락은 콘셉트 개발, 제품 설계, 구매 물류, 제조, 출하 물류, 판매 A/S까지 경영 관점의 경영 프로세스다. 기업 브랜드의 '콘셉트 하우스 로드맵' 안에 마케팅 콘셉트가 있는 것이 아니라 마케팅 콘셉트가 시작이고 과정이고 끝이고 새로운 시작으로 꼬리에 꼬리를 무는 연결이라는 이야기다.

▌감성 콘셉트로 새로운 트렌드를 창출해내는 마케팅 콘셉트

상품 개발에서 가장 중요한 감성 구현이다. 감성 콘셉트는 여성을 소구로 하는 제품에서 가장 많이 볼 수 있는 경우로 상징 혹은 은유를 중심으로 감성 어휘(키워드, 문장)와 물리적 제품의 시각, 청각, 후각, 촉각, 미각을 자극하거나 연상시키는 총체적인 콘셉트 개발부터 구현까지가 감성 콘셉트의 구현이다.

현재는 마케팅 콘셉트를 여성 구매층에서 1인 구매층의 패러다임 시프트로 새로운 소비문화를 여성과 남성을 다시 세분화해 융합하고, 골드미스,

싱글족, 노인층까지 혼자 사는 모든 고객을 대상으로 무의식 속에 방송과 뉴스, 콘텐츠, 비하인드 스토리, SNS의 확장을 통해 감성 콘셉트의 블루오션을 새롭게 창출하였고, 이 마케팅 콘셉트를 한국 사회에 정착시켰다.

감성 마케팅이 기본인 시대에 호감에 호소하는 마케팅은 기본이다. 고객 판매에 영향을 주는 오감 브랜딩의 오감의 비율을 보면 다음과 같다.

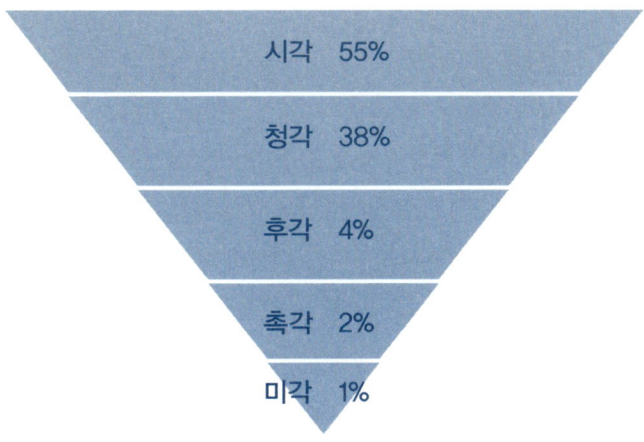

- ✅ 시각: 55%, 제공 방식, '환경+서비스 프로세스+친절'이 융합된 가심 중요
- ✅ 청각: 38%, 매장 내 음악, 주 타깃층이 선호하는 음악 틀기
- ✅ 후각: 4%, 향기 마케팅, 향초, 향수, 화장품, 커피
- ✅ 촉각: 2%, 재질, 느낌, 쾌적함, 청결함
- ✅ 미각: 1%, 맛, 레시피, 스토리 등으로 고객에게 자극을 주거나 동기부여, 영향을 준다.

고객의 무의식중 오감을 발견하고 어필하는 것이 마케팅 콘셉트의 시작이다. 소비자 조사 방법론의 권위자인 하버드 경영대 잘트먼 교수는 인간의 사고는 95%가 무의식중에 일어나며 나머지 5%조차 언어로 표현할 수 없는 경향이 많다고 한다.

▌에스노그래피 방식이 담겨있는
TV 프로그램 속 마케팅 콘셉트가 숨어 있다.

한국의 기업들은 언제부터인가 시장조사나 분석을 하지 않고 찍어내기식, 카피식 제품 양산에만 혈안이 되어 있다. 이것이 기업들이 성장하지 못하는 가장 큰 이유다.

마케팅 콘셉트를 총체적으로 일관성 있는 한목소리의 메시지로 고객의 입소문까지 다다르게 하려면 시장조사나 분석은 항상 진행하는 것이 좋다.

요즘처럼 가족 단위의 시장조사는 필수다. 특히 4인 가족, 3인 가족, 2인 가족, 1인 가족으로 인구 통계학적인 트렌드가 세분화되고 있는 시점에서 마케터, 바이어, MD, BM, CM들은 관찰을 통해서라도 트렌드를 항상 워칭하는 습관이 무엇보다 필요하다.

시장조사 방법은 기본적으로 정량 조사와 정성 조사가 있다. 하지만 서베이 리서치 등과 같은 정량 조사는 소비자의 오감에 대한 심리 및 가치를 파악하기에는 부족한 면이 있다.

특히 최근에는 소비자의 감성과 체험이 중요시되면서 정성적 조사의 필요성이 더해가고 있다. 따라서 기업은 표적 집단 면접법(FGI), 래더링(Laddering) 테스트, 참여 관찰법, 더 나아가 비디오 에스노그래피 조사 방법도 있다.

'비디오 에스노그래피'는 비디오카메라를 특정 위치에 고정해 해당 환경에서 일어나는 모든 활동을 기록하는 방식이다.

TV 프로그램 『미운우리새끼』에서 토니는 편의점의 매대 장치를 집에 설치해놓고 편의점에서 구매한 즉석요리를 해먹는 전경을 자주 연출한다. 이런 연출은 어쩌면 간접적으로 편의점 문화가 1인 가족 문화의 동반자 같다는 느낌과 연상을 심어주고 영향력을 주는 것이 사실이다. 이런 현상 자체가 마케팅 콘셉트다.

TV 인기 프로그램인 『나혼자산다』가 바로 이 방식이라고 할 수 있다. TV 속 트렌드 워칭을 하다 보면 1인 가족으로 살아가는 연예인들의 라이프 스타일을 볼 수 있다.

▎마케팅 콘셉트 창조를 위해선 시장조사와 분석은 필수

마트, 할인점, 백화점, 편의점, 드럭스토어의 바이어나 MD들은 매장 내의 주 고객층에 대해 비디오 에스노그래피 방식에 POS 데이터 검색 경로 분석을 통해 매장 내 고객의 특징과 구매 패턴을 조사할 수도 있지만, 좀 더 효과적으로 마케팅 콘셉트를 창조하기 위해서는 각종의 시장조사(시장 규모, 잠재수요, 시장 특성 분석), 소비자 조사(소비자 동향, 소비 상태 및 구조, 소비 수요 분석), 제품 조사(제품 특성, 제품 상표, 포지션, 신제품 조사), 가격 조사(가격 결정 방법, 가격 동향, 가격 탄력성 분석), 유통 조사(유통 경로, 유통비 비용, 유통의 효율성 분석), 광고 조사(광고 매체 조사, 광고 문헌 조사, 광고 효과 분석) 등을 해야 한다.

기업의 전략이란 기업이나 사업이 장래 실현해야 할 마케팅 콘셉트를 그리고 이를 실현하기 위한 트랜스 포메이션의 시나리오를 선정하여 마케팅 액션 플랜을 정하는 일이다. 그다음이 브랜드 창출이고 성과 창출이다. 제품 콘셉트만으로는 기업 전략은 그림의 떡이 되기 쉽다. 반드시 액션 플랜과 함께 설계해야 한다.

콘셉트는 시장조사와 STP를 통한 도출이 필요하다. 우리가 흔히 알고 있는 STPD는 필요성, 유형성, 차별성을 만드는 과정이다. 그리하여 콘셉트를 오감을 통한 감성 콘셉트를 도출하여 새로운 트렌드를 창출해야만 하며 현재 TV 프로그램에서는 에스노그래프 방식으로 감성 콘셉트를 도출하고 있다.

#마케팅콘셉트 #STPD기법 #오감을이용한콘셉트 #에스노그래프방식 #새로운트렌드창출

10. C 전략

[40] 마케팅 믹스(MIX), 포지셔닝은 4P를 대변하는 것이다

Q40 전략을 구상할 때 포지셔닝에 대해 많이 언급됩니다. 포지셔닝을 설명하자면 구체적으로 어떤 것일까요?

포지셔닝이란 고객과의 약속 리스트 범주와 서비스 범주를 정의 내리는 것이다. 구매하는 고객들의 사전 서비스, 진행 서비스, 사후 서비스들을 디테일하게 정의 내리고 직원들이 사전에 훈련을 받아 전 직원이 '한목소리'가 나오도록 역량 강화가 되어 있을 때 포지션은 강점적 차별성과 운영의 노하우로 거듭나 지속 가능한 경영을 하는 데 가장 핵심적인 수단이 된다.

기업은 타깃 마켓의 상태에 맞추어 마케팅 수단을 적절하게 선택한다. 그리고 작성한 리스트에 우선순위를 주어 최적의 마케팅 수단의 조합을 통해 최적화된 마케팅 실행을 한다. 무엇보다 중요한 것은 운영의 함숫값을 찾아내는 것이고, 기업들은 시스템화시켜 판매량과 수익 구조를 개선하고 히트 브랜드로 자리매김해가는 것이 마케팅 믹스의 목적이다.

▌주요 마케팅 믹스 수단 네 가지

✅ 제품, 서비스
특징, 기능, 스타일, 용량, 사이즈, 품위, 부속품, 품목 다양성, 품질, 디자인 로고, 브랜드명, 포장, 보증, 부가 서비스 등

✅ 가격
구매 고객군의 희망 소매가격(표준 소매가격), 유통업자와의 거래 가격, 디

스카운트, 리베이트, 대금 지불 조건 등
✅ 채널
메이저 유통 기업, 유통 경로, 거래 상대, 판매 지역, 수송, 하역, 보관, 물류, 거점 등
✅ 프로모션
광고, PR, 콘텐츠 마케팅, 바이럴 마케팅, SNS 마케팅, ATL, BTL, 전시 마케팅, 판매 프로모션, 인적판매 등

'가성비=가격+성능', '가심비=가성비+친절' 등으로 마케팅 수단들이 믹스되고 조합되어 소비자들의 입에 대명사처럼 인식되고 입소문 나있기 때문에 처음부터 가성비와 가심비를 중심으로 하는 상품 기획은 기본이다.

포지셔닝이란 목표 고객 군집의 마음속에 경쟁 카테고리들과 비교하여 명확하고, 차별화되어서 마음속 위치에 자사 브랜드가 자리 잡도록 하는 총제적인 마케팅 전략과 실행을 통해 최대 우위를 제공하는 위치 값이다.

포지셔닝은 기억 속에서 연상되는 키워드, 슬로건, 이미지, 광고 카피, 메시지, 스토리 등 다양한 연상으로 마음속 위치를 차지하는 것을 말한다.

▍마케터가 포지셔닝을 확신하게 잡아가기 위해 알아두어야 할 상식

첫째, 인간의 뇌는 세 가지 이상을 기억하지 못한다.
둘째, 인간의 뇌는 90%가 무의식적으로 행동한다.
셋째, 인간들은 좌뇌, 우뇌를 비율적으로 사용하는 여부에 따라 MBTI 인·적성검사를 해보면 16가지 부류의 성향을 보인다.
넷째, 인간의 오감 중에 시각을 차지하는 비율이 55%다.
다섯째, 대한민국 소비 카드 결제 비율의 70% 이상 여성이다.
이처럼 행동 경제학 관점에서 인간의 뇌 기능과 역할을 고찰해보면 포지셔

닝을 심미적이고 정성적으로 잡아가는 것이 왜 중요한지를 알 수가 있다.

▍제품 브랜드의 포지셔닝 설정의 중요성

제품의 콘셉트, 차별성, 포지셔닝, 브랜딩 등이 일관성 있게 고객에게 전달되어야 하고 제품의 연상 물음에 바로 대답이 나올 정도가 된다면 그 제품의 브랜드 포지셔닝은 성공한 것이다.

예를 들면 '콜라' 하면 코카콜라, '두통약' 하면 게보린, '새우깡' 하면 농심, '사향고양이' 하면 루왁 커피, '철원' 하면 오대쌀, '제주도' 하면 삼다수 등으로 바로 연상되는 것을 말한다.

마케팅 믹스를 통해 창출되는 카테고리의 키워드와 제품 브랜드의 등식이 성립한다면 51% 성공하는 브랜드가 된다는 이야기다.

제품 전략에서 제품의 의미와 종류를 설명할 수 있어야 하고, 제품 수명 주기(PLC)에 따른 마케팅 전략과 실행, 나아가 신제품 개발 전략을 수립할 수 있어야 한다. 브랜드 자산 관리의 중요함은 제품 전략에서 핵심 요소다.

▍제품의 구성 요소 바로 알기

✅ 핵심 제품

제품이 주는 혜택 그 자체이며 핵심 편익이다. 제품의 가치는 상대적인 혜택으로 인한 즐거움에서 상대적인 비용 지급의 고통을 나눈 값이 가치라고 할 수 있다. 모든 제품은 절대적 가치 기준보다는 이처럼 상대적 가치 기준으로 평가되기에 핵심 제품이 중요하다.

✅ 유형 제품

포장, 상표, 품질, 스타일 등 핵심 편익을 구체화하고 시각화하여 물리적 요소들이 집합된 콘셉트를 고객의 시각으로 보는, 제품의 차별성을 도출하는 능력이 MD(상품 기획자)의 필수 능력이다.

✅ 확장 제품
A/S, 운반, 설치 등 부가적인 서비스가 포함된 제품을 말한다.

브랜드는 이 핵심 제품의 가치와 유형 제품의 시각화된 차별성, 유형 제품의 서비스까지 더해져 총체적으로 고객 만족이라는 감성과 감정의 영역으로 인식되고 각인되는 행동 경제학 관점에서의 전체다. 어느 한 부분이라도 표준 이하의 평판을 얻게 된다면 고객들의 입소문은 걷잡을 수 없게 부정적으로 확산이 된다.

마케팅 목표 설정에 따른 목표 달성을 하기 위해 경영 안에서 효율적인 자원 활용이 필수다. 효과적인 목표 달성을 하기 위해 마케팅 활동을 하게 되며, 마케팅 믹스를 더욱 효과적으로 구성함으로써 고객의 니즈, 원츠, 디멘드(수요)를 총체적으로 충족시켜 판매량, 매출, 이익, 이미지, 사회적 평판 등의 'ROI(return on investment, 사용자본 이익률)'에서 경쟁 우위를 갖춰가는 것이 마케팅 믹스에 따른 포지셔닝의 결정이다.

마케팅 믹스는 마케팅 전략의 시작점과 지향점 사이에서 기업의 내부 역량이나 제품에 따라 달라지며, 외부 환경 변화에 대응하며 경우의 수에 따라 수정·보완해간다.

■ 마케팅 프로그램 전개를 통한 차별적 포지션 선정

마케팅 프로그램 설계와 진행을 통해 마케팅 프로그램의 명료성, 관련성, 독특성, 일관성을 창출할 수 있다면 포지셔닝의 인지도는 증대되고, 브랜드로 대변되는 시점에서 입소문과 확산 속도는 점점 빨라지게 된다.

고객의 사고방식에 영향을 주기 위해 차별화된 마케팅 프로그램을 창안하고 마케팅 경로의 최적화를 추구하는 것 역시 포지셔닝을 구축해가는 데 중요한 변수다.

▎고객의 마음속에 창조된 가치가 시장 성과에 미치는 요인들

고객의 승수는 경쟁적 우위성에 의해 올라가고, 중간 유통 밴더사인 메이저 소매기업의 적극성에 따라 강화되며, 고객의 규모나 고객 DB의 우수성에 의해 고객의 구매 전환율은 높아지고 판매량이 늘어나면서 입소문이 증가한다.

▎제품 믹스 운영 정책이 곧 포지셔닝 전략

기업들이 제공하는 모든 카테고리의 개별 제품들의 총체적인 제품 믹스 정책은 기업이 제공하는 제품의 구성이나 배합을 어떻게 할 것인가를 결정하는 정책으로 제품 믹스 확대는 카테고리의 결정과 제품의 계열, 품목 수를 늘린다는 것을 의미한다.

고객 관점에서 LG생활건강의 제품 믹스 넓이(폭)는 샴푸, 세제, 화장품, 헤어테라피 제품들이 있고, 제품 믹스의 길이는 각 제품 라인 안에 있는 브랜드 수, 제품 수 예를 들어 엘라스틴, 리엔, 오가니스트 샴푸와 샴푸 후에 바르는 실크테라피까지이며, 제품 믹스 깊이는 어떤 제품 브랜드 안에 구성된 품목 수로 엘라스틴 레드, 엘라스틴 퍼퓸, 엘라스틴 그린 등이다.

MD(상품 기획자, 머천다이저)들은 브랜드 인지도가 미형성 되어있는 위 제품 같은 경우들일지라도 제품 믹스를 통한 운영 정책을 설계하고 설정할 수 있어야 하며, 온·오프라인 유통에 상관없이 경쟁사 대비 진열의 위치 선정과 디스플레이, POP, O2O 운영 정책까지 입안하고 전개해가는 실무 감각이 형성되어 있어야 한다.

이를 바탕으로 마케팅 전략에 입각한 포지셔닝을 고객들의 지각에 따라서 제대로 위치시킬 수 있고 연상시킬 수 있으며, 입소문을 창출할 수 있다.

포지셔닝 전략은 트렌드 워칭을 통한 트렌드 속 뉴 트렌드를 창출하고, 주 타깃에 걸맞은 4P 믹스를 통해 고객들의 마음속에 각인되는 포지셔닝을 창출할 수 있을 때 마켓 안에서 경쟁 우위를 유지할 수 있다.

포지셔닝만 제대로 구축되어 있어도 브랜드 자산 가치나 브랜드 평판은 상당히 우수해진다.

> 마케팅 믹스의 목적은 타깃 마켓에 맞추어 포지셔닝하고 그 수단에 맞추어 수익 구조를 개선하고 히트 브랜드로 자리매김하는 것이다. 이에 4P가 존재하며 고객 심리를 적용한 포지셔닝을 토대로 제품, 가격, 채널, 프로모션을 만들어 나가야 한다. MD들은 마케팅 믹스와 포지셔닝을 통해 경쟁사 대비 디스플레이, POP, O2O 운영 정책까지 입안 전개하는 실무 감각을 형성해야 한다.
>
> #마케팅믹스 #포지셔닝 #제품믹스 #히트브랜드
> #MD들의실무감각형성

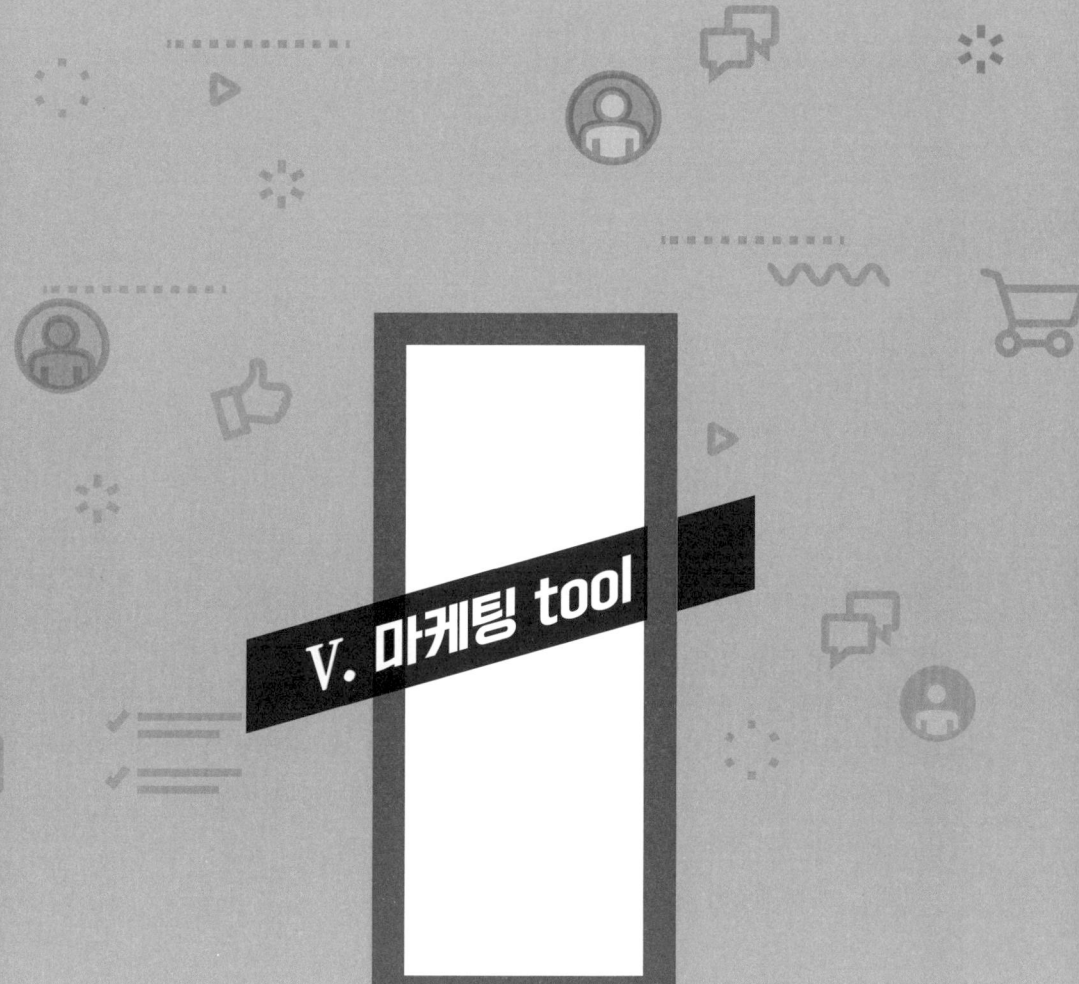

V. 마케팅 tool

'지식기반형'이란 '지식과 정보가 기초나 바탕이 되는 것'을 말한다. 마켓 비즈니스는 이러한 '기술과 정보를 포함한 지적 능력과 아이디어를 활용하여 상품과 서비스의 부가 가치를 크게 높이거나 고부가 가치의 지식 서비스를 제공하는 산업'을 말하며, '지식 기반 경제'는 '지식과 정보를 생산하고 배포하고 이용하는 지식 창출 산업에 기반을 둔 경제, 또는 그러한 경제 구조'를 말한다. 지식이 부와 물리력 증진에 도움을 주고, 능률을 증진시키며 가장 민주적인 권력의 원천이고, 지식 장악은 인류 권력 투쟁의 핵심 문제다."

Alvin Toffler

1. A 마케팅 기법

[41] 인스타그램 마케팅,
전 직원이 한 장의 사진 콘셉트로 세상과 소통하라

Q41 기업들이 인스타그램으로 마케팅을 많이 하는데요. 고객과 효율적으로 소통하는 방법이 따로 있을까요?

자영업을 하거나 미용실, 뷰티샵, 외식업, 공간 마케팅을 하는 기업들에서 SNS 마케팅은 필수가 되어가고 있다. 유통 기업들도 PB 상품을 20% 이상 유통 브랜드로 만들어 이익률을 높이거나 자체 경쟁력을 높이며 내셔널 브랜드(NB)들과 당당히 경쟁하고 있다.

한국에서 인스타그램 마케팅의 화두는 아무래도 '허니버터칩'의 열풍에서 찾을 수 있다. 연예인들이 인스타그램에 허니버터칩을 찍어 올리고 클릭해서 들어가면 '어렵게 구했어요!' 하며 해시태그를 다는 열풍이 불어 인스타그램 마케팅의 패러다임 시프트를 열었다.

▎현존하는 SNS 마케팅 툴의 주요 특징

- ✅ 인스타그램: 내가 이렇게 잘 먹고 있다.
- ✅ 페이스북: 내가 이렇게 잘살고 있다.
- ✅ 블로그: 내가 이렇게 전문가다.
- ✅ 카카오스토리: 내 아이가 이렇게 잘 크고 있다.

KBS 방송에서 SNS 특징을 다룰 때 모바일을 주로 쓰는 모티즌들의 주요 특징을 한 문장으로 정리해서 방송한 적이 있다.

▍한국에서 600만 명 이상이 애용하는 인스타그램 활용법

✔ 계정이름(Account name)

쉽게 기억할 수 있는 이름, 기업의 입장에서는 제품 브랜드명이 연상할 수 있는 이름이 좋다. 아니면 직접적인 제품명, 브랜드명, 기업명, 자신의 이름을 올리는 것도 좋다.

✔ 프로필 사진(Profile poto)

상징적인 콘셉트의 사진이 좋다. 브랜드의 방향으로 할지, 로고를 넣을지, 대표 광고 모델의 이미지를 넣을지, 인물 중심인지 제품 브랜드 중심인지를 명확히 해야 한다.

✔ 이미지 툴(image tools)

인스타그램은 기본적으로 필터가 제공된다. 하이퍼랩스, 부메랑, 레이아웃과 같은 편집하기 좋게 하는 창의적인 툴이 제공된다. 이미지 편집을 통해 비주얼하고 퀄리티가 높은 사진을 포스팅하는 습관은 인스타그램 마케팅의 필수다.

✔ 텍스트 및 해시태그

고객의 화법으로 할지, 정자체 형식으로 할지, 추천자의 관점의 언어로 할지, 주 고객층의 성향에 맞는 언어를 쓸지, 20대 여성, 30대 주부 등 고객층에 걸맞은 키워드를 선별해서 해시태그를 달지, 키워드 텍스트의 운영 전략이 중요하다.

✔ 태깅(tagging)

사진과 조합된 이미지, 카드 뉴스형 이미지 및 동영상을 올릴 때 지역을 항상 태그한다. 스토리텔링 마케팅의 육하원칙에서 지역을 태그해주는 것은 스토리텔링의 시작이다. 무엇보다도 인물 사진을 올릴 때 태그를 하면 다른 사람들이 발견하는 데 도움이 된다.

✔ 댓글과 좋아요

적극적인 댓글 달기와 '좋아요' 클릭은 인스타그램 마케팅을 하는 데 가장 기본이다. 댓글은 품앗이와도 같다. 해시태그나 지역 태그를 통해서 자신이 속한 기업의 브랜드가 언급되었을 경우 '좋아요'를 눌러주고 이벤트를 열어 다시 찾아오는 내방 고객들에게 서비스를 주고 인증샷을 찍어 재노출하게 하는 인스타그램 운영 정책이 중요하다.

✔ **검색(Search)**

기업과 경쟁사와 관련된 사람, 지역, 게시물을 찾아보며 인스타그램의 트렌드를 워칭하고 동종 산업을 선도하는 해시태그와 멋진 인스타그램 계정들을 워칭하며 벤치마킹해간다.

인스타그램의 불편한 점

모바일 중심의 그리드를 가지고 있기 때문에 다음과 같은 불편함이 있다.

첫째, 메뉴가 없고 내림차순으로 되어 있어 해시태그를 달지 않은 상태의 게시물들을 보려면 한참 스크롤을 내려야 한다.
둘째, 인스타그램의 내용을 적을 때 게시물에 URL을 넣을 수 없다.
셋째, 타인의 게시물을 내 인스타그램으로 공유하거나 퍼오는 버튼이 없다.

페이스북에서 인수해서 그런지 페이스북의 자유성보다는 절제되고 폐쇄적인 느낌이 들기는 하지만 2030 세대의 여성을 중심으로 인스타그램의 한국 내 이용자는 600만 명을 넘어서고 있다.

지역 중심의 오프라인 사업을 하는 자영업자들에게 주는 팁

기업의 '대표 스마트폰'을 하나 더 장만하여 단골로 오는 고객들이나 처음 오는 고객들에게도 이벤트를 해서 스마트폰 번호를 받아 모두 저장을 하고 운영한다면 구매 고객 중심의 인스타그램 마케팅 차원에서 이벤트 진행과 적극적인 마케팅을 진행할 수가 있다.

지역의 독립병원, 다이어트 산업, 음식점, 맛집, 미용실, 뷰티샵, 여행사, 체험장, 화장품샵, 강사, 학원, 컨설턴트, 퍼스널 브랜드, 창직가, 기타 이미지 커뮤니케이션 마케팅이 가능한 모든 영역이 가능하다.

■ 해시태그는 네이버의 광고 키워드 분석법 응용 적용 필수

인스타그램에서 브랜드의 콘셉트와 부합하는 대표 사진만큼이나 중요한 것이 해시태그다. 해시태그의 속성은 네이버 검색 키워드의 인기도와 같은 방향으로 확산하는 성향이 있어 네이버의 광고 키워드 분석법을 응용하여 적용하면 좋다. 물론 해시태그 인기도를 알려주는 '건돌이 닷컴' 같은 해시태그 분석 사이트를 참조하는 것 역시 좋다.

■ 인스타그램의 60초 동영상 광고 활용하기

동영상은 15초, 60초, 72초 등 타임 마케팅으로 SNS 채널별 권한을 제안하여 사용자들에게 참여를 유도하고 있다.

60초의 시간 권한을 주고 있는 인스타그램에서 역시 60초를 꽉 채우는 촬영 스킬이나 편집 스킬이 필요하다. 개인 차원이 아니고 기업의 관점에서 60초 동영상 운영 정책은 여러 가지 테마로 만들어 가는 것이 필요하다.

직접 촬영, 스토리가 있는 촬영, 공모전 촬영, 서포터즈 운영단 촬영, 콘셉트 기획된 촬영, 카드형 뉴스 촬영, 스타들과 함께한 촬영, 기타 창의적인 촬영 등 다양하게 동영상을 촬영해 인스타그램 마케팅을 할 수 있다. 하지만 무엇보다도 중요한 것은 주 고객의 타깃화와 라이프 스타일과 성향, 재미적 요소가 반영된 동영상으로 명확한 목표를 정하고 세분화된 고객군집의 콘셉트를 만들어 일관된 패턴의 지향점으로 꾸준하게 동영상을 올려 가는 것이 가장 중요하다.

▌기업 브랜드 차원에서 전 직원이 인스타그램 마케팅에 참여하여 시너지 극대화

　필자가 마케팅 직업군이나 MD 직업군들을 15년 이상 양성하면서 블로그 운영법을 가르쳐주고 필수적으로 운영하는 습관을 들게 해도 취업이 되는 순간 운영하지 않는다.

　직장을 다니면서 개인의 사생활 보호 차원의 관점을 뛰어넘어 자신이 속한 기업, 제품, 브랜드, 서비스, 이벤트 이미지를 올리는 기업 문화를 선언하고, CEO부터 전 직원이 실천해 간다면 브랜드 파워와 그 시너지 효과는 대단해진다.

　이마트 정용진 부회장의 SNS 소통은 정평이 나있다. 기업의 CEO로서가 아니라 자신이 그 상품 기획자(MD) 관점이나 고객 관점 차원에서 이미지를 올리고 소통하며 '좋아요'도 눌러주고 댓글을 직접 달아주는 것은 이마트 브랜드에 긍정적인 효과를 지속해서 창출하고 있다.

　사내 고객인 직원들이 고객 관점이 되어 구매 고객들과 잠재 고객들과 직접 이미지 커뮤니케이션을 하며 SNS 커뮤니티를 넓혀간다면 이것만큼 막강한 마케팅 툴은 없을 것이다.

　막내 마케터 1인이 하루에 100개 이상의 '좋아요'를 누르고 100개 이상의 댓글을 달고 형식적으로 기업의 대표 인스타그램을 운영하는 것도 좋지만, CEO부터 막내 직원들까지 애사심과 자신들이 만들고 서비스하는 브랜드들을 구매 고객 관점에서 찍고, 편집하고, 인스타그램의 게시물로 올리는 좋은 습관을 들인다면 파워블로거, 파워 인스타그램, 파워 페이스북의 인플루언서나 크리에이터들에게 1건당 20~30만 원의 돈을 주지 않고도 충분히 인스타그램의 효과를 창출할 수 있다.

현재 인스타그램은 소셜 네트워크 중에서도 이미지로 소통하는 소셜 네트워크로 각광받고 있다. 이에 따라 마케터들은 인스타그램 운영을 효과적으로 진행하여야 하며, 프로필 사진, 이미지 툴, 해시태그, 댓글, 좋아요, 검색 등을 고려하여 인스타그램으로 홍보를 극대화 시키는 임무를 가지고 있어야 한다.

#인스타그램 #인스타활용법 #마케터의인스타그램
#시너지극대화 #광고활용

2. A 마케팅 기법

[42] 소셜타이징, '펀슈머(Funsumer)'들과 협력하라!

Q42 고객들이 제품을 구매만 하는 것이 아니라 소통하는 방법이 궁금합니다.

　　　　　　기업 브랜드나 제품 브랜드를 "어떻게 하면 고객들이 자발적으로 참여하고, SNS 플랫폼에 스스로 알리게 할 수 있을까요?"라는 질문이 상당히 많은 편이다.

　페이스북, 유튜브 같은 동영상을 자유롭게 홍보할 수 있는 플랫폼의 현실화로 점점 '텍스트+사진'의 홍보 방식에서 동영상 속 스토리에 기업의 이미지나 브랜드를 삽입하여 적극적이면서 자연스러운 동영상 마케팅이 새로운 트렌드로 자리 잡은 지 오래다.

　'소셜타이징'이란 사회적 관계를 의미하는 'Social Network'와 광고를 의미하는 'Advertising'의 합성어로, 소비자가 어떤 상품에 대한 광고를 제

작·유통하는 새로운 형태의 광고를 말한다.

일반적인 기업 중심의 기획이 아니라 고객의 관점에서 고객이 직접 상품 홍보 광고를 고객 중심에서 공감되고 교감이 일어나며 동감하는, 소비자가 직접 만든 새로운 광고 형태를 소셜 타이징이라고 한다.

소셜타이징 마케팅은 기업들이 유튜브 동영상 공모전 형태로 진행하는 것이 일반적이다.

전국 대학생 90만 명 이상이 함께 만들어가는 '아이캠펌'이라는 앱 브랜드를 보면 소셜타이징의 예를 볼 수 있다. 공모전 형태 속에 소셜타이징이라는 키워드가 직접 나오지는 않지만, 기업들이 최근 들어 가장 선호하는 마케팅 기법으로 자리매김하고 있다.

기업들이 미션으로 주는 유튜브 동영상 참여 공모전 형태로 진행해본 경험들이 실력이 되어 소셜타이징이라는 새로운 형태의 이슈 메이커로, 젊은 고객들이 자발적으로 참여하고 자발적으로 이슈화시켜가며 고객의 고객에 의한 고객을 위한 동영상 프레임들이 창출되고 있는 시점이다.

▌평창 동계 올림픽 '영미영미 동영상'이 대표적인 예

동계 올림픽을 보던 국민들이 '영미영미!' 하며 로봇 청소기와 밀대로 여자 컬링 국가 대표 선수들의 모습을 재현한 것도 소셜타이징의 한 예로 볼 수 있다.

국민들도 로봇 청소기를 알고 있었지만, 컬링의 장면으로 FUN을 더해 재미있는 영상이 나올 줄은 몰랐던 예다.

사실 동영상을 촬영하고 편집하는 기능적 재능이 생산자나 기업이 광고 만들기 관점에서만 사용되는 것이 아니라 이처럼 국민이나 고객의 관점에서 역으로 이용해 만들어서 유튜브, 페이스북, 블로그에 올리는 사례의 빈도수가 점점 늘고 있는 시점에서 소셜타이징 마케팅 기법은 현재 가장 강력한 마케팅 툴로 자리매김하고 있다.

■ '빅맥송 부르고 TV 출현하자!'라는 캠페인에 열광한
　'펀 슈머(Fun sumer)'들

　맥도널드 매장에서 창작 아카펠라 송부터 단체 연주까지, 나아가 노래 형식을 빌려 빅맥송을 만들어 주문하는 형식을 시민들이 자발적으로 연출하고 촬영하고 유튜브에 올리기까지 원스톱으로 하는 자연스러운 소셜 네트워킹 효과가 시너지로 창출되었다.

　리얼한 장면들이 TV 프로그램의 관점과는 차이가 있지만, 그것만의 재미가 있어서 한 번 보기 시작하면 시리즈를 보는 것처럼 계속 보게 되는 중독 효과까지 있다.

　압권은 경찰 아저씨 3명이 연출한 빅맥송 부르는 것이었다.

　유튜브 '빅맥송(big mac Song)'은 구독자만 1만 명이 넘어가고 있고 그 열기가 식을 줄 모르고 있기도 하다. 페이스북, 트위터, 미투데이 등의 소셜 네트워크 서비스로 공유를 통해 손쉽게 접할 수 있고, 자연스럽게 고객들이 직접 참여하는 열풍을 볼 수가 있다.

■ 소셜타이징 열풍 언제 처음 시작되었나?

　2012년 칸 국제 광고제 수상작인 싱가포르 코카콜라 광고가 처음 소셜타이징을 활용한 예다. 싱가포르 코카콜라는 "hug me"라고 적힌 자판기를 한 대학에 설치했고, 이곳의 자판기를 안으면 콜라가 나오는데, 이 자판기가 학생들의 호응을 얻어 자발적으로 광고 제작돼 소셜 네트워크 플랫폼을 통해 널리 퍼져 이슈가 되었다.

　상품 기획자(MD)가 고객 관점으로 돌아가 상품을 보면 더 탁월한 광고 나온다는 현상을 발견한 처음 사례라고 할 수 있다.

■ 소셜타이징, 마케터가 의도적인 콘셉트로
　제작한 동영상 광고들보다 지속성 길어 효과적

기업이 동영상 촬영 스텝들과 리포터 그리고 전문가를 두고 콘셉트를 정하고 찍는 동영상 광고보다 덜 전문적이고, 어색할 수 있지만, 자연스럽게 무의식적으로 노출된 재미난 동영상에 요즘 10대~30대는 열광하고 있다.

▌소셜타이징 마케팅의 강점과 단점

소셜타이징의 강점으로는 단기간에 최대 효과를 낼 수 있고, 비용이 절약되며, 인지도가 지속해서 상승할 수 있다는 점과 고객들의 친근감, SNS 플랫폼과의 연동 포스팅 서비스로 그 파급효과가 크다는 것이 가장 큰 강점이다.

단점으로는 소비자 니즈, 원츠, 디맨드의 불충족으로 인한 기업 브랜드나 제품 브랜드의 인지 부조화가 창출 될 수 있다는 점이다.

▌소셜타이징 마케팅 전략

✅ 사전 준비: 소셜타이징 콘셉트 설정, 전략 설정, 액션 플랜, 동영상 공모전 선 진행, 소셜타이징 빅 이슈 이벤트 설정
✅ 실행: SNS 플랫폼에 소셜타이징 참여 방법 동영상 홍보, 언론 홍보 및 SNS 마케팅
✅ 사후 마케팅: 소셜타이징 어워드 진행, 우수 사례 칼럼화, 우수 사례 발표 언론 홍보화, 우수 고객 제작자를 직원으로 채용하는 등으로 이어진다면 국내의 새로운 고객 중심의 마케팅 우수 사례로 선례들을 남겨 갈 수 있을 것이다.

그 어느 때보다도 크리에이티브가 중요한 시대다. 고객이 참여하는 공모전 형태를 취한 소셜타이징이라는 새로운 마케팅 툴은 분명 10대~30대를 참여시킴으로 하여 기업의 관점이나, 마케터, 광고 기획자, PD, 바이어, MD 관점 이상의 FUN 하고 크리에팅한 장면들이 많이 창출될 것이고, 광고인 듯 아닌 듯한 퍼포먼스 현장이나 기업 브랜드, 제품 브랜드 홍보 마케

팅 툴로 각광받을 것이다. 참여하는 고객의 메리트가 되는 부분을 충분히 고려하여 보상도 주어져야 참여율이 높을 것이다. 특히 매장이 있는 기업들이 유리한 것이 소셜타이징이다.

소셜타이징 극대화 시키려면 '핵(NUK)의 촉매제'가 있어야 할 터

크게 세 가지 중 한 가지는 필요할 것으로 보인다. ①FUN(재미)의 요소가 있거나, ②스타성이 있거나, ③요즘 핫한 1인 방송 스타들이 함께 참여해주는 소셜타이징이라면 그 파급효과는 상상 이상으로 커질 것이다. 설명이나 해설 중심의 동영상 홍보는 더는 무의미하다고 할 수 있다.

마케팅 분야에 종사하는 자라면 CEO부터 막내 직원까지 마케팅의 영감을 빠르게 적용해가며 테스트하는 것이 좋다. 고객은 기획자보다 항상 빠르다.

아프리카 초원에서 사자에게 잡혀먹히지 않으려고 더 빨리 달리는 가젤처럼, 마켓에 잡혀먹히지 않으려면 마케터는 마켓보다 빠르게 마켓 드라이빙을 하여 시장 중심에서 새로운 브랜드 트렌드를 리드하며 앞서 가야 하는 시대다.

재미있다면 퍼질 것이고, 재미가 없다면 퍼지지 않는 것이 '소셜타이징(소셜 네트워크 광고)'이다. 처음도, 중간도, 끝도 재미에서 재미로 끝나야 한다.

엔터테이먼트적 요소도 중요하지만, 고객이 자연스러운 미소를 지을 수 있는 '영미영미'의 사례나 '빅맥송'의 사례처럼 FUN의 요소가 동영상 스토리에 녹아있어야 한다는 것을 명심하자.

'Social Network'와 광고를 의미하는 'Advertising'의 합성어인 소셜타이징은 고객 주도의 문화 마케팅이다. 장점은 단기간 최대 효과, 비용이 절약, 인지도가 지속해서 상승, 고객들의 친근감과 SNS 플랫폼과의 연동 포스팅 서비스로 그 파급효과가 크다는 것. 단점으로는 소비자 니즈, 원츠, 디맨드의 불충족으로 인한 기업 브랜드나 제품 브랜드의 인지의 부조화가 창출될 수 있다는 점이다.

#소셜타이징 #소셜 네트워크마케팅 #SNS마케팅
#고객주도마케팅 #문화마케팅

3. A 마케팅 기법

[43] 인플루언서 마케팅, 유망 직업군이 된 크리에이터들이 중심에 있다.

Q43 소셜 네트워크 중에서도 'Youtube'가 폭발적인 인기입니다. 이를 이용한 마케팅이 있는지 궁금합니다.

인플루언서(Influencer)는 대세가 아니라 필수인 시대가 도래했다. 유튜브, 페이스북, 인스타그램 등의 모바일 플랫폼을 기반으로 활동하며 대중적인 인기를 얻는 유명인들을 '인플루언서'라고 칭한다.

상식과 입소문을 초월한다. 상상 이상의 인플루언서가 등장하기 시작했다. 입소문을 넘어 집단 트렌디족의 의사 결정에 영향력이 강력하다.

많은 사람이 인플루언서로 활동하기 시작했고 그들은 트렌드 세터, 얼리 어댑터보다 더욱더 강력하다.

■ 유망직업이 되어버린 인플루언서인 크리에이터. 그들은 모든 것을 나눈다

자신이 알고 있는 지식, 상품, 서비스, 여행 정보, 조언, 고급 정보, 노하우, 일상까지도 모든 것을 함께 나누기를 원한다는 것이 가장 큰 특징이다. 그들이 알고 싶어하는 주제들의 콘셉트는 단순하며, 일상적이며, 전문적이다.

고객의 관점에서 고객들에게 어필하다 보니 거부감이 없다. 그들의 전달은 판매자가 대놓고 광고하는 것보다 고객의 거부감이 덜하기 때문에 판매에도 훨씬 효과적이다.

기존 방송들과 홈쇼핑, 인터넷 VOD 쇼핑들의 프레임들은 미리 짜놓은 각본대로 흘러가기 때문에 고객들의 기억에서 부정적인 생각을 들게 하지만 인플루언서들의 노출은 그 진행의 방식의 흐름을 예측할 수 없고 재미를 기본으로 더하며, 고객 입장에서 부담스럽지 않는 강점으로 인해 무의식 속을 파고드는 상품, 브랜드, 서비스 소개 등의 노출까지도 자연스럽고 편하게 전달되고 어필된다. 무엇보다도 필요할 때 다시보기 기능이나 링크 공유들이 실시간으로 제약 없이 퍼져가기 때문에 그 효과가 상당히 크다.

▌유망직업이 되어버린 인플루언서, 연봉 10억이 넘는 사람들도 나와 화제

아프리카 TV 상위 인플루언서들인 BJ들은 먹방 코드, 섹시 코드, 기타 다양한 주제로 라이브 방송을 한다. 상위 인플루언서의 연봉인 별 풍선 수익은 3억에서 10억 가까이 까지 나오고 있는 것이 현실이다.

100만에 넘는 팔로워를 거느린 거대한 인플루언서 동영상들은 그 자체가 광고 채널이다. 방송 중간중간에 삽입하는 브랜디드 PPL은 2천만 원에서 5천만 원까지 시장가가 형성되어있다.

아직은 메이저 기업들이 광고주들이기는 하지만 신제품, 신 비즈니스 오픈 등의 전사적 디지털 마케팅을 활용하는 차원에서 파워 인플루언서들은 파워블로거들이 가지지 못하는 새로운 강력한 영향력 자가 되어 유망 직업군으로 급부상 중이다.

▌VOD 쇼핑 커머스, 플랫폼에 가두지 말고 소셜미디어와 '크리에이션'을 연동하라

자체 동영상 서버를 운영하면 트레픽 비용도 많이 든다. 상품들을 고객의 관점에서 브랜드를 만들고 퍼포먼스하기 위해서는 두 가지가 있다.

1. SNS 채널 해시태그로 브랜드 키워드를 일관성 있게 입력하고 동영상 노출을 극대화하라.

2. 홈페이지는 브랜드의 일관성을 유지하기 위해 링크만 걸어라.

모든 것이 다 맞는 것은 아니지만, 라이프 스타일의 트렌드 브랜드들은 모두 해당이 된다. 패션, 뷰티, 이미용, 인테리어, 여행 서비스, 음식, 식품, 리테일 등 안되는 것 빼고 모두가 크리에이터 마켓인 인플루언서로 패러다임 시프트하고 있다.

▌트래픽 경제의 전환 구조를 알면 인플루언서 마케팅 이해 쉬워

모바일의 '트래픽 경제'에서는 강도가 아니라 빈도가 해답이다. 물론 정답은 없다. 하지만 디지털 마케팅의 진화는 고객 중심의 관점에서 유튜브, 페이스북, 인스타그램 등에서 크리에이터들의 방송은 콘텐츠 마케팅의 '핵(NUK)'이 되었고, 연예인들은 주업으로 활동하기 시작했다.

아이디어, 콘셉트화 그리고 트렌드 창출까지 마음먹고 크리에이션(창조)하여 실천하면 된다. 마케팅 전문가인 페리 마셜의 '트래픽-경제성-전환 삼각형'과 콘텐츠의 상관관계를 보면 좀 더 이해하기가 쉽다.

- ✅ 콘텐츠: 인위적이지 않고 유익하며, 재미있는 콘텐츠를 크리에이션한다.
- ✅ 트래픽: 트래픽을 증가시켜 판매량을 늘린다.
- ✅ 경제성: 판매 단위당 이익을 증가시켜라.
- ✅ 전환: 사용자 전환율을 증가시켜 판매량을 늘려라.

위 네 가지 요소 중 어떤 것이라도 증가시킴으로써 우리는 사업에서 창출되는 수익의 양을 증대시킬 수 있다.

젊은 여성들로 이미 트렌드가 되어버린 크리에이터, VJ, 중국의 왕홍까지 스마트폰만 있다면 세상 땅끝까지 방송할 수 있는 시대에 이제 크리에이터들은 창업가가 되었다.

▎은행가에서 기업인들로
다시 개인 크리에이터로 부의 이동 시작

크리에이터를 중심으로 디자이너, PD, 콘텐츠 전략가 등 창업으로 전환되고 있다. 아프리카 TV의 BJ인 '윽박이'는 시골 농촌집 앞마당에서 1인 3역을 해가며 상상을 초월하는 방송하고 있는 것으로 유명하다.

제주 항공 역시 유명인 색다른 여행 방식 소개 'JJ노마드' 마케팅을 펼쳐 항공사의 차별화를 꾀하고 있다. 한국 기업 평판 연구소의 브랜드 평판 지수를 보면 이런 적극적인 인플루언서 마케팅을 적극적으로 펼쳐가고 있어서 그런지 규모 이상의 2위로 좋은 평판을 얻고 있다.

▎인플루언서 마케팅 앱, '라이크투노우잇'의 성공 비결
벤치마킹 필요

앱과 판매자, 고객 사이 '윈-윈-윈'하는 비즈니스 모델이다. 미디어킥스의 자료를 보면 인스타그램을 이용한 인플루언서 마케팅의 미국 시장 규모는 2조 원에 달하는 것으로 예상했다.

크리에이터는 직업이기보다 창업가에 가깝다. 창업가들의 부 창출의 원리를 보면 다음과 같다.

- ✅ 부=순이익+자산 가치,
- ✅ 순이익=상품 판매량 판매 단위당 이익,
- ✅ 자산 가치=순이익 산업 승수(인플루언서 업종의 가치)
- ✅ 부=상품 판매량 단위 이익(1+산업 승수)

영향력은 크리에이터들의 퍼스널 브랜딩으로 이어지고 그 가치는 생각의 속도보다 빠르다.

라이크투노우잇 앱의 인공지능이 '스크린 샷'을 분석해 '쇼핑 준비가 됐다.'는 메시지를 띄운다. 이 메시지 버튼을 누르면 인플루언서가 착용한 상품목록이 나오고 원하는 상품을 클릭하면 쇼핑몰로 자동으로 연결하는 방식이다.

이 비즈니스 모델을 엿보면 인플루언서인 팔로워들이 제품을 구매하면 해당 브랜드의 광고주로부터 판매 금액의 10%를 수수료로 받는다. 이런 방식으로 매일 5만 개 이상의 상품이 홍보되고 있으며, 매월 2만 달러 이상의 수수료를 챙기는 인플루언서들이 많이 생겼다.

라이크투노우잇은 출시한 지 9개월 만에 가입자 100만 명을 돌파했고 무려 3억 달러(약 3,230억 원)라는 매출을 달성했다. 현재 13,000명의 인플루언서들이 이 앱에 등록돼 있고 50만 개 브랜드와 4,000개 이상의 유통업체들이 참여하고 있다.

인플루언서 비즈니스들은 크리에이터, VJ, 1인 방송 등의 영역도 있고, 소셜 미디어 채널로 광고 수수료를 챙기는 시장도 있고, 상품 판매금의 수수료를 받는 방식도 생겨나며 다양한 방식으로 인플루언서 마케팅은 진화하는 중이다.

▍세계 키즈 1호 크리에이터 나하은(10살)
인플루언서 마케팅에 이정표를 세우다

세계최초의 사례인 듯싶다. '나하은'이라는 열살 어린이가 공식적으로 음반을 냈다. 키즈 인플루언서로 나하은 양의 최연소 K-pop 싱글앨범 'so special'이 지난 26일 발매되고 발매 순간 멜론, 벅스 등 국내 음원 차트에서 뜨거운 반응을 불러일으켰다.

특히 구독자 수 100만 명을 달성한 유튜브 채널 '어썸하은(AWESOME HA EUN)'을 통해 나하은 양의 싱글 앨범이 더 큰 빛을 내고 있다. 유튜브 인플루언서 나하은은 한국 키즈 산업의 주 고객들인 어린이와 주부들에게 파워 영향력을 주고 있다. 분석을 해보면 나하은 양은 이미 중국에서까지 팔로우를 거느리고 아시아까지 영향력이 확산되어 있는 크리에이터이다.

아역 모델을 하다가 성인 모델 또는 연기자, 댄서가 되는 것이 일반적인 프로세스였다면 키즈 크리에이터 나하은은 진행형 인플루언서다. 그 파급의 효과가 어디까지 영향을 미칠지 모를 일이다.

소속사 키즈플래닛의 프로페셔널이 더해져 상승 곡선을 이루고 있는 크리에이터이자 가수인 나하은이 무엇보다도 귀감이 되는 것은 성인 인플루언서도 단 한 번도 한 적 없는 기부도 하고 있다는 것이다. 이번 앨범은 나하은 어린이의 꿈과 함께하는 모든 팬의 성원에 보답하기 위한 앨범으로, 음원 판매금 전액을 '월드비전'에 기부한다고 한다. 10세의 어린이의 행보는 CSR 마케팅 사례로도 귀감이 된다.

> 자신이 알고 있는 지식, 상품, 서비스, 여행 정보, 조언, 고급 정보, 노하우, 일상까지 모든 것을 함께 나누는 인플루언서를 통한 마케팅이 급부상 중이다. 그 예로 나하은이라는 열 살 아이는 키즈 인플루언서로 뜨거운 반응을 보이고 있다. 고객과 같은 시점에서 홍보하는 인플루언서 마케팅을 선점하라.
>
> #인플루언서마케팅 #고객관점마케팅 #정보공유자
> #인플루언서 #키즈인플루언서 #나하은

4. B 마케팅 기법

[44] 스타 마케팅 상관관계, 연예인 퍼스널 브랜드 평판과 기업의 브랜드 평판에 미치는 상관관계

Q44 연예인을 광고 모델로 섭외하는 것이 브랜드 이미지와 인지도 상승에 얼마나 영향력이 있을까요?

마케팅 산업에 종사하는 사람들은 처음의 화두가 데이터에서 시작해 정보와 콘텐츠, 나아가 지식과 인사이트들을 이야기한다. 직관의 영역도 있지만, 이것은 금기시되는 영역이기에 대부분 사람들은 데이터에서 시작해서 빅데이터로 마무리 짓는다.

▎한국 사회에서 가장 영향력 있는 기사는 아직 연예인 평판 스토리다

네이버에서 검색하다 보면 '방송예능인 브랜드 평판, 보이그룹 브랜드 평판, 걸그룹 브랜드 평판, 남자 광고 모델 브랜드 평판, 여자 광고 모델 브랜드 평판' 등이 매주 새로운 콘텐츠로 비주얼한 연예인들의 사진과 함께 나오는 시대가 되었다.

네티즌들의 관심도가 검색과 트래픽도 있지만, 그것들을 초 세분화시켜 정량 평가 데이터를 분석으로 하는 연예인 브랜드 평판이 브랜드 마케팅 산업과 광고 산업, 마케팅 산업에 언젠가부터 공헌하고 있다. 기업들은 이 스토리를 놓치지 않고 자신들의 제품과 서비스에 스토리를 입히고 콘텐츠화시켜 디지털 마케팅의 전방위적이고 전사적인 실시간 키워드 콘텐츠 마케팅을 통해 지속적인 퍼포먼스(성과) 창출을 하고 있다.

■ 한국 광고 산업에 연예인 브랜드 평판 지수 영향력 커지고 있어

이는 연예인들의 퍼스널 브랜딩 지수로 이어지고 그들의 몸값을 결정하는 데 영향을 미치거나, 방송 프로그램에 새롭게 투입이 되는 데 방송 PD들의 의사 결정에도 영향을 미치고, 또한 대기업이 CF 모델을 선정할 때도 영향을 미치고 있는 시대다.

필자 또한 과학적인 빅데이터 분석에 의한 이런 지수들을 브랜드 마케팅 전략 컨설팅 보고서를 작성할 때 자주 반영한다.

■ 현존하는 '마케팅 툴'에 실시간으로 적용되어 확산하는 추세

한국 기업 평판 연구소의 빅데이터 분석에 의한 연예인들의 브랜드 평판 인기도는 바로 기업들의 스타 마케팅, 광고 모델 마케팅, 인증샷 마케팅, 사인 마케팅으로 그 파급 확산 속도는 뉴스 콘텐츠의 재생산과 더불어 실시간으로 확산하고 그 콘텐츠, 사진, 이미지, 카드 뉴스, Youtube 동영상 등의 디지털 마케팅을 1단계로 확산하는 시대가 되었다. 마케팅 툴의 종류는 무엇이며, 어떤 마케팅 툴이 좋은가?

어느 한 가지만을 할 수 없는 시대가 되었다. 고객들의 관심 동선은 오프라인과 온라인, 나아가 온 에어까지 한 가지의 기준에 움직이지 않기 때문이다.

산업군의 특징, 목표 고객군의 소비자 행동 방식, 날씨, 대외적인 이슈나 트렌드, 바이럴 마케팅으로 확산하는 디지털 입소문들의 고도화된 마케팅 전술의 초 세분화로 아래의 마케팅 툴의 Strength(장점), Weakness(단점), Opportunity(기회), Threat(위험), 예산과 진행 방식, 기대 효과들을 실무 지식 차원에서 전체를 체득하고 통합 마케팅 커뮤니케이션 (IMC) 전략을 선 입안하고 진행하는 것이 원칙이 되었다.

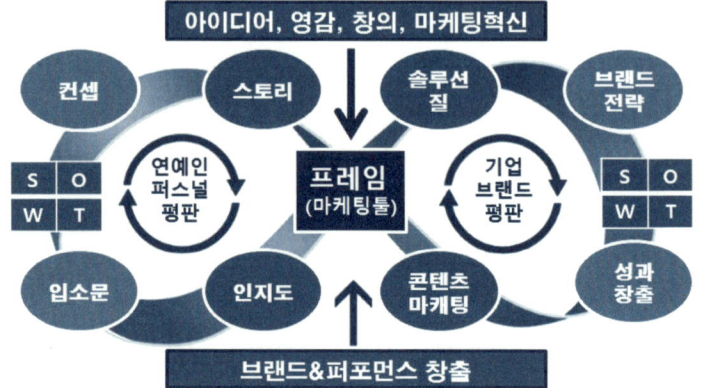

그림1의 상관관계 로드맵의 중심에 있는 프레임인 '마케팅 툴'을 보면 다음과 같다.

✅ 기업 소유의 미디어: 상품 서비스 상세 페이지, 소셜 상세 페이지, 점포 서비스 디자인, 상품 패키지, 자사 점포, POP, 종업원, 지역 매장 중심의 홈페이지, 본사 브랜드 홈페이지, 멤버십 회원, 기업 운영 커뮤니티, 기타
✅ 오프라인 마케팅 툴: TV 광고, 신문 광고, 잡지 광고, 라디오 광고, 옥외 광고, 교통수단 광고(버스, 택시, 지하철 광고), 기타
✅ 디지털 마케팅 툴: 전자 카탈로그, 모바일 카탈로그, 블로그, 페이스북, 인스타그램 등의 SNS, 밴드, 카카오톡, 이메일 광고, 게시판 광고, 유튜브, MCN 채널, 인터넷 TV, 팟캐스트, 카드 뉴스, 배너 광고, 1인 방송, 왕홍 중개 마케팅, 모바일 동영상 PPL, 기타
✅ 면대면 광고 툴: 명함, 브로셔, 카탈로그, 사보, 사외보, 무크지(책+잡지 형태의 기업 콘텐츠 북), 기타

실무 중심의 브랜드 마케팅 컨설팅을 15년 이상 해오며 가장 필요하다

고 느끼는 것은 자신의 기업이 만들어 팔고자 하는 신제품들의 강점들이 과연 고객들로 하여금 필요로 하는 차원을 넘어 입소문 내고, 마니아가 되고, 기업에 상품 기획자(MD)들에게 '아이디어를 자발적으로 줄 수 있는지?'에 대한 것부터 유추, 조사, 분석, 워칭을 하여 접근하는 것이 기본인 시대가 되었다.

▌상품 상세 페이지에 연예인 브랜드 평판의 상위 스타, 연예인, 광고 모델을 적용하는 시대

2017년 1월 이후를 분석해보면 브랜드 평판 1위를 했던 연예인들은 TV광고나 유튜브 광고에서 많이 볼 수 있게 되었다.

예를 들면 이상민, 전현무, 박나래, 양세형 등이 연예인 브랜드 평판의 상위에 오르면서 양세형의 무한도전 입성, 이상민의 섹션TV 연예통신 입성, 새로운 프로그램에 합류 등 참 많은 인기의 패러다임 시프트가 진행되고 있다. 영원할 줄 알았던 유재석의 인기도 1등과 2등을 번갈아가며 할 뿐 지속성은 떨어지고 있다.

결국, 고객들의 관심의 척도라고 믿는 디지털 마케팅의 측정 결과는 기업 브랜드 평판에까지 그 영향을 미치며 마치 뫼비우스의 띠처럼 상호 관계 속에서 영향을 미치고 있다.

▌신제품에 연예인 평판 지수가 높은 연예인이 광고 모델을 하는 이유

모든 마케팅 툴에 이미지가 등장하면서 연예인들은 공식적인 방송 활동 외에 개인적인 활동까지도 모든 마케팅 툴에 그 이미지가 사용되고 각종 콘텐츠로써 기하급수적으로 생성, 확산된다. 그러면서 연예인 평판 지수에서 상위인 광고 모델을 쓰는 기업들의 기업 브랜드 평판 베스트 10위 안에 진입하는 기이한 현장마저 생기고 있다.

▌마케팅의 중심이 기업도 시장도 아닌 고객 중심으로 바뀐 것을 빨리 인식해야

예전처럼 매출이 많다고, 직원 수가 많다고, 규모가 크다고 평판이 좋은 것이 아님을 반증하는 사례다.

필자가 발견한 것은 크게 두 가지다. 하나는 고객의, 고객에 의한, 고객을 위한 진정성 있는 브랜드 평판을 데이터적이고, 정량적이며, 과학적으로 관리하라는 것이며 그다음은 '통합 마케팅 커뮤니케이션(IMC)' 차원에서 각 마케팅 툴의 특장점을 종합적으로 이해, 체득하여 목표 매출에 필요한 마케팅 예산을 잡고 과학적인 피드백을 통한 체계적이며 정성적인 콘텐츠 마케팅을 전개해가라는 것이다.

한 가지 SNS 마케팅 기능을 배우는 것에서 탈피, '통합 마케팅 커뮤니케이션(IMC)' 차원에서 고객중심의 마켓의 트렌드를 창출하며, 데이터적이고 콘텐츠적인 신제품 브랜드 평판까지도 역산해서 체계적으로 관리하는 차원의 브랜드 마케팅 전략의 입안과 고객의, 고객에 의한, 고객을 위한 진정성 있는 '마케팅 혁신'을 CEO부터 막내 마케터들까지 전 직원들이 실천해가야 하는 시대가 되었다.

> 마케팅에 빠질 수 없는 것이 바로 연예인이다. 스타 마케팅을 통해 기업의 이미지를 재고할 수 있는데, 이를 다양한 광고 채널에 응용 및 적용하여야 한다. 전사적인 마케팅인 IMC 전략을 통해 연예인을 통해 브랜드 평판을 끌어올리고 기업 중심이 아닌 고객 중심의 IMC를 이루어야 성공적인 마케팅이 될 수 있다.
>
> #스타마케팅 #연예인퍼스널브랜드평판
> #기업브랜드평판 #한국기업평판연구소

5. B 마케팅 기법

[45] 커뮤니티 마케팅, 신제품 카페 중심의
커뮤니티 마케팅 효과성 커

Q45 이제 막 신제품이나 스타트 업의 경우에는 빠르고 효과적인 마케팅이 필수인데요. 그런 마케팅이 있을까요?

커뮤니티 마케팅은 신제품 또는 단품을 가지고 비즈니스를 시작하는 기업의 마케팅 담당자 입장에서 가장 효과적으로 시작할 수 있는 마케팅 툴이다.

네이버나 다음의 카페를 중심으로 마이크로 플랫폼화 시켜 비즈니스를 하는 커뮤니티 컴퍼니들이 많이 생겨나는 추세다.

▌카페 마케팅이 좋은 이유

온라인 모바일 대기업이 온 힘을 다해 만들어낸 플랫폼들은 안정성이 높고, 사용의 편리성이 높으며, 무엇보다도 타깃화된 카페들이 명확하므로 마케팅을 전개하는 마케터 입장에서는 카페의 콘셉트와 카페의 활성도가 우수하기 때문에 이를 적극적으로 활용하는 것이 좋다

카페의 회원 수나 트래픽, 네이버 한판에서의 노출빈도까지 자가 체크가 가능하기 때문에 푸시 마케팅을 전개하며 반응도를 보기가 한결 수월하다는 이점이 있다.

▌인기 있는 카페 마케팅 카테고리

- ✅ S세대인 아줌마들의 육아 중심의 카페
- ✅ 마니아 중심의 자동차, 드론, 여행, 취미 관련 카페

- ✅ 여성 중심의 화장품 이미용 중심의 카페
- ✅ 취업, 진로, 창업 관련 카페
- ✅ 지역 중심의 맛집 관련 카페
- ✅ 반려동물 중심의 애견, 고양이, 물고기, 곤충 관련 카페
- ✅ 운동 마니아 중심의 카페
- ✅ 중고 관련 카페

이처럼 고객들이 직접 거래하고 싶고, 공동 구매하고 싶고, 중고 거래하고 싶은 니즈에 부합하는 카페들이 적게는 1만 명에서 많게는 150만여 명까지 커뮤니티를 이어가며 활성화되어 있다.

기업 입장에서 카페 마케팅 활용법

1단계: 커뮤니티 마케팅 전략을 세운다. 자사의 카페를 개설하고 동시에 준비해간다. 신제품에 부합하는 콘셉트 카테고리의 카페 리스트를 작성한다.
2단계: 카페 마케팅 예산을 세운다. 공동 구매, 이벤트, 협찬 관련 운영 계획에 따른 예산을 세운다.
3단계: 카페 주 단위 콘텐츠 마케팅 프로그램 전략을 세운다.
4단계: 카페 마케팅 툴인 게시판, 단체 이메일, 단체 쪽지, 메인 배너, 서브 배너, 카페 상세 페이지 속 배너 등의 운영 계획을 세운다.
5단계: 카페 콘셉트에 부합하는 이벤트 프로그램인 1+1, 2+1, 할인 쿠폰, 할인(DC), 공동 구매, 사은품, 경품 운영 정책을 설계하고 진행한다.

카페 마케팅을 처음부터 진행하면 좋은 것은 타깃화된 고객들의 반응을 직접 볼 수 있고 매출로까지 이어지기 때문에 마케팅 예산을 집행하고 체크하기에 현존하는 마케팅 툴 중에 가성비가 우수하다.

■ '한국의 카페는 기업이다.'라고 정의하고 제휴 마케팅하라

무료 게시판에 공지하는 것만으로는 한계가 있다. 지역 중심의 카페는 1만 명 이상, 광범위한 카테고리 중심의 카페들은 3만 명 이상의 회원들을 보유한 카페들이 사업자를 내고 운영하는 경우가 50%를 넘어서고 있다.

마케팅 예산을 가지고 세금 계산서를 끊어 주고 있는 카페를 중심으로 입점비, 공동 구매 수수료, 배너 광고비, 단체 이메일, 단체 쪽지 마케팅 등과 이들을 통합적으로 운영해준다. 그리고 마케팅 멤버십을 통해 카페 게시판 메뉴 하나를 직접 운영해가는 카페 운영방식도 좋은 방법의 하나다.

■ 150만 명 이상의 회원을 보유하고 있는 카페 카테고리

'맘스홀릭베이비', '쭉빵카페', '닥치고 취업', '취업뽀개기', '중고나라' 같은 카페들은 10년 이상 카페 운영 노하우가 있고 카페 운영지기 대표 메일로 카페 마케팅 문의를 하면 광고 제안서를 보내준다.

특히 맘스 관련 카페에서는 산모 교실, 캠페인, 온라인 sns, 이벤트 광고까지 다양한 온라인과 모바일 프로모션까지 진행해준다.

20~30대 여성 회원이 80%를 넘고 일 평균 방문자 수가 80만 명 넘으며 방문 횟수가 100만 건 이상으로 통계된 데이터를 제시하는 카페들이 있다 보니 비즈니스 관점으로 제안을 주고 카페 마케팅을 전개하는 커뮤니티들이 많이 형성되어 있어 테스트마케팅 이상의 실효성이 있는 마케팅으로써 기업들에서도 효과를 보고 있는 것이 사실이다.

■ 단품일수록 브랜드 마케팅에 집중하는 전략 차원에서 커뮤니티 마케팅 전개가 관건

필자는 단품을 생산하여 절실한 마음으로 마케팅 예산 없이 마케팅을 전개하려는 CEO들이 신제품을 판매해보려고 동분서주하는 상황을 가장 많이 만나게 된다.

만약에 초도 생산량 목표가 3만 개면, 그 예산의 90%를 마케팅 인건비와 브랜드 마케팅에 필요한 앱 반응형 사이트 구축, 네이버 스토어 입점, 카페 마케팅, 블로그 마케팅, 페이스북 마케팅, 인스타그램 마케팅, 뉴스 마케팅, 폐쇄몰 마케팅 등에 선투자해가며 후기 마케팅을 기본으로 한 입소문 마케팅과 실매출을 잡아갈 수 있는 커뮤니티 이벤트를 통해 실매출과 브랜드를 동시에 만들어 가는 브랜드 마케팅을 전개해가라고 조언한다.

▮ 선 브랜드 창출 후 매출 창출이 중요한 이유

카페는 마케팅 툴에 불과하다. 신제품의 후기 콘텐츠가 인위적이지 않고 자연스럽게 생성되는 시작이 가장 중요하다. 돈만 있으면 후기는 얼마든지 블로그, 페이스북, 인스타그램에 생성할 수도 있지만, 여전히 카페 내에 고객들의 자발적인 제품 사용 후기가 가장 진정성 있고 우수하다. 입소문의 속도 또한 빠르다.

고객들은 바이어나 MD들보다 더 똑똑해졌고 제품 사용 후기가 바이럴 마케팅 대행사가 작성한 것인지 파워블로거가 작성한 것인지 다 아는 시대다.

커뮤니티를 중심으로 주부 품평단, 주부 기자단 등과 함께 카페 마케팅을 운영해간다면 그 실효성은 더욱 커진다.

▮ 카페 마케팅으로 시작해서 브랜드를 창출한 브랜드 성공 사례

자체 카페를 동시에 만들고 함께 운영해간다면 마이크로 플랫폼으로 수월하게 진화될 것이고, 기업 중심의 커뮤니티가 100만이 넘는 범용적인 플랫폼으로 진화해 갈 수 있다.

대표적인 사례로는 영어 교육을 하는 H그룹의 커뮤니티가 있다. '우O작', '독O사', '영O랑', '학O모' 등이며, 기업 관점에서 적극적으로 카페 마케팅에 커뮤니티 마케팅 전략을 세워 체계적으로 전개해가는 우수한 사례다.

탈모닷컴은 14만 명의 커뮤니티로 성장하여 500억 이상의 매출을 올리는 TS 샴푸로 트렌드를 선도하고 있는 우수한 커뮤니티 마케팅 사례다.

기업에서 커뮤니티를 직접 운영하는 사례는 미샤, 아모레, LG생활건강처럼 많이 있다. 자체 모바일 커뮤니티 멤버십 마케팅 프로그램을 운영하는 좋은 사례다. 또한, 오프라인 커뮤니티 방식의 홈플러스, 코스트코, 초록마을, 커피 프랜차이즈들이 앱을 중심으로 하는 전국 회원 관리 시스템 같은 사례도 우수한 사례라고 할 수 있다.

▎신제품이면서 단품 생산 기업일수록 도매나 셀러(Seller) 관련 커뮤니티는 금물

중소기업의 관점에서 도매 관련 카페나 셀러 관련 커뮤니티에서 가격 할인 마케팅을 전개하거나 오픈 마켓 셀러들에게 가격 할인 중심의 입점 마케팅을 하는 것은 금물이다.

그 이유로는 첫째, 온라인상에서 키워드, 콘텐츠, 가격 등이 통제가 안 된다. 둘째, 사용 후기가 생성되려면 별도의 마케팅 예산을 집행해야 한다. 셋째, 가격 할인을 해도 판매가 많지 않다는 것이다.

가장 중요한 이유는 제품의 수명 주기가 예상했던 것보다 짧아진다는 것이며, 브랜드로 성장해가는 데 장애가 된다는 것이다.

도매나 셀러 중심의 마케팅은 쇠퇴기 중심의 땡처리 마케팅이라는 사실을 기억해야 한다.

▎처음부터 사회 공익 마케팅(CSR)을 통해 브랜드 마케팅 전개에 좋은 커뮤니티 마케팅

처음에는 신제품 하나인 단품으로 시작하는 사업일지라도 이처럼 자체 온라인 커뮤니티, 오프라인 커뮤니티를 통해 마이크로 플랫폼을 확장해가겠다는 의지가 필요하다.

그 카테고리 산업 중심에서의 'No.1 커뮤니티'를 형성해가며 지속 경영의 초석을 만드는 브랜드 마케팅 전략을 1단계 차원에서 이미 형성된 카페를 중심으로 마케팅 예산을 세우고, 마케팅 프로그램을 잘 기획하여 운영해가는 방식을 공부해가며 전개해간다면 분명 수월하게 판매량이 증대되면서 매출과 수익 역시 증대될 것이다.

처음 카페 마케팅은 지역을 중심으로 하는 1만 명~3만 명 정도 수준의 카페에서 시작해서 점차 회원 수가 많은 카페로 확장해가는 것이 좋다.

이왕 마케팅 예산을 투자해가며 신제품 후기 마케팅을 전개해 갈 것이라면 '사회 공익 마케팅(CSR)' 차원에서 목표 판매가 될 때마다 관련 기관에 현물을 기부하겠다는 기업가 정신으로 커뮤니티 마케팅을 전개해간다면 중 장기적으로 '브랜드 평판'은 처음부터 '밝음'으로 시작할 수가 있다.

> 커뮤니티를 통한 마케팅 전개는 효과적인 툴로 각광받고 있다. 특히 카페 마케팅은 한 카테고리로 뭉쳐져 있는 고객군이기 때문에 효율적인 마케팅이 가능하다. 5단계의 카페 마케팅 활용법을 이용하여 온라인 카페들과 제휴하고 특히 단품 브랜드인 경우 커뮤니티 마케팅을 적극적으로 활용하여야 브랜드 창출 및 매출 창출이 가능하다.
>
> #커뮤니티마케팅 #바이럴마케팅 #카페마케팅
> #단품브랜드 #매출창출

6. B 마케팅 기법

[46] 매스티지 마케팅, 대중적으로 인기가 높은 브랜드를 명품 체험으로 어필하라

Q46 대중들이 원하는 브랜드를 만들고 싶은데, 넓은 타깃층에 어필할 마케팅이 있을까요?

트렌드를 선도하려면 세분화와 새로운 통합을 통해 신조어를 창안하여 상표 출원까지 할 때 고객들의 뇌 속에 각인시키기가 좋다. 20C 말부터 인기를 끌고 있는 신조어 마케팅 '매스티지(Masstige)'는 명품의 대중화란 의미로 대량생산된 저가 제품과 고가 명품의 중간 가격에 판매되는 제품이나 서비스를 말한다. 집이 있고, 자기 일이 있으며, 저녁이 있는 삶을 누리거나 주 1회 외식을 하거나 캠핑을 즐기거나 낮과 밤이 바뀌지 않는 직업군을 가지고 있거나 4인 가족 단위 맞벌이 기준 350만 원 이상 벌거나 등 이 경우 중 50% 이상에 속하는 고객이 우리나라에서는 심리적으로 스스로 중산층이라고 생각하는 경우가 많음을 볼 수 있다.

스스로 행복하다고 정의 내릴 수 있는 중산층을 대상으로 '대중 제품(Mass Product)'과 '명품(Prestige Product)'의 중간 사이에 위치한 중·고가 브랜드를 판매하는 매스티지 마케팅들이 좋은 반응을 얻고 있다.

■ 전문 쇼핑 강조한 하이마트, 전자제품 살 때 '하이마트'

삼성전자, LG전자, 수입 가전들을 중심으로 유통하는 기업이지만 하이마트라는 유통소매 브랜드가 현장 체험의 차별화를 중심으로 중산층을 대상으로 하는 매스티지 마케팅을 지속해서 진행하고 있다. 입점 된 브랜드 자체 포지셔닝은 가전 명품이지만, 대형 할인 마트에서 판매와 가전 업

체 직영 매장의 활성화 속에서 MOT(진실의 순간) 체험 마케팅만으로 성공한 사례라 할 수 있다. 신학기, 가을학기, 여름이나 겨울만 되면 "하이마트로 와요."라는 광고를 볼 수 있다. 중산층이라고 생각하는 필자 역시 하이마트에서 주로 가전을 구매한다.

▌명품 브랜드의 세컨드 브랜드, 매스티지 브랜드

'프라다(PRADA)'는 '미우미우(miu miu)'를 세컨드 브랜드로 성공시켰고, '조르지오 아르마니'는 '익스체인지'를 오래전에 론칭해서 가격에 부담을 느꼈던 젊은 타깃에게 폭발적인 인기를 지금까지 얻고 있다.

'마크 제이콥스'는 '마크 바이 마크 제이콥스'라는 매스티지 브랜드로 실용성을 강조했다. 명품 브랜드를 소장하고 싶지만, 금전적 부담이 큰 젊은 층을 공략해 성공한 케이스다.

▌메가마트 신선도원, 유통 브랜드인 프라이빗 브랜드(PB) 매스티지화 열풍 선도 중

메가마트의 '신선도원' 브랜드는 부산의 랜드마크로 신선 식품과 각종 수산물을 가장 신선하게, 하이마트처럼 전문성과 신선도의 강점을 살려 고객 접점에서 신선하고 품질이 우수한 상품, 건강한 재료로 만든 먹거리를 친절하게 제안하고 경험하게 함으로써 고객의 건강과 행복을 실현하고 'Joy Full 매장 콘셉트'를 구현하여 PB 브랜드 구매 경험의 매스티지 마케팅을 전개하고 있다. 우수한 품질 자체의 다양성, 매장의 청결성, 진열의 고급화, 판매원들의 진정성 있는 친절은 직접 경험을 해보면 우수하다는 것을 알 수 있다.

▌호사롭게 살고 싶은 고객들에겐 매스티지 카테고리 인기

매스티지 브랜드로 인기 있는 상품 카테고리는 가정용 호사품, 가전제품, 침구류, 주방기기, 골동품, 집 인테리어, 장식품, 개인 호사품, 향수 및 화장품, 의류 및 액세서리, 보석류 및 시계, 자동차, 체험적 호사, 술, 여행 상품, 스파 마사지, 집 청소기, 신선 식품, 간편 식품, 조리 식품 등이 있다. 고객들은 다양한 카테고리에서 타인보다 호사로운 라이프 스타일을 영위하고 싶어한다.

매스티지 브랜드는 스토리텔링 기법으로 신규 고객 유입하고 판매를 신장해야 한다. 매스티지는 이처럼 패션과 가방뿐만 아니라 가구, 식품, 생활용품, 가전제품에 이르기까지 전반에 걸쳐 널리 확장되고 있다.

한국의 고객들 관점에서 '매스티지'라는 키워드는 알지 못하지만, 마케팅 전략가, 마케터, 광고 기획자, 웹 디자이너 등 라이프 스타일 접점에서 고객들에게 긍정적인 자극 차원의 프로모션을 하기 위해 매스티지 마케팅으로 소구하고 있었다.

준 명품, 매스티지 마케팅 성공전략

첫째, 브랜드 네이밍으로 각인시켜라

이마트의 노브랜드는 이미 매스티지 브랜드로 자리를 잡았다. '노란색' 하면 '노브랜드'를 떠올린다. 페이스북, 인스타그램에 노브랜드 상품 이미지가 급속하게 퍼지고 있다. 브랜드 네이밍은 신조어, 합성어, 미래지향적인 단어, 인기 키워드, 상품의 콘셉트에 부합하도록 하는 것이 좋다.

둘째, 고객 세분화를 통해 중산층의 정의를 다시 내리고 매스티지화하라

신상품 개발에 있어 개발 속성의 프로세스로는 발견, 세분화, 융합이다. 새로운 것이 정의되고 개발되며 기업의 역사성이나 브랜드화된 제품이 아닌 이상은 신제품, PB 상품, 신 브랜드로 승부를 걸어야 하는데 기존에 널리 인식된 매스티지의 범주에 어필하고 브랜드 광고를 소구하여 승부를 걸어라.

셋째, 명품 브랜드의 높은 가격과 달리 합리적인 가격으로 승부를 겨루어라

가격 대비 품질의 가성비를 파괴하고, 우수한 품질을 존중받으면서 높은 가격을 받고자 한다면 스토리가 있는 매장 구성이 필요하다. 명품과 대중 제품 간의 가격 차이가 현저히 크고 소비자가 느끼는 감성적 가치의 차이가 작을 경우 고객들의 저항감이 크기 때문에 이 부분을 항상 연구하고 해결해가야 한다. 모바일의 '카드 뉴스' 방식을 오프라인의 'POP(Point of purchase)'방식으로 채택하여 온라인과 모바일 일관성을 유지하는 것도 좋은 방법이다.

넷째, 동료 의식을 느끼게 하여 동질감과 자긍심을 함께 누리게 하라

명품 브랜드는 과시적 소비 성향이 강하게 반영되지만, 매스티지는 입는 것 전체를 명품으로 하는 것이 아니라 그중에 시계 하나, 액세서리 하나, 가방 하나 또는 요리 중에 바닷가재 하나와 같이 라이프 스타일로써 부분적인 호사를 즐기는 중산층의 심리를 역으로 잘 공략한다면 제조사, 유통 기업, 브랜드 기업 어느 포지션이든 강력한 파워 브랜드 전략으로 입소문을 내며 성장할 수 있다.

다섯째, 매스티지 브랜드 마케팅은 고객 이탈 방지와 신규 고객 유입의 새로운 장 만들어 갈 수 있다

매스티지는 기업의 관점에서 구매력 있는 중산층 소비자의 소비 형태가 고급화, 다양화된다는 점에 초점을 두고 있다.

가성비와 가심비가 일반 고객들의 입에서 자연스러워지고 있는 시점에서 일반 제품으로는 수익 창출이 어렵고, 명품 브랜드에 대한 이탈현상이 일어날 수 있는 시점에서 매스티지 제품들은 폭발성을 지니고 있다고 본다. 따라서 기업은 중산층의 입맛에 신상품, PB 상품, 즉 실속형 고급 구매 수요를 충족시키는 데 브랜드 마케팅 전략과 액션 플랜, 나아가 연구와 투자를 아끼지 말아야 한다.

▎진정성 있는 고급화를 통해
   호사를 누리고 싶은 고객에게 어필하라

매스티지 제품을 출시할 때는 사회적 유행이나 입소문 효과를 통한 조기 확산 전략이 필수다. 명품으로 성공하려면 막대한 마케팅 비용과 시간이 들지만, 매스티지 제품은 구매자 상호 간의 유대성이 높고 가격 또한 합리적이므로 제품과 관련된 그럴듯한 화제나 스토리를 유포하면 금세 유행하는 이점이 있기 때문이다.

요즘처럼 불황기, 저성장기, 격동기일수록 '가성비'라는 키워드에 사로잡혀 운신의 폭을 좁히기보다는 애인에게 선물하고 싶은 속옷 브랜드 1위, 샴푸 브랜드 평판 1위, 친절과 신선도 1위 매장 등의 새로운 포지셔닝의 1위를 차지할 수 있는 게임의 기준점을 달리하여 각각의 브랜드를 매스티지화한다면 고객에게 지속해서 사랑받을 수 있는 장수 브랜드가 될 수 있다. 명품 체험의 시작은 친절을 기본으로 하는 중 고가 브랜드의 진정성 있는 론칭으로 중산층의 소비 심리를 새롭게 공략하는 것이 필요한 시점이다.

> '매스티지'라는 신조어 탄생은 새로운 시장의 형성을 의미한다. 대중(Mass)+고급(prestige)의 합성어로 대중에게도 적용하는 고급 제품화를 의미한다. 매스티지를 통해 중산층이라 자부하는 사람들을 공략하고, 명품 브랜드화를 진행함과 동시에 합리적인 가격을 전달하는 제품으로 고객에게 어필할 수 있다.
>
> #매스티지브랜드 #고급화전략 #마케팅사례
> #명품마케팅 #불황기마케팅

7. C 마케팅 기법

[47] 멀티채널 마케팅, 중소기업 브랜드 론칭 전략

Q47 중소기업들의 브랜드는 론칭에도 정말 많은 준비를 해야 하는데 추천하는 마케팅 전략이 있으신가요?

멀티채널 마케팅 산업 중에 홈쇼핑은 2000년 이후 메가 트렌드로 자리 잡은 유통 업태들이다. 홈쇼핑 산업의 매출 규모만 보더라도 2017년 현재 모바일 쇼핑 42조 3천억, PC 쇼핑몰 32조 1천억, 15조 8천억, T-커머스는 1조 8천억, 카탈로그 마켓 2천억 규모, 인포머셜 8백억 규모의 시장을 형성하고 있다.

디지털 커머스는 산업의 중심이고 오프라인 총 매출을 압도하는 신유통 업태로 자리매김 된 것이 사실이다. 틈새시장이라고 개척하며 완제품을 3,000개 이상 제조해 놓고 막연하게 홈쇼핑에 론칭하고 싶다고 자문을 요구하는 경우가 많은데, 이번 내용은 일반적으로 자문 컨설팅할 때 실무 지식으로 전달하는 정보의 경우들이다. 핵심 실무 지식을 선 체득하고 메이저 유통 기업에 입점 마케팅을 전개해 가는 것이 순서다.

▌홈쇼핑과 데이터 방송 기업을 알아라

✅ **디지털 멀티채널**
7대 홈쇼핑의 홈쇼핑 방송 채널, 방송 카탈로그, 인터넷 쇼핑몰, 모바일 쇼핑, 앱 쇼핑, MCN 커머스 채널 등의 범주가 멀티채널이라고 한다.

✅ **홈쇼핑 채널**
CJ오쇼핑, GS홈쇼핑, 롯데홈쇼핑, 현대홈쇼핑, NS홈쇼핑, 홈앤쇼핑, 공영

홈쇼핑
✅ IPTV 데이터 방송

현대쇼핑+shop, 롯데원티브이, CJ오플러스, GS마이숍. NS샵플러스, Btv쇼핑, 쇼핑엔티, 신세계쇼핑, W쇼핑, K쇼핑

✅ 인포머셜 방송

케이블 중심인 VOD(녹화 방송) 홈쇼핑 채널로 유사 홈쇼핑이라고도 하며 종합 유선 방송이나 위성 방송 채널의 일정 시간을 할당받아 판매 사업을 하고 있으며 현재 50~60개 정도가 된다.

▍홈쇼핑 채널별 히트 상품의 패턴을 분석하면 틈새를 발견할 수 있어

먼저 히트 브랜드 현황을 분석하고 자사의 경쟁사 여부를 파악하라. 경쟁사의 1위부터 10위까지 중복하여 히트되는 것은 30% 전후이며, 70%는 각 홈쇼핑 채널별 특성이 있음을 알 수 있다. 자사의 상품 브랜드의 콘셉트가 어떤 방송 유통사 콘셉트와 맞는지 따져 보고 협상을 진행하는 것이 좋다. 아래의 히트 사례들이 홈쇼핑 매출의 상위 20% 상품군이라고 해도 과언이 아니다. 필자가 마케팅 전략 컨설팅을 진행하며 MD를 양성하여 핵심 인재로 고관여 했던 스팀 청소기 'H'사 같은 경우 3사 홈쇼핑에서 연중 280회 전후로 방송해 1,000억 가까이 매출을 올린 사례도 있다.

✅ CJ홈쇼핑

A.H.C, A+G, 에셀리아, 코펜하겐럭스, 라이크라 에스뷰트, 지오송지오, 씨엔피닥터레이, WV베리왕, 에이자투웨니스, 김나운 더 치킨

✅ GS홈쇼핑

올 뉴 티에스 샴푸, 에이지투웨니스, 셀털리인24, A.H.C. 꾸즈, 산지애, 아디다스, 제이코닉, 원더브라

✅ **롯데홈쇼핑**

조르쉬레쉬, 아니베에프, 마마인하우스BY박홍근, 오브엠, 다니엘에스떼, 머스트비, 레쁘띠프, 르꼴레프, 나무하나, 에이지투웨니스

✅ **현대홈쇼핑**

조이너스, JYB, 에이지투웨니스, 모뎀, A.H.C, 마르엘라 로사티, 꼼빠니아, 천하일미, 에띠케이, HPLATE

중소기업의 경우 브랜드의 비율, 포지셔닝을 선 파악 후 진입하는 것이 좋다. 상위 4대 홈쇼핑사의 중소기업 제품, 수입 브랜드, 신제품, 전략 기획 상품, 신상품 등의 편성 비율은 평균적으로 20~30%다.

▎멀티채널의 유통 업태적 특성과 구매 성향 수수료율을 먼저 알고 론 칭해야 성공률 높아

✅ **TV홈쇼핑: 구매 성향**- 충동구매, 합리적 구매

주 타깃- 40대 후반

수수료율- 35~40%

키포인트: 골든 타임, 지역방송 송출 분포 현황 등

✅ **인터넷 쇼핑: 구매 성향**- 비교 구매

주 타깃- 30대 후반

수수료율- 20~30%

키포인트: 포털사 메인 페이지 노출, 키워드 링크, 언론사 배너 광고, PC 쇼핑몰의 메인 페이지, 서브페이지, 상품 상세 페이지, 배너, 이메일

✅ **모바일 쇼핑: 구매 성향**– 충동구매, 합리적 구매

주 타깃- 40대 후반

수수료율- 10~15%

키포인트: 모바일 쇼핑몰의 메인 페이지, 앱(모바일 애플리케이션) 등

✅ **카탈로그 쇼핑: 구매 성향**- 성실 구매, 반복 구매

주 타깃- 50~60대

수수료율- 30~35%

키포인트: 골든 타임, 지역 방송 송출 분포 현황

✅ **T-커머스: 구매 성향**- 즉석 간편 구매

주 타깃- 20~30대

수수료율- 30~30%

키포인트: 인터렉트브한 상품 정보 제공

▎중소기업 관점의 브랜드라면 '데이터 방송' 선 입점하여 반응을 보는 전략이 좋아

위처럼 방송을 중심으로 하는 방송 판매 시스템에 입점 마케팅을 하고자 한다면 동영상 판매 방송 촬영과 데이터 방송 촬영을 전문적으로 하는 기획사들과 선 제작하고 준비하여, 위의 데이터 방송사에 먼저 노크하고 입점 제안을 하여 판매를 전개해가는 것도 좋다. 홈쇼핑까지 준비하는 기업은 개별 제안을 하고 방송 MD들과 협상을 하고 론칭하는데 시간적인 변수가 최저 6개월부터 최대 1년 정도 걸릴 수 있다.

중간 방송 밴더사를 끼고 입점한다면 중간 수수료가 적게는 3%에서 많게는 15%까지 추가 발생할 수 있다. 물론 전문성을 가지고 있기 때문에 홈쇼핑 채널에 입점 타당성 여부와 방송 시간대 선정, 방송 수수료의 정책 등은 쉽게 알 수가 있다.

▎연중 방송 히트 상품 판매 수량(20만~70만 개) 볼륨 예측 중요

홈쇼핑 히트 상품의 판매 수량 데이터가 중요한 것은 연중 방송 일정과 물류 창고 선입고를 통한 생산 계획이 명확할 때 각각의 홈쇼핑사는 방송을 지속 진행하기 때문이다. 종합 유선 방송 채널에 나오는 7대 홈쇼핑사

들의 히트 상품 브랜드의 최고 판매량은 평균적으로 20만 개에서 많게는 70만 개 이상의 상품이 팔리는 것을 볼 수 있다. 한 채널 기준이기 때문에 홈쇼핑 채널이 늘어나도 판매 수량은 충분히 유추할 수 있다. 방송 제품들을 다른 멀티채널 등에 동시에 입점하여 판매한다면 30% 이상의 매출 신장도 이룰 수 있다.

▎사전 준비된 '대체품'의 자격 조건을 갖추었을 때 홈쇼핑 MD들 먼저 전화하고 찾아와

홈쇼핑 입점 준비 전략은 경쟁사 브랜드다. 스토리와 품질이 차별화될 것, 홈쇼핑 론칭 기획서, 상품 기술서, 브랜드 소개 동영상 준비, '네이버 한 판' 검색 마케팅 사전 전개, 방송 판넬 준비, 상품 운용 계획 등 홈쇼핑 MD가 요청하는 업무들을 선 이해하고 협상 준비를 하고 들어가는 것이 맞다. 상품은 모두 만들어 놓았으나 홍보나 PR, 콘텐츠 노출 등을 미리 해놓지 않고 입점 제안을 한다면 기회 자체를 놓칠 수 있다.

'댕기머리'의 아성을 무너트리고 '닥터포헤어'가 홈쇼핑에서 히트를 쳤지만, 그 시간은 '댕기머리'만큼 길지 못했고, 다시 '티에스(TS) 샴푸'가 히트를 하고 있다. 이다음의 기능성 샴푸를 트렌드 워칭하여 각 방송사에서 샴푸를 담당하는 MD들은 대체품을 찾고 있을 것이다.

▎홈쇼핑 채널 입점의 리스크

골든 타임을 비켜나가면 매출이 나오지 않을 수 있다. 정액제를 5회 이상하고 매출이 안 나오면 이중고를 맞이하게 된다. 골든 타임은 오전 9시~12시, 오후 6시~9시, 한밤 12시 이후로 매출의 70% 이상을 차지한다.

홈쇼핑 마케팅은 사전 준비를 얼마나 철저하게 통합 마케팅 커뮤니케이션(IMC) 차원에서 했느냐가 그 성공과 3년 이상 지속 판매가 가능한 홈쇼핑 히트 브랜드로 자리매김하는 것을 정한다고 해도 과언이 아니다.

중소기업의 마케터라면 홈쇼핑 방송 MD의 '의사 결정 뇌 구조'를 훔쳐라, 홈쇼핑 마케팅 프로세스를 체득하라. 마지막으로 준 CEO 관점에서 철저하게 수익 구조와 이익률을 시뮬레이션하여 계산하고, 'BEP'[01]를 철저하게 계산한 후에 승산이 있다고 판단되는 입점 조건일 때 도전하라. 평균 2.5억~3.5억 이상 시간당 판매 매출을 올려야 수익이 남는 구조며, 주 1회 이상 방송을 하는 브랜드일 때야 비로소 히트 브랜드가 될 수 있는 함숫값이기에 당사에 최적화된 홈쇼핑 진행 운영 전략이 입안 되기 전까지는 준비하고 준비하고 준비해서 타이밍을 맞추는 판매 전략이 필요하다. 결국, 방송 MD가 흥분할 만한 브랜드 제품을 철저히 준비하는 것이 히트 상품을 만드는 비결이다.

> 멀티채널 마케팅은 중소기업에게 중요한 마케팅이다. 특히 홈쇼핑은 중소기업에게 매출의 기회를 주는 채널인데, 이를 준비하기 위해서는 데이터 방송을 이용하는 것이 좋다. 또한, 유통 채널을 병행하여 온라인과 오프라인을 가져간다면 반응도 볼 수 있고 마케팅 효과도 크게 볼 수 있다. 한 채널만 운용하는 것은 좋지 않고, 유통사가 눈독 들일 수 있는 제품 어필이 필수이다.
>
> #멀티채널 #멀티채널마케팅 #홈쇼핑 #모바일쇼핑
> #유통중심마케팅

---

01 _) (break-even point.) 손익 분기점

8. C 마케팅 기법

[48] 선한 마케팅, CSR 마케팅으로 존경받는 기업 되기 전략

Q48 마케팅도 종류가 이제 셀 수 없이 많아졌습니다. 다양한 마케팅에서 차별화될 수 있는 마케팅이 있을까요?

기업들의 규모나 설립일에 상관없이 '기업의 사회적 책임(CSR, Corporate Social Responsibility)'을 뉴 비즈니스 모델 및 신사업 전략에 반영하여 시작하는 추세다.

기업들의 CSR(Creating Shared Value) 활동은 크게 3가지로 나눈다. 하나는 '경제적 가치'로 매출 증대, 비용 감소, 사업 위험 감소이며, 둘은 '사회적 가치'로 환경, 지역사회, 사회 일반에 공헌할 수 있고, 셋은 '윤리적 가치'로 기업들이 자발적으로 사회문제 개선에 동참하는 것이며 이를 통해 쌓이는 긍정적 이미지(사회 공헌에 크게 기여한다.)가 기업들의 브랜드 평판 지수를 높이는 효과가 있음 또한 증명되고 있다.

▎사회에서 존경받는 기업으로 가는 필수 코스 'CSR'

브랜드 자산과 가장 밀접한 관계가 있는 세 가지는 기업의 CSR 활동, 브랜드 자산, 기업평판이다. 모바일과 오프라인의 통합 마케팅 커뮤니케이션(IMC), 마케팅 믹스가 기본인 시대에 콘텐츠 생성과 총량의 트래픽들의 총합은 새로운 평가 기준의 척도가 된 것이 사실이다.

- 기업 1.0: 매출, 수익 증대, 시장점유율 1위만 생각
- 기업 2.0: 홍보, PR, 스타 마케팅, 매스 마케팅, 브랜드 자산 관리

✅ 기업 3.0: IMC 마케팅 전략, 디지털 마케팅, CSR, 문화적 가치, 사회 공헌, 동반 성장
✅ 기업 4.0: 마케팅 혁신 전략, CSV, 정신적 가치 창출, 사회적 합의를 통한 공유가치창출

물론 위의 관점은 MIR 마케팅 혁신 연구소 관점이다. 이제 브랜드 평판도 기업 평판, 제품 브랜드 평판, 서비스 평판, CSR 평판, CEO 평판까지 세분화됐고, 그 평가가 핵심 키워드로 작용해 평범했던 기업이 한순간에 존경받는 기업으로 급부상하곤 한다.

▎브랜드 자산 관리 모델 vs 브랜드 혁신 자산 관리 모델

세계적인 브랜드 마케팅의 정의나 키워드의 공통점을 보면 육하원칙(누가, 언제, 어디서, 무엇을, 어떻게, 왜)의 키워드에 그들만의 단어적 정의를 넣어 개념화하고 학문화한다. 그리고 그 평가 기준을 가지고 브랜드 마케팅 전략을 짜고, 실행을 통해 저절로 팔리는 시스템을 구축하여 효율적이고 지속 가능한 경영의 강점들을 창출하는 기업문화로 정착해가고 있는 것이 사실이다.

비교 구분	데이비드 아커 기업 중심, 브랜드 자산 관리 모형	MIR 마케팅 혁신 연구소 고객 중심, 브랜드 혁신 자산 관리 모델
경기	호황기	불황기, 호황기
기준	기업 브랜드, 국가 브랜드	기업, 제품, CEO
브랜드 자산 구성요소	브랜드 충성도, 브랜드 인지도, 지각된 품질, 브랜드 연상 이미지, 기타 독점적 브랜드 자산	고객의 성취도, 기업의 진정성, 사회의 상생성
모형	삼각형	역삼각형
핵심 키워드	매출, 시장점유율, 브랜드 자산 평가	고객 여섯 가지 코드:접근성, 브랜드, 가격, 상품성, 서비스, 평판

■ 기업 브랜드 평판 측정 요소를 알면 존경받는 기업으로 나갈 방향을 알 수 있어

✅ 포춘(Fortune): 혁신성, 경영의 질, 장기 투자가치, 공동체와의 환경에 대한 책임, 인재 모집 및 확보, 제품 및 서비스 품질의 우수성, 재무적 건전성, 기업 자산의 현명한 활용

✅ ORC(Opinion Research Corporate): 경쟁력 있는 효율성, 시장 선도력, 소비자 중심, 친밀성 및 우호성, 기업 문화, 커뮤니케이션

✅ 아시안 비즈니스(Asian Business): 전반적인 평판, 경영의 질, 제품 및 서비스 우수성, 지역 경제에 대한 기여도, 종업원에 대한 대우, 성장 잠재성, 정직성과 윤리성, 미래 수익의 잠재성, 경제 환경 변화에 대한 적응력

✅ 해리스 폴(Harris poll): 사회적 책임, 감성적 소구, 상품과 서비스, 비전과 리더십, 재무 실적, 적정 환경

✅ 한국 기업 평판 연구소: 고객들의 빅데이터 분석을 통한 '소셜 지수(기업들의 참여 지수, 미디어 지수, 소통 지수, 커뮤니티 지수, 사회 공헌 지수 등)'부터 금융 시장에서의 매출 증가와 수익성, 주식, CEO들의 개인 평판, 기타 종합 평판으로 진화 중

■ 최태원 회장이 직접 추진하는 '주유소 상상 프로젝트' 공모전, '기업 평판 CSR 우수 사례' 기대돼

현시점에서 SK이노베이션의 SK에너지 핵심자산인 SK주유소는 전국에 약 3,600개소로 대한민국에 가장 많이 있는 주유소다. 최태원 회장은 자발적인 사회 공헌 프로젝트인 주유소 상상 프로젝트 공모전을 전개하고, 그 실행 과정 전체를 디테일하게 보여주며 '사회 공헌 프로젝트'를 진두지휘하는 모습을 보여주었다. 필자는 이러한 최태원의 행보가 CEO 개인의 퍼스널 브랜딩 평판 지수에도, 2017년 현재 29위인 SK이노베이션의 브랜드 순위에도 긍정적인 영향을 미쳐서 내년 이맘때면 두 순위 모두의 상승 과정

을 볼 수 있을 것이라 기대한다.

이 사례는 CSR 마케팅의 두 가지 핵심에 대한 예로 '경제적 가치'인 자산의 효율성 증대, 고객의 증가, 새로운 수익 확보와 '자선적 책임'인 사회공헌을 통해 그들이 보유하고 있는 기술, 제품, 서비스, 노하우 등을 공유하면서도 본업의 핵심 가치인 주유소 유료 사업을 유지하면서 존경받는 기업으로의 도약을 실천하는 과정 자체도 귀감이 될 만한 사례다.

일자리 창출, 양질의 로컬 서비스 강화, 접근 기회 제공, 양극화 해소 등 사회적인 문제나 이슈를 해소할 수 있는 아이디어들이 이번 공모전을 통해 많이 나올 것으로 기대된다.

마이클 포터가 말한 것처럼 기업 활동 자체가 사회적 가치를 창출하면서 동시에 경제적 수익을 추구할 수 있는 방향으로 이루어지게 하는 이번 비즈니스 모델 공모전은 CSV(Creating Shared Value) 성공 사례로 앞으로도 계속 회자하길 기대한다.

▌기업의 CSR 활동이 기업 브랜드 평판에 미치는 영향 커

한국 퍼스널 브랜드 연구소에서 조사한 결과 CSR 활동을 독립변수로 윤리적 책임과 자선적 책임 두 가지를 브랜드 자산의 매개변수로는 브랜드 인지도, 브랜드 이미지, 브랜드 충성도, 자각된 품질 네 가지를, 종속변수로는 기업 평판을 조사 분석한 결과 기업들의 CSR 활동은 기업 평판에 영향을 미치는 관계에서는 윤리적, 자선적 책임 모두 유익한 영향을 미치는 것으로 조사되었다.

또한, 윤기창 소장은 자신의 박사 논문에서 "기업 평판이 구축되면 결과적으로 고객에게 명확한 비전을 가진 기업, 신뢰할 수 있는 기업, 존경받는 기업으로 인식되어 지속적인 성장이 가능하다."라고 밝혔다.

지금 시대는 기업의 브랜드가 상품의 질만으로 결정되지 않는다. 기업 자체에 대한 이미지 구축이 필수적이며 CSR(Creating Shared Value) 활동을 통해 이미지 구축에 노력한다. 선한 마케팅을 통해 기업 평판을 만들어 지속적인 경제 수익 모델을 구축해야 할 것이다.

#선한마케팅 #CSR마케팅 #기업의사회적책임
#기업브랜드평판

9. C 마케팅 기법

[49] '밈(Meme)' 마케팅, 비언어로 무의식에 자극을 주어 모르는 사이 반복 구매에 영향을 준다

> **Q49** 소비자들이 일부 브랜드 관련해서는 자연스럽게 기억하는데 그 이유가 무얼까요?

우리는 알게 모르게 밈 마케팅 트렌드에 노출되었고 우리가 생각하는 것들보다 훨씬 오래전부터 밈 마케팅이 선행되어오고 있었음을 이제는 알아야 한다.

넛지(Nudge: 슬쩍 찌르다. 주의를 환기시키다.)는 일회성의 영향을 준다면 '밈(meme)'은 반복적이고 자극이며 지속적인 영향을 주는 새로운 범주의 명명이다.

1976년 영국 옥스퍼드의 리처드 도킨스가 처음 사용한 단어가 '밈(meme)'이라는 단어다. 밈은 언어를 사용하지 않고도 당신의 행동에 영향을 미치고 확실하게 메시지를 전달해준다.

리처드 도킨스가 말하는 밈은 고대의 바퀴, 국제 교통신호 같은 것이라고 이야기한다. 빨간불일 때 멈추고, 파란불일 때 건넌다는 사회적 규율의 습관적 문화 또한 밈이다.

기업 마케팅에서 캠페인으로 시작하여 그 나라의 문화로 자리매김 하는 사례를 필자는 밈 마케팅이라고 정의 내려 본다.

▌'밈(meme)'의 올바른 정의

『이기적 유전자』를 보면 "유전자(gene)의 전달처럼 진화의 형태를 취한다, 그러나 언어, 옷, 관습, 의식, 건축 등과 같은 문화 요소의 진화 방식과

는 다르다. 그러나 문화가 전달되기 위해서는 유전자가 복제되는 것과 같은 복제 기능이 있어야 한다. 즉 숙주 세포에 기생하는 것과 같이 문화의 전달에도 문화의 복제 역할을 하는 중간 매개물, 곧 중간 숙주가 필요한데 이 역할을 하는 정보의 단위, 양식, 유형, 요소가 밈이다."라고 정의한다.

생물학적 유전자처럼 사람들의 문화 심리에 비언어 방식의 매개로 영향을 주는 것이 밈 마케팅이다. 또한, 옥스포드 사전에서는 "모방 등 비유전적 방법으로 전달된다고 생각하는 문화의 요소"로 정의하기도 한다.

마켓에서 밈의 전달 형태는 바퀴로 달리는 버스의 사인 광고, 통신 신호를 통해 시그널로 전달되거나 요즘처럼 스마트폰 시대에는 앱의 형태로 플랫폼 통째로 전달되기도 한다. 밈 마케팅이 좋은 점으로는 밈 마케팅은 마케터나 기업을 위해서는 돈을, 고객을 위해서는 시간을 절약해주면서 진지하게 이익을 벌 수 있게 돕는다.

▌자기 생각을 전달하는 방식 두 가지

1. 언어적 표현: "태워주세요."
2. 비언어적 표현: 길에서 엄지손가락을 치켜든다.

▌밈 마케팅의 유형보기

음악, 사상, 패션, 도자기, 건축양식, 언어, 종교 등 거의 모든 문화 현상들은 '밈'의 범주 안에 들어 있다.

기업이 고객에게 판매를 하면서 그 수익금 일부로 선행하는 것이나 여러 명에게 선한 영향을 미치는 것도 밈 마케팅의 한 예에 속한다.

우리 기업들이 텍스트, 사진, 이미지, 광고, 콘텐츠, 동영상 등 직접적인 마케팅 실행 방법론을 제외하고 고객들의 무의식 영역에 비언어 체계의 상징성을 만들어 전달하는 것 모두가 밈 마케팅 예이다.

1. 브랜드 마케팅의 전신일 수 있는 것 역시 밈 마케팅이다. 세상은 십자가, 깃발, 장시간 작동하는 에너자이저 버니와 같은 밈 마케팅으로 가득 차있다.
2. 캐릭터 마케팅도 밈 마케팅이다. '마쉐린 맨'을 기억하는가. 이 캐릭터는 편안하고 부드러운 타이어의 성능을 전달해주는 타이어 회사의 밈 마케팅이다.
3. 한 장의 대표 이미지를 퍼스널 브랜딩으로 푸시하는 것도 밈 마케팅이다. 필자의 칼럼을 볼 때 보이는 메인 사진 한 장도 밈 마케팅의 관점에서 2010년 이후 지속해서 사용하고 있다고 할 수 있다. 클라이언트의 '요청 사항을 경청하며, 영감을 선물해주는 이채로운 사람' 같은 느낌을 전달하는 밈이다.
4. "간 때문이야!"라는 CM송과 연상되는 반은 사람이고 반은 캐릭터인 차두리 광고 역시 밈 마케팅이다.
5. 구글의 로고를 365일 콘셉트화하여 변화를 주는 것 역시 밈 마케팅이다. 밈은 이처럼 어떤 아이디어를 전달해주는 최소 공통분모로 인식된다. 또 커뮤니케이션의 기본단위다.
6. 이케아의 가방을 본떠 만든 발렌시아의 청색 명품 가방 창출도 밈 마케팅이다.
7. 배스킨라빈스의 핑크 스푼도 밈 마케팅이다. "아 그거!" 하면서 바로 이야기할 수 있는 비언어적 상징물들도 밈 마케팅이다.

▌밈 마케팅의 기대 효과

밈은 실제로 사람의 행동을 바꾸고, 동기를 부여한다. 단순함 그 자체이며 몇 초안에 이해할 수 있다. 밈 마케팅의 표현 양식은 히치 하이커처럼 그래픽일 수도 있고, 햇반(반조리 식품 밥)처럼 언어일 수도 있다.

축구나 야구 경기에서 우승하고 하는 세레모니일 수도 있고 함께 샴페인을 퍼붓는 행위일 수 있다.

▌밈 마케팅 창조하기- 빼빼로 데이 마케팅은 밈 마케팅이다

✅ **1단계**: 고객이 받게 될 혜택 리스트를 연구하고 시각적인 것들에 초점을 맞춰라.

✅ **2단계**: 그중 어떤 것은 당신이 제공하는 혜택과 아이디어를 동시에 전달한다.

✅ **3단계**: 그 시각적인 내용을 단순화시켜 상징적인 무엇(로고, 날짜, 장소, 공간, 농수산물, 기타 등)이 있던 자리에 사용한다.

✅ **4단계**: 희망적이고 관계적이며 지속적이면 우수한 밈이 창조된 것이다.

위 4단계에 가장 부합하는 제품의 밈 마케팅이 빼빼로 데이다. 11월 11일과 일체감도 주고 새로운 밈을 창조한 것이다.

제이 콘래드 레빈슨과 지니 레빈슨은 그의 책 『게릴라마케팅』에서 밈의 5가지 범주를 다음과 같이 이야기했으며 가장 막강한 마케팅의 무기라고 평했다.

"1. 아이디어의 최소 공통분모 2. 커뮤니케이션의 기본단위, 3, 인간의 행동을 바꾸고 사람들에게 동기를 부여함, 4. 단순함 그 자체이며 몇 초안에 이해할 수 있음, 5. 그래픽, 단어 혹은 액션 등"이라고 언급했다.

대부분의 유명한 밈 마케팅은 도킨스가 '밈'이라는 용어를 정립하고 발견하고 체계화하기 전부터 이미 존재해 왔다. 밈이 아이디어를 나타내지만, 항상 아이디어가 밈이 되는 것은 아니다.

▌마케터가 밈 마케팅 전개를 위해 체득해가야 할 것들

'밈 마케팅 창조하기' 도전은 아이디어를 정제하고, 응축하고, 단순화하고, 초점을 맞춘 통합 마케팅 커뮤니케이션(IMC) 툴을 통해 커뮤니케이션할 수 있도록 표현해야 한다. 그렇게 한다면 밈이 될 수 있다.

■ 브랜드 슬로건 속에 밈 마케팅의 흔적 발견하기

✅ 제품에 대한 밈 마케팅 사례: 장이 튼튼해야 쑥쑥 잘 크죠! (비오비타)
✅ 비주얼이 있는 밈 마케팅 사례: 저도 알고 보면 부드러운 여자예요. (맥심커피)

마케팅 메시지들을 유심히 살펴보면 밈이 있는 경우도 있고 없는 경우도 있다. 예를 들면 "저스트 두 잇(Just Do It.)." (나이키) 여기에는 밈이 없다. 단지 세 단어만 있을 뿐이다.

마케팅 메시지에 밈이 있는 슬로건은 마케팅 중인 제품에 대해서 우리에게 뭔가를 말해준다. 희망적이고, 긍정적이며 이 제품을 사면 목적적으로 좋을 것이라는 믿음을 주며 구매 행동에 영향을 주는 슬로건의 예들이 우수한 밈 마케팅의 메시지들이다.

필자는 어릴 적 무슨 뜻인지도 모른 채 부르게 되었던 CM송 "12시에 만나요. 부라보콘!"을 30여 년이 지난 지금도 브라보콘을 먹을 때마다 흥얼거리는 현상을 발견할 때가 종종 있다.

마케터들은 밈 마케팅의 새로운 개념 정립이 필요하다. 브랜드의 밈 마케팅 사례들을 잘 창조하는 것은 기업의 브랜드를 장수하게 하는 비결이며, 초반의 밈으로 브랜드를 고객의 오감에 체득되게 하여 무의식적으로 행동하게 영향을 주는 핵심 기법이다.

■ 디지털 세상은 패러디(밈 마케팅)의 세상이다

이 또한 밈 마케팅의 사례들이다. SNS에 보면 상품을 구매해서 그 물건을 보여주고 싶은데 대상이 없거나 그 대상을 못 만났을 때, 우리는 여러 가지 돌출 행위로 상황을 연출하고 이미지를 편집하고 조합하여 표출하기도 한다.

명품 브랜드 구찌의 'TWF-Guccimenmes' 캠페인이 그 좋은 예이다. 명품 시계를 새로 샀는데 보여주고 싶어 소매 시계 위치를 칼로 찢어 구찌

시계를 보여주고, 명품을 샀지만 자랑할 친구가 없어 가방을 명화 속에 넣어 편집해서 보여주고, 여자 친구가 새로 산 시계를 못 알아봐서 시계 찬 사진에 꽃을 들고 부각하여 보여주는 이미지 캠페인, 이것들 모두 밈 마케팅의 사례다.

생소하지만 기존에 있었던 마케팅 방식인 밈 마케팅 모방을 통해 유전자처럼 증식하며 퍼져나가는 문화적 유행 요소를 창조하여 한번 인식하면 잊히지 않는 그런 밈을 지금 창조 구상해보자!

> 유전자(gene)를 따서 정의한 밈(meme)은 문화를 복제 진화하는 유전자적 형태를 말한다. 마켓도 진화하고 변화하면서 살아가고 있고 마케터는 그러한 마켓에 자기 생각을 전달해야 하는 임무가 있다. 밈 마케팅은 사람의 행동을 바꾸고 동기를 부여하는 역할을 할 수 있다. 오감을 통해 브랜드를 각인시키고 일관성 있는 소구를 한다면 밈 마케팅을 성공적으로 이끌 수 있다.
>
> #밈마케팅 #반복구매유도 #독자적인생각전달
> #브랜드슬로건 #유전자적관점

10. C 마케팅 기법

[50] 두리안 법칙, 한국 제조 기업들 새로운 시너지 마케팅차원의 '두리안 법칙' 적용 필요

Q50 4차 산업혁명이 오고 있다는 이야기를 많이 합니다. 이에 대비하는 방법이 있는지 제언해주실 수 있을까요?

싱가포르에는 두리안이라는 열대 과일이 있다. 마케팅적 관점에서 해석을 해보면 1차 진입 장벽은 콘셉트의 모호함 극복이 필요하다. 두리안은 외형은 딱딱하고 도깨비방망이처럼 생겼으며, 까기가 힘들어 두꺼운 칼로 내리쳐서 까야 하는 열대과일이다.

먹기는 어려운데 반전이 있다. 이 열매는 까고 나면 그 안의 색에 반하나 그것도 잠시 2차 진입 장벽은 암모니아 냄새 때문에 코를 바로 막아야 하는 그런 지독한 냄새다. 하지만 이런 장벽들을 이겨내고 먹는 순간 그 부드러운 과즙과 단맛은 한번 먹어본 경험이 있는 고객은 평생 잊지 못하는 과일이다.

앞서 두리안을 설명한 이유는 과거 호황기 시대에는 투자, 흑자, 적자로의 '비즈니스의 생명 주기(BLC-Business Life Cycle)'의 패턴이었다면, 불황기에는 투자, 투자, 흑자의 비즈니스 생명 주기를 따라야 하기 때문이다. 두리안의 법칙은 후자 경우의 패턴을 따른다.

■ 두리안 법칙 세 가지

두리안 법칙은 강점의 차별화, 본질적 스토리텔링, 자연스러운 연상 효과 창출의 선결 조건에 부합할 때 시너지 마케팅의 사례가 될 수 있다.

불황기의 마케팅 원리도 이와 같다. 한국의 마켓은 격동기 저성장 시대의 진입과 동시에 이미 시작된 4차 산업혁명 시대의 시너지 마케팅 차원의 '두리안 법칙'을 따르는 사물 인터넷(IOT)과 연동된 국내외 신제품 트렌드를 들여다보면 다음과 같다.

첫째, 호기심이 생기고 손이 가게 하는 '강점의 차별화'

현재는 고객으로 하여금 궁금증을 유발하면서 호기심을 가지게 하는 상품의 디자인 콘셉트는 각광을 받는다. 사례를 들면 코골이를 막아주는 스마트 베개인 '지크(ZEEQ)'라는 제품이 있다. 성인 중 30%가 코를 과도하게 골다가 수면 무호흡증을 동반하는 사람들이 약 5%에 달한다. 지크의 특징은 스피커가 내장돼 있어서 음악, 명상, 오디오북 같은 음원으로 수면과 코골이 데이터를 수집해 사용자의 수면 상태를 분석한다. 센서는 수면과 코골이 데이터를 수집해 사용자의 수면 상태를 분석하는 한편 수면 패턴을 분석해 가장 이상적인 시간에 깨워준다.

둘째, 최악의 진입 장벽조차 허물게 하는 '본질적 스토리텔링'

기존의 마켓이 너무 명확하여 그 틈새를 발견하기가 어렵지만, 달콤한 열매를 품고 있는 것이라고는 그 누구도 생각지 못한 암모니아 향기를 품어내는 두리안처럼 그 틈새를 비집고 들어가서 그 마켓 사이를 벌리는 상품들이 인정을 받는다.

사례를 들면 기존의 체중계 시장은 목욕탕부터 헬스장, 가정집까지 광범위하게 팔렸고 새로운 체중계 마켓이 열리기에는 그 진입 장벽이 컸다. 하지만 이 레드오션 시장에서 '기가 IoT 헬스 체지방계 플러스'라는 체중계가 나왔다. 이 제품은 체질량 지수, 복부 비만 수준, 기초대사량, 체수분량, 근육량, 공량을 측정할 수 있어 균형 잡힌 신체의 체성분 관리가 가능하다. 일반 체중계처럼 올라서기만 하면 체중계 화면으로 체중을 알 수 있다. 스마트폰 앱과 연동이 되는 스마트 체중계는 기존의 병원에서 사용하는 의료 측정기기 수준을 따라와 균형 잡힌 체성분 관리를 통한 과학적인 건강 관리를 할 수 있다. 그 본질은 더욱더 과학적이면서 그 효과는 더욱 파격적인 사례다.

셋째, 브랜드 스토리의 '자연스러운 연상 효과 창출'

두리안의 첫 내음은 당혹스러운 향기지만, 결국 그 맛의 목 넘김 앞에 미소를 짓게 하고 "와! 맛이 달다."라고 탄성을 자아내게 하고 다시 연상하게 만드는 브랜드 스토리는 이제까지 경험하지 못했던 것들이다.

살면서 그런 경험을 한 적이 있는가? 부정적이고 이상한 생각이 드는 상황을 지난 후 끝이 만족스러운 경험에 저절로 수다쟁이가 되게 하는 경험. 그런 맛의 스토리를 만들어내기 위해서는 작가가 자연스럽게 스토리를 풀어 이야기하듯 자연스럽게 가슴에 머물러 입소문이 나게 하는 마케팅원리를 찾아내는 것이 중요하다.

예를 들면 예술 작품들은 고가다. 서민들이 그 액자를 소유하고 감상하며 가정이나 사무실 식당 등에서 자유롭게 감상하는 문화에는 부정적이지만, 막상 고흐와 피카소 등의 명화를 번갈아 만나게 된다면, 여기에 명화에 대한 해설 또한 자연스럽게 접하게 된다면 그 스토리는 자연스럽게 전이될 것이다.

일렉트릭 오브제의 EO2 디지털 아트는 일반인들이 즐기기에 부담이 되는 미술 분야의 혁신이 되고 있다. 보통의 일반인은 미술관에 가기도 쉽지 않고 방문을 해도 거닐기도 부담이 되기 때문이다.

EO2팀은 그 점을 착안해 좋은 미술 작품과 팬을 연결해주는 마케팅 비즈니스를 연계하고 있다. 확장 기능으로 EO2를 PC와 연결하면 듀얼 모니터로 사용 가능하며, 일정 금액을 내면 예술 작품 모음집을 6개월에서 12개월 단위로 구독할 수 있는 것이 큰 장점이다. 디지털 아트는 미술의 영역을 자연스럽게 대중의 영역으로 이끌어 내고 있다.

▌최악의 불황기에서도 기업은 시너지 마케팅을 창출해야 하는 4차 산업혁명 시대

성장기나 호황기에는 제품의 차별화로 가치, 디자인, 기능 등을 차별화시키기만 해도 제품들이 팔리는 시대였지만, 요즘처럼 4차 산업혁명 시대의 제품과 브랜드는 처음부터 브랜드 스토리를 창안하고 그 진입 장벽을 뛰어넘을 수 있는 강점이 있다. 융·복합적 기능의 제품에 과학적인 데이터의 기록과 관리는 물론 누구나 그 가치를 이해하고 편리하게 서비스를 이용할 수 있는 제품일 때 차별화, 진입 장벽 극복, 브랜드 연상의 자연스러운 전달까지 원스톱으로 이뤄질 수 있다.

두리안처럼 강력한 이끌림의 에너지가 있어야 단단해도 까먹을 수 있고, 지독한 암모니아 향기마저 극복할 때 최상의 부드럽고 달콤한 단맛을 경험할 수 있는 것처럼 4차 산업의 기업들은 총제적인 마켓의 생산자 관점과 소비자 관점 그리고 중간의 연결자 관점 전체를 이해할 때야 비로소 예전의 성과 창출의 영광을 누릴 수 있을 것이다.

> 두리안의 법칙을 통하여 강점적 차별화, 본질적 스토리텔링, 연상 효과 창출 3가지로 시너지 마케팅을 만들어내어야 한다. 스마트 베개의 지크, IOT 헬스 체지방계 플러스, EO2 디지털 아트 등은 이러한 시너지 마케팅을 창출한 예이며, 이를 통해 4차 산업혁명 시대 준비를 해야 성과창출의 영광을 누릴 수 있을 것이다.
>
> #두리안법칙 #강점의차별화 #브랜드스토리텔링
> #브랜드연상 #시너지마케팅

VI. 마켓 비즈니스

"마케팅 혁신, 조직혁신, 브랜드 혁신을 추구하는 기업들이나 자신을 스스로 혁신하고자 하는 사람들이라면 혁신의 참 정의를 이해하는 것부터 필요하다.
혁신은 '가죽 혁[革]' '새로울 신[新]'의 단어가 '새 술은 새 부대에 담아라.'라는 성경 구절과 일맥상통한다는 것 역시 기억하는 것이 좋다. 불황기, 저성장 시대에 기업들과 개인들이 생존하고 싶다면 단순히 제품과 서비스를 판매하는 것을 뛰어넘어 고객의 고객에 의한 고객들을 위한 뉴 솔루션. 즉 새 가죽 부대를 준비하고 오래될수록 가치를 인정받는 귀한 포도주를 담아낼 수 있는 새 가죽 부대로 다시 태어나야 한다."

마케팅 컨설케이터 이준호

1. A 비즈니스

[51] 비즈니스 스토리텔링 마케팅, 팩트로 설득하고
스토리로 마음을 움직여라

Q51 비즈니스에서 가장 중요한 요소는 무엇이라고 생각하십니까?

누구나 자주 다니는 커피숍이 여러 군데 있을 것이다. 필자 역시 사는 지역에서 3년 가까이 지인들과 주로 다니던 한적한 곳의 프랜차이즈 브랜드 커피숍이 있다. 가성비가 우수하고 분위기가 좋고 2층까지 있어 편한 공간이다.

최근의 일이다. 점심을 먹고 지인분들이 가끔 가던 커피숍을 안내받았다. 3층에 있는 지역의 커피숍으로 전망도 좋다. 음악도 코드에 맞는다. 프랜차이즈 바리스타보다 친절하고 미소도 있다. 여기까지는 대동소이한 스토리다. 그런데 비즈니스 스토리텔링 마케팅 관점에서 보면 커피 제공 방식이 차별화되어있다.

■ 커피 한잔에 에스프레소 미니 한잔 더, 제공 방식의
 스토리텔링 마케팅 우수 사례

호텔의 룸서비스처럼 나무 손잡이 쟁반에 뜨거운 물이 들어있는 은 주전자와 금 도자기 잔을 담아서 나온다. 금 도자기 잔 속 커피에는 은은한 기름방울이 보인다. 그런데 일반 커피숍에서는 전혀 찾아볼 수 없는 하나가 더 있었다.

바로 미니 도자기 잔에 에스프레소가 한 잔 더 있는 것이 아닌가! 여기에서 저절로 이 스토리가 감탄을 자아냈고, 로컬 카페 사장의 비즈니스 스

토리텔링 마케팅 마인드를 훔쳐낼 수 있었다.

여기에 차별화된 한 가지는 푸른 물빛의 레몬이 물잔에 얹혀진 모히토는 신의 한 수였다. 그 로컬 커피숍을 한층 더 새로운 이국적인 공간으로 마음에 새겨지게 했고, 이미 고객인 필자의 마음을 움직여버렸다.

가까운 시일 내 다시 올 것이고 새로운 아지트로 삼을 것을 다짐하고 자리를 일어났다. 셀프서비스였고, 커피숍 이름도 기억나지 않지만, 비즈니스 스토리만큼은 그 누구보다도 디테일하게 기억시키는 위의 스토리텔링 마케팅만큼은 우수하다. 고객인 6명 모두의 마음을 움직였기 때문이다.

함께 간 필자를 포함한 지인들이 "모두 그곳을 다시 와야겠다.", "아지트를 바꿔야겠다.", "소개해주셔서 감사하다." 등의 감탄사를 연발하는 경험을 할 수 있었다.

현대 사회를 살아가면서 스토리텔링에 대한 이야기는 많이 있지만, 마케터들이나 비즈니스 리더들이 이처럼 실무에 비즈니스 스토리텔링 마케팅을 체계적으로 하지 못하고 있는 실정이다.

▍고객의 사이에서 가장 손쉽고 어필하기 좋은 것이 이야기다

스토리텔링은 아이디어를 세상에 알리는 가장 강력한 방법이다. 또한, 자신의 이야기를 직접 스토리에 입혀 어필하는 것만큼 강력한 것은 없다.

글로벌 강연 사이트 '테드'도 그렇고 한국의 강연 사이트 '세바시' 역시 그렇다. 정치, 경제. 사회, 기술 등의 이슈, 전문적인 이야기, 창업 이야기, 실패 이야기, 인생 역전 이야기, 자기주장, 취업 이야기 등 세상 자기 소재의 이야기 중심으로 공감 전달이 가능한 사람들이라면 강연을 잘하지 못하더라도 진솔하게 자신의 이야기만 한다면 스토리텔링의 효과는 수만 이상에서 수천만 이상의 청중에게 어필할 수 있다.

처음에 나서는 연사들은 진솔한 자기 전문성 이야기나, 자기 이야기를 하지만, 결국 그 콘텐츠를 만드는 PD들에 의해서 비즈니스 스토리텔링 마케팅의 효과로 이어지고, 어느 순간 입소문을 타고, 홍보 PR 이상의 효과를 거두는 것이 사실이다.

▌비즈니스 스토리텔링은 무엇인가

'우리가 어떻게 생각하는가?'가 스토리다. 스토리는 우리가 어떻게 인생의 의미를 부여할지를 말해준다.

스토리는 원고, 도표, 인지도, 심적 모형, 비유 또는 이야기라고 불린다. 스토리는 어떻게 일이 진행되는지, 우리는 어떤 결정을 내리는지 그리고 결정을 어떻게 정당화하고, 어떻게 타인을 설득하는지를 설명하는 것이다.

파멜라 러틀리지 박사는 "세상에서 우리의 위치를 이해하고 우리의 정체성을 만들어내고 사회적 가치를 정의해 가르치도록 만드는 것이다."라고 말한다.

▌스토리는 입소문의 가장 기본 단위다

사생활 스토리는 자기중심적인 이야기지만, 비즈니스 스토리는 세 가지의 특징을 지니고 있다.

첫째, 목적을 가지고 있다. 제품을 판매하거나 서비스를 진행할 때 기업의 새로운 전략을 공표하는 계획을 말한다.

둘째, 데이터에 의해 뒷받침된다. 비즈니스의 이야기는 팩트, 출처가 있는 시장조사 정보, 빅데이터 분석에서 도출된 새로운 패턴, 나아가 가설을 세우고 그것을 증명하기 위한 정보, 지식까지 데이터를 기반으로 한다.

셋째, 믿을만하다. 진정성 있는 이야기는 말하려는 화자의 의도와 부합한다.

비즈니스 스토리는 고객들이 경험한 적이 있거나 친구, 가족, 지인들이 경험한 적이 있고 이해가 가는 것으로 구성하고 어필해야 한다. 위의 로컬 커피숍의 커피 제공 방식의 차별화와 감동을 주는 스토리는 어떻게 보면 대형 프랜차이즈의 빅사이즈를 그저 금박의 큰 도자기 잔에 커피 한잔과 미니 도자기 잔에 커피 원액 같은 에스프레소를 한잔 더 준 것이기에 4.000원~5,000원 하는 소비자가의 원가는 같을지 모른다. 하지만 그 서비스를 받는 고객의 관점에서는 상당히 심리적으로 차별된 스토리를 선물 받는 것이다.

■ 상품 기획이나 서비스를 기획하는 MD(머천다이저)가 던져봐야 할 질문 세 가지

『스틱』의 저자 댄과 침히스는 다음과 같은 "이 스토리텔링에 의해 전이되고 싶은 스토리를 완성했다면 점검 차원에서 다음의 질문을 던져보라."라고 권한다.

하나, 내가 조금 전에 말한 것을 청중들이 이해할까?
둘, 그들이 기억할 수 있을까?
셋, 청중이 스토리의 의미를 빠뜨리지 않고 다시 이야기할 수 있을까?

위의 질문을 처음부터 던져보는 습관은 결국 자신이 비즈니스 스토리로 마케팅을 전개하고자 할 때 완성도 있는 스토리가 되며, 입에서 입으로 다시 또 입으로 구전되는 시너지 효과를 창출할 수 있다.

■ 이미지 스토리텔링 전개 시 즐거움을 주는 디자인이어야 한다

무엇이 고객을 움직이게 하는지 알아내고, 신제품을 성공적으로 론칭하고 히트시켜 브랜드를 만들어 가는 방법을 찾는 1단계가 비즈니스 스토리텔링이다. 제품이나 서비스들의 편리함 이면에 무엇이 자리하고 있는지 알아보기 위해 발로 뛰며 관찰해야 한다. 그 안에서 스토리를 발견하여 자신의 비즈니스에 응용, 창출할 줄 아는 열린 창조 구상 능력이 있는 MD(상품 기획자)들은 다음과 같은 좋은 습관을 체득하고 있다.

첫째, MD들은 고객에 대해 깊이 공감할 줄 안다

고객의 행동성향을 잘 이해하고, 고객이 스스로에 대해 아는 것보다 고객을 더 잘 파악한다. 이런 역지사지 이상의 관점에서 내가 만약 고객 입장이라면 나는 무엇을 원하고 어떤 친절한 서비스를 원할까 생각하고 무엇을 더 제공할까 생각하는 습관이 탁월하다.

둘째, 우선적으로 폭넓게 그다음은 좁게 단순화시켜간다

전체를 생각한다. '트렌드를 워칭' 하기 위해 STEEP+G 조사, SWOT 분석, 시장분석, 경쟁사 분석, 자사 분석을 하고 그다음에 마케팅 전략을 입안하고 액션 플랜을 짠다. 그리고 통합 마케팅 커뮤니케이션(IMC) 차원에서 결국 고객의 입에서 원하는 일관된 브랜드의 시너지가 스토리 팔로워들과 파도를 만들어 새로운 트렌드를 창출해간다.

셋째, 신속히 고객에게 품평회, 실험을 하고 피드백을 자주 받는다

고객을 대상으로 한 시장조사를 정기적으로 하고 조속히, 자주 피드백 받아 상품이나 서비스를 업그레이드해간다.

마케팅 성공 사례들로 가장 많이 회자하는 나이키, W호텔, 할리데이비슨, 애플의 공통점은 누구나 쉽게 전이시킬 수 있는 스토리에 디자인의 우수성까지 더해서 이미지 스토리텔링 마케팅이 주목적인, 가장 성공한 회사들이 쓰기 쉬운 제품이나 서비스에 그치지 않고, 고객들을 즐겁게 하는 제품이나 서비스를 제공했다는 점이다. 또한, 한 걸음 더 나간 비즈니스 스토리텔링 마케팅의 혁신적인 사례들임을 볼 수 있다.

브랜드의 최소 단위는 스토리이다. 스토리를 통해 입소문이 생기고, 그것으로 고객들이 소통하고 브랜드는 피드백 받게 된다. 그러므로 이미지화, 공감화, 단순화 그리고 변화해야 한다. 기획자나 MD는 이를 통해 비즈니스를 구축하고 혁신적인 스토리텔링을 진행해야 한다.

#브랜딩 #브랜드스토리텔링 #브랜드콘셉트 #소통 #공감하는스토리

2. A 비즈니스

[52] IMC 전략, 정부 지원 정책, 통합 마케팅 커뮤니케이션(IMC) 관련 예산, 교육, 컨설팅부터 강화해야

Q52 중소기업에서 흔히 IMC 전략을 많이 구사하고 있는데요. 명확한 IMC 전략을 진행하는 업체는 많지가 않습니다. 정부의 정책이나 관련 내용에 대한 것을 접할 수 있는 곳이 있는지, 그리고 내부에서는 어떤 것을 해야 하는지 궁금합니다.

필자의 '통합 마케팅 커뮤니케이션(IMC)' 컨설팅 의뢰 업체에서 신사업을 하는 CEO들이나 성장기에서 쇠퇴기로 넘어가는 시점의 중견기업이나 중소기업들의 CEO들을 수없이 만나보면서 아쉬웠던 점들을 이야기하려고 한다.

장기 불황기 초입에 들어와 있는 세계경제는 4차 혁명부터 비트코인까지 새로운 프레임을 설파하는 시대다. 예상치 못했던 대통령의 정권 교체 그리고 중소기업들을 대상으로 하는 정부 지원책에 의존하는 기업들이 점차 늘고 있는 현실이다. 오죽하면 정부 지원 사업 중심으로 사업의 방향을 트는 기업들이 늘고 있고 정부 지원 자금을 타는 방법 컨설팅들이 난무하고 있다. 수요는 점점 줄어들고 기업들 수익 구조는 내려가는 사회구조에서 그 어느 때보다 CEO들의 하소연이 많다.

▎중소기업 통합 마케팅 커뮤니케이션(IMC) 관련 예산, 교육, 컨설팅 강화해야

현재 R&D 자금 지원, 교육 지원, 판로 개척 지원, 자금 지원, 컨설팅 지원, 자문 지원, 멘토링 지원, 창업 허브 센터 지원, 대학교 창업 지원, TIPS와 연계된 투자 지원까지 참 다양하고 세분화된 정책을 세우고 정부 지원

을 하지만 지원 과정의 일체감 부족과 실무 전문성이 부족한 경영 지도사들의 강의 컨설팅 배치, 메이저 유통 기업 MD들과 상담회 개최 등 전시 행정이 있을 뿐 각 기관의 '스타트 업 생애 주기(SLC)'에 따른 통합적이며 디테일하고 중복 없는 지원과 실행이 아쉬운 것이 현실이다.

소상공인, 창조 경제 센터, 중소기업 CEO들을 자문, 강의, 멘토링, 컨설팅을 하러 현장에서 사전 리서치를 해보면 청강자의 교육이나 멘토링 목적의 그 비율을 보면 30%는 창업 지원 자금, 정책 자금만 받으면 된다는 식이다. 20%는 실제로 생계형 창업을 하여 먹고 살기 위해 하는 것이라고 하고, 50%는 목적 없이 '창업이나 한번 해볼까?' 하고 와서 앉아 있는 격이다. 실제로 소상공인 관련 창업 지원 교육 및 멘토링 프로그램의 사업자 등록증을 내고 창업을 시작하는 비율이 20% 전후라는 통계가 나온 적이 있다.

▌틀을 깨려면 먼저 틀(전략)을 제대로 세워라

틀 세우기, 이것은 사업 전반에 과정을 키워드별 프로세스를 세워보고 인소싱으로 할 수 있는 것과 아웃소싱으로 할 수 있는 것, 실무 전문가의 도움을 받을 부분들로 구분하여 틀을 설계하고 창업을 하거나 신상품을 론칭하는 것이 기본이다.

마케팅은 세일즈나 영업이 아니다. 완제품을 B2B, B2C로 면대면으로 판매하는 차원과 그 목표가 세일즈가 필요 없게 만드는 것이 마케팅인 것과는 차원이 다르다.

2000년 이후 쇼핑몰 사이트를 구축하고 메인 페이지, 서브 페이지, 상품 상세 페이지, 이벤트 배너 등의 운영 전략을 세우고 진행하는 상품 기획자(MD)는 세일즈를 하거나 영업을 하지 않는다. 여기에 마케팅 전략의 핵심이 숨어 있다.

마케팅 예산이 적게 드는 디지털 마케팅 전략을 세우고 디지털 마케팅 전개의 핵심이 키워드, 블로그, 페이스북, 인스타그램, 나아가 콘텐츠 마케팅에 동영상 콘텐츠 마케팅까지 각각의 마케팅 전략과 전술을 세우고 문제로 제기되는 것들에 체계적인 접근성과 대응 방안으로 전략대로 수익 구조를 최적화시켜가는 것이 중요하다.

▌신제품 론칭 IMC가 가장 중요한 화두

어떤 제품을 생산하고 어떤 서비스를 제공할 것인지 그리고 실제 고객들의 필요와 요구를 가장 잘 만족시키기 위해 어떤 방법으로 신제품을 생산할 것인지 명확하게 밝혀 마케팅 전략 지표로 삼는 것이 중요하다.

제품과 서비스에 가격을 매겨 미래의 고객들 앞에 내놓고 어떻게 하는 것이 가장 효과적으로 고객 손에 들어가는 방법인지 결정하는 유통 경로의 최적화를 연구함으로써 마케팅 실행은 판매를 주관한다.

타깃 고객이 누구인지 정확하게 정의한 후 그들의 관심을 끄는 자극을 주고, 호기심에 의한 적극적인 반응을 유도하고, 각종 설득 논리의 상품과 서비스 상세 페이지를 통해 구매하도록 하고, 고객 충성도를 유지하고, 재판매를 유도하고, 그들이 브랜드에 호감을 느낄 수 있도록 365일 의식이 깨어 있어야 하는 것이 마케팅의 시작이고 끝이다.

구매 고객이 될 것 같은 잠재 고객들과 기존 고객을 각각에 어떻게 소통을 할 것인지 이전에 고객의 DB를 확보하는 것인지가 마케팅의 가장 중요한 목적이어야 한다. 이것으로써 광고, 판촉 그리고 모든 마케팅 통신과 게릴라 마케팅 전략과 실행까지 가용 지식과 아이디어들의 발현을 통해 저절로 팔리게 하는 것이 마케팅 전략이다.

"기존의 틀을 깨고 혁신하라."라는 구호를 남발하기 이전에 '마케팅전략(틀)'을 설계하고 기업에게 맞게 그 최적화 값을 빨리 찾아내고 기획, 혁신, 반복을 통해 고객 수를 늘리고 매출을 극대화 시키고, 수익 구조를 개선해가기 위해서는 CEO들이 먼저 마케팅 공부를 하며 변화해야 한다.

▎CEO부터 막내 직원까지 마케팅 전략과 실행에 집중해야 하는 시대

미국 마케팅 협회는 "마케팅은 제품과 서비스가 생산되는 순간부터 소비될 때까지의 흐름과 관련된 활동이다."라고 마케팅을 정의하고 있다.

스타트 업, 중소기업, 중견기업들에게 IMC의 중요성을 인식시키는 지원 정책없이는 그 성공 사례들이 나오기 힘들다. 창업의 실패 사례, 중소기업들이 제자리걸음을 하는 가장 큰 이유는 IMC에 실패했기 때문이다.

경영학관점의 시스템, 매출, 인사, 관리 차원을 뛰어넘는 것이 마케팅 산업이다. 마케팅을 경영의 부분으로 볼 것이 아니다. 마케팅은 통계학, 경영학, 사회학, 심리학, 나아가 IT 기술 과학까지 체득해야 하고, 마켓에서 지속적으로 해야 하는 활동으로 이 실무 전문가들이 바로 시너지 마케터들이다.

영업과 마케팅을 동일시하는 순간, 그 기업은 20년이 지나도 2세 경영자가 이어받아도 그 아버지 때의 영광을 누리지 못하는 것을 종종 본다.

마케팅의 할아버지 피터 드러커는 말한다. "사업의 유일한 목적은 고객을 만드는 것이며, 이를 위한 마케팅과 혁신이 사업의 두 가지 핵심 기능이다."라고 기술했다.

판로 개척이기 이전에 마케팅의 실무 실전 지식을 교육하고, 마케팅 틀을 설계하게 하고, 마케팅 예산까지 지원해주며 단순 매출 증대가 아니라 수익이 증대되고 기업의 수익 구조가 개선되는 실질적인 IMC 지원을 재정립하고, 지원받은 기업들의 매출 신장에 대한 기업 평가 통합 사이트를 만들어 그 진행 척도화 성장 과정을 공유하여 많은 기업이 벤치 마케팅 할 수 있도록 성공 사례들을 뉴스화하여 공유하는 것이 급선무다.

마케팅은 전사적인 고민과 그것을 통한 IMC 전략을 세워 관련한 예산, 교육, 컨설팅이 병행되어야 한다. 그러기 위해서 중소기업, 스타트 업, 중견기업에 정부의 이런 지원을 필수적으로 진행되어야 한다.

#마케팅 #IMC전략 #전사적마케팅 #마케팅정부지원
#스타트업 #중소기업전략

3. A 비즈니스

[53] 기업 마케팅 혁신, 혁신 기업들 3P(사람, 철학, 프로세스) 혁신으로 성공 사례 창출

Q53 매출을 크게 기록하며 지속 성장하는 기업들이 있는데, 어떤 특징들이 있나요?

유니콘 기업들의 자료를 분석하다 보면 공통으로 나오는 것이 있다. 첫 번째는 창업주나 CEO 임원들이 기업의 혁신을 주도하고, 이를 대부분 뉴스가 혁신적인 리더의 사례로 다루고 있다는 것이다. 두 번째는 그 기업의 철학, 조직의 문화에 대한 이야기로 뉴스를 장식한다. 세 번째로 사업의 프로세스에 관한 차별화된 점들을 집중적으로 부각하여 사례로 소개하고 있다.

신기술 개발 차원에서 혁신의 문제를 다루는 것은 4차 산업 시대에 한계가 있다. 기술 이전에 그 기술을 만들어온 사람, 좋은 조직 문화가 창출될 수 있게 한 기업의 철학 그리고 성과 창출 성공 지속적인 성장까지 총체적인 과정이 담긴 프로세스가 바로 그 기업을 대변한다.

무엇보다 혁신 기업들의 성공 스토리의 90% 이상을 차지하고 있는 성공요소 세 가지는 바로 마케팅 혁신의 요체인 3P(People, Philosophy, Process)다.

▎People(사람), 마케팅 혁신 사람이 전부다

고객도 '사람'이고, 파트너사도 '사람'이 중심이고, 기업도 사내 고객들인 '사람'이 중심이다. 그동안 시스템이 효율성과 효과성에 의미를 두고 사람들을 기능적으로 보았기에 경제, 경영, 마케팅이 발전해 왔다면 마케팅

혁신은 시스템 안에 사람이 존재하는 것이 아니라, 시스템이 사람을 위해 존재하는 것으로 정의되어야 한다.

필자는 '마케팅은 통계학, 경영학, 사회학, 심리학이다.'라고 정의하는 관점에서 마켓 전체를 바라보고, '모든 개인, 제품, 기업, 비즈니스 모델, 프로젝트들은 인간을 위한 발견, 발명, 발전이어야 한다.'라는 관점을 제1순위로 본다.

상호 존중의 자세로 저마다 가지고 있는 달란트(재능)들을 인정하고 긍정적으로 피드백해주는 소통과 격려와 인센티브, 직원들이 감동할만한 복지를 제공함으로써 자부심을 느끼게 하는 기업들은 이미 취업을 준비하는 청년들에게 입소문 나있고 입사해서 일해보고 싶다는 동경 또한 많으며, 구인 구직 홍보를 별도로 하지 않아도 수백 대 1의 경쟁률을 보인다.

마케팅 혁신은 프로모션의 방법론만 새롭게 하는 차원의 문제가 아니다. 그런 아이디어를 자발적으로 입안하게 하고, 현실화되게 하는 CEO들의 마인드 혁신과 기업가 정신의 혁신부터가 마케팅 혁신의 시작이다.

▌Philosophy(철학), 마케팅 혁신하는 기업은 모두 철학이 있다

마케팅 혁신을 하는 기업은 R&D 단계부터 관련 부서 차원에서 시작하고 마무리하지 않는다. 회사 구성원 모두가 시간을 할애할 수 있도록 아이디어를 공모하고, 특허를 장려하며, 그 특허에 대한 공동소유를 통해 기업 발전에 애사심 있도록 공헌하게 한다.

기업철학의 범주인 핵심 이념, 핵심 가치, 핵심 목표들과 비전, 사명, 실천력, 조직 규율 등이 홈페이지 메뉴에 추가되어 잘 정리된 기업들은 그 시작의 규모에 상관없이 성공하고 성장하는 것을 볼 수 있다.

결국, 새롭게 개발된 신제품조차도 PLC의 성숙기 시점에서 그 판매 수량의 최대치와 사회에 끼치는 영향력과 의미에 대한 것들을 처음부터 빅데이터 마이닝을 통한 시뮬레이션을 통해 펼쳐나간다.

마케팅 혁신 기업들은 미션별로 적재적소의 인재들을 T.F.Team으로 추가, 협업팀을 만들고 나아가 인소싱팀과 아웃소싱팀까지도 협업팀을 구축하여 완전히 새로운 미래를 준비하게 하는 특징을 보인다.

혁신 기업들은 입사할 때 분업화된 한 가지의 직무만을 맡게 하지 않는다. 2~3가지의 복합적인 미션과 협업 문화를 가지고 있고, 사내 벤처 또는 신규 사업의 인큐베이팅 모델들을 창안하고 발굴하기 위해 사내 인재들을 인정하고 적극적으로 참여시켜 혁신을 추구하면서도 위험을 감수하는 차원에서 스마트하게 대처한다.

이처럼 마케팅 혁신을 하는 기업 조직 팀의 철학은 최고 경영진이 위험을 감수하고 지지, 보상하기 때문에 직원들이 실패하는 것을 두려워하지 않는다. 기업 철학을 홈페이지에 반영하고, CEO의 마케팅 혁신 차원의 의지를 규율화해 공유하고, 그 규율을 기준점으로 실패를 두려워하지 않는 철학을 실천하는 기업들이 마케팅 혁신을 통해 처음 목표 그 이상의 성과 창출과 지속 성장하는 것을 볼 수 있다.

▌Process(프로세스), 분업이 아니라 '연결'을 통해 창조된 마케팅 프로세스가 있다

비즈니스를 하는 기업들은 보편적으로 아이디어 콘셉트, 마케팅 전략, 실행 계획, 평가, 피드백의 프로세스를 선입안하고 각종 사업 계획서, 마케팅 전략 기획서, 신상품 론칭 기획서, 신상품 개발 계획서 등을 만들어간다. 하지만 마케팅 혁신을 전개해가는 혁신 기업들은 원초적일 수 있는 Plan, Do, See, Feed-back의 축과 Before, In, After 축의 12가지 경우의 매트릭스 관점에서 전략적 세분화의 핵심 키워드들을 선정해 자신들만의 프로세스를 설계하고 사업을 펼쳐나간다.

다음으로 기업의 직원들이 각종 아이디어를 연결하고, 질문하고, 관찰하고, 네트워킹하고, 실험하게 한다. 그러한 혁신 과정 전반에 걸쳐 서로 격려하며 구체적이고, 디테일하고, 세분화되고, 융합할 수 있는 기업 소통 문화를 통해 그 기업만의 차별화되고 지속 성장할 수 있는 구조의 프로세스를 창출해 낸다.

프로세스의 단일화를 통해 직접거래 시스템부터 개발한 델컴퓨터, 샤오미, 유니클로 등이 그 대표적인 예이다.

▌혁신 기업들의 마케팅 혁신 다음은 탁월한 창조다

혁신 기업들의 마케팅 혁신 관점에서 시작은 전략과 과정의 총제적인 프로세스에 수많은 혁신 아이디어들이 곱해져 배가되는 창조력이다.

창조력이란 현상이나 사물을 연결하는 것이다. 사실 최초로 개발한 사람들보다 그것을 연결하고 조합하는 사람들이 세상에서 빛을 본다. 스티브 잡스가 혁신의 아이콘인 이유도 여기에 기인한다. 혁신 기업가들은 실제 자신이 직접 한 것은 별로 없고, 그저 뭔가를 보고, 자신이 했던 경험들을 연결하고 종합해서 새로운 곳이 나오게 했을 뿐일 수 있다. 여기서 중요한 부분은 그렇게 축적된 것들을 선행 학습하고 공유하며 응용하고 창출해내는 것에 목적으로 두고 '사람들을 이롭게 하는 것에 승부를 걸어온 기업가들'이 현재 세상의 중심을 이끌고 있다는 점이다.

2000년 이후에 사람 중심, 철학 중심, 프로세스 중심으로 혁신을 일궈내고 두각을 나타내고 있는 기업 마케팅 혁신가들을 보면 스티브 잡스(애플), 제프 베조스(아마존닷컴), 피에르 오미다이어(이베이), 피터 틸(페이팔), 마크 저커버그(페이스북), 브라이언 체스키 외 2명(에어비엔비), 마크 베니오프(세일즈포스닷컴), 마화텅(텐센트), 래리 페이지 세르게이 브린(구글), 리드 헤이스팅스(넷플릭스), 빌 드레이튼(이쇼카) 등이 있다. 많은 혁신 기업가들이 그들의 비즈니스 모델을 마케팅 혁신을 통해 블루오션을 창출하고 세계 중심에 우뚝 자리매김하며 영향력을 발휘하며 세상을 리드하고 있다.

피터 드러커가 기업에게 권하는 최고의 메시지로 "마케팅과 혁신을 통해 고객 창출을 하는 기업만이 생존한다."라는 말을 했다.

마케팅혁신의 핵심 키워드 세 가지 사람 철학 프로세스를 조금은 천천히, 하지만 명확히 변화시키고 변신하며 지속해서 마케팅 혁신하는 기업만이 그리고 또 다른 연결을 통한 융합과 통합으로 인간과 우주를 모두 담아내려는 혁신 리더들만이 세상을 리드해 갈 것이다.

> 기업 마케팅에서는 3P가 필요하다. 사람, 철학 그리고 프로세스. 상호 존중의 자세로 인간을 위한 것을 행해야 하며, 기업 고유의 철학과 프로세스를 가지고 마케팅을 혁신하여야 비즈니스가 원활하고 성공적으로 발전할 수 있다. 그런 기업들의 다음 활로는 바로 창조력이 될 것이다.
>
> #4차산업시대 #기업마케팅혁신 #People #Philosophy #Process

4. B 비즈니스

[54] 브랜드의 해체, 3년~30년 사이의 기업 브랜드 해체로 돌파구 모색해야 할 때

Q54 브랜드를 운영하는 비즈니스적 입장에서 봤을 때, 브랜드 어필의 한계가 좀 올 때가 있다고 봅니다. 이를 헤쳐나갈 방법이 있는지 궁금합니다.

수요가치가 점차 떨어지고 있는 대기업들과 코스닥 기업들은 신사업에 투자하거나 M&A를 하고 있기도 하지만 브랜드 해체를 하고 있기도 하다.

B2B 기업을 표방하는 기업일수록 지금이 적기라고 생각하고 구조조정 대신에 사업부 단위의 독립 자회사를 만들며 브랜드 해체 작업을 하고 있다.

지금이 미래 파편화, 융합화, 초 연결 사회의 시대 조류를 읽는 기업들 생존할 터

당신의 기업에 브랜드가 몇 개인가? 브랜드가 2개 이상이라면 각각을 독립 개체화시키고 브랜드를 해체하여. 브랜드별로 앱 반응형 모바일, 쇼핑몰형 홈페이지를 구축하고 직거래 소매업을 병행하며 기존의 머천다이징, 마케팅, 브랜딩, 유통 입점 판매를 병행하며 가야 할 것이다.

'이합집산'의 협업 마인드가 한국 사회 전반에 돌기 시작했다. 한계 기업, 매출과 수익률이 동시에 떨어지고 고정비는 증대되는 시점에서 재무구조가 부실해 영업 활동을 통해 벌어들인 이익으로 이자(금융 비용)도 감당하지 못하는 한국 기업들이 17%대에 육박하고 있는 시점에서 브랜드 해체화와 독립 사업화라도 시도하는 기업은 발 빠른 대응을 시작한 것이다.

7~10년 단위로 오고 있는 금융 위기 패턴 미리 대비하는 것은 기본
　퇴출되기 전에 브랜드를 살리거나 잘되는 브랜드를 좋은 조건으로 M&A 하고 싶다면 지금 세분화시켜 분사시키고, 경쟁사일지라도 융합을 하고, 개인일지라도 실력이 있는 기업들과 초 연결해서 자립성을 키워가는 파괴적인 조직 혁신 차원의 준비를 해가야 한다.
　실패 사례로 알려진 코닥은 디지털카메라에 필름 시장을 빼앗기고, 디지털카메라는 스마트폰 마켓에 함몰되어가고 있지만, 숨 고르기를 한 코닥은 블록체인 신기술의 긍정적 요소를 적극적으로 수용하여 웅비를 준비하고 있다.

■ 창조적 파괴 역설한 '슘페터식 관점'인 브랜드 해체. 창업, 스타트 기업에 모두 적용해도 유효

슘페터(Joseph A. Schumpeter, 1883 1950)

　슘페터가 창조적 파괴를 통한 창조적 혁신을 역설하였듯이 브랜드 해

체와 또 다른 M&A의 모멘텀 창출이 필요한 시대다.

경계조차 허물어진 세상에 과거의 방식을 고집하다가 스마트폰 기술 도입의 타이밍을 놓치고 삼성과 애플에 뒤처져 위기에 봉착했지만, 노키아는 노키아 브랜드를 해체하고 단위 산업체를 여러 개로 쪼갰다. 모 브랜드는 없어졌지만, 사업 단위별 브랜드는 아직도 건재하고 있다.

물론 단위 브랜드로 쪼개지는 기업에 속하는 조직과 구성원들도 스스로 변신하지 않으면 생존하기 힘든 시점이다.

취업을 준비하는 사람들이든 창업을 준비하는 사람들이든 직장인이든 불안한 카오스의 시간을 지나고 있는 것은 매한가지다.

▌한계 기업 카테고리 지표로 보는 산업 위기

전체 한계 기업에서 각 업종 한계 기업이 차지하는 비중을 보면 다음과 같다. 부동산 24.9%, 건설업 8.5%, 도 소매업 8.6%, 운수업 7.0%, 예술 레저서비스업 5.6%, 전기 전자기업 4.9%, 기타 업 41.0% 등으로 『KIS-Value』는 발표했다.

금융 위기 관점에서 이야기하려는 것이 아니라 브랜드 마케팅 관점에서 브랜드 해체를 통해 케즘과 역케즘에 걸린 브랜드의 마케팅 혁신을 해가야 한다는 관점이다.

▌브랜드 해체 후 같은 테마나 코드로 연결 지을 수 있는 M&A 현상 나타날 터

대기업은 삼성이나 한화를 보듯이, 이합집산의 관점에서 기업의 핵심 역량에 집중하기 위한 M&A을 성사시키고, 마켓을 선도하고 있음을 볼 수 있다.

과거 옥션은 인터파크의 조개 속 진주였던 G마켓을 글로벌 기업인 옥션에 M&A를 했고, 10년 가까이 한국 시장의 강자 역할을 해오고 있다.

강소 브랜드나 코스닥 규모의 중소 브랜드들도 유통으로 돈을 번 기업 등이 기술력이 있는 바이오 기업을 인수하거나 중국 기업들이 한국에 직접 진출하면서 한국의 우수 브랜드 기업에 투자를 통해 지분 점유율을 높이고 있는 시점이다.

■ 주식 엑시트(Exit) 사례들 두드러지고 있어 화제

2013년 이후 컴투스, 까사미아, 커버코리아, 락앤락, 더반찬, 공차코리아 등의 엑시트 사례들을 보면 브랜드를 세분화시키거나 엑시트하여 인수 합병한 기업에서는 강점을 더 강점화하고 엑시트해서 적게는 300억 원에서 많게는 약 1조 원까지의 막대한 자금으로 인접 마켓의 4차 산업과 경계를 두고 있는 마켓에서 성공의 경험과 노하우로 신 브랜드 론칭 준비를 하고 있다.

■ '역케즘'에 걸려 해저터널로 함몰될 것이냐, 죽음의 계곡을 잘 넘어갈 것이냐가 관건

규모의 문제이고 판매량의 문제이지 현재 브랜드를 가지고 있는 모든 기업은 브랜드 해체를 고민해야 할 시기이다.

기업의 CEO라면 실무 임원과 실무자들과 함께 4차 산업에 부합하는 신규 사업 관점에서 '신사업의 진출이냐' 아니면 '엑시트 하고자 하는 기업을 M&A할 것이냐'를 고민해봐야 할 시기이다. 눈덩이를 굴리더라도 겨울이 아니고 환경이 봄이 되어가는 상황에서는 눈덩이가 그대로 녹아 흔적도 없이 사라지고 여름이 되어 성장하는 것 같지만, 매출만 높지 수익 구조 악화와 높아지는 인건비와 경영 비용의 증대로 눈덩이가 아니라 물로 사라질 수 있다는 이야기다.

대기업이 생존하려면 그 산업의 환경 자체를 겨울로 유지하고 눈덩이를 더 크게 굴리기 위한 모멘텀 효과를 창출하는 것이 필수다. 아웃사이트 관점의 신사업 투자나 M&A를 통한 변신이 필요할 때이다.

▎전방위적인 산업 카테고리를 오고 간 개인들이 거대 기업 조직 혁신을 이끄는 인재들 부상할 터

예전에 직장의 잦은 이동자들은 대우를 받지 못했지만 1~3년 사이로 적게는 3개 카테고리, 많게는 5개 이상의 카테고리를 이동하며 그 카테고리 마켓을 조사 분석하고 트렌드 워칭하며 마켓을 읽어내는 능력을 체득한, 마케팅, 브랜딩, 머천다이징, 스타트 기업들 위주로 있었던 기획과 마케팅, 영업을 두루 경험한 인재들이 헤드헌팅 시장에서도 각광받고 있다.

그 이유로는 컨설팅을 받아도 실행은 아웃소싱을 써야 하고 상품 개발과 서비스 개발, 나아가 비즈니스 모델과 신사업 개발까지 하고자 한다면 업무를 추진하는 태도에서 두려움이 없는 인재들이 필요한데, 한 직장에서 조직 규율만 따르던, 성실하거나 매출만 잘 올리던 영업 사원보다 인사이트, 아웃사이트 양쪽 모두의 실무 경험에서 나온 노하우를 기반으로 새로운 것을 추진하려는 CEO나 사업부 임원들에게는 많은 경험을 한 사람들이 1인 3역 이상을 할 수 있기에 그 선호도는 상당히 높아지고 있다.

2002년 이후 기수별 정규 과정에 고관여 하며 3,000명 이상, 이처럼 마케팅 직업군과 머천다이저(MD) 직업군들을 양성해오면서 멀티플레이어가 되라는 것이 아니라 소비자, 수요자, 커넥터로 고객의 정의가 변화될 터인데 그 '고객들의 변신'에 합당한 인재상이 되라고 역설을 해왔다.

결론적으로 포지셔닝(직급의 위치)를 내려놓고 기획, 전략, 마케팅, 영업, 관리, 서비스, 협상, 리더십을 체득해 브랜딩을 창출하는 역할자가 되라고 강조해 왔던 기억이다.

자기계발, 마케팅, 브랜딩, 미래학 석학들의 지식적 관점을 융합하여 취업, 창업, 창직, 프리랜서, 퍼스널 브랜드를 창출하는 청년들을 가르치고 트레이닝시키며 리드해 왔다.

2010년 이후 필자 역시 카테고리에 상관없이 CMO(컨설케이션, 매칭, 아웃소싱) 사외이사, CSO(인사이트와 아웃사이트를 연결하는 시너지 최고 관리자) 사외이사 역할(ROLE)을 개척하고 리드해가고 있다.

▌'창직가'라고 할 수 있는 '마케팅 컨설케이터'들 출현과 동시에 각광받는 시대 시작

필립 코틀러 교수의 『SWOT 분석』에서는 "위기, 즉 위협요소(T)와 기회(O)는 항상 함께 온다."라고 한다. 위의 금융 위기나 한계 기업의 사례들을 보고 위협 요소를 부정적으로 보는 사람들은 위협을 당해 기업이 어려워질 것이고, 엑시트 사례를 보고 위협 요소를 긍정적으로 보는 사람은 기회를 잡을 수 있을 것이다.

엑시트 사례들을 보면 2,000년 전후의 신흥 기업들이 많으며, 그들은 실무를 통해 자신만의 성과 창출의 이론과 성취 사례, 나아가 엑시트 사례를 만들고 더 큰 비즈니스 그림 실현을 위해 스스로 브랜드를 해체하고 변신하여 새로운 브랜드 창출에 도전하는 미래를 현재화시켜 마켓과 가치 창출을 한 훌륭한 사례다.

마케터부터 CEO까지 자신의 기업 안의 제품이나 서비스 브랜드들을 진단하고 브랜드를 어떻게 해체하고, 어떻게 M&A 하여 새로운 강자로 거듭날 것인지를 심층적으로 고민해봐야 할 요즘이다.

신용 있는 리더가 새로운 융합을 시도한다면 그 재조합의 시너지는 상상 이상일 것이다.

미래 파편화, 융합화, 초 연결 사회의 시대 조류를 읽는 기업들 생존할 것이며, 브랜드 해체 후 같은 테마나 코드로 연결 지을 수 있는 M&A 현상이 나타날 것이다. '역케즘'에 걸려 해저터널로 함몰될 것이냐, 죽음의 계곡을 잘 넘어갈 것이냐가 현재 기업들의 관건이 되어 이를 잘 넘길 수 있는 '창직가'라고 할 수 있는 '브랜드 컨설케이터'들이 출현과 동시에 각광받는 시대가 될 것이다.

#브랜드해체 #역케즘 #창직가 #브랜드컨설케이터
#시대변화에맞는기업변화

5. B 비즈니스

[55] 마케팅 운영 정책, 최적화된 비율의 법칙을 찾아 지속 성장을 유지하자

Q55 마케팅을 운영할 때 핵심 정책이 잘 정립되지 않았는데 참고 자료 또는 꼭 알아야 하는 내용이 있을까요?

"귀사의 최적화된 마케팅 운영 정책의 비율은 어떻게 되십니까?"라는 질문에 디지털 패러다임 시프트(대전환)가 되어 진행되는 시점에서 파레토의 법칙이나 롱테일의 법칙은 마케터나 경영자들에게 가장 유용한 이론이라고 해도 과언이 아니다.

파레토의 법칙을 경영학에 처음으로 사용한 사람은 조셉M. 주란이다. "이탈리아 인구의 20%가 이탈리아 전체 80%를 가지고 있다."라고 주장한 이탈리아의 경제학자 빌프레도 파레토의 이름에서 따왔다.

파레토 법칙의 정수는 '중요한 것은 소수고, 나머지는 사소하다'는 것이지만, 이는 결코 파레토 법칙을 사용해서 모든 현상을 80대20으로 정확히 나누어 설명할 수 있다는 뜻은 아니다. 하지만 이 법칙을 마케팅 운영 정책에 응용하여 자사만의 강점적이고 차별화된 함숫값을 찾아 안정적으로 지속 성장하는 네트워크 관리, 머천다이징(MD) 전략, 마케팅 정책, 인재 운영 정책 등 전반적인 분야에 축적, 적용되고 있는 것이 사실이다.

▌우선순위 다음은 비율적 운영 정책과 조직 혁신 적용이 중요

세상에 나와 있는 이론이나 법칙의 전략을 수립하는데 잘 응용하는 사람들은 양극화된 성공이나 실패를 하지 않는다. 어떻게 예리한 안목으로 핵심 인물을 가려낼 수 있을까? '사회적 위치, 교제 대상 및 인적 네트워크,

존재 가치 여부 등을 따져보고 풍부한 경험의 소유자, 영향력이 있는 자, 한 분야의 전문가 수준' 등으로 핵심 인재를 선발할 수 있다.

무엇보다도 전문가들은 자신의 지식과 경험, 간접경험의 지혜까지도 잘 정리하여 콘텐츠로 가지고 있으며 그것들을 잘 전달할 수 있는 소통의 권위자일수록 조직 혁신에 필요한 사내 코칭, 사내 멘토링, 교육 등을 진행하는 마스터로 선발해 조직 혁신을 추진 정착시키는 데 복잡한 대인관계의 사회에서 조직 혁신의 정착을 해갈 수가 있다.

▌오프라인, 20대80 법칙을 응용해 마케팅 전략에 많이 응용

'전체 결과의 80%가 전체 마케팅 원인의 20%에서 일어나는 현상'을 가리킨다. 비즈니스의 목표 설정에서 중요한 것은 플랜 A의 목표 지수를 상위 20%로 매출의 80%를 달성하게 된다면 안정적인 목표 달성을 하게 된다고 볼 수 있다.

비즈니스 관계 안에서도 평균적으로 사회학자들은 한 개인이 250명 정도의 인맥들과 빈번히 연락하고 지내는 사람은 그 가운데 10%도 채 되지 않는 사람들과 소통하고 만나며, 살아가며 그중에서 '핵심 소수'인 20%의 사람들과 80%의 시간을 20%의 핵심 인물에 투자해가며 그 인맥을 넓혀간다. 인맥을 넘어 '심맥'을 넓혀나간다.

▌디지털(온라인&모바일), 롱테일(긴 꼬리)법칙 마케팅 전략에 많이 응용

롱테일 현상은 파레토 법칙에서 긴 꼬리처럼 각 부분을 형성하는 80%의 부분을 일컫는다. X축이 길게 뻗어 나가는 그래프의 모습에서 나온 말이다. 2004년 『와이어드지』 10월호에 크리스 앤더슨이 처음 소개한 법칙으로 디지털 마케팅의 성공 사례들을 많이 볼 수 있다.

구글 애드센스는 롱테일을 이용한 대표적인 비즈니스 모델이다. 작은 규모의 전 세계 광고주들은 이 롱테일의 법칙 성공 케이스를 스토리로 노출시켜 "티끌 모아 태산" 식으로 구글 전체 매출의 50%를 만들어 내고 있는 것이 사실이다.

이노센티브(집단 지성을 활용한 클라우드 소싱 플랫폼) 역시 개방형 연구 개발 방법을 통해 혁신적 성과를 거두고 있는데, 전 세계 10만 명 이상의 개인 연구원들이 디지털로 참여하여 다양한 기술적 난제를 해결하고 있다.

롱테일 법칙은 디지털 경제에서 유효하며 웹툰, 음원, 핸드 메이드 제품, 지역 중심의 특화 서비스 등에 늘 유효하며, 몸통보다도 잘나가는 산업들로 성장하고 있다.

2018년 추세인 무인점포, 무인 판매, 무인 kiosk 트렌드에 맞물려 푸드테크, 온 디멘드 카테고리의 확장들을 보면 롱테일의 법칙이 작용하고 있음을 알 수 있다. 그 카테고리 분야로는 ▶ 음식 배달 서비스, ▶ 맛집 추천 및 예약 서비스, ▶ 모바일로 커피나 음식을 주문한 후 매장을 방문해 직접 먹을 수 있는 O2O 서비스, ▶ 음식을 만들 수 있는 레시피와 필요한 음식재료를 집으로 배달하는 서비스, 음식재료를 배송하는 서비스, ▶ 레시피를 공유하는 서비스, ▶ 지능화된 농장 스마트 팜, ▶ 3D 프린트 요리 서비스, ▶ 대체 식품 곤충 요리 개발 서비스, ▶ 무인점포 도시락 편의점 등 다양한 롱테일 현상들이 한국의 트렌드로 확장하면서 디지털 경제를 선도하기 시작했다.

지속 성장 법칙, 전통 산업의 메이저 기업들
30:70 법칙 케이스 많아

백화점에 입점한 패션 브랜드들은 통상적으로 30%의 제품군으로 70%의 매출을 잡는 것에 주안점을 두고 머천다이징(MD) 전략을 입안하는 경우가 많은 것이 사실이다.

전통적인 비즈니스 영역에서는 지속 성장 법칙의 수치일 수 있는 70대 30 법칙을 실무에 적용하여 목표 설정을 하게 하고 추가 목표 20%를 더 설정하게 하여 120%의 목표로 6 비즈니스를 전개하여 실무적으로 성공한 케이스를 많이 볼 수 있다.

사실 파레토의 법칙보다는 위의 비율적인 운영 정책을 가지고 사업을 전개해가는 기업들이 조직을 혁신해가며 지속 성장해가는 경우가 많다.

홈쇼핑 마케팅 같은 경우도 전략 기획 상품과 신상품을 30%, 매출 상품과 이익 상품을 70%의 운영 정책을 세워 경영하는 것이 일반적이다. 홈쇼핑 시간 운영은 시간, 요일, 월 단위 방송 편성표를 좀 더 세부적인 운영 비율에서 보면 전략 기획 상품 20%, 신상품 10%, 매출 증대 상품 40%, 이익 증대 상품 30% 정도의 상한 비율로 하한 비율을 정하고 골든 타임의 비율과 노멀 타임의 비율을 정해 ▶ 정액제, ▶ 정률제, ▶ 정액+정률제 등을 탄력적으로 운영하며 지속 성장하는 것을 볼 수 있다. 전통산업의 메이저 기업들은 다이아몬드 구조의 안정적인 운영 정책을 지속 실천해가며 안정적으로 성장해가고 있다.

▌30대70 법칙, 마케팅 운영 정책과 마케터 인재 운영 응용 방법

직원의 30%가 70%의 불화를 일으킨다. 이 30%의 부조화 직원들을 정리해 나머지 직원을 보호하는 기업의 규율 문화를 정착시켜라. 직원의 30%가 조직의 생산성, 이윤, 판매량의 70%를 결정한다. 그들을 포상하는 문화를 만들어라. 30%의 고객이 토로하는 불만이 고객 불만의 70%를 차지한다.

이 고객들의 문제가 무엇인지 파악해서 처리한다. 마케팅 투자 또는 지출의 70%는 30%의 마케팅 예산 항목에서 발생한다. 이렇게 많은 지출이 발생하는 항목을 주의 깊게 관찰해서 예산을 절약하는 것이 필요하다. 기업 이윤의 70%는 30%의 상품 매출에서 발생한다. 적은 수의 상품에 과도하게 의존하지 말고 조직의 미래를 성장하게 할 수 있는 신상품 개발에 힘써라.

마케팅 이론이란 것이 누군가에게는 가벼워 보일 수 있지만, 누군가에게는 평생 축적해 표준화시킨 결과치의 총합이다. 이론을 잘 선택하여 비즈니스, 경영, 마케팅의 전략들에 잘 적용하고 응용한다면 새로운 성과 창출과 성공 사례, 지속 성장의 사례로 회자할 수 있다.

30%의 상위 범주로 70%의 판매량, 매출, 수익 구조를 만들어가는 마케팅 전략을 숙지하고 실무에 응용하는 마케터, 머천다이저(MD), 브랜드 매니저(BM), 카테고리 매니저(CM)들이 기업의 경영을 지속 성장시켜가는 핵심 인재다.

주제 정하기, 우선순위 정하기, 비율 정하기, 강 중 약 정하기의 시너지 마케팅 사고법을 체득하여 마케팅 운영 정책에 반영하는 비법을 체득하고 있는 인재들이 많을수록 기업들의 미래는 밝다고 할 수 있다.

GE의 전 CEO 잭 웰치는 20:70:10의 인재 경영 운영 정책 함숫값(실력이 있으며 성과를 내는 직원 20%, 실력이 있는 직원 70%, 실력도 없으며 성과도 없는 직원 10%)을 찾아 20년 이상 지속 가능 경영을 한 우수한 사례처럼 자사만의 비율적 마케팅 운영 정책의 최적화된 값을 찾아 혁신하는 기업들을 벤치마킹해보자.

> 파레토의 법칙처럼 20대80 법칙을 이용하여 마케팅 전략에 많이 응용할 수 있다. 비즈니스 목표를 상위 20% 고객이 80%의 매출을 내는 현상을 만들어낼 수 있다. 또한, 롱테일 법칙으로 작은 것들을 모아 큰 것을 만든다는 방식으로 새로운 비즈니스를 만들고 있다. 이러한 사례들을 통해 마케팅 운영 정책의 최적화를 찾아내고 벤치마킹하자.
>
> #핵심해시태그 #마케팅운영정책 #파레토법칙
> #롱테일법칙 #30%대70%법칙

6. B 비즈니스

[56] 마케팅 경쟁 전략, 마케팅은 타이밍을 지키기 위해 전략을 세운다

Q56 마케팅을 진행하다 보면 전략을 세우는 과정이 있습니다. 이 전략은 왜 중요한 것인가요?

세상은 경쟁으로 살아간다. 마켓 안에서도 기업들은 경쟁자와는 다름을 주창하고, 그 차별성의 부각하여 마케팅을 실행하고 브랜딩을 구축하며 경쟁에서 이기기 위한 쉼 없는 노력을 하는 시대다.

기업들이 주요 경쟁자를 파악하고 평가하고 나면 경쟁 우위를 확보할 수 있도록 넓은 범주의 경쟁적 통합 마케팅 커뮤니케이션(IMC) 전략을 설계한다.

한국 기업들은 마케팅 최고 경영자(CMO)를 두고 사업을 하기에는 그만큼의 전문 인력을 담아내고 활용할 수 있는 마케팅 지식과 역량이 있는 CEO들이 부족하다.

▌규모가 작은 기업에 CEO들의 마케팅 전개 유형

1. 제조에 90% 이상의 비용을 투자하고, 되는대로 영업 유통만을 전개한다.
2. CEO의 영업력만으로 기업을 세워가면 된다고 생각한다.
3. 10년 이상 한계 매출을 넘지 못하면서 트레이닝된 마케터나 MD를 채용하지 않는다.
4. 마케터를 채용하되 2년 안쪽으로 활용하고, 다 뽑아 먹었다고 해고하고 갈아타기를 한다.
5. 마케팅 예산도 없이 마케팅 전략을 짜보라고 하고 급여를 주며 알아서

해보라고 한다.

6. 2년짜리 유통 기한 상품을 6개월도 안 돼서 안 팔리고 불안하다고 50% 할인, 1+1을 해서 스스로 제품 경쟁력을 격하시킨다.

7. 3개월 단위의 선택과 집중이 아니라 주먹구구식의 판매 지향적인 이벤트들을 남발한다.

8. '만들면 팔리겠지, 내 제품은 최고니까! 아무한테나 총판을 주지 않을 거야.'라고 고집만 부리다. 판매 시점을 놓쳐 재고로 물류 창고에 쌓아둔다.

9. 완제품을 만드는데 10명의 사람이 필요하다면 입소문이 나는 데는 10,000명의 고객이 필요하다는 것을 모른다.

10. 통합 마케팅 커뮤니케이션 전략(IMC) 입안 능력도 없는데 CMO를 채용하려 하지 않는다.

위의 10가지의 경우의 상황들은 어쩌면 대동소이한 말이다.

마케팅을 안다고 하지만 영업과 세일즈, 마케팅과 브랜딩, 머천다이징과 리카테고리 라이징을 학습하지 않은 채 경영자 관점에서 시스템 안에서 사람을, 전략을, 실행 퍼포먼스 아이디어를, 경영자 스스로 다 알고 있다고 착각을 하고 막무가내 경쟁을 하기 때문에 제품의 히트 시점 타이밍을 지키지 못하고 이름과 로고만 있는 제품을 물류 창고에 쌓아두었다가 땡처리하거나 옷들을 그램으로 무게를 재서 판매하는 경우를 자주 목격하게 된다.

▌포지셔닝 전략 관점의 마케팅 경쟁 전략 세 가지

첫째, 전반적 비용 우위 전략이다. 이 전략은 제조 비용과 유통비용을 최소화하기 위해 노력한다. 원가 우위 전략은 경쟁 제품보다 낮은 가격을 책정할 수 있도록 해주고, 높은 시장점유율을 차지할 수 있게 해준다. 마케팅 경쟁 전략 중에 가장 기본적이고 1순위인 경쟁 전략이다. 하지만 외식업 같은 경우 원가를 35% 이내로 숫자적인 원가 전략에만 집중하다 보면 가장 본질적인 맛이 떨어지게 되는 상황이 발생해 결국 실패로 갈 확률이 많다. 이 때문에 지역 상권의 경쟁자들 대비 무조건적인 비용 우위 전략은 피해야 한다.

오픈 마켓, 소셜 커머스, 홈쇼핑의 제품 브랜드들이 비용 우위 전략을 전개하고 있다.

둘째, 차별화 전략이다. 자신의 기업이 속한 해당 카테고리 산업군 내에서 자신을 등급 선도자처럼 고객들의 마음속 위치에서 좋은 위치에 포지셔닝 할 수 있도록 차별화된 제품 라인과 마케팅 프로그램을 창조하는 데 집중한다. 대부분 고객은 가격이 너무 비싸지만 않다면 이런 브랜드, 즉 차별화된 제품의 브랜드를 선호할 것이다.

나이키는 IT 업계에서 맞춤 제작 신발 플랫폼으로 차별화하는 경우처럼 현존하는 유니콘 기업들은 대부분 이 차별화 전략을 구사하고 있다.

셋째, 집중 전략이다. 이 전략을 사용하는 기업들은 마켓 전체를 좇기보다는 몇몇 세분 시장을 대상으로 모든 노력을 집중한다.

리츠칼튼호텔은 사업과 레저 목적 여행자의 상위 5%에 집중한다. 테라푸드는 애완용 열대어 사료의 60%를 공급하는 데 집중한다. 이 업체는 수중세계의 리더다. 또한, 히든 챔피언의 정의에 부합하는 B2B 기업들도 집중 전략을 구사하고 있다.

위 세 가지 전략은 포지셔닝 전략과 동시에 마케팅 경쟁 전략의 종류다.

한국 기업들 같은 경우에도 단일 제품 브랜드나 서비스 브랜드 같은 경우 위 세 가지를 모두 고려하여 병행하는 경우가 많이 있다. 그러나 분명한 전략을 구사하지 못하는 어중간한 기업, 즉 IMC 전략도 없고, 마케터도 없으며, 마케팅 프로그램 아이디어도 예산도 없이 되는대로 마케팅이나 영업을 하는 기업일수록 실패 확률은 높아진다.

▍신규사업으로 경쟁 마케팅에서 이기는 고객 가치 창출 전략

마케팅 경쟁 전략은 좀 더 고객 중심으로 세분화하고 타깃화하여 새로운 트렌드 워칭에서 발견된다.

고객의 소비 형태를 재정의 내린 신조어의 트렌드 선도를 통해 마케팅 프로그램 운영의 탁월함, 고객들과 IMC 마케팅 전략 입안과 실행 전개를 통한 친밀한 소통, 지속해서 신제품을 추가로 업그레이드된 제품들을 선도해 가는 전략 전개를 통해 마케팅 경쟁을 진행한다면 성장 가능성과 성공 가능성이 높다.

무어의 법칙이나 황창규의 법칙에 따라 반도체의 기술이 18개월 또는 12개월마다 기술적인 시즈가 업그레이드되고 있는 패턴이, 신제품 출시의 타이밍들을 예고제로 전개해가는 삼성의 갤럭시 시리즈나 애플의 스마트 기기들이 그 대표적인 예라고 할 수 있다.

드럭스토어나 화장품 로드샵의 브랜드 역시 연중에 시점을 먼저 정하고 신제품을 정기적으로 출시하는 마케팅 경쟁 전략을 전개해가며 비용 우위 전략, 차별화 전략, 집중 전략 모두를 적절하게 믹스하여 창의적이고 게릴라적인 마케팅 프로그램의 창조를 통해 지속 성장해가며 카테고리의 패러다임을 선도해가고 있다.

▍마케팅 경쟁전략을 통해 주어지게 되는 경쟁적 지위 분류

✅ 시장 선도자: 카테고리 산업 내에서 가장 큰 시장점유율을 차지하고 있는 기업
✅ 시장 도전자: 카테고리 산업 내에서 시장점유율을 늘리고자 열심히 싸우는 기업
✅ 시장 추종자: 카테고리 산업 내에서 시장을 흔들지 않고 점유율을 유지하고자 하는 하위 기업
✅ 틈새시장 추구자: 카테고리 내에서 다른 기업이 간과하거나 무시하는

작은 세분 시장을 상대하는 기업

■ 5위 기업까지 먹고사는 시대에서 1위가 아니면 못 먹고 사는 시대

　무경계의 마켓에서 정부 정책의 강한 추진력으로 최저임금이 높아지고, 최상위 종합소득세의 기준이 1.5까지 내려오면서 국민 대부분 사람들은 틀 안에 갇혀 부자의 꿈을 꾸기에 버거워하는 모습이며, 산업과 마켓의 현장에서 CEO들이나 자영업자들의 쓴소리를 들어보면 1위 아니면 먹고 살기 힘든 시대고, 그 1위마저도 경계를 허무는 플랫폼 기업의 출현으로 기업들의 경쟁력은 저하되고, 수익 구조들은 악화하여가고 있는 추세다.

　수익의 양극화의 접점은 점점 더 벌어져 가고 있다. 스마트폰 안에 들어와 있는 카메라 산업, GPS 산업, 빅데이터 산업, SI, IT, WEB 산업들은 정보의 고도화, 디지털화, 자동화로 인해 인건비도 받기 힘든 상황이다.

　기업들의 마케팅 경쟁 전략에서 가장 중요한 것이 인건비 구조인데, GDP 3만 달러도 넘기 전에 4만 달러 대에 필요한 선진국 정책들이 될 법한 최저임금 1만 원 시대와 52시간 근로시간을 정책으로 펼치고 눈에 보이게 세금을 거둬들이기 위해 공무원들은 아웃바운딩 TM을 해가며 앞으로 주고 뒤로 더 세금을 내야 하는 구조다 보니 자발적으로 기업들의 폐업이 늘고 있는 시점에서 기업의 마케팅 경쟁 전략은 점점 더 힘들어지는 추세다.

■ 최고의 경쟁 전략은 '진정성 전략'의 가치 전개다

　전 직원들은 경제구조, 경영 원리, 경쟁 전략, 마케팅, 영업, 고객 서비스에 관한 전반적인 지식을 공유하고 '내가 우리 기업의 대표성을 지닌다.'라는 마음 자세로 기업 문화 창출을 통한 서비스 컴퍼니 기업으로 거듭나야 한다. 고객의 관점에서 진정성을 어필하고 입소문이 났을 때 믿고 사는 그런 제품 브랜드, 서비스 브랜드, 기업 브랜드, 개인 브랜드들이 신화처럼 창출되고 굳건히 자리매김할 것이다.

포지셔닝 전략관점의 마케팅 경쟁 전략들 세 가지
첫째, 원가 우위 전략으로 제조 비용과 유통비용을 최소화하여 낮은 가격으로 높은 시장점유율을 차지.
둘째, 차별화 전략이다. 고객들의 마음속 위치에서 좋은 위치에 포지셔닝.
셋째, 집중 전략이다. 몇몇 세분 시장을 대상으로 선택과 집중하는 전략.

#원가우위전략 #차별화전략 #집중전략
#포지셔닝전략관점3가지 #진정성전략

7. C 비즈니스

[57] 뉴 카테고리 창출, 정체 속 확장해야 하는 기업의 딜레마 극복하는 해답

Q57 경제 정체와 침체가 계속되는 상황에서 기업들이 고전을 면치 못하고 있습니다. 이에 대해 탈출구가 있다면 어떤 것인지 궁금합니다.

CEO 관점에서는 거시 경제지수에 포함되는 성장률, 물가 상승률, 실업률, 경상 지수, 나아가 한 나라의 총체적인 거시 경제에 영향을 받는 환율까지 연동하여 새로운 투자를 한다.

새로운 의사 결정을 하기에 앞서 큰 그림과 큰 목표에 따른 CEO 스스로 자문자답은 물론 조직의 구성원 중에 기획, 전략, BM, 마케팅, 바이어, MD, 서비스, 회계 부서의 팀장급이라면 다음과 같은 질문에 'Bottom-up 방식'으로 자의적인 합의 차원의 자문자답을 선행하는 것부터가 필요하다.

▌바닥을 치고 큰 변신을 경험하는 조직이 혁신될 수 있어

- ✅ 가능한 최악의 결과는 무엇인가? (Min)
- ✅ 가능한 최상의 결과는 무엇인가? (Max)
- ✅ 가장 가능성이 높은 결과는 무엇인가? (최선, 차선, 제3의 선 등)
- ✅ 이에 따를 각각의 대응 방안 차원의 전략들은 있는가? (경우의 수)
- ✅ 각각의 전략과 목표에 따른 예산을 투자할 수 있는가? (IMC 예산)
- ✅ 각각의 전략들을 실행할 수 있는 스텝 또는 인재들이 있는가? (인소싱&아웃소싱)

세상의 비즈니스는 사람 중심, 고객 중심의 비즈니스 지향점과 신기술,

상품, 서비스, 마켓 창출까지 그 범주의 경계가 없어지고 있는 상황이다.

문제는 기존의 비즈니스를 전개하고 있는 시점에서 '정체 속 확장하는 기업의 딜레마를 어떻게 극복할 것인가?' 하는 문제다.

이런 상황의 보편적인 CEO들이라면 다음과 같은 순서로 '기업 개선'을 주도해간다.

뉴 사업 전략 및 지향점 선포·전 조직원 역량 강화 교육 진행·새로운 조직도 구성 및 스텝들의 부서 이동·뉴 리더들의 운영 전략 및 리더십 도출·우선순위 선택과 집중 전략 결정·액션 플랜 설계·부문 및 개인별 목표 부가 또는 목표 설정·예산 편성·실행, 평가·피드백·위기관리 등의 보편적인 기업 운영 절차를 밟아간다. 여기에서 가장 큰 위험은 단순 개선이나 변화만을 통해 기업 개선이 가능하다고 보는 고정관념이 문제다.

이런 절차는 사실 지속 성장을 이어갈 때의 방식이라고 할 수 있다. 직렬식 운영 정책과 수익 구조 개선 전략은 한계가 있다.

기업들 스스로 바닥을 친 경험을 한다면 조직의 트렌스포메이션이 가능하다. 하지만 그렇지 못하다면 형식적인 전년 대비 매출 신장의 정률적인 숫자적 목표 설정과 형식적인 보고 문화에서 권한도 책임도 없이 조직의 타성에 젖어 반성 없는 역신장의 매출을 눈 뜨고 보고 있을 수밖에 없는 격이 된다.

▌전년 대비 목표 달성에 실패하는 조직 구성원들의 공통점 세 가지

✅첫째, 전 구성원이 전체를 조망하는 데 실패한다.
✅둘째, 조직 구성원의 시각을 객관화하는 데 실패한다.
✅셋째, 구성원들은 합리적이지 못하고 합리화하는 자신의 이기적인 욕망에 끌려다닌다.

결국, '다해봤다.'라는 이야기와 '다해봤는데 안 된다.'라는 넋두리들만 지속한다.

　기업 CEO의 정보력과 동등하게 준비하는 구성원 정보력이 대등하거나 많아질 때 딜레마를 극복할 수 있다.

　기업의 데이터, 정보, 지식, 지혜를 축적하고, 학습하며 전 구성원에 공유를 선행한 후에 뉴 카테고리 창출을 위해 '응용'하고 '창출'하려는 조직의지 의식과 준 기업가 정신의 무장으로 권한을 자주적으로 행사하고, 목표 설정과 목표 달성 앞에 책임을 지는 문화로 전 구성원이 한목소리를 내는 문화가 만들어질 때 기존의 정체도 '티핑 포인트'가 되어 정체와 역신장의 꼬리를 자르고 성장할 수 있는 초석이 될 수 있다.

▎'조직 혁신의 거듭나기'를 통한 새로운 마케팅 혁신 필요

　18C 산업혁명 이후 제조사를 중심으로 성장해 온 굴뚝 산업의 성장 속도는 정체되거나 역신장을 하는데, 100년 이상 된 기업들과 15년 전후의 기업들이 동등한 위치에서 기존의 게임의 룰이 아닌 새로운 게임의 룰로 고도화 경쟁을 하는 이 시점에서 기업들도 개선과 혁신은 물론 변신해야 하는 시대다.

▎당신도 모험주의자, 이상주의자, 혁신주의자인가?

　글로벌 혁신 기업들로 상징되는 기업 리더의 공통점은 300년까지 내다보고 사업 전략을 창조 구상하고, 퍼스널 브랜딩으로 자신의 스토리를 강연이나 신 비즈니스 프리젠테이션 때 선포한다.

　언론이 그 스토리를 반복하여 생성하게 하는 마케팅 혁신의 원리를 십분 발휘하여 기존 매체인 방송 광고, 신문광고, 잡지 광고, 옥외광고를 하지 않고도 디지털 세상에 스토리 중심의 콘텐츠와 메시지만으로 통합 마케팅 커뮤니케이션(IMC)을 하면서 블랙홀처럼 뉴 카테고리의 리더 위치를 고수하고 있다.

제프 베조스, 엘론 머스크, 마크 베니오프, 래리 페이지, 마크 저커버그, 빌 게이츠, 마윈, 손정의 같은 CEO들은 아직 세상에 태어나지도 않는 누군가가 훗날 그들 뒤를 이어 기업을 오래도록 이끌어 나가길 바라며 뉴 카테고리 창출과 마케팅 혁신을 통한 새로운 고객을 창출하는 '뉴 마켓 메이커'로 이정표를 남겨가고 있다.

▎글로벌 뉴 카테고리 창출은 없고, IT나 SI 산업의 수익성은 퇴보

뉴 카테고리 창출의 사이즈 순위를 보면, 1순위 마켓, 2순위 서비스, 3순위 상품의 순서를 보인다. 예전의 카테고리라면 상품군 차원으로 정의되었다면 지금은 그 상품을 품고 있는 뉴 플랫폼 개념의 뉴 마켓 비즈니스 모델이 그 확장의 개념을 정립하고 있다.

이제 더는 모험이 아닌 안전한 것만 추구하고, 변화의 속도가 느리며, 신규 카테고리 창출보다 캐시 카우에서 현금을, 아니 이익률을 짜내는 일에만 관심을 두지 말아야 한다.

애플과 삼성의 수익률은 평균 35%가 넘는다. 그런데 한국의 IT나 SI 업체들은 어떻게 영업 이익률이 거시 경제지수보다 못한 1% 수준에 머무른지 이미 오래다. 또한, 리테일 산업을 선도하고 있는 유통 기업들은 어떤가? 언론의 뭇매를 맞으면서도, 실제로 일자리 창출의 1등 공신이면서도 영업 이익률은 역신장의 전철을 밟고 있다.

▎정체 속 역신장의 기업 딜레마 극복하는 법은 뉴 카테고리 창출이 '해답'

피터 드러커는 "기업 혁신은 CEO의 영감보다 기회에 대한 방법론적 분석과정에서 비롯된다."라고 말했다. 기업 혁신을 추구하고 있는 중견기업 이상의 기업은 스몰 조직 T.F.Team을 큰 조직에서 분리하여 독자적으로 업무를 추진하도록 세분화, 독립화, 개별화 마케팅 전략과 예산, 실행 인재들을 지원해야 한다. 내부 구성원들의 포지션이나 역할 이동만으로는 역시 한계가 있다.

내부 구성원들의 인사이트와 외부 실무 유경험자들의 아웃사이트들이 융합되어 새로운 지향점에 걸맞은 기업 변신을 위한 기존 카테고리 디자인의 혁신까지도 리드하여 고객들의 관점을 트랜스포메이션 해가야 한다. 이렇게 체질 개선을 선행하고 뉴 카테고리를 창출 때 정체나 역신장의 사슬을 끊어 낼 수 있다.

온 세상이 나를 적극적으로 도우려고 한다는 믿음을 가지고 기업의 일원으로 실무 전문가 마인드로 자신의 역할(ROLE)을 업그레이드하여, 새로운 포지션의 '뉴 카테고리 직무 기술서'들을 창조해가며 학습하는 조직문화로 거듭나겠다는 각오로 전 조직원들을 인식전환을 시키고 더 큰 그림에 집중하고 몰입해가는 것이 해답이다.

▌CEO부터 인소싱과 아웃소싱이 한팀이 되어 목적 중심의 '뉴 카테고리를 창출'하라

일이 잘될 때는 배울 시간이 없다. 우리는 어떤 결정이나 상황을 재고해야 할 때 배우게 된다. 지금이 바로 그때다. 창의적인 마케팅 사고를 해라. 자신이 속해 있는 기업이 원하는 결과를 얻기 위해 조직의 일원으로 당신이 할 수 있는 일은 무엇이며, 어떻게 하면 다음번에는 더 잘할 수 있겠는가? 지금 메모지를 꺼내서 생각나고 영감받은 대로 기록하고, 구조화시켜, 실무에 적용해 지속 성장의 반열에 다시 올라서자.

준비됐다면 기업의 신사업 기획의 IMC 혁신 전략을 짜고, 새로운 카테고리 디자인을 통해 신규 카테고리를 창조, 개발, 지배하며 기업을 재창조하는 성공 사례로 만들어가 보자.

기업의 정체를 극복하는 방법은 조직의 혁신이다. 현재 상황에 대해 조망하고 전 구성원이 목표와 마케팅 혁신을 통해 재정립해야 한다. CEO부터 아웃소싱까지 모든 연관된 업체들과 직원들이 뉴 카테고리를 창출하려고 노력해야 하며 그러기 위해서는 기존의 방식과 관점을 버리고 새로운 틀을 마련하는데 힘써야 한다.

#뉴카테고리창출 #사업확장 #조직혁신
#뉴카테고리창출 #CEO부터막내직원까지

8. C 비즈니스

[58] 뉴 비즈니스 혁신법, 마케팅 관점에서 출발하는
뉴 비즈니스 혁신 설계법은?

Q58 어느 정도 실무를 하다 보면 큰 비즈니스 모델을 생각해야 하는 난관이 오게 됩니다. 비즈니스를 잘 구축하는 방법은 어떤 것이 있을까요?

한 해에도 수없이 많은 비즈니스 모델들과 신사업, 신제품들이 쏟아져 나오는 현실이다. 비즈니스 모델의 범주가 신사업이나 신제품의 범주를 포괄하는 것이 상식이다.

혁신한다는 것은 새롭게 정의한다는 것이다. 혁신한다는 것은 중요한 문제를 정의하고 명쾌한 해결책을 제시하기 위해 체계적으로 문제에 접근하는 것이다. 여기서 비즈니스 모델의 태동도 시작되는 것이다. 사회의 여러 가지 문제를 더 발견하고 새롭게 가치의 정의를 내리는 것부터 시작하는 것이 중요한 시대다.

- ✅ 당신은 사회문제가 보이는가?
- ✅ 당신은 사람의 불편함이 보이는가?
- ✅ 당신은 서비스의 불만족이 보이는가?
- ✅ 당신은 새롭게 원하는 비즈니스를 상상하고 있는가?

위 같은 질문에 답을 내기 시작하는 것에서 비즈니스 혁신은 시작되는 것이다.

마케팅의 아버지 필립 코틀러 박사는 그의 책 『마켓3.0』에서 가치 명제들을 "마켓 1.0시대는 제품 중심의 생산자 관점에서 '기능'에 초점을 두

었던 시대다. 마켓 2.0의 시대는 소비자 시장인 유통의 관점에서 매칭하는 '기능과 감성'에 호소하던 시대다, 마켓 3.0은 가치 주도의 고객 중심에서 시작하는 '기능과 감성과 영성'에 호소하던 시대다."라고 말했다.

필자가 가치 명제 차원을 하나 더 추가한다면 이제 마켓 4.0의 시대는 마케터의 관점에서 플랫폼 생태계 위 모두의 명제들을 원스톱으로 분별해 가고 있는 '셀렉터(Selector)들의 지성'에 호소하는 시대다.

사실 이 네 가지의 경우 중에 어느 한 가지에 호소하는 것이 아니라 인간의 이성, 감성, 영성, 지성 모두에 호소해야 하는 시대다. 또한, 기술도 산업혁명, 정보화 기술, 뉴 웨이브 기술을 넘어 4차 산업혁명 기술로 전통 마케팅과 디지털 마케팅이 통합되어 동인되고 있다.

매슬로우의 욕구 5단계에서 처음부터 자아실현까지 가치 부여를 하는 시대가 되었기 때문에 제품, 카테고리, 산업군을 뛰어넘어 믹스하고 조합하고 융합하여 새로운 비즈니스 생태계를 이끌어가고 있다.

마케팅 관점이 생산자나 소비자 관점보다도 중간에서 연결자 관점을 우선하기 때문에 요즘 생성하고 있는 유니콘 기업들의 플랫폼 비즈니스 모델이 적합한 유형들이다. 마케터 관점이 세상을 리드하는 '매치 메이커' 시대다.

▎우버의 핵심 가치 벤치마킹

'저녁 시간에 2시간 걸리는 대도시의 교통 체증을 해결하고, 30분 만에 퇴근하는 문화를 만들어 저녁이 있는 인간의 삶을 도우면 어떨까?'라는 식의 가치의 발견에서 시작한 아이디어의 하나인 우버는 퇴근 시간에 정체되는 시간을 없애주고, 집에서 저녁이 있는 삶의 가치를 제공해주겠다는 관점에서 시작하여 세계화를 이끌고 있는 마케팅 관점에서의 비즈니스 혁신 모델의 사례다.

래리 킬리의 『비즈니스 모델의 혁신』을 보면 2015년을 넘어오면서 비즈니스 유형은 크게 구성, 제품과 서비스, 경험의 키워드를 중심으로 태동하여 세계화되고 있는 실정이다.

구성 측면은 비즈니스 시스템과 내부 작업에 초점을 맞추고 있다. 제품과 서비스 측면은 기업의 핵심 제품과 서비스 혹은 이들의 결합에 초점을 맞추고 있다. 경험 측면은 기업과 비즈니스 시스템에서 고객과의 접점에 더 많은 초점을 두고 있다. 여기서 마케팅 관점의 비즈니스의 초점은 경험의 범주 최적화다.

▌마케팅 관점에서의 비즈니스 모델 혁신의 핵심 키워드

- ✅ 생산자 관점- 구성: 수익 모델, 네트워크, 구조, 프로세스
- ✅ 고객의 관점- 제품과 서비스: 제품 성능, 제품 시스템
- ✅ 마케터의 관점- 경험: 서비스, 채널, 브랜드, 고객 참여

등에서 보듯이 마케터의 관점에서의 비즈니스 모델의 설계는 플랫폼 개념의 태동을 했고, 4P는 공동 창조, 통화, 공동체 활성화, 소통의 마케팅 키워드로 진화했다. 그의 정의는 생산자와 소비자가 모여 상호 작용할 수 있는 공간을 만들어 서로를 위한 가치를 창출하게 하자는 것이 기본 개념이다. 이 기본 개념은 세계적으로 적중했고, 디지털 기술은 이제 플랫폼의 범위, 속도, 편의성, 효율성을 크게 확대해 가고 빅뱅의 원리 마냥 기존 오프라인 산업의 근간을 흔들고 파괴적인 혁신을 통해 비즈니스를 선도하고 있다.

우버의 트래비스 캘러닉 CEO는 "우리는 우버를 이용하는 것이 자가용을 보유하는 것보다 저렴해지는 수준까지 가길 원한다."라고 하면서 궁극적으로 '틀면 나오는 물'처럼 쓸 수 있는 운송 수단을 약속한다고 말했다.

물론 우버의 세계화 때문에 보험, 자동차 대출, 주차장과 같은 부수적인 사업들은 타격을 입을 것이다. 반면에 주차장이 줄면서 그 공간들이 새

로운 부동산 개발용으로 풀릴 것이고, 운전자는 더는 주차장을 찾아다니며 시간을 허비하지 않아도 되는 시대를 선물해 주었다.

▌분명 누군가는 비즈니스 모델을 또 혁신할 것이다.

AI 시대의 무인 자동차와 우버 시스템의 통합, 구글이 우버를 M&A 하거나 우버가 구글의 무인 자동차 시스템을 M&A 하거나 아니면 제3자의 이 모두를 아우르는 4차 산업의 총체적인 기술의 믹스(mix)를 통해 완전히 새로운 하늘과 바다, 대륙까지 점령하는 드론 자동차까지 나오는 시점은 앞당겨질 것이다.

반도체 칩의 혁신 18개월마다 배가로 혁신한다는 '무어의 법칙'의 시간적인 예측이 4차 산업 시대의 비즈니스 모델의 혁신을 이어 갈 것이다.

마케팅의 관점에서 비즈니스 모델을 설계한다는 것은 크게 꿈꾼다는 것이다. 꿈을 꾼다는 것은 목표를 크게 잡는 것이고, 그 목표는 이룰 수 없다고 생각하는 것일 수 있으며 이룰 수 없다고 생각하기에 기도해야만 되는 것일 지도 모른다

중요한 것은 비즈니스 모델을 설계한다는 것은 산업의 혁명들이 진행되면서 순기능 차원이 아닌 우버처럼 자동차 산업 발전의 역기능 차원에서 사회문제, 인간의 불편함, 인간의 새로운 욕구의 구현을 통해 새로운 가치 창출은 물론 문화를 창출하고 선물해주고 있다.

한국과 독일, 일본은 정부의 규제가 강한 관계로 이처럼 4차 산업과 부합한, 글로벌 생태계를 이끌어갈 만한 비즈니스 모델 혁신의 사례가 아직은 힘든 것이 현실이다. 하지만 비즈니스 혁신들이 가져다줄 순기능을 이야기했다. 자, 다시 그 역기능을 문제로 정의하고 새롭게 정의하고 우주 생태계에서 이뤄질 법한 아주 큰, 이룰 수 없을 것 같은 목표를 크게 가지고 뉴 비즈니스 혁신 모델을 설계해 보는 것은 어떨까?

마케팅 관점에서 새로운 비즈니스를 창출해내는 것이 뉴 비즈니스 혁신 설계의 시작이다. 우버의 경우 고객 접점에서의 관점으로 마케팅 관점에서의 비즈니스 설계로 새로운 플랫폼이 태동했고, 혁신했다. 이처럼 누군가는 새로운 비즈니스를 설계할 것이며, 그 방법론은 바로 마케팅 관점 출발이 관건이다.

#비즈니스모델 #혁신 #우버 #구글 #인공지능
#4차 산업혁명

9. C 비즈니스

[59] 디지털 트랜스포메이션, 지속 성장을 위한 마케팅 혁신의 위대한 스타트

> **Q59** 명품 브랜드는 Long-run 하는 주기적 성장이 있습니다. 이런 주기적인 성장을 위해 어떤 활동이 진행되어야 할까요?

격동기를 지나가고 있다. 필자 역시 20년 전후의 사회생활을 해오면서 최근 2~3년 사이 한국의 시장과 기업, 고객들이 요동치며 밀고 오는 파고에 난감해하고 있다. 아래의 질문들은 모두 기업에 마케팅 혁신을 위한 총론 차원에서의 위대한 질문들이다.

- ✅ 기업들은 지금 어떤 위치에 있는가?
- ✅ 기업들은 지금 무엇이 두려운가?
- ✅ 기업들은 지금 무엇을 지향하고 있는가?

등의 가장 원초적인 질문들을 던지고 전 직원들과 관계된 네트워크에서 기업 마케팅 전략 차원의 상황적 분석을 통해 아직 경험해보지 못함에 대한 두려움들과 도전 앞에 부닥치는 거절감에 의한 두려움을 극복하고자 하는 도전이, 변화 이상의 변신이 필요하다. 4차 산업의 핵심 기술 성장의 키워드는 선택되었다. 작년까지 외국 미래학자, 한국의 신정부 그리고 교수, 기자들에 의해 수천 번 반복되는 화두 앞에 뉴스로, 책으로, 신문으로 선행학습을 했다.

- ✅ 지금 우리의 비즈니스 모델에 부합하는 새로운 기술은?

- ✅ 지금 우리가 창출하려는 비즈니스 모델의 경쟁사는?
- ✅ 지금 우리가 파괴해야 하는 비즈니스의 범주는?

등의 선행적인 질문에 답해보고 이것들을 구체화 시켜볼 필요가 있다.

▍다원론 관점 시장 창출 '브랜드 혁신 자산 관리' 전략 필요

미래학자 김위찬 교수가 주창하는 '시장 창출 전략의 성장 모델'을 엿보면 "레드오션에서 블루오션으로 이동해야 하며, 파괴적 창출과 비파괴적인 창출, 두 가지의 혼용하는 관점 전략이 필요하다."라고 한다.

'레드오션과 블루오션이 하나의 영역에 있다.'라는 이원론적인 관점에서의 부분들을 가지고 신제품 브랜드화, 신 비즈니스 모델 창출, 지속 성장하기 위한 브랜드 마케팅 실행을 뛰어넘어 전체적인 관점의 큰 틀에서 레드오션과 블루오션, 파괴적 창출과 비파괴적 창출 모두를 아우르고, 다르지만 하나일 수 있는 관점의 확장으로 아래의 명제들을 기업의 지속 성장 차원에서 마케팅 혁신의 핵심 문구들로 체득해갈 필요가 있다.

- ✅ 현재의 산업에 존재하는 기존 문제에 획기적인 해법을 제공한다.
- ✅ 현재의 산업에 존재하는 기존 문제를 재정의하고 이를 해결한다.
- ✅ 새로운 문제를 규명하거나 새로운 기회를 포착한다.

이처럼 부분은 다르고 부분은 경쟁이어야 하고, 부분은 차별화를 통해 브랜드가 되어야 한다는 식의 다분법적 관점에서 탈피하여 부분은 서로를 존중하고 부분은 전체와 조화롭고, 전체는 부분보다 커서 항상 옳다는 다원론 관점에서 마케팅 혁신을 위한 위대한 질문을 만들고, 그 질문에 CEO부터 막내 직원들까지 자신이 속해 있는 기업이 존경받는 기업이 될 때까지 해법을 찾아야 한다.

'브랜드 혁신과 자산 관리'는 인격적이고 성숙한 관점으로 기업들은 진정성을 더하고, 고객들은 구매 이상의 경험의 만족에서 오는 성취감을 추억으로 남기며, 사회의 질서는 기업과 고객들 사이에서 상생성을 찾아 좋은 '사회 공헌 문화(CSR)'나 '공유가치창출(CSV) 문화'를 창출해가는 것이 국민의 의식 속에서 자연스럽게 녹여져 나올 때까지 기업들은 마케팅 혁신을 목표하고 도전하며 성취해가야 하는 시대다.

▌'체인지'를 넘어 '트랜스포메이션' 해야 할 때

아이디어를 내고, STP 전략 안에서 기존 사업의 콘셉트(본질)를 재정립하고, 차별성을 구체화시켜 브랜드를 만들어 왔다. 이 프로세스 안에서는 항상 이분법적 관점의 푸시 전략으로 기업의 변화를 통해 성장해도 되는 시대였다. 하지만 4차 산업의 태동과 동시 다발적으로 기술들이 특허를 내고 나라 대 나라, 글로벌 기업과 글로벌 기업, 기업과 기업, 신제품과 1위 브랜드가 경쟁하는 구도에서 중소기업들이 할 수 있는 것은 어쩌면 아무것도 없는 것이 사실이다.

그렇다면 이대로 단순히 기다리기만 해야 하는 것이 맞는 것인가? 전체에서 부분으로 접근하기, 부분의 합이 전체가 되게 하기, 중복 없게 하기, 부족함이 없게 하기식의 '시너지 사고법'으로 이번 주제에 있는 단계별 질문들에 화답해보고, 자신이 속해 있는 기업의 상황적 분석의 명확성을 더해 트랜스포메이션 해야 한다. 즉, 누에고치가 변태하여 나비가 되는 이치처럼, 역동적으로 돌파하며 변신하지 않으면 안 된다.

오프라인과 온라인 고객의 격차를 좁혀가는 것이 중요하다. Greg Verdino가 말하는 것처럼 디지털 트랜스포메이션은 디지털 고객이 이미 기대하는 것과 아날로그 비즈니스가 실제로 제공하는 것과의 격차를 줄여 준다.

▌불확실성 시대의 트랜스포메이션은 '질문하고 정답이 아닌, 해답을 찾아가는 것'

마케팅 혁신을 통해 지속 성장 하는 기업이 되기 위해서는 기업들의 한계를 미리 정의하지 않기 위한 '디지털 트랜스포메이션' 차원의 마켓 학습이 선행되어야 한다. 역동적인 변신 차원의 시대적 욕구는 웹 시대의 버전업으로 진화하고 있다. 디지털 트랜스포메이션은 디지털 기술을 비즈니스의 모든 영역에 통합하여 비즈니스 운영 방식과 고객에게 가치를 제공하는 방식을 근본적으로 변신시키는 것으로 정의된다.

현재 기업들을 보면 CEO가 아닌 관리자가 되기 위해 MBA를 나오고 기업의 생산성, 효율성, 효과성, 이윤창출에 길든 필자의 또래 임원들이 많다. 하지만 기업은 관리자가 필요한 것이 아니라 부서와 부서 간 소통을 리드할 수 있고 기업과 고객을 융합시킬 수 있으며, 큰 틀의 관점에서 기업과 파트너사 간의 협업을 통해 기술 공유를 이끌고 그 로열티를 주고받는 한 차원 높은 관점의 도전을 해야 한다.

- ✅ 웹 1.0 시대: 기존의 콘텐츠 디지털화, 영화, 드라마, 책, 음악, 뉴스 등 디지털의 전환
- ✅ 웹 2.0 시대: 소비자 참여(UCC, 지식인), 소비자 협업(Wiki, 카페), 개인 미디어(블로그, 미니홈피)
- ✅ 웹 3.0 시대: 실시간 형 콘텐츠(3D, VR, 증각 현실), 지능형 콘텐츠(화면, 동작, 위치, 인식, 시멘틱, 시리), 맞춤형 콘텐츠(소셜 검색, 큐레이션), 실시간 분석 콘텐츠(소셜 분석, 빅 데이터 분석)
- ✅ 웹 4.0 시대: 디지털 기술 통합, 디지털 트랜스포메이션, 4차 산업 시대, 로봇 공존 시대, 블록체인 기술의 전사적 대중화, AI 자동 맞춤 문화

이어령 박사는 "말이 출현했을 때 말과 인간은 경쟁하지 않았다. 말 위

에 올라타는 기술을 배웠고, 그렇게 말과 하나로 조화롭게 즐겼다."라고 이야기한다.

기술의 진보는 인간의 역사에서 문자의 발견, 노트의 대중화, 인쇄 기술의 발전, 컴퓨터의 탄생, 인터넷의 탄생 그리고 블록체인 기술의 탄생까지 우리는 경험해보지 못한 미지의 마켓에서 두려움을 앞세우기보다는 이 기술이 창출해주는 '새로운 역할(ROLE)'들을 느끼고 배우고 사랑하며 '인간 지능+인공지능=네오피안 지능'의 관점으로 잘 활용해야 한다. 또한, 일자리 창출 즉 포지셔닝이 아니라 새로운 역할들을 창출하며 또 다른 편리함과 한 차원 높은 기업의 마케팅 혁신을 통해 선점하고 선도하며 고객들의 마음속에 공유 가치를 창출하게 하는 것이 중요하다.

다원론에 입각해 함께, 하나라는 생각을 가지고 어떻게 공존할 것인가를 곰곰이 유추해보고 준비해가야 하는 시대다. 두려울수록 조금은 천천히 하지만 명확히 준비하고 앞으로 나아갈 수 있도록 해주는 위대한 질문을 해본다.

▌생각의 속도보다 빠른 기술 발전과 어떻게 공존할 것인가?

위 질문에 대한 쉼 없는 답변과 화답을 해가야 한다. 이에 대한 해답들은 "99%의 노력과 1%의 영감(Inspiration)"으로 아인슈타인이 발견한 해법들처럼, 땀의 노력과 영감의 조합 속에서 기술 발전과 동시에 나올 것이다. 그러기에 걱정보다는 '어떻게 공존할 것인가?'에 대한 화답을 준비해가는 것이 필요하다.

기업들의 지속 성장을 위한 시너지 포인트는 역시 새로운 역할들 앞에서 'Perspiration(땀흘림)' 하기에 앞서 이 책에서 소개한 위대한 선행 질문들에 화답해보는 것에서부터 시작되는 것이 아닐까. 기업 구성원들 간에 공감하고 교감하며 동감대를 만들었다면 기업들은 다시 위대한 질문들 앞에 마케팅과 혁신의 땀을 흘리는 노력을 부단히 해나가야 할 것이다.

디지털 트랜스포메이션의 주도로 새로운 고객을 창출하는 것만이 기업들의 생존 가치를 높여줄 수 있기 때문이며, MIT 센터에 따르면 "디지털 트랜스포메이션을 채택한 기업은 평균 경쟁 업체보다 26% 더 수익이 높으며 시장 가치는 12% 높다."라고 한다. 지금 시작하는 것이 중요하다.

> 기존에 가지고 있는 틀을 유지하려고만 한다면 한계를 극복하지 못할 것이다. 특히 디지털 트랜스포메이션을 통해 기업이 변화해야 하며 여러 가지 고려 사항을 생각하고 판단하는 시너지 사고법으로 브랜드와 마케팅을 혁신해야 한다. 새로운 고객 창출과 브랜드 생존은 바로 트랜스포메이션이 답이다.
>
> #디지털트랜스포메이션 #마케팅혁신
> #브랜드혁신 #시너지사고법

10. C 비즈니스

[60] 원 포 원 마케팅, 사회 공유가치창출(CSV) 그 이상의 사회 공헌 마케팅 귀감 돼 화제

Q60 현 사업에서 기업들이 본받을 만한 마케팅이나 귀감이 된 비즈니스 방법을 추천하신다면?

사회문제를 발견하고 시작하는 사업들이 2000년 이후에 사업의 콘셉트 명확화와 진입 장벽의 가벼운 점프 그리고 글로벌 비즈니스화하는데도 자연스럽게 진입하는 성공 사례들을 많이 볼 수 있다.

경기 불황에도 미국 신발 브랜드 '탐스'의 슬립 온 신발 스토리 마케팅 성공 사례는 많은 부분에서 브랜드 마케터들이 벤치마킹하고 있지만, 이를 실천하는 기업들은 많이 있지 않다.

탐스 신발은 값싼 재료를 이용해 만든다. 동대문에서 브랜드 없는 슬립 온 한 켤레 가격은 켤레당 가성비를 따지면 5천 원 전후다. 그러나 탐스는 4~5만 원대에 불티나게 팔린다.

▌슈즈에 스토리를 입혀 가치를 증대시키다

블레이크 마이크스키는 "만약에 한 개의 신발을 사면 한 개의 신발을 사회 취약 계층에 기부하는 원 포 원(One for one)을 한다면 잘 팔릴까?"라는 가설을 세우고 창업을 했다.

▌제3세계 어린이에게 신발을 기부하며 비즈니스 하다

아르헨티나의 전통 신발인 '알파르가타'에서 영감을 얻어 가볍고 편한 디자인의 신발을 기획하고 디자인하여 판매하기 시작한 탐스는 코르도네스,

웨지, 보타스와 같은 다양한 라인들을 확장해 비즈니스를 전개하고 있다.

한국 유통시장을 보면 백화점 쇼핑몰, 홈쇼핑 쇼핑몰, 오픈 마켓, 소셜 커머스 등 50% 할인은 기본이고, 홈쇼핑에서는 1+1, 편의점에서는 2+1을 차별화 요소로 하여 개인이 먹기에는 많을 수 있는 과도한 구매를 부추기며 이것을 가치창출이라고 마케팅 사례로 입소문 내며 매출을 올리고 있다.

▎정가제가 사라진 이후 기업도, 고객도 과도한 가성비 타령에 신뢰 문화 퇴보

홈쇼핑에서 한때 BB크림 같은 경우 1+7까지 한 적도 있고, 묶음 판매를 하면서 용량을 줄이거나 과대 포장을 하거나 질소를 과도하게 넣은 과자까지 불필요한 요소에 과도하게 경쟁을 하여 소비자의 부담은 점점 증대되고, 이것들이 생활 쓰레기로 증대되어 쓰레기 종량 봉투 판매 또한 증가하고 있는 시점이다.

▎기업들 원 포 원 마케팅 전개를 통해 사회 취약 계층을 돕는 기부 문화를 선도한다면 일거양득일 터.

정가제 재도입을 통해 총 매출에 1%를 사회에 기부한다거나 탐스처럼 1개를 사면 1개를 사회 취약 계층에게 보낸다거나 남는 음식을 주는 것이 아니라 빅데이터 분석을 통해 처음부터 음식이 남는 지역과 취약 계층을 연결해 지원하는 문화를 만들어 간다면 쓰레기도 줄고, 사회에 환원하는 마케팅을 전개해가니 기업들의 이미지 제고는 물론 판매량 또한 기본적으로 증대 될 것이다.

원 포 원 마케팅은 전체 큰 그림의 효과는 크지만, 역효과들도 있다. 교육 지원이나 경쟁력 강화의 지원이 아니라 아예 완제품인 의약품이나 음식, 옷, 신발 등을 구호단체에서 지원하다 보니 자립심이 떨어져 관련 산업이 퇴보하거나 아예 일어나지 않는 경우도 있다는 것이다. 하지만 기업의 관점에서 봤을 때 과도한 마케팅 예산 선정과 투자를 해서 결국 수익률 저하를 만드는 것보다 탐스처럼 사회 공유가치창출(CSV) 마케팅을 처음부터 도전하는 것이 낫다.

지역의 음식점들은 한 달에 한 번씩 종교 단체 음식 봉사, 노인정, 고아원 같은 곳에서 위처럼 사회 공헌 마케팅을 몸으로 실천하는 사례들이 많이 있고, 그런 음식점 사장님들이나 기업들이 잘되는 사례들은 수업이 봐왔다고 할 수 있다.

▎소비의 양극화로 '베블런 효과' 팽배한 한국 사회 타깃에 맞을 수 있고, 실행하면 그 효과 커

유교 문화와 서구 종교 문화의 융합으로 한국 소비문화는 가격이 오르는데도 일부 계층의 과시욕이나 허영심 때문에 수요가 줄지 않는 베블런 효과가 항상 있어서 면세점, 백화점, 자동차, 명품 백, 건강 보조 식품 과다 복용 현상을 여기저기에서 볼 수 있다.

타워 팰리스 같은 지역의 주상복합 70여 평 전세로 살면서 1억 원 이상 호가하는 수입차를 리스로 몰고, 한 벌에 적게는 70만 원에서 많게는 수백만 원 하는 옷과 신발, 시계, 가방 등을 온몸에 두르고 다니는 현상이 그 어느 나라보다 크다고 할 수 있다.

▎탐스가 기부를 통해 얻어가려는 기빙 파트너 효과

탐스는 기부를 받는 지역과 주민에게 더욱 안정적이고 효과적인 지원을 제공하기 위해 지속 가능성, 현지 친화력, 필요성, 발전 가능성, 중립성에 따라 기빙 파트너를 선정하여 그들과 협력한다.

기빙 파트너는 공중 보건교육, 식수 지원, 위생 시설, 직업, 생계 지원, 소아 보건까지 다양한 분야에서 활동하는 인도주의 비영리 단체로 구성되어 있다.

　탐스는 이처럼 '칠드런 인터내셔널', '세이브 더 칠드런', '케어 인터내셔널' 등 100개 이상의 기빙 파트너들과 연계돼 실질적인 사회 공헌에 직접 참여하는 훌륭한 CSV 모델이기도 하다.

▌왜 한국 기업들은 이런 기분 좋은 실천을 못 하는가?

　첫째, 먼저 기업의 리더들이 사회 공헌 마케팅(CSR)의 기대 효과가 얼마나 큰지를 모른다는 것이며 둘째, 마케팅 담당자들이 직원들과 관련 협력사들, 나아가 직접 기빙 실천하는 것 자체가 일을 만들어 하기에 피곤하다는 부정적인 생각을 하고 있다는 것이다. 마지막으로 사회 공헌 관련 언론 보도나 스토리 입소문 문화가 한국 사회에서는 부자연스럽고 문화로 자리 잡지 못했기 때문이기도 하다.

▌원 포 원 또는 투 포 원 마케팅 전개와
　기빙 파트너 선정 시 주의 사항

✅ 지속 가능성: 기업 자체적으로 커뮤니티를 형성하고 기빙 파트너를 선정하여 사회 취약 계층을 돕는 것에 자생할 수 있는 모델 설계와 운영 진행을 해야 한다.

✅ 현지 친화력: 지원하고 싶은 나라 또는 국내 지역의 단체를 선정하고, 현지 구성원에 의해 이끌어지고 공평하게 지원되는 조직을 지원해가야 한다.

✅ 필요성: 기빙 파트너가 제시하는 비전의 실현을 도울 수 있도록 원 투 원을 진행하는 기업의 기부 모델 비전과 가치, 코드가 부합할 수 있어야 한다.

✅ 발전 가능성: 수혜받는 단체, 개인과 지속적인 피드백과 발전 가능성에 대해 함께 고민하고 성장해나가야 한다.

✅ 중립성: 어떠한 종교적, 정치적 견해 없이 모든 이들에게 도움을 줄 수 있어야 한다.

▍참여하고 싶은 모든 기업을 위해 쉐어링 플랫폼이 나와 준다면 획기적인 사건 될 터

'프라이탁'처럼 오래되고 낡은 재료에 부가가치를 더해 새롭게 제품화하는 업 사이클(Upcycle) 패션으로 히트하는 것도 좋다. 또한, 요즘 한국에서 선거가 끝나고 남는 현수막을 일부 수거 해서 할인점 봉투 대신 무료로 나눠주는 현수막 가방 같은 경우도 우수한 사례들이다.

필자가 중요하게 생각하는 것인 돈을 많이 벌어 0.5%도 안 되는 돈을 사회에 기부한다고 기사욕의 부정적인 평판으로 인해 길거리에서 청년들과 대학생들에게 단체복을 입히고 거리에서 스티커 하나만 붙여달라며 모금 마케팅을 하는 것에서 빨리 탈피할 필요가 있다.

명성을 높이는 쉐어링 플랫폼을 구축하고 비영리단체에서 기부 물품 영수증을 끊어줄 수만 있다면 기업들이 많은 참여를 통해 그 혜택을 누릴 수 있는 한국의 취약 계층들은 아직도 많이 있다.

탐스는 2006년 창립 당시 200켤레에 불과한 신발을 기부하는 것이 목표였지만 이 아이디어에 공감한 많은 사람의 동참으로 2006년에는 10,000켤레 증대로 2010년에는 100만 켤레째 맨발의 아이들에게 기부했다.

▍원 포 원 마케팅에 적합한 상품군

비누, 치약, 샴푸, 청바지, 운동화, 티셔츠, 모자, 속옷, 겨울 점퍼, 이불, 모기장, 모기약, 의약품, 텐트 등 실질적으로 필요한 생필품과 의·식·주 관련 제품들, 나아가 서비스까지 다양하다.

다만 중간에서 이런 쉐어링 플랫폼을 악용하는 사례들, 예를 들어 아웃바운딩 텔레마케팅을 통해 구걸하듯이 자행되는 마케팅은 근절이 되어야 한다.

기업가 정신을 가진 기업가들이 솔선수범하여 쉐어링 플랫폼을 구축하고, 사회문제를 직접적이고 적극적으로 해결하고자 하는 기업가들이 많이 나타나 준다면 정부 주도의 계획경제도 시장경제로 다시 돌아오고, 시장경제 안에서 선한 영향력들이 자연스럽게 확산하여 국가의 복지부담이 조금은 천천히, 하지만 명확히 양분되고 건강한 사회가 되는 데 많은 도움이 될 것이다.

필자 역시 재능 기부 차원에서 2002년부터 청년들 대상의 진로, 일자리 관련 강연을 지속하면서 만나게 되는 재능 기부자들과 자원 봉사자들을 만나다 보면 한국 사회에 150만 명 이상이 나눔의 가치 실현을 하고 있는데, 이런 분들과의 이너써클 차원의 연대를 통해 기업이 쉐어링 플랫폼을 경영해간다면 좋지 않을까 싶다.

> 기업은 판매만으로는 살아남을 수 없다. 탐스의 사업 사례는 우리에게 큰 영감을 주는데, 원 포 원 마케팅으로 CSV(사회 공유가치창출)로 마케팅을 꾸리는 것도 하나의 방법이다.
>
> 하지만 무작정 이 마케팅을 실현한다고 고객들이 알아주는 것은 아니다. 이런 가치 활동을 플랫폼화하고 Win-Win 하는 전략 사업이 나온다면 고객들에게 진정성을 어필할 수 있을것이다.
>
> 원포원마케팅 #배블런효과 #사회공유가치창출
> #CSV #탐스슈즈

VII. 컨설턴트

컨설턴트는 원칙 주의자다.

"원칙은 시공을 초월하여 언제 어디서나 적용된다. 그것은 우리의 가치관, 사상, 규범, 혹은 가르침의 형태로 나타나 우리를 고양시키고, 가치 있는 존재를 만들고, 충만케 하고, 유능하게 해주고, 고무시킨다. 역사는 우리 인간과 문명들이 올바른 원칙에 입각해 있을 때, 번영했다는 교훈을 말하고 있다. 역사적 사회들이 몰락해가는 근저에는 올바른 원칙을 어기는 어리석은 관행들이 팽배해있었다. 사회 구성원들 모두가 그때 올바른 원칙을 지키기 위해 더 노력했더라면 얼마나 많은 경제적 재앙, 문화간 충돌, 정치적 혁명, 시민전쟁 등을 피할 수 있었겠는가?"

Stephen Covey

1. A 컨설턴트

[61] 유통 마케팅, 체인지를 넘어 트랜스포메이션을 해야 하는 한국 유통 생태계

Q61 제품을 판매하면서 제일 고민이 되는 것이 채널 관리인데요. 유통 채널 마케터들에게 조언해주실 것이 있으신지요.

유통 마케팅은 경계가 사라지고 있다. 오프라인끼리 경쟁하고, 온라인끼리 경쟁하고, 홈쇼핑끼리 경쟁하는 시대가 저물어가고 있다.

2,000년 이후 글로벌 유통의 경계는 변화를 넘어 여러 차례 변신하는 중이다. 어느덧 소비층은 밀레니엄 세대로 교체되고 있는 특징도 보이고 있다.

심포니 IRI의 연구에 의하면, 이들은 43%가 어릴 때부터 쓰던 브랜드를 선호하고, 56%가 가격이 저렴하다면 얼마든지 브랜드를 바꿀 의향이 있으며, 1% 할인 쿠폰만 있어도 그렇게 하겠다는 것이다. 또한, 밀레니엄 세대의 63%는 할인 판매나 판촉 행사에 좋아하지도 않는 브랜드 제품을 단지 저렴하다는 이유만으로 구매한 경험이 있다.

▌한국 유통 생태계에서의 진화 프로세스

✅ 1단계: 오프라인 중심의 백화점, 할인점(대형 마트), 편의점, 슈퍼마켓, 홈쇼핑
✅ 2단계: 인터파크, 롯데닷컴, 신세계닷컴, 홈쇼핑 쇼핑몰
✅ 3단계: G마켓, 옥션, 11번가, 이베이
✅ 4단계: 쿠팡, 티켓몬스터, 위메프
✅ 5단계: 메이저 쇼핑몰들의 앱 쇼핑

그 사이에 T 커머스가 약진 중이다. '브랜드 쇼핑몰들은 어떻게 자생하고 있는가?'에 대한 물음에 화답해보면 다국어 쇼핑몰 사이트들을 전문 운영 대행사에 맡기는 경우와 자사에서 직접 운영하는 두 가지 형태를 띠고 있다.

▎일자리 창출을 저해하고 있는 과도한 유통 경쟁

50% DC, 1+1, 2+1, 할인 쿠폰, 8자 및 9자가 들어간 가격 경쟁 등으로 인한 유통 업체들의 과도한 경쟁은 한국 사회의 소비자 물가를 잡아주는 긍정적인 효과도 있지만, 제조사나 수입 브랜드 기업의 측면에서 보면 수익 구조 악화로 인한 생존 경쟁의 위태로움까지 몰리고 있는 것이 사실이다.

▎뉴 카테고리 창출 정책으로 급부상한 1조 클럽들

가격 정책에서 균일가로 급부상한 '다이소'는 모든 유통 업체의 경쟁 업체일 수 있다. 현재 10대, 20대, 30대의 젊은 고객층에게는 균일가 마케팅이 잘 먹히고 있으며, 전국적인 거점화에 성공하고 있어 그 어떤 업태보다도 성장의 안정세가 있는 기업으로 성장해가고 있다.

'드럭스토어'들도 급성장 중이다. 오프라인 화장품 매장의 선두 그룹이 7~8천억 매출을 올리는 데 20여 년이 걸렸다면, 현재 올리브영 같은 드럭스토어의 1조 클럽을 만들어 가는 데 7~8년도 걸리지 않았다. 빠른 성장세다. 비주얼한 인테리어, 다양한 가성비의 상품군, 뷰티 및 이미용, 식음료, 과자류까지 경계를 허문 10대부터 30대까지 젊은 고객층을 공략해 그들의 트렌드를 선도하며 블랙홀처럼 고객층을 흡입하고 있다.

▎PB 상품 유통업체 신경쟁력으로 급부상 중

오프라인과 온라인, 모바일 쇼핑을 동시에 운영 전개하며 적극적으로 마케팅을 해가고 있는 기업들과 유통 브랜드인 PB 상품들을 적극적으로 브랜드화해서 스토리텔링의 차별성을 띠고 있는 기업들이 제조사 브랜드와 경쟁하고 있다.

앞으로의 유통 산업의 전망을 보면 다음과 같다. 여성 브랜드 쇼핑몰 중심으로 홈플러스에서 진행하는 멤버십 개념의 카트들을 만들고 클럽 마케팅을 전개해가고 있다. 년 회비를 2~3만 원 받고 할인율을 높게 주는 서비스나, 신상품 추천 프로그램을 통해 일반 쇼핑 고객들과는 차별화된 마케팅을 전개해가고 있다.

20:60:20의 비율 고객 마케팅을 응용할 줄 알아야 한다. 20%는 비싸도 산다. 60% 합리적인 소비를 한다. 20% 무조건 가성비를 따지며 싸야지만 산다. 모든 유통 기업들이 고정관념에 사로잡혀 8자나 9자 마케팅을 하고 있는 실정이다. 가격 경쟁력만으로는 내수 시장의 영업 이익률을 높이기가 힘든 시대다.

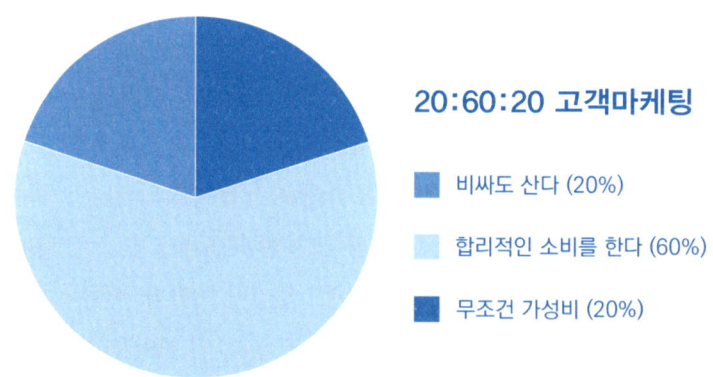

▌해외 유통 기업 벤치마킹해보기

해외 유통업체들의 기분 좋은 성공 사례들을 보면 다음과 같다.

첫째. 유기농 PB 상품의 차별화 속 지속 성장하는 '홀 푸드 마켓'

가격에 민감한 밀레니엄 세대에게 자신들의 브랜드 정체성을 확실히 인식시키며 유기농 식품 매장으로 귀감이 되는 홀 푸드 마켓은 PB 상품 전략의 선구적인 업체로 성공을 거두었다. 게다가 밀레니엄 세대의 마음을 빼앗아 이들의 매장으로 몰려오게끔 하는 데도 성공했다.

이 유기농 식품 매장은 최고 매출을 올리고 있는 365 에브리데이 밸류의 '365 오가닉 에브리데이 밸류'라는 PB 상품으로 밀레니엄 세대의 마음을 사로잡았다. 여기에서 한가지 반드시 벤치마케팅 하고 넘어가면 좋을 부분은 감성적이고 직접적으로 어필하는 메시지가 반영된 PB 상품의 브랜드 네이밍을 적용하여 성장하고 있다는 점이다.

밀레니엄 세대는 가격에 민감하지만, 건강에도 매우 신경을 쓰기에 좋은 유기농 상품을 찾아 헤매고 있다.

둘째, 수수료를 받지 않는 비즈니스 모델로 성장하는 '제트닷컴'

제트닷컴은 판매자에게 돈을 받지 않는다. 대신 최저 가격에 물건을 팔아달라고 요구한다. 그렇다면 수익 모델은 무엇인가? 바로 코스트코처럼 연회비를 받는 것이다. 이것이 수익 전부다.

지금처럼 물류 창고를 증설하여 'M2O(모바일 to 오프라인)' 빠른 배송을 차별성으로 부각했지만, 매출은 계속 늘었어도 수익률은 점점 떨어져 적자를 내고 있는 유통 생태계의 한 단면을 보고 있다.

소셜 커머스의 흔들리는 모습들을 보면서 너무 과다한 출혈 경쟁이 유통 생태계 전반을 흔들고 있는 점이 안타깝다. 진정 누구를 위한 유통 게임이란 말인가?

최저가 문화와 '8자'와 '9자' 마케팅의 무분별한 난발은 결국 영업 이익률의 저하를 만들어 왔고, 만성 적자를 양성해 매출 1조 클럽이 아니라 적자 1조 클럽을 만드는 역사적으로 보기 드문 사례들이 나오고 있는 실정이다.

더는 53원을 벌기 위해 1,000원의 매출을 올리려는 유통 마케팅 전략은 전략이 아니다. 애플처럼 수익률을 35% 이상 남길 수 있는 가치 제공 방식의 차별화와 업그레이드를 통해 유통 생태계의 건강성을 회복해야 하는 시점이다.

위에서도 말해지만 고객 전부가 빠른 배송, 당일 배송을 원하지는 않는다. 그것에도 비율이 있다는 것이다.

▌고객들이 100%로 당일 배송을 원할 것이라는 고정관점 버려야 성공할 터

고객들에게 선택권을 주어라. ▶ 당일 배송, ▶ 3일 배송, ▶ 맞춤 배송 등 고객이 원하는 시점에 배송해주는 선택 시스템을 만들고 배송의 유연성을 두어 조금 늦게 배송된다고 선택하는 고객들에게 배송료를 할인해 주거나 무료 배송 또는 사은품을 주는 새로운 개념의 배송 문화를 선도하고 만들어 간다면 도시인처럼 바쁜 고객들이 밤늦게 받지 않고 주말에 받을 수도 있고, 택배를 하시는 직업인들이 무리하게 야간까지 찾아가 노동의 강도를 높이지 않아도 되고 일석이조 이상의 긍정적인 쇼핑 문화를 창조해 갈 수도 있다는 것이다.

한국의 메이저 온라인 쇼핑 산업은 적자의 진통을 겪는 중이다. 단순히 매출을 극대화해 글로벌 기업에 M&A 하겠다는 생각이면 유통 산업의 '역케즘'에 걸려 고전을 면치 못할 것이다.

단순 변화나 개선만으로는 지금의 위기를 돌파할 수 없다. CEO부터 전 직원이 체인지를 넘어 혁신하고 나아가 '트랜스포메이션(변신)'하여 유통 생태계의 체질 개선과 진정성, 나아가 기업의 브랜드 평판 관리를 해가지 않는다면 만성 적자의 수렁에서 헤어나지 못할 것이다.

이제 고객들은 브랜드 충성도가 높지 않다. 고객들의 입맛에 따라 유통 생태계도 변화가 일어나고 있으며, 유통 업체에서는 이제 PB 상품을 중심으로 판매를 진행하고 있다. 이제 유통에서 1조 클럽을 만드는 업체들의 주기도 짧아지고 있는데 그 이유는 트랜스포메이션이다. 전 직원이 트랜스포메이션하여 브랜드를 구축하고 고객에게 맞는 새로운 비즈니스 모델을 찾는다면 가능하다.

#트랜스포메이션 #유통생태계변화
#적자수렁에서빠져나가는법 #역케즘 #비즈니스모델

2. A 컨설턴트

[62] 맛집 마케팅, 침샘을 각인시키는 '맛과 레시피' 창출이 51% 줄 서는 음식점 만들어 간다

Q62 최근 맛집에 대한 사람들의 관심이 쏠리고 있습니다. 음식점 창업에 대해서 조언해주실 것이 있을까요?

프랜차이즈 매출액 50조 시대, 10개 중 1개의 식당, 음식점 5년 이상 성공한다는 통계와 전국 반찬 가게 9,000여 개 중 2,000여 개가 폐업했는데 온 오프라인 매출은 증가 추세다. 대한민국 자영업자들의 폐점률은 최저임금 상승에 따른 것도 있지만, 프랜차이즈 폐점률도 점점 높아지고 있다. 그 이유로는 프랜차이즈 본사들의 각종 수수료에 마케팅 비용 전가 문제로 인한 수익 구조 경쟁력 저하로 폐점을 많이 하고 있는 요즘이다.

상권 분석, 인지도, 인테리어, 매장 분위기, 친절도보다 중요한 것이 맛집 마케팅에서는 맛이다. 그다음에 외식업 마케팅에서 수많은 경영 지도사 관점의 성공 요소들이다. TV에서 가끔 보면 간판도 없고 허름한 비닐하우스에서 판매하는 닭백숙을 먹으러 차를 타고 산 중턱으로 가는 고객들의 전경이 담긴 방송을 볼 때가 있다.

고정관념을 버려야 한다. 3대가 이어가는 집, 셰프가 요리하는 집, 방송에 나온 집 등 중요한 것은 처음 가서 처음 맛본 그 맛에서 맛있음을 못 느낀다면 다 무의미하다는 것이다. 이런 스토리텔링이 중요한 것이 아니라 맛집 마케팅의 본질(콘셉트)은 맛이 있어야 고객들은 디카를 들고 줄을 서며, 음식을 먹기 전 사진을 찍고 퍼 날라 입소문을 낸다는 것이다.

홍대에 '구성집'이라는 백반집에 가면 방송사 로고를 아크릴판에 크게 디자인해놓고 식당을 하고 있다. 홍대 '맛집'이라서 한참을 단골로 다니다가 발견한 것은 그 하단에 붉고 작은 글씨로 '나올 집'이라고 쓰여있는 것을 발견하고 필자가 한참을 웃은 적이 있었다. 작고 줄 서는 집, 맛집임에는 틀림이 없었기에 그 이후로도 종종 다닌 경험이다.

▌방송사에서 소개된 맛집들, 고객들에게 피로감만 증대시켜줘 문제로 점점 부상 중

각종 방송사마다 맛집, 대박집, 줄 서는 집 등으로 소개되지만, 진정성을 찾기는 점점 힘들어지는 추세다.

음식점은 결론적으로 말하면 맛이 1순위다.

첫째도 맛,

둘째도 맛,

셋째도 맛이다.

거기에 원조 할머니 맛집, 동해 닭새우, 완도 전복 삼계탕, 지역별 맛집, 『생활의 달인』에 나온 맛집, 『식신로드』에 나온 맛집, 『수요미식회』에 나온 맛집, 『생생정보통신』에 나온 맛집, 『6시 내고향』에 나온 맛집 등 참으로 많은 종류의 언론을 중심으로 소개된 맛집들이 브랜드화되어 다시 프랜차이즈화시켜 나가고 있다.

정년퇴직하고 브랜드 인지도가 있는 사업 설명회에 갔다가 적게는 1.5억 많게는 10억 가까이 투자를 하여 상권 좋은 곳을 추천받아 높은 권리금과 임대료를 내고 외식 창업을 하고 나면 두 달도 안 돼서 창업을 잘한 것인지 아닌지가 판가름난다.

▌음식은 맛, 바이럴, SNS 마케팅의 강점을 살려 찾아오게 하고 거기에 줄까지 세우는 핵심

제주도 몸국, 장충동 족발, 언양 불고기, 평양냉면, 수원 갈비, 양평 해장국, 전주 콩나물국밥, 안동 찜닭 등 지역명만 연상하면 기분 좋은 맛들과 침샘을 자극하는 맛있는 음식들이 생각난다.

하지만 모바일 검색하다가 방송에 나온 맛집을 검색하여 찾아가보면 방송에 나오기 전보다 서비스의 질이 떨어지고, 불친절하며, 음식이 일찍 동이 나 문을 일찍 닫는 경우까지 나오는 상황들이 연출되고 있는 실정이다.

외식업이나 음식점들은 점점 양극화와 폐점률 증대 현상이 팽배해져 가고 있다. 철저하게 준비가 되어 있지 않다면 역효과가 나는 것이 맛집 마케팅이다.

김영란법 이후 특정 음식 점포 수는 줄고 평균 매출은 늘고

막창 구이, 불고기 전문점, 참치 전문점, 일식집의 공통점은 김영란법 이후에 점포 수는 줄고, 평균 매출은 늘었다는 것이다. 결국, 경쟁력 있는 맛과 운영 노하우가 있는 음식점, 친절과 가성비가 우수한 음식점들은 생존율이 높은 것으로 나왔다.

프랜차이즈 외식업을 시작하기보다 맛 전수를 받아 음식점 창업하는 것이 성공률 높아

▶ 프랜차이즈 창업 초기에 들어가는 높은 비용, ▶ 진행하면서 추가되는 마케팅 비용, ▶ 우수 상권 선정에 따른 권리금, ▶ 프랜차이즈 본사의 디자인 콘셉트와 인테리어를 따라가는 부담감, ▶ 외식 창업 설명회와 다른 운영 관리, ▶ 본사가 가져가는 높은 수수료, ▶ 같은 지역 다점포 오픈 정책에 따른 같은 프랜차이즈끼리의 과당경쟁, 스스로 선택하고 진행할 수 없는 답답함, ▶ 식자재에 소스까지 무조건적인 납품 등 외식업 또는 음식점을 처음 창업하는 퇴직자 관점에서 감내해가야 할 스트레스와 피로감은 상당히 높다.

▎음식점 창업하기 전 맛집 탐방과 시장조사는 기본

▶ 퇴직자 창업자라면 먼저 자신이 좋아하는 음식 리스트 조사해보기
   (100군 이상은 가보며 사진 촬영으로 자신의 SNS 남겨보기 필수)
▶ 가족이 좋아하는 맛집 리스트 조사해보기
   (구체적으로 리스트 업 해보기 필수)
▶ 지인 또는 직장 동료들이 좋아하는 음식 조사해보기
   (실질적인 사전 조사 분석)
▶ 차리고 싶은 음식점의 콘셉트에 맞는 요리를 직접 해보고 품평회를 하며, 완성도가 높을 때까지 테스트하기
   (51% 맛집의 승패는 맛에서 결정된다는 것 명심)
▶ 소상공인 지원 기관에서 운영 중인 상권 분석 사이트나 통계청의 통계들 또는 오픈 서베이의 조사 분석서 등을 분석하여 자신이 하고자 하는 음식점의 카테고리를 먼저 정하고 그다음에 상권 분석부터 맛집 조사, 지역 특성 조사를 선행해 본다.

아주 간단한 것부터 조사 분석하고 집에서 가까운 곳의 상권 중심만을 고집할 것이 아니라. 자신이 선택한 음식 종류를 많이 소비하고 있는 상권에 가서 자리를 잡을 생각을 하고 상권 분석이나 시장 조사를 해보는 것이 필요하다.

처음부터 프랜차이즈 창업설명회 몇 군데 가서 그중에 개인적인 직관만으로 선택 계약을 하고 일반적으로 흘러가기엔 음식점 창업은 리스크가 참 많은 창업 아이템이다.

▎1인 가족 560만 명 시대, 배달 사업과 연계된 음식점 창업 관점 마케팅에 도입 필수

시장 안에서 운영하는 간판 없는 시골 통닭집들도 "배달은 배달의 민족 앱을 다운받아 해주세요."라고 종이에 써서 홍보하는 추세다.

골목 상권들의 브랜드 없는 식당형 음식점들은 모두가 배달의 민족 같은 배달 관련 앱들과 연계된 배달 마케팅을 하고 있다.

음식점 창업 시 배달과 연계된 패키지 개발은 필수다. 여기서 한 가지, 1인 가족이 560만 명 시대인 만큼 포장 방법도 1인 패키지를 2~3개로 담아주는 족발 패키지 같은 것을 개발해서 배달해준다면 그 시너지 효과는 더욱 증대될 것이다.

▍착한 전수, 망해가는 음식 점주들과 신규 음식점 창업자들에게 '줄 서게 하는 레시피와 요리비법 전수'로 정평이나 화제

음식점 폐점률이 많은 시대에 망했던 음식점을 살려주는 맛 전수, 음식에 문외한인 창업 초보자들에게 원하는 식당, 음식점, 프렌차이즈점의 맛 그대로의 레시피와 요리 비법을 1:1로 직접 전수를 해주는 온라인 커뮤니티가 있다.

음식점이나 식당 창업을 하는 사람들에게 이미 입소문이 났고, '절대 미각의 소유자와 맛 전수의 달인 셰프'들이 도움을 주고 있다.

시식회에서 맛을 보면 그 가치를 알 수가 있다. 이처럼 숨은 맛집들의 입소문 난 맛들을 경험하게 되면 엄지 척, 유레카를 외치게 된다.

'숨은 요리 고수 셰프'들은 세 가지 선한 영향을 주고 있다.

첫째, 수백 개의 전국 맛집 레시피를 개발하고 프랜차이즈에서 실패한 분들, 음식점 폐점을 경험해본 분들, 퇴직하고 신규 창업을 하고자 하는 분들에 음식점 창업의 본질인 대중이 좋아하고, 줄 서면서 선호하는 그런 맛의 음식들의 레시피와 요리 비법을 전수하고 있다.

둘째, 본업 중에 틈틈이 '재능 기부로 매달 사연을 신청받고 몇 분을 선정하여 기부 천사 역할로 맛 전수도 사회 공헌 차원에서 병행하고 있다.

셋째, 10여 년 동안 자체 연구 개발하여 전수한 요리들과 음식들의 소스 레시피를 희망하는 전국 음식점과 식당 운영자에게 공급하기 시작했다. 외식업의 본질은 맛의 대중화 프리미엄화인데, 조금은 천천히 하지만 명확히 확장하고 있는 것이 귀감이 된다.

어쩜 이런 분들은 음식점을 열어 생계를 이어가야 하는 자영업자들에게는 희소식이 아닐 수 없다.

▍고객 관점에서 그 맛 그대로 지방의 맛집 음식이 집 주변에 있다면 단골이 되는 시대

메인 음식 하나만 입소문이 난다면 음식점 앞에 줄 서는 것은 금방인 시대다. 음식점 창업을 준비하는 분들이라면 처음부터 블로그나 인스타그램, 페이스북들을 개설하고 고객 관점에서 맛집 탐방과 그 레시피를 유추해가며 실전 공부를 선행 병행해가며 음식점 창업을 준비해가는 것이 맞다.

필자 역시 페이스북에 맛집 관련 음식 사진 올리기를 즐겨 한다. 그중에는 집에서 간단하게 요리할 수 있는 레시피를 수집해서 유추하고 검색을 해 비슷하게 해보기도 하지만, 내가 원하는 그 음식점의 맛은 도저히 흉내 낼 수 없어 발이 먼저 가게 되는 맛집, 20년 이상의 단골집들이 있다.

고향의 맛집이나 여행지에서 경험한 맛집들인데 프랜차이즈화가 안 되거나 분점화가 안 되어서 맛볼 수가 없을 때가 많은데 가끔 사는 지역의 번화가에서 단독 브랜드 음식점이 장충동 족발 맛과 반찬들을 그대로 연출하고 장사하는 전경을 보게 될 때 '이런 것이 가능한가?' 라는 생각을 종종 하곤 한다.

해외여행으로 다녀온 베트남 다낭에서 마신 콩 카페의 코코넛 커피 맛을 잊을 수가 없었는데, 2주 후 동네 골목에서 우연히 '도이창'이라는 커피숍에서 파는 커피를 마시고 유레카를 외치고 가족과 함께 엄지 척하며, '와우, 진짜 똑같은 맛이다!'라고 할 때처럼 그 유명한 맛집의 맛을 우연히 발견하게 되는 날, 필자 역시 단골이 되고 만다.

고객 관점에서 그만큼 맛집의 경험과 추억 그리고 가까운 곳에서 먹어

보고 싶은 그런 객관화되고 표준화된 레시피의 맛이라면 지인 또는 친구, 직장 동료들과 함께 가게 되며, 명함을 가져와 집에서 주문까지 하며 즐겨 먹게 된다.

맛으로 시작해서 맛으로 클로징 되는 것이 맛집 마케팅의 시작과 끝이다. 전 산업의 카테고리에서 핵심이 가장 명확한 분야가 음식점 창업이고 맛집 마케팅이다.

맛집의 진정한 마케팅은 맛에 대한 경험과 추억을 고객에게 제공하는 것이다.

> 길거리에는 프랜차이즈가 즐비하다. 외식 업계에 이런 프랜차이즈들이 많은데, 그런 프랜차이즈들도 폐점이 많아지고 있다. 외식 업계의 결정적인 것은 '맛'인데, 이 점은 기본이며 이 기본이 된 상태에서 마케팅을 펼쳐야 매출은 늘어날 것이다. 외식업을 창업하기 전 맛집 탐방과 시장조사는 필수이며, 고객 관점에서 맛에 대한 경험과 추억을 주는 것이 우선일까 한다.
>
> #프랜차이즈 #폐점률 #맛은기본 #창업전시장조사
> #경험과추억판매

3. A 컨설턴트

[63] 외식업 마케팅, 공부 준비하지 않고 시작하면 실패는 수억의 수업료로 돌아와

Q63 외식업 점주나 대표들도 마케팅이 필수 조건일까요?

정년퇴직하고 외식업을 준비하는 실버 세대, 대학을 중퇴하고 창업하려는 청년들, 집에서 아이들 키우다가 세상으로 나오는 주부들이 가장 먼저 창업에 도전하는 영역이 외식업이다.

외식업 마케팅에서 성공하고 싶다면 마케팅 전략을 세워보는 것은 필수다. 가장 수업료가 큰 창업 영역이 외식업이라는 것을 안다면 더더욱 그렇다.

너무 쉬운 접근은 수익 계산만 하고 투자하는 경우다. 목이 좋고 매출 현황을 보니 월평균 기대 이상으로 나오고, 상권이 1급 지역이니까 권리금 1억을 주고 들어가 장사해도 남는 장사라고 생각하고, 너무도 쉽게, 준비 기간이나 공부하는 기간 없이 창업해서 1년도 안 돼서 빈털터리가 되어 찾아오시는 분들이 종종 있다.

아래 <그림>에서 보듯이, 외식 산업의 폐업률은 다른 산업보다 2배나 높고, 음식 숙박업의 경우 5년 이내에 82%가 폐업한다. 그만큼 외식 산업은 진입은 쉽지만 살아남기는 어려운 분야다. 그러므로 살아남기 위해서 사전에 준비가 중요하다.

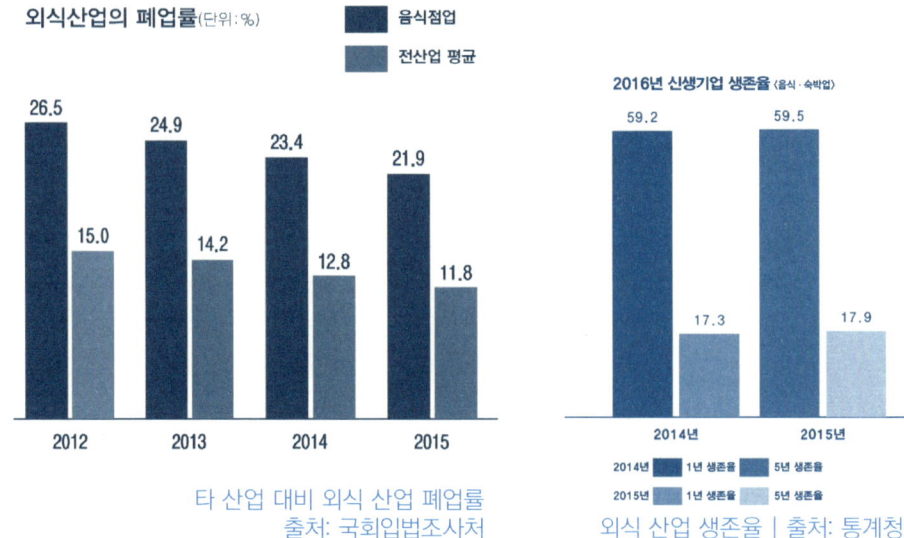

타 산업 대비 외식 산업 폐업률
출처: 국회입법조사처

외식 산업 생존율 | 출처: 통계청

창업 전, 마케팅 관점에서 외식업 창업을 준비해보자.

▌고객 관점에서 외식업 창업자들이 반드시 물어보고 자문자답해 봐야 할 질문들

1. 직접 요리할 수 있는 차별화된 맛있는 레시피를 가지고 있는가? ('요리사를 두면 되겠지.' 하는 안일한 생각은 절대 금물, 직접 요리할 수 있는 것이 핵심)

2. 내가 판매하려는 요리의 고객이 많은 지역인가? (주요 타깃이 오고 가는 길목)

3. 주 고객층이 내방했을 때 편리함과 쾌적함을 주는 공간 구조인가? (20평 미만일 경우 2인 식탁 중심으로 편리성 증대 필요)

4. 장사를 해보려는 지역의 환경 요건은 좋은가? (아침, 점심, 저녁, 밤중에 어느 시간대가 가장고객이 많은지 선 체크)

5. 유리한 위치에 자리하고 있는가? (주변 인접 급지별 경쟁 음식점들 사전 체크 필수)

6. 근처에 주차장이 있는가? (입소문으로 찾아오는 고객들을 위한 필수)
7. 유동 인구는 많은가? (주 고객층의 유동 인구 측면)
8. 배후 인구의 주요 특징은 나의 요리에 부합하는가? (번화가, 아파트 단지, 주택가, 대학가, 고시촌, 학원가, 관광지, 외진 곳, 기타 등)
9. 외부에서 봤을 때 눈에 잘 띄고 잘 보이는가? (실내 공간의 평수도 중요하지만, 간판의 가독성이 더 중요)
10. 맛집 마케팅을 블로그, 인스타그램, 페이스북에 노출했을 때 찾아오기가 편리한가? (지하철 5분 이내 거리면 골목 2급 지역, 3급 지역도 우수한 상권)

물론 다른 유형의 질문들이 더 많이 있다. 하지만 고객의 관점과 음식점을 시작하려는 초보자의 관점에서 마케팅의 코드를 맞추는데 가장 기본적인 것이 위 10가지 질문이 아닐까 싶다.

▎음식점으로 이룬 서민 갑부나 달인들의 공통점은 자신들만의 비법 레시피가 있다

'한번 먹어본 맛을 몸이 기억하게 하고 침샘이 각인되게 할 만한 맛의 레시피를 가지고 있는가?'에 대한 확신이 서기 전까지 음식점 창업을 독립적으로 하는 것은 금물이다.

음식점 대표가 직접 음식을 할 수 있어야 하는 이유는 최악의 리스크를 대비하기 위함이다. 바로 메인 요리를 하는 요리사가 같은 지역에 원조 경쟁을 하며 음식점을 낼 경우가 다반사기 때문이다.

예를 들어 내가 팔고자 하는 것이 어머니가 끓여주시던 파가 들어간 육개장이라면, 그 육개장을 자주 먹어줄 고객군을 세분화하고 군집화해서 정의 내려 보는 것은 필수다.

육개장 고객군을 세분화시켜 정의 내려 본다면 ▶100M 전 전후방으로 출퇴근하는 회사원, 직장인, 관공서인, ▶50M 이내의 아파트, 주택, 거주 1인 가구, ▶편의점 간편 도시락 먹는 중고생(학생증 제시하면 30% 할인), 학교 구내식당 이용하는 대학생(20% 할인), ▶가성비 따지는 5070 세대 남녀, ▶이유식을 뗀 주부, 국물 요리를 선호하는 커플, ▶맛집 접대를 하고 싶어 하는 사람들, ▶육개장을 좋아하는 20대 남녀, ▶매운맛을 싫어하는 외국인을 위한 백개장, ▶여름에 먹을 수 있는 초계탕도 먹고 싶은 고객 등 자신이 팔려고 하는 음식에 대한 주 고객층을 군집화하고 정리해보는 것이 외식업 마케팅 전략 수립의 1단계다.

▌음식점을 처음 하는 초보자가 독립 점포를 하기 위해 선행 공부해야 하는 영역

첫째, 프랜차이즈 마케팅을 역으로 배운다. 프랜차이즈 설명회를 찾아가 무료로 공부도 하고 관련 자료 수집도 하고, 시식도 해보면서 고객 관점에서 많은 것을 공부하고 체득한다.

둘째, 맛집 탐방을 통해 한가한 시간에 식당 대표들에게 맛에 대한 이야기, 상권에 대한 이야기, 하루 매출이나 내방 고객 수에 관한 이야기, 실내 인테리어의 느낌, 외부에서 바라봤을 때 간판이나 외관, 스탠딩으로 서 있는 X배너 광고, 콘셉트, 메뉴판, 가격대 등등을 현장 중심으로 선행 공부를 한다.

셋째, 그 맛집을 검색, 커뮤니티, 블로그, 인스타그램, 페이스북, 뉴스 보도, 동영상 홍보, 기타 마케팅 전개 현황을 조사 분석하여 벤치마킹해본다.

▌독립 점포가 프랜차이즈보다 4천~5천만 원 아껴 맛집 마케팅에 투자하면 승산 있어

결론적으로 직접 요리할 수 있는 맛에 대한 자신감과 그 레시피의 오픈하지 않는다는 각오로 음식점 창업을 시작한다면 독립 점포를 하면서 프랜차이즈 할 때 드는 비용을 요리 기획, 요리 비법 전수하기, 레시피 전수하기에 투자하여 음식점의 핵심 가치인 요리의 맛과 콘셉트 구색에 집중, 투자하여 강점적 차별을 도출하는 것이 먼저다.

▌생계형 외식업 창업의 핵심은 퇴직 때 받은 연봉에 70%를 순수익으로 목표하고 시작하는 것 필요

프랜차이즈 설명회를 다니다 보면 현재 본사의 본부장급 고급 지식을 듣다 보니 계산만 앞서는 생각에 젖어 흥분하기 쉽고 착각하기 쉽다. 창업 절차상에 필요한 상권 분석, 건물 계약, 권리금, 인테리어, 시설 투자, 최저 인건비 기준 직원 채용, 요리사 채용 등에 맥스 계산을 하고, 대출을 받아 퇴직 후 6개월도 안 되어 후회하는 경우가 참 많이 있다.

외식업 마케팅의 본질은 맛이고, 친절한 서비스며, 맘 편하게 먹을 수 있는 공간 구조와 인테리어 그리고 다시 오게 할 수 있는 그 맛집만의 사후 프로그램 창출이다.

외진 곳에 있는 맛집은 유동 인구 제로, 배후 인구 제로인 곳에서 맛집 마케팅만으로 손님을 줄 세우는데, 그 자리마저 주차장과 커피를 마실 수 있는 공간으로 미리 구조를 설계하고 손님을 맞이한다.

보편적으로 맛볼 수 없는 맛, 가족이 함께 와서 먹을 수 있는 요리군, 연인들끼리, 지인과 함께, 종교 공동체에서 올 수 있는 그런 음식들로 지역명을 넣은 맛집 마케팅의 지속성만으로도 번화가 상권, 아파트 상권 그 이상의 매출을 올리는 곳도 많이 있다.

▌인터넷 지역 맛집 최상위 노출 마케팅 필수

그들은 인터넷 마켓과 모바일 마케팅, 나아가 방송 맛집 소개 마케팅, 달인 프로그램 마케팅 등의 방송 마케팅을 적극적으로 활용하는 추세다. 유료 맛집 소개 채널이 늘어가면서 방송 마케팅은 대세다. 방송에 맛집으로 소개되지 않으면 맛집이 아닐 정도로 중요한 마케팅 요소가 되어 가고 있다.

음식점 창업 전부터 '통합 마케팅 커뮤니케이션(IMC)'을 짜고, 창업하는 것이 입소문부터 맛집으로 유명세를 타는데 필수 요소가 되어가고 있다.

TV를 틀면 먹방 천지다. 요즘처럼 아프리카TV나 유튜브 채널 같은 경우 푸드 크리에이터를 통해 소개되는 맛집 역시 문전성시를 이룬다. 방송사 로고나 신문사 로고, 나아가 소비자 만족도나 브랜드 대상 관련 상패가 없는 맛집은 맛집으로 인정하지 않는 1030 세대 여성 중심 고객군의 음식점이라면 더욱이나 처음부터 전략적인 접근과 준비가 필요하다.

▍외식업 마케팅에서 우수한 품질의 콘텐츠 생산과 노출이 관건

고객 후기, 음식점 실내 전경, 음식점 외관 전경, 유명인 인증샷, 방송사 출현 광고, 점원들의 복장 브랜드화, 로고 및 메뉴판의 차별화, X배너 콘셉트의 명확화, 음식점 대표 블로그, 인스타그램, 페이스북, 홈페이지 등 직접적이고 다양한 고객 접근성에 관한 충분한 준비와 적극적인 IMC 마케팅 실행을 통해 음식점의 우수한 품질의 콘텐츠들을 사진, 소셜 스토리, 동영상 등으로 52주, 12개월 동안 주 2~5개 이상의 콘텐츠들을 송출하고 노출을 최적화해가며 음식점 상호를 검색했을 때 네이버 한판에 체계적으로 실시간으로 노출되도록 만들어 간다면 굳지 프랜차이즈점을 하지 않아도 서민 갑부가 되어 방송 출현도 할 수 있다.

생계형 외식업 창업에 있어 중요한 두 가지는 하나는 맛과 레시피, 둘은 IMC 마케팅 전략의 계획과 실행 그리고 지속적인 피드백을 통해 독립 음식점 브랜드를 창출해가는 것이다.

정년퇴직이나 창업하려는 이들이 많이 찾는 외식업은 준비 없이는 성공할 수 없다. 레시피, 지리적 위치, 유동 인구 등을 고려한 매장 선정과 맛집 탐방 등 시장조사를 통해 실패 가능성을 줄여야 한다. 또한, 정년퇴직자라면 퇴직 연봉의 70% 매출을 목표로 시작해야 하는 방향성 설정도 필요하다. 제일 중요한 것은 여러 채널에 마케팅하여 콘텐츠 생산과 노출이 필수적이다.

#외식업마케팅 #외식산업 #외식창업 #매출목표
#콘텐츠노출

4. B 컨설턴트

[64] 농수산물 공동 브랜드, CI 개발부터 머천다이징과 마케팅의 통합 전개를 통한 판매량 극대화가 '공동 브랜드의 목적'이어야 할 터

Q64 여러 제품이 있지만, 소비자들은 농수산물 브랜드에 대해서는 크게 차별화를 느끼거나 브랜드의 인지를 하지 못하고 있습니다. 이에 대한 어떤 생각이 있으신지요?

현재 한국의 농민들과 어민들은 정해진 인구에 소비 중심의 수요 정책과 정부 지원 중심의 수요 정책에 막연한 기대를 하고 있는 실정이다.

지자체들은 민간 기업들과 전략적 제휴를 통해 신제품에 두 개의 브랜드를 공동으로 표기하거나, 시장 지위가 확고하지 못한 농어민들이 공동으로 개발하여 사용하는 브랜드를 '지자체 공동 브랜드'라고 말한다.

한국 농어촌의 250여 시, 군의 지자체 브랜드는 이미 모두 개발되어 있지만, 유통사들과의 협업 진행 미흡으로 지자체 축제에 현수막을 걸고 판매하거나, 시나 지자체들과 자매결연을 맺어 아파트 단지에서 판매하거나 코레일 관광 같은 기업들이 운영하는 철도역에서 판매하는 정도로 판매량 증가와 매출 증대는 크지 못한 것이 사실이다.

이들의 선진 성공 사례로는 미국의 캘리포니아 오렌지 업체들의 브랜드인 '썬키스트'가 그 대표적인 예라고 할 수 있다. '오렌지' 하면 썬키스트, '오대쌀' 하면 철원이라는 등식이 성립되게 만드는 것이 공동 브랜드의 강점이라 할 수 있다.

■ 공동 브랜드 개발의 목적과 이점

CI 개발부터 머천다이징과 마케팅의 통합 전개를 통한 판매량 극대화

를 공동 브랜드의 목적으로 두어야 하는 것이 기본이다.

하나의 공동 브랜드를 사용함으로써 마케팅 비용의 감소, 제품 원가 절감, 품질 향상 기여, 협력사 간의 기술과 협업 마케팅을 공유할 수 있는 강점이 있지만, 정책 마켓의 정보 트렌드의 현황 및 수요 창출 노하우 공유는 현저히 미흡한 실정이다.

한국 정부가 2000년 이후 가장 많이 지원하는 산업 역시 6차 산업까지 주창하며 농수산물과 농, 식품 산업에 상당히 높은 비율의 정부 지원 자금을 쏟아 붇고 있지만, 지원해주는 공무원 담당자도, 지원받는 농민들도 브랜드 창출은 고사하고 판로 개척 역시도 쉽지 않은 상황이다.

농어민 지원하는 정부지원 정책의 애로점

공동 브랜드 CI, 패키지, 홍보물, 축제 지원 너머 쇼핑몰 운영 및 대형 유통 기업 입점 마케팅 등에 관해 직접 지원이 필요한 시점이다.

'로고를 만들고 상품 패키지 디자인하면 잘 팔리겠지?' 하는 차원에서 디자인 중심의 입찰을 진행하여 식품이 성공하지 못하는 이유를 들면 다음과 같다.

✅ 로고와 심벌, 포장지 등 "디자인만 잘되어 있으면 브랜드다."라고 착각하는 마인드
✅ "사계절 성수기와 비수기 구분 없이 판매되겠지." 하는 마인드
✅ 정부 및 지자체에서 지원하는 디자인, 콘텐츠, 판로 개척만 믿고 막연한 기대감에 사는 마인드
✅ 지자체들의 농어민 지원 자문 컨설팅, 교육 진행, 심사까지 실무를 알지 못하는 교수 중심의 프로젝트들이 정책 아이디어로 입안되는 점
✅ 평가 항목들도 이론적인 것으로 가득하다는 점
✅ 지역 중심의 기업에 가산점을 주고 선결 조건의 점수화가 과도하게 세분화되어 있다 보니 실질적인 도움을 주려는 실무 중심의 MD 운영사라든

가 유통사들은 중간에 어떤 도움도 줄 수 없다는 점들이다.

▌귀농, 귀촌에 대한 도움을 받으려는데 '과도한 1분~3분 클릭 교육 청강 시스템' 문제 커

예를 들어 귀농, 귀촌 교육을 받는데 오프라인 74시간 이수 후에 이러닝 24시간을 수강하는데 1분 단위로 수백 번 클릭하며 수강을 해야 2% 이하의 저금리로 돈을 대출 지원해준다는 것은 심각해도 너무나 심각한 문제점이 아닐 수 없다. 시점 지난 이론적인 지식을 이러닝으로 1~3분 단위 수강 규율을 만들고 진행한다는 것은 심각하다고 할 수 있다.

정책 입안도, (그것을 실행하는 담당 공무원들도 역으로 절실한 사람들의 마음으로 교육을 듣는데) 1분 단위 청강하고 클릭을 해야만 하는 것은 농민들이든 귀농, 귀촌들이든 그 교육을 이수하려는 사람들에게 상처를 주고 있는 것은 자명한 일이다.

컴퓨터를 활용하는 능력이 미흡한 농어민들에게 이런 교육 지원은 충분한 고민을 해봐야 한다. 물론 자립심을 길러주고 스스로 모든 것을 해가야 한다는 관점에서 정책 입안도, 그 실행도 중요한 것이겠지만, 전시 행정이라는 느낌은 여전하다.

콘텐츠 지원 사업에 응모해 1년여 동안 지원받고 완성했지만, 마케팅의 타이밍을 놓쳐 브랜드화는 아니더라도, 실제 판매가 없는 회사들이 다반사다.

▌정부 및 지자체 농수산물 공동 브랜드 구축 지원에 관한 제언 네 가지

첫째, 신선 식품 공동 브랜드는 처음부터 메이저 유통 기업과 협업 전개 또는 직접 판매 시스템 구축 운영 지원 필요

신선 식품의 과채류인 과수, 채소, 수산물 등은 메이저 유통 기업들도 판매에 애를 먹고 있으며, 입점하여 판매되고 있는 현황을 보면 두 가지 패턴이다.

하나, 유통 자체 브랜드인 PB 브랜드화시켜서 특정 지역의 특정 상품만을 푸시하는 양상과 둘, 농수산물을 취급하는 농가나 수산물 상인들의 직거래를 통한 쇼핑몰 구축과 네이버 스토어 입점, 블로그나 SNS 채널을 통해 판매하고 있는 실정이다.

이런 시점에서 지자체 중심의 농어민 지원 사업의 한계는 아웃소싱만으로 모든 것을 다 지원한다는 마인드는 한계가 있다는 것이다.

그 대안으로는 정부와 지자체 차원에서 '지자체 통합 물류 센터 구축 지원과 지자체 쇼핑관을 백화점 쇼핑몰, 할인점 쇼핑몰, 슈퍼 쇼핑몰, 홈쇼핑 쇼핑몰, 온라인 종합 쇼핑몰, 면세점 쇼핑몰, 기타 멤버십 쇼핑몰, 폐쇄몰 등에 숍 인 숍을 열어 판매량 증대를 전개하는 것이 효과적인 지원일 수 있다.

둘째, 통합 마케팅 커뮤니케이션(IMC) 차원에서의 실질적인 것들 잘 준비 지원하고 실행 필요

로고, 마크, 상품 패키지, 앱 반응형 쇼핑몰+콘텐츠+모집형 홈페이지, 상품 상세 페이지, 소셜 콘텐츠 페이지, 유통 쇼핑몰 상세 페이지, 3분 이내의 동영상, 카드 뉴스, 배너 광고, SNS 모바일 중심의 콘텐츠 기획 및 운영, 신제품 런칭 뉴스, 생산자 이력제 및 네이버 인터넷 언론 뉴스 인터뷰, 기자단 및 서포터즈단 지속 운영, 타깃 고객 품평단 운영까지 일관적으로 기획, 운영, 마케팅, 입점 판매, 재고관리, 이벤트 진행까지 서울의 거점을 두고 실시간으로 판매 운영되는 실질적인 정책 입안과 판로 개척 차원을 넘어 판매 운영을 지원해주어야 한다.

셋째, 농어민들 '공동 직거래 운영 대행사 지정'하여 지자체 지원하는 것이 효과성 커

통합 마케팅 커뮤니케이션(IMC) 전략의 입안을 넘어 홍보와 PR, 유통 판매, 특판, 온라인 및 모바일 판매까지 마치 유통 밴더사의 쇼핑몰 MD들과 쇼핑몰 디자이너들인 직접 운영하는 것처럼 지원 운영을 해주지 않는 한 농사를 짓거나 어업에 강점이 있는 농어민들이 판매나 재고관리까지 하면서 멀티플레이어가 된다는 것은 그 효과성이 없다.

넷째, 직접 지원 차원의 '정부 및 지자체 정책'으로 바꾸는 것이 현실적인 대안

정부 정책에 상품 기획자(MD), 마케터, 디자이너 직접 채용을 통한 통합 마케팅 커뮤니케이션(IMC) 전략과 실행을 직접 지원하는 것이 문제를 해결해가는 올바른 해법이다.

입찰 제안서 RFP를 만드는 것도 교수들이 자문하고, 교수들과 관련된 기업들이 입찰에 참여하고, 입찰 평가 항목의 완결 부분 점수만 높으면 그만인 기존의 정부 정책 시행과 진행은 지원을 받는 농어민도, 담당하는 공무원도, 아웃소싱으로 참여하는 CI 및 패키지 관련 디자인 회사들도 그 피로도는 상당히 높다고 할 수 있다.

특히 패키지 디자인의 과도한 포장 문제와 디자인으로 인한 차별성이 결여되고, 가독성이 결여되는 것은 문제가 심각한 것이 사실이다. 실제로는 대형 유통사에 입점해서 판매하기에는 원가 구조가 맞지 않는다는 것이다.

한국 사회에서는 50만 개 이상 판매, 구매한 소비자를 접한 신선 식품일 때 진정한 농산물 브랜드로 인식될 수 있고 재구매가 가능하며, 입소문을 통해 추천 판매가 가능하다는 것은 상식이다.

분명 기획과 디자인, 마케팅과 영업, 언론 홍보와 프로모션 진행, 기자단과 서포터즈 운영, 쇼핑몰 판매 및 운영의 달란트는 각기 다르게 가지는 것을 교육과 자문, 아웃소싱만으로 판매량을 극대화하는 것에 여러 위협 요소가 산재하고 있음을 인식하는 것에서부터 농어촌 공동 브랜드 개발 지원 정책을 다시 입안하고 실무 경험 중심의 아웃 소싱사들을 중심으로 진행해야 한다고 본다.

> 한국 농수산물 산업은 소비 중심의 수요 정책과 정부 지원 중심의 수요 정책에 막연한 기대를 하고 있다. 수동적인 태도를 벗어나 공동 브랜드를 개발하고 그 개발을 지원하는 정부 지원 정책을 새로이 쓰는 것이 중요하다. 이에 필자는 네 가지를 제언하며 유통 기업 협업 또는 직접 판매, IMC 차원에서 준비 및 실행, 공동 직거래 운영 대행사 지정, 직접적인 정부와 지자체 정책 지원이 그 현실적인 대안이라고 생각한다.
>
> #농산물브랜드 #공동브랜드 #머천다이징
> #PB브랜드 #CI/BI

5. B 컨설턴트

[65] 여가 리테일 마케팅, 커피 브랜드들 '맛+서비스+여가 공간'의 솔루션 선도 중

Q65 한국 커피 시장에서의 현시점과 어떤 마케팅이 진행되고 있으며, 기존 커피 사업에 제언이 있으신지?

전 세계 2,400조 마켓, 한국 원두커피 시장이 과거 대비 7배 성장을 보이고 있는 가운데 커피 전문점 브랜드 평판 TOP 10을 보면, 스타벅스, 투썸플레이스, 탐앤탐스, 카페베네, 커피빈, 이디야, 할리스, 커피베이, 엔제리너스, 빽다방 등의 순으로 2018년 7월 30일 현재 한국 기업 평판 연구소의 시장조사 자료를 보면 알 수 있다.

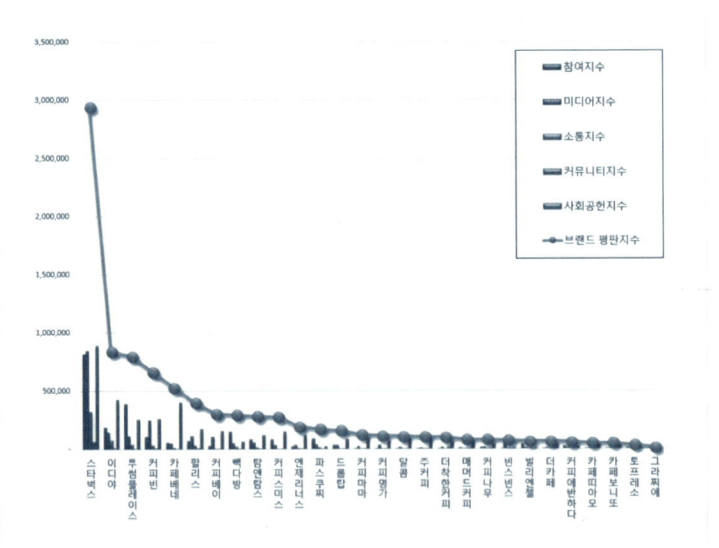

출처: 한국기업평판연구소, 2018, [브랜드 평판] 커피전문점 브랜드 2018년 7월 빅데이터 분석결과

한국인들이 가장 선호하는 소통 공간이 커피숍이다. 이제 커피숍은 집 다음으로 많이 여가를 보내는 공간 3순위다. 직장, 집, 커피숍, 이 세 가지 공간의 체류 시간이 제일 많아지고 있고 그런 공간의 강점적 차별성은 새롭게 급부상하는 중이다.

필립 코틀러 박사의 『마케팅관리론』에선 이미 복합공간 마케팅을 전개하는 것이 트렌드임을 예견한 사례들이 이미 10여 년 전부터 늘 이야기 되어 왔고 오프라인 공간 비즈니스는 이미 그렇게 차별성을 넘어 콜라보레이션하는 정도까지 진화해가고 있음을 보여주고 있다.

커피숍들은 핸드 드립과 프랜차이즈 차원을 뛰어넘어 프랜차이즈 안에서의 차별화, 매장 콘셉트의 지역화, 공간에 맞춘 차별화, 여가 리테일링의 차별화까지 진화에 진화를 거듭해가고 있다. 커피숍은 단순히 커피만 파는 곳이 아니다. 그들만의 아이덴티티에 부합하는 강점적 차별성을 극대화 시켜나가는 중이다. 아래 3개 기업의 사례분석은 우선 커피 맛의 평판은 공통으로 우수하다.

▌상하이 '스타벅스 리저브 로스트리'

세계 최대 규모의 스타벅스는 스타벅스 안에서도 차별화가 심하다. 공간의 차원이 다르다. 관광 명소가 되었다. 메뉴도 100여 개나 된다. 커피 맛도 다르다. 커피 팩토리를 연상케 하는 커피를 내리는 기구들이 즐비하다. 상징성을 넘어 넓은 공간과 다민족으로 꽉 채워짐의 느낌이 기존 스타벅스와는 차원이 다른 느낌이 든다. 마치 새로운 스타벅스 새로운 콘셉트의 안테나 숍 같다는 느낌이 들 정도다.

40톤의 구리 통이 신선하게 원두를 보관하고, 천장에 고정된 구리 파이프를 통해 원두를 3개의 커피 바에 필요한 만큼 보내는 자동화 시스템도 갖추고 있다. 무엇보다도 중요한 것은 로스팅하는 전 과정의 프로세스를 커피 매장 안에 구현해 놓았다는 것이다.

한국의 커피 팩토리 느낌의 독립 브랜드들과 맥락은 같이 한다. 고객의 입장에서 아래의 세 가지 커피숍의 사례는 기존의 커피숍 중에서도 전문성과 규모와 진정성 측면에서 강점적 질을 두 차원 이상 높인 사례들이라고 할 수 있다.

▎제주도 '테라로사'

15개국의 스페셜 티 원두를 수입하여 18~19세기 프랑스 파리나, 오스트리아 빈의 카페 문화와 "루소는 가는 커피숍만 간다."라는 루소의 커피 철학에 영향을 받은 '테라로사'는 그들만의 인테리어로 전국 매장마다 차별성이 강하면서도 일관성이 있는 콘셉트로 구성되어 있다. 아름답고, 미학적이며, 지적 요소들을 포괄하는 엘레강스 콘셉트이다.

그중에서도 필자가 가장 좋아하는 곳이 제주도 서귀포 감귤농원과 함께 자리한 제주 테라로사다. 젠스타일(절제미와 심플함을 추구하는 스타일)의 가구들, 무질서한 듯한 자유로움, 무엇보다도 커피 맛이 일반 프랜차이즈에서 먹는 것과는 다른 한결 부드럽고 업그레이드되어 있으며 정제된 느낌이 든다는 것이다. 매출은 한국 스타벅스 평균 매출의 2배를 넘어섰다는 후문이다.

▎안양 '라붐 팩토리'

라붐 팩토리는 올라가는 계단에 놓여있는 커피 자루 그리고 입구에서 마주하는 높은 천장과 커피 도구들의 신선함, 젠스타일의 탁자들과 의자들은 그 모양과 생김새는 조금씩 다르지만, 일관성이 돋보이는 특징을 가지고 있다.

두 가지 큰 강점적 차별성은 역시나 커다란 로스팅 시스템의 압도와 직접 아카데미까지 운영하고 있다는 느낌 그리고 즉석에서 구워내는 신선한 빵들과 바게트들, 현장에서 그 본연의 식감들을 커피와 함께 즐기기에는 지역적으로 축복을 받은 느낌마저 들게 한다.

라붐 팩토리의 기업 철학을 보면 먼지나, 발암물질이 될 수 있는 것들을 국내에서 한 번 더 걸러내는 유일무이한 시스템을 가지고 있다. 특히 커피의 자동가공 및 브랜딩 시스템을 자체 개발하여 세계 특허로 신뢰도를 더한다는 것이다.

■ 커피 산업의 차별적 요소들

커피 산업은 차별화할 요소들이 너무도 많이 있다. 기후, 토질, 나라, 원두의 종류, 동물을 활용한 원두까지 다양한 방식으로 차별화를 선도하고 있다. 어떤 기업들은 커피 온도로 브랜드를 짓기도 하며, 바리스타 경력에 나아가 로스팅 시스템의 차별화로 한국식 숯불 로스팅을 선도하는 기업들까지 각양각색의 차별화를 선도하고 있지만 그중에서 가장 으뜸은 진정성이라고 할 수 있다. 여기 기업가의 진정성과 철학을 잘 묻어나게 하는 우수한 사례가 있어 소개한다.

제주 커피 수목원-세계 최초 뉴 카테고리 창출 커피 와인, 꼬냑빈 커피

제주에서 김영한 대표님의 커피 와인과 커피 꼬냑은 세계 최초로 개발되어 인기가 한창이다. 무엇보다도 어니스트 헤밍웨이가 즐겨 마셨다는 커피 와인의 레시피를 모토로 하고 브랜드 콘셉트를 잡아 직접 차별화된 뉴 카테고리를 창출한 사례는 우수하다. 눈 내린 겨울 미국 CNN 방송국에서 멀리 제주도까지 와서 직접 촬영까지 할 정도로 정평이 나있는 뉴 카테고리 창출 사례다.

필자가 이야기하고 싶은 것은 커피숍이 이제 여가의 공간으로 여가 리테일링으로 확장되고 있다는 점이며 가성비를 따져 커피를 마시고, 지인 또는 동료, 친구들과 소통하기만을 위한 공간이 아니라는 것이다.

▍'맛+서비스+여가 공간=여가 리테일' 선도하는 기업들 브랜드 평판 우수

커피 로스팅 스쿨은 전국에 수십 개다. 커피 산업은 리테일 상품군화 되고 있기도 하다. 커피숍 자체에 진정성 있는 연출, 관광 명소화, 스토리가 있는 분위기의 콘셉트, 부가적인 리테일 상품으로 빵이나 브런치, 나아가 커피 용품, 리테일 상품에 다이어리까지 복합적으로 판매하는 기업들이 선도하고 있다는 것이다.

위의 스타벅스, 테라로사, 라붐 팩토리 커피 브랜드를 우수 사례를 보았지만, 이미 세계인들의 커피 전문성은 학습 효과가 크다고 할 수 있다.

필자 역시 커피에는 전문가가 아니다. 하지만 고객의 관점에서 자주 가서 돈을 쓰게 만들고 그 지역에 가면 꼭 가보게 되고, 지인들이나 친구들에게 입소문을 내고 싶고, 꼭 한번 가보고 싶게 만드는 커피 전문 기업들이라는 것은 공통점이다.

▍포화 상태의 세계 커피 시장, 마지막 남은 차별화는 진정성

아무리 좋은 명약이라도 많이 먹으면 탈이 날 수 있다는 이야기이며, 그 탈이 날 수 있는 문제점들을 누가 진정성 있게 해결해가며 새로운 솔루션인 '맛+서비스+여가 리테일 스토리'까지 창출해가며 지역에서도 그 산업의 평균 매출의 2~3배 아니 수십 배의 매출을 올리며 고객의 가슴에 브랜드로까지 유전되고 있다는 것이다.

▍발암 물질까지 나오지 않게 하는 커피 마케팅은 진정성이 대세

커피 발암물질인 아크릴아마이드, 납, 벤조피렌 등이 볶음 커피에서 나올 수 있음을 아직 일반인들까지는 모르는 듯하다. 러시아인들은 커피에서 발암물질이 나오고 있음을 알기에 하루 적정량의 커피를 즐긴다고 한다.

한국에서의 커피 산업은 이미 포화 상태지만 그 소비율은 지속 성장하고 있다. 한번 입에 맛이 들리면 끊을 수 없는 마성을 지닌 커피, 커피는 물 다음으로 많이 마신다고 해도 과언이 아니다.

커피가 인체에 좋은 순기능들도 많이 있지만, 미량일지라도 발암물질이 나온다는 역기능도 커피 산업 종사자에게 교육시키고 알릴 의무가 있다고 본다.

로스팅 스킬, 원두의 품질, 물의 온도, 커피 농산지의 차별성, 가격, 공간의 인테리어, 콘셉트 등 부가적인 상품군도 모두 중요하지만, 제일 중요한 것은 기업가의 진정성과 철학이라는 생각이 든다.

> 한국 기업 평판 연구소 시장조사 자료에서 커피 시장은 한국인들의 소통 공간으로 활용되고 있다. 단순히 커피가 아닌 브랜드마다 특별한 콘셉트를 내세우고 있다. 이러한 차별화에서 가장 중요한 것은 진정성으로 보이며 이런 우수한 사례를 제주 커피 수목원의 '꼬냑빈 커피'를 들 수 있다. 커피에서 발암물질이 나올 수 있다는 점을 일반인들은 잘 모르나 이를 차별화하여 건강한 커피를 만드는 것이 차별화이다. 커피 시장의 마지막 차별화는 진정성이며, 커피에 건강까지 생각하는 차별화로 진정성과 철학이 묻어있다고 본다.
>
> #여가리테일마케팅 #꼬냑빈커피 #커피의발암물질
> #진정성 #건강한커피

6. B 컨설턴트

[66] 디지털 마켓, 신제품 시장을 새롭게 바라보는 '매치메이커 관점' 필요

Q66 다양한 플랫폼을 통해 제품과 서비스가 제공되는 요즘 시장을 어떻게 해석하면 좋을까요?

디지털 세상은 이제 세상의 불편함을 해소하고 다양한 니즈와 원츠를 연결하는 관점의 소유자인 '매치메이커'가 부자가 되는 세상이 되었다. 생산자가 부자 되는 시대에서 연결자가 부자 되는 시장으로 2010년 이후 인류가 경험해보지 못한 그런 부자들이 유니콘 기업 이상의 기업으로 빠르게 성장하고 있다. 부의 이동이 완전히 재편되고 있는 시점에서 제조 기업을 중심으로 하는 CEO들도 이제는 서비스 유통 기업일 수 있는 연결 전문 기업들인 플랫폼 기업가들의 선도적 변신의 태도와 기업가 정신을 벤치마킹하며 매치메이커형 CEO로의 전환이 필수가 되었다.

▍**모든 시장에는 저마다의 사연, 즉 비하인드 스토리까지도 스토리화 시켜 마케팅을 하고 있다**

그 어느 때보다도 스타트 기업가로 자수성가하고 있는 기업인들은 자신의 이야기를 강연, 인터뷰, 자서전을 통해 콘텐츠화시켜 시장 중심이 아닌 고객 중심, 고객의 마음속을 파고들어 진정성 있게 어필하고, 시너지를 창출하는 마케팅을 공통으로 전개해가고 있다. 이처럼 마켓은 더는 과대한 포장을 했다는 이유 하나만으로 마법이 일어나는 곳이 아님을 알아야 한다.

▌신제품, 서비스, 비즈니스 모델을 넘어 마켓을 설계하는 매치메이커형 CEO 필요

매치메이커형 CEO들은 누구인가? 이들은 제조사와 고객의 관점 모두를 선 이해한 후, 양쪽 모두에게 새로운 가치 창출을 통해 만족 그 이상의 편리함을 주고, 시간을 아껴 행복 추구의 가치에 좀 더 많은 시간을 투자하라고 캠페인 하듯, 현재 현존하는 4차 산업의 기술들을 조합하고 융합하고 업그레이드해 가며 전혀 새로운 차원의 플랫폼을 만들거나 IoT(사물인터넷, Internet of things), 나아가 인공지능(AI)까지 탑재한 디바이스나 진단 기기들을 창조해가며 그 끝의 한계를 가늠하지 못하도록 속도를 내고 있다.

그들은 육하원칙의 질서를 '오하원칙'으로 단축, '언제와 어디서'의 개념을 실시간으로 단축하고 그 사고의 깊이와 확장을 인간 지능이 아니라 인공지능에 맡기고 마켓 자체를 새롭게 설계해 전문화, 지역화, 완전한 타깃화, 나아가 끝없는 조합과 통합, 융합을 통해 거대한 하나의 '플래닛 플랫폼'까지 가상공간에 창조하고 있다.

▌신제품 하나를 개발하기 이전에 역산으로 플랫폼부터 공부해야 하는 시대

현재 마켓은 오프라인 마켓 백화점, 할인점, 편의점, 드럭스토어를 넘어 종합 쇼핑몰, 오픈 마켓, 소셜 커머스까지 구닥다리 마켓의 관점으로 퇴출시킨다. 그리고 각종 서비스 플랫폼, IoT와 연결된 디바이스 신제품들까지 창출하고 홈 디바이스, O2O 마켓, 근접 배송까지 조합하며 '인간 지능+인공지능=네오피안 지능'화를 더해 무점포 비즈니스화까지 시켜가는 추세다. 2000년대 초반부터 고관여 해오면서 그 당시 신직업, 유망 직업, 요즘의 창직 개념이었던 MD(상품 기획자, 머천다이저)를 실무 중심으로 전문 트레이닝을 해왔지만, 요즘처럼 그 실무 지식의 범주를 재정립해 교육하기가 힘든 적이 없었다.

앱이 300만 개가 넘어가면서 앱은 더는 마켓이 아니라 신제품화 되어가고 있다. 속도를 국제 특허와 기술의 표준 선도 없이는 기술 개발 속도의 경쟁력을 잃어가는 시대, 정보와 지식의 고도화로 네티즌들은 마음만 먹으면 얻고자 하는 세상의 모든 지식은 자가 학습할 수 있고 알아낼 수 있는 시대다.

▌조직은 이제 마케팅 혁신을 하지 않으면 퇴출당하는 속도 빨라

더는 창업의 프로세스를 신제품 개발의 속도로 스텝 바이 스텝하며 신제품을 개발하는 시대는 끝이 났다. 고객의 관점 그 이상의 가치 창조의 열정, 선행 학습을 통해 트렌드로 핵폭탄 터지듯 히트시킬 수 있다는 믿음이 생기는 타이밍을 선정하고, 직렬식 방식이 아니라 병렬식 방식으로 통합 마케팅 커뮤니케이션(IMC) 전략을 설계하고 실시간 마케팅 실행과 피드백을 지속해서 해가야 하는 시대다.

마켓에서 고객과 결혼하고 사랑하고 장수하며 산다는 관점으로 초 연결자 관점의 마인드 함양이 필수다. 판매만 하는 마인드로는 결국 마이너스 성장이고, 리더인 CEO가 마이너스 성장을 모두 다 떠안고 실패자가 되는 시대다.

신 마켓으로 설계된 각종 플랫폼의 상생 원리를 관찰하고, 배우고, 체득하다 보면 나의 한 개의 아이디어에서 시작해 특허를 내고 2~3년 투자금을 받아서 연구 개발하는 것에만 집중하며 허송세월을 하지 않아도 된다. 플랫폼에서 잘 팔리고 후기의 입소문이 좋은 제품군, 서비스군, 그 제품과 서비스를 제공하는 기업들을 역으로 벤치마킹하고 그 성장의 역사를 역산하여 신제품과 신 서비스, 신 솔루션들을 개발해 IMC 브랜드 마케팅을, 그 신제품의 콘셉트에 부합하는 마케팅 기법을 적용해 정보 지식의 평준화 시대에 제조 기업가로 살아갈 수 있다.

3D 프린터로 집과 단층 아파트까지 짓는 시대, 일반적인 제품들은 특허 사용료를 내고 각종 특허를 조합하여 반걸음 앞선 타이밍에 필요한 신제품들을 24시간 안에 만들어 맞춤 제공하는 시대가 열리고 있다. 대량생산을 통해 브랜드를 만들고, 한국 시장에서 100만 개 이상을 팔면 BEP를 맞출 수 있다고 사고하는 방식을 내려놓고 시장을 새롭게 바라보고 생산자와 연결자, 고객 모두가 상생하는 매치메이커 관점에서 마켓 설계를 먼저 하고, 그런 마켓을 찾아내고, 그다음 신제품을 OEM 방식으로 주문 제조하여 전 방위적인 마케팅 툴에 노출을 극대화해 브랜드를 만들어 성과를 창출하는 순서의 퍼포먼스 마케팅을 해가야 하는 시대다.

▎매치메이커형 CEO로 거듭나 매출이 나올 타이밍 맞출 수 있는 통찰력이 제일 중요

　예비 스타트 기업가들은 사업자 등록증 내기 전에 매출이 나올 타이밍부터 예측하고 신제품 개발에 들어가야 성공 지수 높일 수 있다. 스타트 기업가들의 현장 멘토링을 진행하다 보면 국가 지원 기관의 각종 프로그램을 2년여 동안 10개 이상 참여하며 나라에서 보내주는 실리콘 밸리나 중국의 창업 현장을 다녀오기까지 하지만 신제품은 아직도 나오지 못하는 경우도 있다. 자기 합리화, 자기만족의 창업 유형들로 그 신제품이 필요한 시점을 놓치는 격이다.

　외부의 변수 앞에 속수무책으로 실패를 경험해본 김민철 CEO는 야나두 영어 인강 비즈니스 모델로 성공하고 있지만, 스마트폰 배터리 충전기 교환 사업을 하다가 삼성의 갤럭시 모델들이 배터리 완전 탑재형으로 사업 방향을 바꾸면서 사업에 실패를 맛봤다. 이것은 신 비즈니스 모델의 마켓이 완전히 소멸된 사례다. 대외적인 변수들의 예측 없이 그저 만들면 팔리는 시대는 종료되었다.

　손익분기점(BEP)는 두 번째다. 매출이 실제로 나올 시점을 정확히 예측하는 것부터 시작하고 싶다면 시장 설계 능력 함양, 브랜드 마케팅 전략, IMC, 수십 가지 종류의 디지털 마케팅 툴의 선 이해, 설득력 있는 콘셉트과 콘텐츠 창출 능력 함양, 개발되는 신 비즈니스 모델과 신제품이 가장 잘 팔릴만한 플랫폼을 발견하는 것부터가 1순위다. 만약 플랫폼이 없다면 그 플랫폼을 개발하는 것까지 필요한 정보 고도화 시대에서는 매치메이커형 CEO 인재로 거듭나야 하는 시대에서 고객보다 먼저, 직원들보다 먼저, CEO가 먼저 변화해야 한다. 세상을 바꾸는 가장 빠른 비법은 CEO 스스로 먼저 변화되는 것이다. 명심하자.

> 디지털 세상에서 필요한 것은 아날로그이다. 브랜드의 비하인드로 디지털 안의 아날로그를 구축하는 마케터가 되어야 한다. 이제는 스토리뿐이 아닌 제품, 서비스, 비즈니스 모델을 넘어 마켓 자체를 구축하는 매치메이커형 마케터가 이 시대에 필요한 인물일 것이다.
>
> #매치메이커 #스타트업 #유니콘기업 #플랫폼선택 #마케팅혁신

7. C 컨설턴트

[67] 마케팅 혁신, 기업가 정신 재정립부터가 곧 '마케팅 혁신'의 시작

Q67 마케터들의 최대 고민은 기존과 다른 새로운 것을 만드는 것인데요. 이에 대해서 조언해 주실 수 있는지 부탁합니다.

마케팅 혁신은 기업 브랜드 마케팅 전략의 실행에 있어 '문제가 발생하면 우리는 어떻게 할 것인가?'라는 단 하나의 화두에 화답하기 위해 전 직원이 '신선한 아이디어에서 출발해 새로운 콘셉트(본질)와 마케팅의 초점을 재정립하고, 마케팅 툴의 접근성을 다양화하며, 기업 가치의 핵심 메시지를 담은 목소리로 콘텐츠를 제작 강화해 지속 전달하는 것'이다. 이를 통해 얻는 것은 고객의 마음과 감성을 자극하고 반응하게 하는 것이며, 잠재 고객이나 무관심한 고객의 마음마저 사로잡아 새로운 교집합을 만드는 것이다. 또한, 뉴 트렌드를 선도하며 지속 성장의 과정에서 그동안 보지 못했던 것의 발견을 통한 고객 창출과 재창출까지 비즈니스 본질의 청사진을 시너지화 시켜가는 것이다. 이처럼 마케팅 혁신은 이제 기업들의 핵심 역량이어야 하며 마케팅 혁신을 통해 비즈니스의 경쟁력을 높여가는 것만이 지속적 성장이 가능한 시대다.

마케팅 혁신의 초점은 고객의 성취성, 기업의 진정성, 사회의 상생성, 즉 기업의 사회적 책임(CSR) 의지가 녹아 통합적인 브랜드 마케팅의 시작부터 끝까지 고객 창출을 위한 혁신들이 지속해서 적용되어 결국 지속 성장 곡선을 이루는 것이다.

▎마케팅 혁신의 시작은 기업가 정신의 정립부터다

기업의 철학, 미션, 비전, 목적, 목표, 인재상, 나아가 CEO의 기업가 정신을 보면 그 안에 마케팅 혁신의 정신과 의지가 담겨 있음을 볼 수 있다.

경제학자 슘페터는 새로운 생산방법과 새로운 상품 개발을 기술혁신으로 규정하고, 기술혁신을 통해 창조적 파괴에 앞장서는 기업가들을 혁신자로 보고 있다.

기업가는 결국 신제품 개발, 새로운 방법의 도입, 새로운 원료나 부품의 공급, 새로운 공동체의 형성, 지식 근로자들의 성장성 등이 필요한 영역이다.

미래를 예측할 수 있는 통찰력 있는 CEO들은 사업 초기 단계부터 여기에 고객 중심의 사업 전개, 비즈니스 강국 세우기, 인재 양성, 직원들의 후생 복지, 사회적 책임 의식까지 사회문화 캠페인을 정의하고 메시지를 일관되게 확산하며 전개해 가는 것을 볼 수 있다.

▎기업가 정신이 명확한 마케팅 혁신 우수 사례

기업가 정신의 본질은 CEO의 열정과 도전 정신에 있다. 글로벌 리더로는 빌 게이츠를 볼 수 있다. 그는 컴퓨터의 대중화라는 시대의 대전환기에 기회를 발견하고 열정과 도전으로 성취한 사례다.

스티브 잡스 역시 열정과 집착의 사례며 완벽과 독창적인 제품에 집착한 결과 2008년 스마트폰 시대를 창조하며 전 세계 시가총액 1위의 자리를 성취한 사례다.

정주영은 뛰고 나서 생각하는 단순, 우직한 스타일로 "시련은 있어도 실패는 없다, 상황을 나에게 유리하게 만들어 가라. 신용이 제일이다."라는 마인드로 기업가 정신을 실천해왔다.

기업을 성공시키고 지속시키고 있는 기업가 정신의 1세대들은 개인의 의지, 포기하지 않는 근성의 기업가 정신을 가지고 있었다면, '더바디샵'이나 요즘 핫한 홍정욱 CEO의 사례는 기업가 정신이 업그레이드된 마케팅 혁신의 사례들이다.

▌소비에도 사회적 책임이 따른다는 기업가 정신의 롤모델 '더바디샵'

더바디샵은 "동물실험을 하지 않는다."라는 점을 대대적으로 홍보, 광고하며 그 성장세를 이어간다. 이런 마인드가 기업가 정신인 동시에 마케팅 혁신의 본질이다. 마케팅 혁신은 단순 마케팅 툴의 변화에 국한되는 것이 아니다. 이런 기업가 정신에 기초를 두다 보니 저절로 천연 원료로 만들어진 제품을 판매하고, 매장은 초록색 분위기로 안정감을 주며, 테스트 제품을 배치, 제품 가치에 대한 설명 부착, 소비자로 하여금 어드바이스 받을 수 있도록 전문 카운셀러 직원 배치 등 전 세계적으로 통일된 모습의 매장을 만들게 된 것이다. 이 모든 과정이 화장품 로드샵의 마케팅 혁신 사례였고, 매장에 있는 액자의 메시지는 단순 판매의 시장 같은 한국 화장품 로드샵의 전경과는 사뭇 다르다. 벤치마킹을 인테리어나 디스플레이만 한 것 같아 아쉬운 감이 많이 드는 것이 사실이다. '친환경'이라는 구호만 외치는 것이 아니라 가슴 깊은 곳에서의 성찰과 사회 공헌의 발현에서 나오는 기업가 정신의 실천 사례로 귀감이 된다.

▌죽음의 장벽을 걷어낸 중국의 당뇨병 캠페인 펼치는 '노보노디스크'

중국인들에게 당뇨병이 무엇인지 알리고 치료와 예방을 위해 어떤 생활을 하는지 알리기 위해 노보노디스크 기업은 우선 의료진을 대상으로 교육하고, 의사들의 인식을 바꾸어야 잠재 환자의 설득과 치료를 할 수 있다는 마인드로 중국 정부 당뇨병 관련 기관들과 협력하여 만들어 가고 있다.

'당뇨병을 변화시키는 버스'라는 프로그램을 만들어 시골 구석구석까지 찾아가면서 현지 의사를 교육하는 문화 캠페인을 진행하고 있다. 이 자체가 기업가 정신의 실천이고, 사례다. 당뇨병 환자 중심의 노보케어 클럽의 회원은 현재 90만 명에 이르고 궁금증들은 핫라인을 통해 언제든지 전문가와 전화 상담을 진행 중이다.

▎채식 문화를 선도하며 환경 보호의 가치 캠페인을 선도하는 '올가니카'

올가니카는 폴 매카트니가 "나는 채식주의자입니다."라고 주창한 것을 사례로 사람들이 채식을 통해 지구의 환경을 함께 지켜가며 시너지를 창출할 수 있다고 주장한다. 그 근거로 지구 상 육지의 30%가 가축을 위해 쓰이며, 이는 달의 면적보다 넓고, 지구의 물 중 33%가 가축이 식수로 사용되며, 미국에서 재배되는 곡식의 70%를 가축이 먹는다고 강조한다. 특히 파괴된 아마존 열대 우림의 80%가 소를 키우기 위해 사용된다고 이유를 들며 하루 한 끼 채식으로 식사하기 음식 문화 캠페인을 펼치고 있다.

▎고객의 성취성 넘어 사회의 상생성 창출하는 기업가 정신이 필수인 시대

이처럼 기업가 정신이 정립된 기업들의 비즈니스는 그 자체가 마케팅 혁신이다. 고객들로 하여금 인식의 전환을 통한 사회문제에 동참을 이끌면서 착한 소비를 하고 있음에 자긍심을 갖도록 하는 문화를 창출해간다.

매출이 생기고 이윤이 난 후 사회문제에 관심을 가지겠다는 의지가 아니라 비즈니스 모델 설계, 신상품 개발 단계 이전부터 기업가 정신의 정립 단계에서 확고한 신념을 지니고 펼쳐나가는 것이 위대한 기업가들의 공통점이고 특징이다.

이처럼 기업가 정신을 가진 CEO들은 단순 사업을 해서 돈을 버는 행위의 차원과는 거리가 멀다. 고객들의 태도를 변화시키고 세상을 바꾸는 일에 초점을 맞춰 기간을 선정하고, 마케팅 혁신을 통한 새로운 차원의 고객 창출을 통해 처음부터 지속 가능한 기업 가치 창출을 통해 고객의 성취성은 물론 사회의 상생성까지 창출하며 기업의 진정성을 더욱더 공고히 다져가고 있는 것을 볼 수 있다.

> 마케팅 혁신은 기업가 정신의 정립에서부터 시작된다. 기업가 정신이 정립된 기업들은 비즈니스 자체가 곧 혁신이며, 사회에까지 큰 영향을 미친다. 이러한 '정립된 정신'이라는 신념을 통해 CEO들이 단순히 돈을 버는 행위 외 어떤 상생을 이루어 낸다면 그것이 혁신이라 할 수 있다.
>
> #마케팅혁신 #기업가정신 #상생기업 #노보노디스크 #기업의사회적책임

8. C 컨설턴트

[68] 마케팅 메시지, 브랜드 마케팅에서 제일 중요한 요소가 '커뮤니케이션 메시지'

Q68 브랜드를 구축하고 그것을 어필하기 위해서는 고객에게 어떤 것을 전달해야 할까요?

브랜드를 구성하는 요소들인 아이디어, 콘셉트, 세분화, 타깃, 포지셔닝, 차별화, 핵심 키워드가 고객들의 머릿속에 연상될 수 있도록 하는 것이다.

CI나 로고, 컬러로 된 상징적인 상표를 구현해 낸 다음 상품, 서비스, 기업의 철학을 담아내는 우수한 품질의 완제품을 만들어 낸다. 그리고 그 다음이 마케팅에서의 4P, 4C, 4M를 포함하는 통합 마케팅 커뮤니케이션 (IMC) 마케팅 전략과 전술이다. 이 모든 프로세스를 관통하는 것은 마케팅의 메시지이며 고객과 커뮤니케이션의 중심에 있다.

▌ 커뮤니케이션 프로세스

- ✓ 자극 주기: 발신자(생산자), 부호화(광고화)
- ✓ 마켓 접점: 미디어(채널), 메시지, 잡음
- ✓ 반응하기: 해석, 수신자

브랜드 마케팅에서 차별화된 상품과 서비스의 기획이 끝나고 완제품이 나와서 프로모션, 커뮤니티, 유통 입점 마케팅, 커뮤니케이션, 홍보 광고, 소셜 마케팅 등 송신자와 수신자의 교차점에서 자극하고 반응하는 사이에서 가장 중요한 것은 기업이 전달하고자 하는 상징의 조합, 슬로건 문장, 기억시키고 싶은 콘셉트, 핵심 키워드, 입소문 내기 좋은 스토리, 한 장의 광고 프레임 등을 메시지로 전달하는 것이 비즈니스 마켓에서의 커뮤니케이션이다.

▌커뮤니케이션 과정의 요소들

1. 발신자
마켓의 관계자들 모두에게 마케팅 메시지를 보내는 관계자
예) 생산자, 브랜드 기업, 유통 기업, 서비스 기업

2. 부호화
생각을 상징적인 형태로 전환하는 기획 과정
예) 광고 대행사, 밴더사, 카피라이터, PD, MD, BM, 이벤트 기획자, 언론인, 크리에이터, 동영상 광고 기획자, 쇼호스트, 판매원, 세일즈맨, 영업 사원, 고객 접점에서 일하는 마케터들

3. 미디어
발신자에서 수신자로 이동하는 데 사용되는 모든 채널
예) 온 에어, 온라인, 모바일, 오프라인의 모든 마케팅 툴(프로모션을 전달할 수 있는 모든 매체, 방식, 퍼포먼스)

4. 메시지
발신자가 전달하는 상징들의 조합(콘셉트, 카피, 컬러, 이미지, 그래프, 도표, 숫자, 스토리, 콘텐츠, 동영상, 시각화된 프레임)
예) 각종 오프라인 광고, 디지털 광고, 방송 광고, 콘텐츠, 스토리, 뉴스, 소셜 콘텐츠 등

5. 잡음
커뮤니케이션에서 예상 못 한 잡음이나 왜곡, 경쟁자의 메시지에 의한 혼선, 광고를 보는 동안 외부의 환경으로 인해 발생하는 주의가 분산되는 현상

6. 해석
수신자가 발신자에 의해 부호화된 상징들의 가치와 의미를 부여하는 과정

예) 광고, 콘텐츠, 뉴스 등에 포함된 키워드와 그림, 이미지, 맥락 등을 해석하는 것

7. 수신자

다른 관계자에 의해 보내진 각종 메시지를 수신하는 모든 관계자
예) 구매자, 의사 결정자, 가족 의사 결정자, 구매 대행자, 수령자 등

8. 반응

메시지에 노출된 수신자들의 반응
예) 인지. 지식, 호감, 선호, 확신, 구매, 입소문, 재구매, 반복 구매, 충성 고객화 등

9. 고객의 피드백

구매 후 고객들의 긍정적, 부정적, 적극적 반응 보이기
예) 기업의 홈페이지 게시판, 이메일, 상품 상세 페이지 선호도 표시, 소비자원에 고발, 기타 등 고객 관점에서의 반응을 디지털 세계나 입소문으로 발신자와 소통하는 것

마케팅 메시지는 구매 준비 단계와 구매에 사전 영향을 준다
아직 지각되지 않은 우수한 품질과 경쟁사들의 차별화된 강점을 고객에게 어필하고 영향을 주기 위해 가장 먼저 기획하는 것이 광고 기획이다. 이 안에 제품, 서비스, 솔루션의 의미와 가치, 차별성의 메시지를 담아 수신자들인 고객들에게 전달하려는 선행적인 메시지 기획을 잘하는 마케팅 직업군일 때 인정받는 실무 전문가가 될 수 있다.

▌마케팅 메시지 설계하기

제품과 서비스, 기업의 매출을 증대시키는 이상적인 마케팅 메시지는 고객들의 주의(Attention)를 끌고, 관심(Interest)을 지속시키며, 구매 욕망(Desire)을 자극하고, 기억하게 하여(Memory) 구매 행동(Action)을 유도

하는 AIDMA 모형으로 설계하면 좋다.

상품을 기획하고, 서비스를 기획하고, 광고, 상세 페이지, 콘텐츠, 동영상, 홈페이지, 쇼핑몰, 각종 미디어 채널의 광고, 스토리 등 기업의 마케팅 활동에 필요한 마케팅 메시지를 설계할 때 가장 필요한 기본적인 요소가 위 네 가지 메시지 요소인 주의, 관심, 욕망, 행동에 영향을 줄 수 있는 요소들이 광고에 담겨 있어야 한다.

▌당신이 전달하려고 하는 메시지 소구점(appeal Point) 체크 리스트

1. 마케팅 메시지는 간단명료한가?
2. 마케팅 메시지에 이성적인 설득 요소가 담겨 있는가?
3. 마케팅 메시지에 감성적인 설득 요소가 담겨 있는가?
4. 마케팅 메시지에 주의를 끌 만한 이슈나 상징이 있는가?
(광고 모델, 스타 마케팅, 캐릭터 등)
5. 마케팅 메시지에 관심을 끌만 한 프로모션 제안이 담겨 있는가?
6. 마케팅 메시지에 구매하고 싶은 욕망을 자극하는 차별성이 담겨 있는가?
7. 마케팅 메시지에 구매할 수밖에 하는 강력한 무엇이 있는가?
8. 마케팅 메시지에 구전될 만한 스토리가 담겨 있는가?
9. 마케팅 메시지에 품질의 우수성이 어필 되어 있는가?
10. 마케팅 메시지에 차별성, 가치, 의미가 종합적으로 담겨 있는가?

▌마케팅 메시지 설계 능력이 마케터의 기본 능력이다.

2000년 이후 온라인 유통 채널들이 쇼핑몰 중심으로 재편되면서 그 안에서 새로운 역할자(Role)로, 유망 직업군으로 자리매김한 상품 기획자(MD, 머천다이저)들은 상품 기획 능력, 카피라이터 능력, 광고 기획 능력, e-비즈니스 능력, 유통 관리 능력, 리더십, 관계십, 협상력 등의 모든 것을 조합하여 상품 상세 페이지, 배너 광고, 이벤트, 이메일 등 마케팅 메시지를 심고 전달하는 능력을 기본적으로 체득하고 실무 전문가로서의 자리매김을 하고 있다.

필자가 보기에 MD들은 CEO를 제외한 직업 중에 가장 강력한 직업군이다. 그 이유는 위처럼 고객들의 관심을 끌어내고 구매 욕망을 자극하며 구매에 재구매 입소문까지 나아가 충성 고객을 만들어 낼 수 있는 마케팅 메시지 기획 능력을 키우고 자신의 것으로 만들며 지속적인 성장을 해 가기에 그 어떤 직업들보다 경쟁력이 있는 직업군이다.

마케팅 메시지를 제대로 설계하고 만들며 세상에 노출 시킬 수 있을 때 그 기업의 마케팅력은 51% 이상 긍정의 범주로 들어간 것이다.

누군가에게는 이론일 뿐이다. 하지만 또 누군가에게는 강력한 무기의 원리다. 이것이 'AIDMA 모형'이다. 디지털 마케팅에서 검색과 키워드의 중요성을 강조하지만, 마케팅 메시지가 설계되지 못하고 마케팅 메시지가 구체화, 객관화, 시각화되지 못한다면 무의미한 마케팅의 최적화가 되고 만다.

▎MD, 마케터들이 가지면 좋은 습관 세 가지

✅ 첫째, 모든 유통 채널에 회원 가입을 하고 그들의 마케팅 메시지를 벤치마킹하라. MD나 마케터라면 별도의 이메일을 생성하여 모든 유통 채널에 회원 가입을 하고 그들이 이메일로, 쪽지로, 문자로 송신하는 마케팅 메시지들을 매일 모니터링하며 벤치마킹하라.

✅ 둘째, 신문, 잡지, 옥외 광고 등 길을 걷다가도 시선에 들어오는 모든 마케팅 메시지들인 광고를 관찰하고 벤치마킹하라.

✅ 셋째, 유튜브의 동영상 마케팅 메시지들을 틈틈이 시청하고 벤치마킹하라.

세상의 송신자인 기업들은 비즈니스를 통해 경제적인 성장의 우위와 브랜드화를 위해 365일, 24시간 '마케팅 시그널'을 지속적이고 반복적이며 단순한 방식으로 보내며, 고객들인 수신자에게 차별화된 마케팅 메시지를 끊임없이 보내고 있다.

그 메시지를 분별하고 적용할 수 있는 능력이 있을 때 당신이 선도하고 있는 그 브랜드, 그 기업들이 지속적인 성장을 할 수 있다. 마케팅 메시지를 잘 설계하고 구현하여 잘 전달하는 능력에 몰입부터 해보자. MD, 마케터들이여!

> 메시지를 전달하는 데 있어 단순히 전달이 아닌 커뮤니케이션을 하는 방식의 마케팅 메시지가 필요하다. 커뮤니케이션의 9가지 과정을 기억하고 구매 준비와 구매에 영향을 줄 수 있는 메시지가 되어야만 한다. 당신이 전달하려는 소구점이 고객에게 닿을 수 있게 하는 것이 마케터의 자질이며 그런 자질은 모든 채널과 시장을 모니터링하고 그것을 통해 메시지를 만드는 것뿐이다.
>
> #마케팅메세지 #커뮤니케이션 #쌍방향소통
> #메세지의구매영향력 #모니터링과설계

9. C 컨설턴트

[69] 지속 가능한 마케팅, 마케팅 철학이 있는 기업이 지속 가능한 기업이 되는 시대

Q69 마케터로서 꾸준히 성장하고 존립할 기업을 만들기 위해서는 어떤 마음가짐이 필요한지 궁금합니다.

트렌드 주기, 기업 주기, 제품 주기, 서비스 주기 등은 점점 더 짧아지는 추세다. 단품으로 3년 이상 상품을 히트시키며 브랜드를 장수시켜 나간다는 것은 신생기업이나 중소기업 입장에서 쉽지 않은 도전이다.

환경 변화가 너무도 급변하는 시대에 우리는 살고 있다. 필자는 창업하거나 스타트 기업을 시작하는 리더들에게 강연할 때마다 이야기하는 말이 있다. 준비는 혼자 해도 좋다. 다음 달에 수익이 발생하기 직전까지 준비를 철저히 하지 않고, 사업자를 내거나 인재를 채용한다면 준비에 투자되는 비용이 너무도 많이 들어 실패라는 단어를 쓰기도 전에 세상에 이름 석 자 노출해보지도 못한 채 사업을 접어야 하는 시대라고 이야기한다.

의지만 있다면 충분히 도움의 손길을 받을 수 있고 정부 지원 정책에 부합하는 기관을 통해 열정과 사업의 구체화할 수 있는 시대라고 이야기한다.

정부 지원 자금 받아 생활비 차원의 인건비를 소진하는 창업의 시작은 헝그리 정신이 부족해 90% 이상 실패 아니면 흔적도 없이, 아무도 알아주지 않는 상황으로 제로가 되는 시대라고 이야기한다.

▌기업 철학과 기업 문화의 유지를 통한 지속 가능한 마케팅 성공 사례

처음 창업한 사업자명으로 10년 이상 무조건 해야 하는 것은 아니다. 자포스처럼 아마존에 M&A 되더라도 그 기업 문화가 입소문이 되어 사회에 공존하는 비즈니스 모델이라면 지속 가능한 마케팅 철학과 전략을 입안하고 새로운 조직에 전수해주어 그 기업의 문화에서조차 처음의 기업 가치와 기업 문화를 유지하며 지속 성장해갈 수 있다는 것이다.

▌지속 가능한 마케팅의 범주 정의 내리기

지속 가능한 마케팅은 고객들과 기업의 미래 세대의 선택과 권리를 보존하는 방법으로 현재의 고객의 요구 트렌드를 잘 워칭하고 캐치하여 반 걸음 앞선 자세로 충족시키는 것을 의미한다. 때로는 설득하여 선도하기도 하고, 때로는 타협하여 문화로 자리매김하기도 한다.

▌고객의 현재와 미래, 기업의 필요와 미래에 따른 포지셔닝 이해

- ✅ 고객의 현재와 기업의 현재: 마케팅 개념
- ✅ 고객의 미래와 기업의 현재: 사회적 마케팅 개념
- ✅ 고객의 현재와 기업의 미래: 전략적 계획의 개념
- ✅ 고객의 미래와 기업의 미래: 지속 가능한 마케팅 개념

지속 가능한 마케팅 전략을 입안하고 가까운 미래의 고객 특성이나 소비 형태, 트렌드까지 트렌드 워칭하여 중장기 전략과 단기 전략까지 선 입안을 하고, 고객과 기업의 현재 필요들을 만족하게 하는 동시에 미래 세대가 자신의 필요를 만족하게 할 능력을 보존하거나 증진하는 것이다.

위에서 필자가 4가지의 경우의 수에 따른 포지셔닝의 이해와 지속 가능한 마케팅 개념 도출의 매트릭스 역시 필립 코틀러 박사의 통찰이다.

기존의 마케팅 개념은 고객이 당장 원하는 것을 제공하여 기업의 단기 매출, 성장, 수익을 만족하게 하는 데 초점을 맞춘다. 그러나 고객의 즉각적이 필요와 욕구를 만족하게 하는 것이 항상 고객 또는 기업 모두의 미래에 이익을 가장 잘 만족하게 하는 것은 아니다.

패스트푸드의 햄버거 산업은 '맛있으면 그만이지.' 하는 관점으로 판매에만 집중하며 매출에 열을 올려 단기적인 성과 창출과 이익도 거두었다. 하지만 햄버거 산업의 역효과는 전 세계적으로 비만 인구를 증가시켰고, 전 세계 고객들의 건강을 해치며 구강 보건 체계에 짐을 지운다는 비판이 제기되고 있다.

매출과 시장점유율이 가장 높은 이유로 패스트푸드 산업 전반에 부정적인 영향을 끼치고 있는 것이 사실이다.

윤리적 행동과 사회복지 이슈를 넘어서 햄버거는 쓰레기로 가득한 포장, 고체 폐기물 발생에서 매장 내 비효율적 에너지 사용에 이르기까지 모든 것이 비판의 대상이 되었다. 그러므로 햄버거 산업은 고객이나 기업의 이익 양 측면에서 모두 지속 가능하지 않았다.

사회적 마케팅 개념은 고객의 미래 복지를 고려하여 전략적 기업의 미래의 필요를 고려하고, 지속 가능한 마케팅 개념은 이 둘을 모두 고려한다. 지속 가능한 마케팅은 고객과 기업의 즉각적인 필요와 미래의 필요를 만족하게 하는 사회적, 환경적으로 책임 있는 행동을 요구한다. 예를 들어 몽골에 나무를 심는 캠페인을 하는 유한양행의 사례가 좋은 사례라고 할 수 있다.

▌햄버거 산업의 사회적 마케팅 개념의 약진

샐러드, 과일, 구운 닭, 저지방 우유, 기타 건강식품으로 다양화하는 지속 가능한 마케팅 전략과 전개를 통해 이미지 개선을 하는 중이다. 또한, 건강에 더 좋은 요리용 기름을 통해 트랜스 지방을 줄이고 동맥경화 유발을 줄이는 실천들도 하고 있다.

지속 가능한 장수 브랜드 기업이 되기 위해 혁신에 혁신을 더하고 있지만 아쉬운 점은 여전히 고객의 미래 필요와 기업의 미래 필요의 지향점을 선 정립하지 않고 사건 사고에 대응하는 자세로만 일관된 위기 극복의 단기 마케팅 전략을 써간다는 것 자체가 아쉬운 대목이다.

▌진정성 있고 책임감 있는 마케터의 태도와 역할

고객이 무엇을 원하는지 발견하고, 그것을 시장에 제공함으로써 고객이 원하는 가치를 창조하고 고객에게서 돌아오는 가치를 획득하면 된다는 1차원적인 마케팅 개념에서 마케터들은 하루빨리 탈피해야 한다.

▌마케터 스스로 자문해봐야 하는 질문

- ✓ 자신의 행동이 장기적 관점에서 고객을 위하고 기업을 위해 지속 가능한가?
- ✓ 지속 가능한 마케팅은 무엇인가?
- ✓ 지속 가능한 마케팅은 왜 중요한가?

자포스와 탐스슈즈를 비교 분석한다면 탐스슈즈가 기업 문화 창출을 통한 서비스 컴퍼니로 우수한 자포스보다는 한 수위다. 그 이유로는 앞서 말한 햄버거 산업은 기업을 위한다는 느낌이 강하고, 인터넷 신발 판매 비즈니스 모델은 고객을 위한다는 느낌이 강하다.

이 사례는 마케팅 개념의 전략적 계획의 개념에는 부합하는 마케팅의 전개지만, 사회적 마케팅 개념이나 지속 가능한 마케팅 개념의 범주적 가치에는 도달하고 있지 못하기 때문이다.

가장 실질적이고 사회 환원적이며 미래지향적이고, 고객과 기업의 필요 중심적에 제3의 사회적 문제를 해결까지 하는 최고의 지속 가능한 마케팅 전개는 탐스슈즈가 최고인 듯싶다.

▌마케팅 철학이 없는 기업은 절대적으로 내다볼 수 없는 지속 가능한 마케팅 범주

이 글을 읽는 당신은 당신의 기업 내 포지셔닝의 관점이 아니라 그 기업의 일원으로 책임감 있는 비즈니스를 설계하고 뉴 비즈니스 모델을 설계하고 싶다면 사회적인 1차원적인 문제, 교통 체증을 단축해보겠다는 우버 식의 비즈니스 모델 설계도 좋지만, 탐스슈즈처럼 사회 취약 계층의 문제를 기업이 직접 함께 해결해갔다는 의지의 사회 혁신적인 마케팅 프로그램의 창조와 지속적인 실행을 통한 사회 공유가치창출(CSV) 관점의 비즈니스 창출과 사업의 전개 속 마케팅 철학의 입안이 필요하다. 또한, 통합 마케팅 커뮤니케이션(IMC)의 창의적인 마케팅 프로그램 실행을 통해 퍼포먼스를 지속할 때 고객의 미래에도 기업의 미래에도 필요에 부합하는 지속 가능한 성장과 가슴에 새겨져 세대와 세대로 유전되어 장수하는 브랜드로 자리매김할 수 있다.

마케팅 철학 하의 핵심은 고객 가치와 상호 이득의 철학이다. 고객과 기업의 상생을 실천함으로써 보이지 않는 손에 의해 움직이는 경제는 변화하는 수많은 고객의 니즈, 원츠, 디멘드까지 만족하게 해갈 수 있고 재구매의 비율도 입소문의 비율도 높아지며 독점에 가까운 시장점유율을 창출할 수 있다. 탐스슈즈의 사례처럼 처음부터 마케팅 철학의 입안과 실행을 통해 지속 가능한 마케팅을 시작점과 지향점을 이어가라.

트렌드, 기업, 제품, 서비스 모든 것은 주기가 있고, 그 주기는 짧아지고 있다. 기업 철학과 문화가 정립, 유지되지 않는다면 지속 가능한 마케팅은 불가능하다. 마케터는 스스로 이에 대해 질문해보고 답해야 하며 지속 가능한 성장을 위해 힘써야 한다. 마케팅 철학의 핵심은 고객 가치와 상호 이득이다. 그 점을 염두에 두고 본인만의 철학을 써내려가길 바란다.

#지속가능마케팅 #마케팅철학 #기업철학 #고객가치와상호이득
#짧아지는주기

10. C 컨설턴트

[70] 신제품 비즈니스, 350만 스타트 기업&중소기업 '통합 지원 투명 성공 지표' 만들어가야

Q70 새로운 아이디어와 제품으로 스타트를 하고자 하는 기업들이 늘고 있습니다. 그들이 성공하는 데 필요한 요소는 무엇일까요?

전년도 창업 자금 중 창업 기업에 직접 지원하는 정책 자금 융자, 창업 사업화 R & D 자금 2조 5,962억 원으로 전체 91.9%, 정책 자금 융자 2조 790억 73.6%, 창업 사업화 자금 3,000억 10.65%, 창업 R&D 2,172억 7.7%, 창업 시설 공간 지원 760억 2.7%, 창업 교육 646억이었다. 실제로 필요한 마케팅, 홍보, PR, 콘텐츠 제작, 판로개척, 매출 증대 등을 위한 실질적인 정책과 지원은 제로인 상태다. 모든 것이 사전 창업 준비에 필요한 것들로만 일관된 것이 문제다.

▌과거의 성공 방식 파괴하고 혁신하는 정책이 나와줘야

스타트 기업, 창업의 가장 기본적인 걱정은 매출이 언제 나올지 모르는 상황에서 사업자를 내고 인건비와 4대 보험료, 사무실 임대료를 투자해가며 기술적 가치의 준비와 비즈니스 모델 준비, 사업 준비, 신제품 개발 준비를 한다는 것은 실패의 불안을 과장하는 격이 된다.

첫째, 사업자를 내고 인큐베이팅을 하는 것에서 탈피해야 한다

매출이 나올 것 같은 시점을 먼저 정하게 하고 사전 인큐베이팅 지원 정책을 만들어 그 성공 기준의 틀을 새롭게 제시해야 한다. 대학생 창업자 입장에서는 정부는 90% 이상이 실패하는 현시점에서 일자리 창출의 강제

성과 결국 세금과 4대 보험료만 가져간다는 부정적 인식이 강하다.

둘째, 산업 정책 마인드를 내려놔야 한다

미리 기업들을 정해놓고 정부의 지원을 몰아주는 승자 우선의 지원 정책을 탈피해야 한다. 한 가지 더 심한 것은 중간에 전문가 그룹을 형성하고 매출 규모가 있는 기업들을 역으로 설득하여 창업 지원 공간에 입주를 받는 기이한 현상마저 일어나고 있다. 실제적인 도움이 필요한 사람들이 입주하는 경우는 손에 꼽는 격이다.

인큐베이팅은 말 그대로 아이디를 구체화하고 가치화시키며 사업 준비를 잘하게 돕는 정부의 사전 서비스 단계여야 한다는 것이다.

셋째, 특허 기술 우선주의 환상에서 공무원들이 벗어나야 한다

증거 사회로 치닫다 보니 기획서보다 보고서가 더 많은 정부 지원 정책들, 그 정책에 참여하는 컨설턴트, 강사들은 경력 증명서에 학력 증명서까지 박사, 석사가 아니면 참여하지 못하는 시스템 구축, 공무원 1명이 기획하고 예산 받고, 문서 관리까지만 하고 현장이나 실무 중심의 체계적이고 통합적이며 일관되지 않는 형식주의에서 탈피해야 한다.

넷째, 창업 스타트 기업 교육 지원 정책 통합과 공무원들 간 '원팀 마인드(One Team Mind)' 이뤄져야 한다

서울시 대학들을 선정하여 창업 교육, 스타트 기업 교육을 하면서 학생들에게 특허출원 중심 교육으로 가면서 대학 내 창업보육센터의 지원책 기준에서 특허를 못 내고 사업자를 내지 못하며 그 어떤 것도 지원받지 못하고, 그 특허권의 권한을 대학이 소유하려고 하는 현상을 미연에 방지해야 한다. 서울시가 스타트 기업들의 창업 공간 허브를 각 구에 만들고 지원하는데 대학생이 창업한 스타트 기업들을 연계해서 입주를 받아주고 중장기적으로 육성해가는 것에 각 부처의 연결을 통해 '원팀 마인드'로 협력

을 해가야 한다.

▍중소기업들 정부의 정책 자금 지원에만 목매는 마인드 버려야

　기술성 평가 세분야된 지원금 심사를 들어가 보면 지원받는 기업들만 타 먹는다는 현장을 종종 발견하게 된다. 사실 중소기업부로 승격하면서 각종 지원정책이 나오지만, 이것을 '우리 기업은 해당 사항이 없을 거야.' 하고 인식 자체를 못하는 경우가 많으며, 공무원 출신의 정책 자금 지원을 받게 하는 심사위원으로 참여하는 사람들과 브로커들의 극성으로 자격이 되는 기업들을 헌팅하듯이 하여 행정 서류를 만들고 컨설팅을 하는 상황들이 많다 보니 정책 자금의 본질에서 벗어나 경영의 현실적인 자금 마련 차원이 강한 것이 현실이다.

　중소기업 관점에서 비록 제한된 사업 영역에서라도 경쟁력 있는 제품이나 서비스 혁신을 이뤄야 한다. 이를 위해서는 기술 혁신뿐 아니라 가치 사슬 전반의 비즈니스 혁신이나 마케팅 혁신 없이는 경쟁력 있는 제품이나 서비스 창업, 지속적인 매출 신장이나 국제적인 진출은 어려운 것이 현실이다.

▍스타트 기업의 신제품 비즈니스 마케팅 혁신 전략 프로세스

✅ 스타트 업 계획서 타당성 평가, 신제품, 서비스 개발 및 IMC 브랜드 마케팅 전략 세우기
✅ 웹 반응형 동영상 뉴스+웹 페이지+쇼핑몰+모집 기능이 있는 복합 사이트 구축하기
✅ 정부 지원 신기술 자체 개발 및 아웃소싱 계획 병행하기
✅ 기술 노하우가 있는 기업들의 OEM 생산을 통해서라도 매출 신장하기
✅ R&D 자금, 특허 예산 이상의 마케팅 예산 책정 및 실행 인재 채용하기
✅ 완제품 파워블로그 후기 마케팅, 콘텐츠 마케팅, 동영상 콘텐츠 준비 및

SNS 채널(블로그, 카페, 페이스북, 인스타그램, 기타 선 구축) 자체 구축해 놓기
✅ 정부 지원 기업가 정신, 창업, 마케팅, 경영 등의 교육, 멘토링, 자문 컨설팅 및 홍보 PR, 홈쇼핑 동영상 촬영 지원받기
✅ 정부 지원 판로 개척 지원 받기(중소기업 유통 센터, 중소기업 명품 마루관, SBA 유통 센터 등)
✅ 온 오프라인, 플랫폼 메이저 유통 업체 입점 마케팅 전개하기
✅ 정부 지원 해외 판로 지원 받기(코트라)
✅ 모든 진행 과정 뉴스 마케팅 및 뉴스 릴리즈 마케팅 병행 필수

위 과정은 필수다 당부하고 싶은 것은 가격을 처음부터 DC 하거나 1+1을 유도하는 파워셀러 연결 마케팅, 카카오톡, 밴드 공동 구매 방식을 쓰는 것은 신제품 수명을 단축 시키는 지름길이며, 브랜드로 자리 잡는 확률이 2~3%도 안 된다.

▌정부 지원 입주 기업들 통합적 투명 지표 지수 만들어 혁신 이뤄야

전국에 있는 인큐베이팅, 창업보육 센터, 창조경제혁신 센터에 입주한 기업들의 생존율과 매출, 나아가 성장률과 성공률을 마치 주식시장처럼 매년 발표하는 것 역시 필요하다고 본다.

투명성을 제시할 것이면 350만 중소기업인 중에서 몇 퍼센트가 그 혜택을 누리고 있고 그 혜택 속에서 성공률이 얼마나 되는지 지표 지수를 통합 관리해가는 것이 무엇보다 중요한 시대다.

신제품을 개발하는 스타트 업, 중소기업들은 과거의 방식을 버리고 정책에 맞춘 마인드를 내려놓아야 한다. 또한, 정부는 이러한 기업들을 키워내기 위해서 증거와 보고서로 이루어진 정책이 아닌 각 부서를 연결하는 '원팀 마인드'로 진행되어야 한다. 기업들 또한 자금 지원을 위한 아이템이 아닌 마케팅 혁신 전략 프로세스를 통해 진정성 있는 사업을 이룩해야 할 것이다.

#창업인큐베이팅 #신제품비즈니스 #창업보육센터
#창조경제혁신센터 #스타트업

시너지 인터뷰

"성격이 모두 나와 같아지기를 바라지 마라. 매끈한 돌이나 거친 돌이나 다 제각기 쓸모가 있는 법이다. 남의 성격이 내 성격과 같아지기를 바라는 것은 어리석은 생각이다. 큰일이건 작은 일이건 네가 하는 일을 정성껏 하라. 진실은 반드시 따르는 자가 있고, 정의는 반드시 이루는 날이 있다. 왜 우리 사회는 이렇게 차가운가? 훈훈한 기운이 없다. 서로 사랑하는 마음으로 빙그레 웃는 세상을 만들어야겠다. 청년이 다짐해야 할 두 가지 과제가 있다. 첫째, 속이지 말자. 둘째, 놀지 말자. 나는 이것을 어렵게 생각하지 않는다. 우리 청년은 스스로 생각할 때 깨달음을 얻을 수가 있다."

도산 안창호

Synergy Interview 1

IMC 마케팅 컨설케이터 이준호 소장

2030 아젠다 100,000명 엔젤리더(창직·PB)들과 마케팅 디렉터 직업군 양성이 꿈

–퍼스널 브랜딩 전문가 윤기창 소장과의 인터뷰 전문–

〈왼쪽 상단, 마케팅의 아버지 필립 코틀러, 브랜딩의 아버지 데이비드 아커, 성공학의 아버지 스티븐 코비, 미래학의 아버지 엘빈 토플러와 함께한 이준호 소장〉

오늘 퍼브 인터뷰는 'IMC 마케팅 컨설케이터'로 활동하고 계시는 '이준호 소장'입니다. 청강자들이 통찰력을 스스로 체득하게 해주는 그런 인사이트 차원의 컨설팅과 교육을 동시에 진행하는 현장 중심의 퍼포먼스 컨설케이션(Consulcation) 진행 전문가입니다.

이준호 소장님은 현장과 실전을 중심으로 머천다이징, 마케팅, 브랜딩 분야에서 컨설팅과 실무 중심의 우수한 강의 진행으로 정평이 나 있는 분이십니다. 마케팅 혁신 분야의 전문성과 off-line, On-line, On-air 마켓의 다양성, FA, IT, 제조, 유통, 전방위적인 카테고리 분야에서 상품 기획자(MD) 전문 교육을 진행해오면서 모델, 엔터, 한류, 이벤트, 산업 전시 키워드 등 마케팅 관련 분야에 다채로운 경력을 지니고 계셔서 이번 인터뷰는 무척이나 깊이가 있습니다. 지금부터 인터뷰를 진행하도록 하겠습니다.

Q 윤기창: 현재 하시는 일이 무엇인지?
A 이준호: MIR 마케팅 혁신 연구소(www.synergyplanner.kr), 시너지 스쿨(www.twobiz.co.kr)과 (주)MD스터디(www.mdstudy.kr)를 설립하여 기업·지자체·대학교를 대상으로 컨설케이션(Consulcation, 컨설팅+에듀케이션)을 강점화해 크게 세 가지 비즈니스 영역에서 일하고 있습니다. 모든 기준점은 브랜드 마케팅 혁신을 깊이 있게 연구하고 공유하는 일들입니다.

첫째, 기업 컨설팅, 브랜드 마케팅 컨설팅과 기업·지자체·대학교 교육을 진행하기도 합니다.

둘째, 마케팅 직업군 실무 및 전문 교육 사업을 합니다. 상품 기획자(MD), 브랜드 매니저(BM), 카테고리 매니저(CM), 홍보/PR 등 마케팅 전반에 관한 실무 교육, 취업 준비 캠프, 대학교 특강을 진행합니다.

셋째, 중소기업, 강소기업, 외식업, 제조업, 유통 기업 등의 제품, 기업, CEO 등을 전문적으로 조직 혁신 컨설케이션도 진행하고 있습니다.

마지막으로 '마케팅 최고 경영자(CMO, 컨설케이션, 매칭, 아웃소싱)' 역할인 사외이사 서비스를 전문적으로 진행하기도 합니다. 100인 전후의 중소기업과 강소기업들의 조직에서 가장 필요한 역할인 'IMC 브랜드 마케팅 전략'의 입안과 실행, 제휴를 통한 시너지 플래닝에 대한 전반적인 전략 기획과 계획, 매칭, 아웃소싱을 프로젝트 매니지먼트까지 돕는 역할을 하고 있습니다.

중소기업 제품을 입점 심사, 대한민국 베스트 브랜드 협회에서 선정 위원 등으로도 활동하고 있습니다.

'브랜딩 컨설케이션 그룹'을 결성하여 개인, 제품, 회사를 세분화시키고 차별화시켜 한국 퍼스널 브랜딩 연구소 윤기창 대표와 '대한민국 베스트 브랜드 협회' 이윤태 이사장님과 함께 대한민국의 기업·지자체·인물·단체 등을 브랜드화시키는 데 지원을 아끼지 않고 있습니다.

Q 윤기창: 그 일을 하게 된 동기나 계기는 무엇인지?
A 이준호: 군 시절 선임들의 관물대에 있던 세계 석학들의 책과 도

산 안창호 선생님의 책을 읽으며 사숙 관계적인 차원에서 동기부여를 받았고, 오직 마케팅의 학문적인 접근과 실전적인 현장 중심의 실무를 직접 체득하고 지속해서 만나게 되는 마케팅 관련 직업군 분들을 미팅하고, 인터뷰하면서 지금의 브랜드 마케팅 전문 컨설케이션 분야에 종사하게 되었습니다.

서른 초반에 코스닥 기업에 스카우트되어 진행해보았던 글로벌 신사업 기획과 여러 가지 신기술과 유통이 접목된 신사업들을 기획하고, 잡지사, FA, 웹 마스터 전문 교육 분야, Web 개발, 솔루션 개발, 시스템 통합, 방송 제작 및 송출, 방송 장비 판매 기업 등을 직접 경영하거나 직장으로 거쳐오면서 조금은 천천히, 하지만 명확히 마케팅 실무·실전 전문가의 길을 가야겠다고 결심하게 되었고 20년 차의 경력을 지속할 수 있었습니다.

Q 윤기창: 본인의 롤모델은 누구이며 그 이유는 무엇인가요?
A 이준호: 아버지 이성재 옹의 실천 정신과 군에서 처음 책으로 접하게 된 다섯 분의 저자이신 마케팅의 아버지 필립 코틀러, 성공학의 아버지 스티븐 코비, 미래학의 아버지 엘빈 토플러, 브랜딩의 아버지 데이비드 아커, 대한민국 청년들의 모범 애국자 도산 안창호 선생님의 철학과 학문적 깊이 그리고 미래지향적이며, 자기계발적인 지향점있는 전문 지식을 스스로 체득하면서 마케팅 직업군과 브랜드 마케팅 분야에서 컨설팅과 강의를 전문적으로 하고 싶다는 생각을 하게 되었습니다.

특히 안창호 선생님께서 미국에 이민가실 때 직업군에 '잡 매니저'를 쓰셨다는 것을 알았을 때 '마케팅을 가르치는 차원을 넘어 실무 마케터들과 엔젤리더들을 양성하겠다.'라는 동기부여를 받아 실천하고 실천했던 기억입니다.

단순히 마케팅 지식을 전달하는 것이 아니라 '마케팅 디렉터 (MD=CMO)' 차원에서 관심, 관찰, 관계를 통해 Be-fore, In, After와 Plan Do See, Feed-Back의 매트릭스 안에서 얻을 수 있는 '영감을 선물해주는 컨설케이터'로 지지적인 피드백 역할을 할 수 있었습니다.

Q 윤기창: 강의나 교육, 컨설팅 중에 감동, 보람을 느꼈을 때는 언제인가요?
A 이준호: 지금의 일들을 하면서 보람있는 경우를 세 가지 측면에서 말씀드려보려 합니다.

첫째, 누군가를 가르친다는 가치는 그 자리에 있는 동안만큼은 청강자들에게 깊은 감사를 드립니다. 살아있다는 느낌과 설렘이 공존하는 강의 시간이기에 가장 행복한 순간이고, 축복받은 시간으로 에너자이저 역할을 해줍니다.

둘째, 기수별로 예비 마케팅 직업군(신사업 기획, 창업 준비, 전략 기획, 마케팅, 머천다이징, 브랜딩, MD, BM, CM, 프로모션, 문화 마케팅, 국제 이벤트, MICE, 홍보/PR, 바이럴 마케팅, 모바일 마케팅, 협상력, 관계십, 리더십 등)을 희망하는 대학생, 취업 준비생, 이직 희망자, 창직 희망자, 퍼스널 브랜딩 구축 희망자, 창업 준비자들을 교육하고 난 후에 감사 편지를 받거나 책 선물을 받을 때와 무엇보다도 명함이 나왔다며 찾아와서 명함을 선물해주며 고맙다고 인사해줄 때, 컨설케이션(컨설팅+교육)의 일에 보람을 느끼고 감동받습니다. 16년여 동안 이어오다 보니 5년, 10년 만에 찾아오는 분들도 많아지는데 20% 정도의 시간 안배를 해놓고 이분들을 만나게 되지만 이 또한 행복이 되어 줍니다.

셋째, 사수, 부사수의 관계로 범용적이고 실무적인 지식을 가르쳐주고 나면 3~5년 후 그 분야에서 저격수가 되어 돌아와서는 또 다른 후배들에게 직접 강의도 해주고, 저에게 한 수 높은 실전에 관한 지식과 지혜를 공유해 줄 때 대한민국 그 어떤 강사나 컨설턴트가 경험해보지 못하는 감동을 선물 받곤 합니다.

주는 것보다 받는 것이 많은 일이기에 제가 역으로 축복받고 보람을 느낍니다. 항상 감사합니다. 그래서 항상 미소 지으려 노력합니다.

그동안의 보상처럼 받게 된 2014 대한민국 베스트 브랜드 컨설팅 교육 부분 대상 수상과 제2회 국제평화언론대상 창조 경제 부분 최우수상 수상이 천직이 된 IMC 마케팅 컨설케이션의 역할에 가장 큰 보람을 느끼는 이정표적인 순간이었습니다.

제2회 국제평화언론대상 창조경제 **최우수상 수상**
2014년 대한민국베스트브랜드 컨설팅교육부문 **대상 수상**
2015년 대한민국 인성교육 **대상 수상**
2015년 대한민국베스트브랜드 컨설팅교육부문 **대상 수상**
2016년 대한민국 HRD 교육부분 **대상 수상**
2016년 글로벌교육브랜드 취업/창업/창직분야 **대상 수상**

Q 윤기창: 현재 본인의 아이덴티티와 포지션은 무엇이라 생각하시나요?

A 이준호: 저의 아이덴티티는 사람들과 세상을 처세하고 바라보는 '호의적인 태도'입니다.

그 안에서 생성되는 저만의 키워드들은 목표, 도전, 성취이며 열정, 긍정, 진정의 마음가짐으로 잘 경청하고, 잘 해석하며, 공감된 지향점(꿈, 비전, 퍼스널 브랜딩, 소명, 사명, 아젠다, 미션 등)을 공유하고, 동기부여를 주고받아가며, 성취 스토리를 함께 창출하고, 시너지 효과의 영향력을 창조해내는 포지셔닝입니다.

모두가 생소하다 싶으시겠지만, 저의 직업적인 역할적 포지셔닝은 시너지 플래너(SP), 컨설케이터(CC), 퍼스널 브랜드 매니저(PBM) 등의 '창조적 직업(창직)'으로 정의할 수 있습니다.

Q 윤기창: 본인의 퍼스널 브랜드 구축에서 가장 어려운 점은 무엇인가요?

A 이준호: 2003년 직장인으로 만났던 '윤기창 대표이사의 꿈(퍼스널 브랜딩 전문가 되기)'을 공유하면서부터 퍼스널 브랜드에 관심을 가져왔고, 퍼스널 네임 카드에 창직명인 'Synergy Planner 이준호'로 블로그와 개인 홈페이지를 시작하였고, 꾸준하게 지속적으로 관리해오다 보니 마케팅 직업군 영역에서 3,000여 명 이상의 기수별 미션 퍼포먼스, MD 취업 실무 교육 노하우도 쌓였고, 메이저 브랜드 기업들과 메이저 유통사들인 백화점, 할인점, 편의점, 홈쇼핑사 등의 교수 설계, 교육 제안, 강사 섭외, 강의 진행까지 과정 지식 모두 체득하며 경험을 할 수 있었습니다.

30대 전부를 집중에서 체득하고 새롭게 정의한 직무·직능적인 포지셔닝은 A부터 Z까지, 다시 1부터 120까지 매트릭스를 설계하고 경우의 수에 따른 대응 전략과 방안을 찾는 셀프 트레이닝으로 저만의 강점과 차별적인 브랜딩 마케팅 컨설팅과 MD 교육 노하우들을 정의하고 꿈을 펼쳐올 수 있는 시간이었습니다.

"중이 제 머리를 못 깎는다."라는 말이 있듯이, 저 역시 퍼스널 브랜딩 구축에 필요한 언론 인터뷰나, 방송 인터뷰, 동영상 촬영 및 편집, 모바일 홈페이지 구축, 블로그의 구축과 활용, 책 집필 등의 또 다른 전문성을 요구하는 부분들과 재능 기부 청소년을 대상으로 하는 재능 기부 강연을 시작하고 싶은데, 그런 기회를 알아보는 것 역시 개인에 하기엔 어려운 부분입니다.

이런 틈새를 잘 해석하고 준비해오신 ㈜한국 퍼스널 브랜딩 연구소 제1호로 컨설케이션을 받고 있음에 감사함을 전합니다.

Q 윤기창: 본인의 퍼스널 브랜드의 최종 목표는 무엇인가요?
A 이준호: '엔젤리더 드림 기부파티(1318세대, 1924세대, 2030세대들인 청소년과 청년들의 꿈을 프리젠테이션할 수 있게 돕고, 4060세대들이 멘토링을 돕는 꿈 멘티, 멘토 연결의 장이며, 지식과 지혜를 나누는 자선 나눔 파티)를 지난 2011년부터 윤기창 대표님과 함께 많은 창직과 퍼스널 브랜드를 준비하는 후배들과 진행해오고 있습니다. 공유가치창출을 통해 100,000명의 예비 마케팅 직업군과 창직, 나아가 엔젤리더 양성을 통해 통일 한국과 세계화 시대에 국가 브랜드 경쟁력에 기여하고 싶은 큰 소망도 있습니다.

대나무 숲의 가치를 아는 마케팅 디렉팅에 관한 전문 지식을 가지고 사회로 나아갔던 3,000명 이상의 열정적인 후배 중에서 연어처럼 다시

지금의 가치 있는 일에 강의와 컨설팅으로 보답하는 분들도 있기에 희망적이라고 생각합니다.

2030년 7월 2일에 1만 명의 마케팅 직업군 종사자, 창직군, 퍼스널 브랜드 구축자, 엔젤리더들이 명함 1장만 가져오면 1+1로 올림픽 체조경기장에서 2만 명 360도를 꽉 채우는 국제적인 '엔젤리더 드림 강연 콘서트'를 한국의 핵심 인재들에게 무료로 선물하는 꿈을 꾸고 있습니다.

물론 그 사회는 제가 5개국어 정도 하는 훌륭한 아나운서분과 공동 진행하고 있는 모습을 상상해보는 것만으로도 행복합니다.

이것이 '시너지 플래너 이준호'로 퍼스널 브랜드를 구축하는 꿈 너머 꿈의 목표입니다.

Q 윤기창: 강의나 교육, 컨설팅 중에 에피소드가 있다면?
A 이준호: 대기업 컨설케이션을 진행하면서 생기는 에피소드는 종종 10년에서 25년 차 영업 관련 종사자들을 대상으로 기업 강의를 하다 보면 청강자들의 눈빛과 표정 속에 절반 가까이는 마음속으로 팔짱을 끼고, 엉덩이를 앞으로 당기고 어깨는 뒤로 한 채 있는 유형과 아예 팔짱까지 끼고 뒤로 제쳐 있는 유형, 더 나아가 아예 맨 뒤 오른편쯤에 앉아서 팔짱을 낀 자세에 엉덩이를 반쯤 틀고, 다리까지 꼬고는 강사인 저를 응시하며, '자 한번 강의해 봐. 네가 얼마나 알고 있는지 들어 줄게.' 하는 풍경을 십여 군데 강의 나가면 네 군데 가까이에서 볼 수 있습니다.

이런 강의 풍경에서 가장 급선무인 것은 청강자들의 무장 해제가 제일 중요한데, 4시간쯤 실무 강의 의뢰가 들어오면 1시간쯤은 저만의 비법을 씁니다.

하나. 강의 진행하기 전에 질문지를 일괄적으로 받습니다.

이름/년 차/혈액형/역할(직무)/부서 등을 묻고, 다음으로 금번 강의를 통해 얻어가고 싶은 지식 세 가지와 개인적으로 궁금한 것 자율로 묻고, 그 모든 질문지를 받은 후에 강의를 진행합니다. 여기에 청강자들 태도는 절반 정도 호의적으로 바뀝니다.

전체 질문지 중에 제일 직급이 높은 분의 질문을 가장 먼저 이름을 이야기하지 않고 답변합니다. 마지막으로 직급에 상관없이 제일 성의 있는, 직무/직능/회사에 발전적일 수 있는 질문에 대한 답변을 해주고 강의를 마치기 전에 두 가지 사실을 이야기해주면 청강자들은 많은 생각을 하는 눈빛으로 저에게 정중히 인사를 해줍니다. 이 기법이 컨설케이션의 1단계입니다. 저만의 차별적인 교육 진행 방식이기도 합니다.

Q 윤기창: 향후 일정과 계획은 어떻게 되나요?
A 이준호: 개인적으로는 시간 관리광, 독서광, 메모광의 일을 이어갈 것입니다.

시간 관리광인 저에게 저만의 시간 관리 노트와 공책에 저의 퍼스널 브랜딩 121살 인생 설계 성취의 역사와 이정표를 채워가며 이채로운 날 (ABIDAY)을 설레는 맘으로 시 짓기를 일기 쓰듯이 하루하루를 잘 지어가며, 시인처럼 살아가려 합니다.

독서광인 저는 1일 평균 출퇴근 지하철이나 버스, 사무실, 집에서 2시간 이상, 20년 정도 책을 읽어 왔습니다. 책을 습관처럼, 기계적으로 'V자' 치기, 괄호 치기, 밑줄 치기, 아래 접기, 위 접기, 속지에 읽은 날짜 적고 사인하기 등으로 책을 정독합니다. 어떤 책들은 다섯 번 이상 읽은 책들도 속속 나오고 있기도 합니다.

메모광이기도 한 저는 수천 권의 책을 정독하면서 역으로 체득한 지혜 중에 개인 관점에서 보면 '세상에서 가장 위대한 책이 공책이다.'라는 것도 체득할 수 있었습니다.

한 가지 더, 언제부터인가 저만의 메모지를 인쇄하여 사용하고 있는데, 노트 사용법의 혁신적인 측면과 편리성이 대단합니다.

언제부터인가 메모지에 날짜를 써서 버리지 않고 보관하기 시작하였고, 군에서 쓰던 일기장들부터 메모 노트까지 소장하게 되었습니다. 위의 세 가지가 저의 경쟁력이기에 이어가려 합니다.

마지막으로 기업 교육, 브랜드 마케팅 교육, 마케팅 직업군 교육과 퍼스널, 제품, 컴퍼니로 세분화시켜 브랜딩 컨설팅뿐만 아니라 창직과 개인 브랜딩, 창업 분야 쪽에서도 컨설팅과 교육을 확대해 가보려 합니다.

　2003년부터 준비하고, 상표 출원하여 진행해왔던 컨설케이션 (Consulcation) 영역의 노하우를 책으로 집필해갈 계획입니다. 공저와 개인 집필, 테마 북 만들기와 인터뷰 북들까지 다양하고 전문적인 관점에서의 책들을 집필하고 저자와의 만남도 가져보려 합니다. 그리고 '엔젤리더 드림 기부파티' 역시 계속 추진해보려 합니다. 많은 응원과 격려 부탁드립니다.

　감사합니다. 항상 미소 짓겠습니다.

Q 윤기창: 10년 후 당신의 창직명 또는 퍼스널 브랜딩의 닉네이밍은 무엇입니까?
A 이준호: 여전히 'Synergy Planner 이준호' 입니다. 물론 '제1호'라는 단어를 쓰기도 할 것입니다. 수백 명 이상의 후배들이 '시너지 플래너'라는 퍼스널 브랜드의 닉네임을 사용하며 전문가의 영역에서 협업까지 하고 있을 것이라고 생각합니다.

　'OOO 컨설케이터', 'OOO 시너지 플래너' 식의 앞에 카테고리나 서비스, 비즈니스 콘셉트에 부합하는 키워드들이 함께 조합되어 파생되고 세분화된 시너지 플래너 전문 직업군이 확장되어 있을 것이라는 상상을 합니다. 마음이 그린만큼의 시너지 효과는 늘 유효하니까요!

Synergy Interview 2

이준호 소장의 미래학자 '토마스 프레이'를 인터뷰하다.

구글 선정 세계 최고 미래학자 토마스 프레이와 4차 산업혁명 시대 미래 일자리를 논하다

- 4차 산업혁명 시대, 세계적 미래학자 토마스 프레이와의 만남 -
『에피파니 Z』를 통해 보는 Z(ephipany Z) 통찰

지난 9월 14일 유엔미래포럼이 주최하고 글로벌 미래 교육원이 주관한 '4차 산업혁명 시대 미래 일자리 대예측' 강연이 열렸다. 이번 강연의 연사이자 구글이 선정한 세계 최고의 미래학자인 토마스 프레이(Thomas Frey) 박사를 이준호 월간 DI(디지털 인사이트) CSO(최고 시너지 책임자) 소장이 특별 인터뷰를 진행했다. 현재 프레이 박사는 다빈치 연구소와 FuturistSpeaker.com을 운영 중이다.

정리: 김다윤 기자/디지털 인사이트

좌측부터 허성희 한국 북 네트웍스 연구소 대표, 토마스 프레이 다빈치 연구소 소장, 이준호 MIR 마케팅 혁신 연구소 소장, 윤기창 한국 퍼스널 브랜딩 연구소 소장.

Q 이준호: 이렇게 만나게 돼 영광이다. 우선은 본 강연 때 해소하지 못했던 몇 가지 궁금한 점을 묻고 싶다.
4차 산업혁명 시대, 과연 우리에게 기회가 될 수 있을까?
A 토마스 프레이: 일단 미래에 파괴력을 갖는 8개 산업군을 알아야 할 필요가 있다. 그 산업군은 바로 무인 자동차, 비행 드론, 3D 프린터, 컨투어 크래프팅, 빅데이터, 인공지능(AI), 트릴리온 센서 무브먼트, 로봇 등의 산업 분야다. 이 8개 산업 기술 중 가장 파괴적인 기술은 무인 기술이며, 그다음으로는 드론 기술과 3D 프린터 기술이다. 결과적으로 이 세 가지 기술로 인해 없어지는 직업군은 물론, 새롭게 창출되는 창직(창조적인 직업)군이 굉장히 많을 것이다.

하지만 분명한 건 일자리 전환 과정 안에서 자동화를 통해 일자리의 실제 존재를 없애는 것이 아니라 Task(업무)가 줄어드는 것이며, 이를 통해 새로운 기회가 생성되는 것이다. 이는 미래에 파괴적인 혁신(Disruptive Innovation)보다 촉매 역할을 하는 혁신(Catalytic

Innovation)이 더 중요하다는 것을 의미한다.

Q 이준호: 혹시 이러한 일자리에 관련한 구체적이고 객관적인 연구 결과가 있다면?

A 토마스 프레이: 구체적인 사례로는 옥스퍼드 대학에서 100여 개의 일자리 연구를 진행했고, 그 결과 향후 47%의 일자리가 곧 사라진다는 연구 결과가 나왔다. 이미 기존 글로벌 기업들은 하향 곡선에 접어들었으며, 미래에는 메가 프로젝트가 넘치게 될 것이고 이로 인해 새로운 일거리가 대거 발생하리라 예측한다. 예를 들어 무인 기술로 인해 자동차 상해(피해)가 줄면서 연간 5,000억 달러(한화 약 564조 원) 이상의 의료 보건비가 줄어들 것이며, 수조 개의 센서를 연결한 트릴리온 센서 무브먼트가 작동하는 미래로 진입하게 될 것이다. 이는 데이터와 정보를 인사이트로 바꾸는 것이 궁극적인 목표라고 할 수 있겠다.

또한, 2020년까지 500억 개 이상의 사물이 인터넷에 연결되는 사물 인터넷과 1,000개 이상의 새로운 산업을 창출할 3D 프린팅, 가상현실(VR), 인공지능(AI) 등이 미래에 파괴력을 갖는 8개의 미래 산업군을 주시해야 할 것이다.

Q 이준호: 교육 업계에서도 같은 맥락의 이슈가 있다면 무엇일까?

A 토마스 프레이: 교육 분야에서는 3개월(10주~12주) 단위의 마이크로 칼리지 과정(초단기 교육 과정)이 나올 것으로 예측한다. 이뿐만 아니라 다빈치 연구소에서는 앞으로 대학 교육의 절반 이상이 사라질 것으로 보고 있다. 또, 우리는 3개월 단위의 마이크로 칼리지 코스를 개발, 운영 교육을 진행 중이다.

Q 이준호: 그렇다면 고등학교 1학년 학생이 대학을 들어가지 않고 IT 콘텐츠과를 가서 취업하는 것에 대해서는 어떻게 생각하는가?

A 토마스 프레이: 이미 대학교의 4~6년 교육이 뒤처지기 시작했고, 이는 변화에 빨리 적응하지 못하는 현실로 보인다. 앞으로 AI로 학습하게 된다면 약 10배 이상의 효과를 경험하게 될 것으로 기대한다. 또, 세계를 선도할 기술 기업 중에는 '교육 기업'이 세계 1위 기업으로 나올 수도 있다고 생각한다. 여기에 대학 미래 혁명의 청사진을 그려보게 되는 것 같다. 등가 요소(과정이나 프로그램), 대학 학위와 동등한 것, 대학 학위보다 가치 있는 것, 미래 신분의 상징과 같은 4가지 항목들이 대학에 진학하지 않는다고 해서 배우지 않는 것이 아니라는 것? 사실은 정반대다. 학습은 성공으로 향하는 모든 길에 꼭 필요한 요소인 건 분명하다. 다만, 대학에 진학하지 않을 경우 덜 형식적인 학습 과정을 거치는 것뿐.

Q 이준호: 박사님의 이번 신간 서적인 『에피파니 Z』에 대해 듣고 싶다.

A 토마스 프레이: Z 통찰(ephipany Z)로 미래의 로드맵을 설계하라고 당부한 책의 제목처럼 에피파니는 1월 6일 공현 대축일을 지칭하는 단어로 동방박사들이 아기 예수를 만나러 베들레헴을 찾은 것을 기리는 축일을 뜻한다.

최근에 가장 큰 통찰력으로 얻은 것이 있다면 기존 무어의 법칙의 물리적인 세상은 10년마다 2배의 성장을 해왔지만, 디지털 무어 법칙의 발전 속도는 10년이면 32배의 속도로 발전할 수 있다. 『에피파니 Z』에는 12가지 미래의 법칙, 과학이나 종교가 담을 수 없는 10가지 질문을 포함해 "학위는 내가 누구이며 무엇을 배웠는지 측정하는 도구가 아니다."라는 내용까지도 포함하고 있다. 또, 교육 프로그램의 재분배 비율들은 혁신적이고 창조적인 발상들이며 현실적인 대안들로 가득하다.

Q 이준호: 엉뚱한 질문일 수 있지만, 마지막으로 박사님의 종교나 영적인 관점이 궁금하다.
A 토마스 프레이: 나는 과학자이기 때문에 답할 수 없다(웃음). 너무 딱딱해도 이해해주길 바란다.

Q 이준호: 그렇다면, 좀 더 진부한 질문을 해보겠다. 앞으로 몇 살까지 살고 싶은가?
A 토마스 프레이: 전에 한 질문보다 신선한 질문임이 분명하다(웃음). 영생하고 싶다. 그 이유가 있다면 줄기세포, 장기이식 등이 가능한 시대가 열리고 있으므로 충분히 가능한 일이라고 생각하기 때문이다.

또, 마지막으로 전하고 싶은 말은, 미래는 현재가 창조하는 것이며 우리가 함께 만드는 것이라는 것을 기억해줬으면 한다.

Synergy Interview 3

창작가 시너지 플래너 이준호 소장 인터뷰

다양한 개인과 조직 간 '시너지 창출' 조력자

혹심한 추위에도 견딜 수 있게 온몸에 털이 덮여 있고 긴 코와 커다란 어금니를 가진 매머드가 멸종한 이유는 무엇일까? 스웨덴 스톡홀름 대학의 연구진이 매머드에게서 추출한 DNA를 분석한 결과 동종 번식으로 유전적 다양성이 줄어들었기 때문이라고 한다.

다양성의 결여는 강력한 존재도 사라지게 한다. 사람도 마찬가진데 서로 다른 사람들끼리 모이면 갈등이 심화하고 팀워크도 나쁠 것으로 생각하지만, 사실은 그렇지 않다. 같은 사람들끼리 모이면 지나치게 동질화되고 의사 결정에 큰 문제가 발생한다. 즉 생존을 위해서는 서로 다른 다양성을 지닌 사람들이 모여 조직을 이뤄가야 한다는 것이다.

현재는 다양한 지식을 생산해내는 지식 창조자가 늘고 있고 이들의 지식을 융합해 더 나은 가치를 만들어내는 활동이 중요해지고 있다. MIR 마케팅 혁신 연구소의 이준호 소장은 이런 일을 전문적으로 하는 '시너지 플래너(Synergy Planner)'라는 직업을 창직했다.

시너지 플래너는 사람들의 능력과 업무를 분석 연결해 더 나은 성과를 거둘 수 있도록 '시너지'를 만들어내는 작업이다. 이들에게 전문적인 컨설케이션(컨설팅+에듀케이션)을 진행한다.

1995년 사회생활을 시작한 이준호 소장은 잡지사 방송사, IT, Web, SI, NI, Soultion 분야, 머천다이징 마케팅 브랜딩 직무/직능 전문 교육기관 등에서 기획 영업 교육 방송 등 다양한 직무를 수행했다. 또한, 군 시절부터 독서의 중요성을 깨닫고 세계 석학들의 책 1,200여 권을 통해 지식과 그 연결고리를 찾는 역량을 키우게 됐다고 한다. 최근에는 자신의 역량과 경험을 더해 활동 범위를 더욱 넓히고 있다.

마케팅과 브랜딩 분야 전문가를 양성하고 헤드헌팅까지 도와준다. 또한, 기업 간의 시너지 창출을 위한 조직 분석을 맡기도 한다. 이 소장은 2000년부터 15년 동안 시너지 플래너(Synergy Planner: 상생 기획자, 조력자, 미래지향적이고 전문적인 컨설케이터의 융·복합적 역할자)로 활동하면서 3,000여 명에게 취업 창업 창직과 관련한 멘토링을 했고, 200개가 넘는 강소기업, 중소기업을 대상으로 IMC 브랜드 마케팅 혁신 전략, 조직 혁신, CMO 사외이사 등의 컨설케이션(Consultion/상표출원) 서비스를 통해 시너지 창출을 위한 컨설팅과 교육을 진행했다.

누구나 돈을 잘 벌고 안정적인 직업을 원하며 관심을 가진다. 따라서 늘 공급은 부족하고 수요는 몰려 경쟁이 치열해질 수밖에 없다. 그래서 개인이나 기업 모두에게 1+1이 2가 아닌 3 이상의 시너지를 창출해낼 수 있도록 조력자 역할을 하는 '시너지 플래너'의 역할이 더욱 필요해지지 않을까?

㈜창직교육센터 CEO
임 한 규

| 집필진소개 |

한재웅 / Brand Manger

경력 소개

- **현 엔젤리더 꿈 조직 위원회 2기 리더**
- **전 엑스와이씨비 브랜드 매니저**
  주요제품: cure31
  심리와 피부 사이의 유의미한 관계와 아름다움은 단순함에 있다는 뷰티 미니멀리즘 브랜드를 창출 및 관리
- **전 뷰텍 마케팅 디렉터**
  주요 제품: 실크테라피
  독보적인 헤어 에센스 브랜드로 여느 헤어 에센스 카테고리 내 큰 시장 점유율을 차지하여 고객들의 니즈에 맞는 제품군
- **전 울트라브이 브랜드 매니저**
  주요 제품: 이데베논 앰플, 17년 롯데홈쇼핑 매출 1위
  미백&주름 개선 제품으로 30~40대가 선호하는 항노화 카테고리와 DM2 용기로 신선한 제품 사용을 어필하여 새로운 시장을 구축

역할(Role)

- 신제품 기획 및 개발 운영
- 제조사, 협력사 핸들링
- 마케팅 기획, 전략 운영
- 구매 및 자재 관리팀 운영

독자에게 하고 싶은 말

마케터를 꿈꾸고 마케팅을 업으로 삼는 모든 분에게 이 책은 멘토와 같은 역할을 할 것이라고 생각합니다. 막막하게 생각할 수 있는 마케팅 실무나 이론을 사례와 경험으로 중심으로 이해하기 쉽게 풀었습니다. 이 책을 통해 옆에서 멘토링을 받는 느낌으로 항상 들여다볼 수 있는 지침서가 될 것이라 확신합니다.

윤기창 / CEO
㈜한국퍼스널브랜딩연구소 소장 / CSR, 경영학 박사

경력 소개

- 현 중소기업진흥공단 컨설턴트(마케팅)
- 현 중소기업기술정보진흥원 평가 위원(기술 평가)
- 현 (주)유니디자인경영연구소 이사(기획, 마케팅)
- 현 (주)컨설팅프렌즈 전략기획본부장
- 현 (주) 모두의 서당 공동 대표(브랜드, 마케팅)
- 현 (주) 한국퍼스널브랜딩연구소 대표 이사(브랜드, 마케팅)
- 전 성서대학교 외래 교수(벤처와 기업가 정신)
- 전 호서대학교 사회과학대학 외래 교수(벤처 경영 사례)

역할(Role)

- 현재 ㈜한국퍼스널브랜딩연구소에서 개인, CEO, 강사, 작가들을 대상으로 퍼스널 브랜드 구축을 위한 컨설팅 및 창업자들을 위해 시장조사, 기획, 비즈니스 모델 수립, 고객 발굴, 마케팅 전략 수립과 브랜딩에 대해서 강

의와 멘토링을 진행

독자에게 하고 싶은 말

이 책은 마케팅에 관심있는 독자부터 실무자까지 현재의 시장 흐름에 맞게 이론과 사례, 실무적인 관점의 통찰력을 제공해주는 일종의 마케팅 가이드북이다. 저자는 현장에서 20여 년을 마케팅을 체험하고 실무에 적용한 경험과 지혜를 독자들과 공유하고 싶어 한다. 단순히 지식을 제공해주는 것이 아니고 근본적인 마케팅의 물음에 구체적으로 답변해주고 해결책을 제공하고 있다. 다소 어려운 부분도 있으나 독자가 원하는 장이나 질문을 찾아 아무 곳이나 선택해도 무방하다. 이 책을 통해서 '나는 왜 마케팅을 선택하는가?'에 대한 자문을 해보고 실무에 적용해보길 권한다.

박정인 / CMD

경력 소개

- 현 (주)티엠커머스 홈쇼핑, 티커머스 운영 총괄
- 현 마케팅혁신연구소 컨설팅 전문 위원(2012.11.~)
- 전 (주)유진로봇 마케팅 팀장
- 전 롯데쇼핑(주) 공채 33기 입사

역할(Role)

- 홈쇼핑, 티커머스 대상 방송 운영 총괄

- 신상품 발굴~론칭 운영 총괄
- 마케팅 전략, 영업 기획, 브랜드 운영 총괄

독자에게 하고 싶은 말

시장과 환경은 지금도 다양하게 변화하고 있다. 마케팅 전략을 수립하고 운영하는 담당자의 가장 큰 고민은 명확한 성과 측정이 가능한지의 여부이다.

"실천하지 않는 지식은 지식이 아니다."라고 하며 실천 지식의 중요성을 늘 강조하는 대표 저자는 현장 경험을 바탕으로 한 다양한 컨설팅으로 성과를 증명해 왔다. 『마케팅 컨설케이션』은 마케팅 디렉터, MD(상품 기획자)가 되고자 하는 취준생부터 임원을 꿈꾸는 이들에게 실천 지식을 나만의 것으로 적용할 수 있는 지침서가 될 것이다.

안혜원 / Brand Manager

경력 소개

- 현 ㈜스킨이데아 MEDI-PEEL BM
- 전 ㈜스킨앤플러스
- 전 ㈜노드메이슨

역할(Role)

- 브랜드 기획, 상품 기획

- 온라인·오프라인 채널 운영 및 마케팅

독자에게 하고 싶은 말

　치열한 경쟁 시장 속 우리의 상품을 눈에 띄게 만들고 우리 브랜드를 빛나게 만들 효과적인 방법 무엇인지 고민하는 담당자라면 당연히 읽어야 할 책이다. 마케팅 이론과 실질적인 사례가 녹아있는 이 책은 냉혹한 시장 속에서 살아남기 위해 발버둥 치며 고민하고 있는 담당자들에게 성공의 길로 안내해주는 가이드가 될 것이다.

남승관 / Marketing Manager

경력소개

- 현 (주)EASTERN NETWORKS 마케팅부 차장
- 현 마케팅 혁신 연구소 Senior Consultant
- 전 (주)EST JAPAN 마케팅팀 과장
- 전 (주)코제코 마케팅 정보분석팀 Manager

역할(Role)

- 마케팅 전략 기획, 빅데이터 분석, 제품 컨설팅, 브랜드 론칭 및 홍보
- 빅데이터를 통한 B2C, B2B 마케팅 전략 기획

독자에게 하고 싶은 말

다양한 정보의 홍수 속에 얽혀있는 마케팅은 우리의 삶에 밀접하게 자리매김하고 있습니다. 인문학에서 경제학까지, 1차 산업부터 4차 산업까지 이르는 다양한 학문과 산업 전반에 마케팅이 접목되어 가치를 창출하고 있으며 기업의 인재들뿐만 아니라 기업 가치를 높이는데 많은 영향력을 행하고 있습니다. 저자의 실제 사례를 바탕으로 작성된 『마케팅 컨설케이션』은 현대사회에 꼭 필요한 트렌드와 시장 환경에 맞는 마케팅 기법 및 다양한 마케팅 사례를 제공합니다. 본 저서를 통해 마케팅은 무엇인지에 대해 고민하고 재해석할 수 있는 시간이 될 것입니다.

지병걸 / HRD Specialist

경력 소개

- 현 IGM 기업교육전문회사 전략기획본부 팀장
- 전 기업교육전문회사 사업 총괄(본부장 대행)

역할(Role)

- 온라인·오프라인 교육 프로그램 기획, 마케팅, 운영 총괄
- 포럼·조찬 세미나 기획, 마케팅, 운영 총괄
- 사내 직원 경력 개발 담당, 사내 강사

독자에게 하고 싶은 말

마케팅은 중요성은 점점 더 커지고 있습니다. 그 이유는 제품과 서비스에 대한 정보가 기하급수적으로 증가하면서 경쟁이 더욱 치열해지고 있기 때문입니다. 그래서 고객의 마음을 잡기 위해 마케팅 담당자들이 고민이 깊어지고 있습니다.

이 책은 저자가 마케팅 담당자들에게 받은 질문에 답을 하는 독특한 형식으로 구성되어 있습니다. 지금 현직에 있는 그들의 고민을 들여다봄으로써 현재 마케팅의 트렌드와 시장 환경을 읽을 수 있습니다. 또한, 저자의 명쾌한 답을 통해 마케팅의 핵심을 배울 수 있습니다.

마케팅을 잘 모르는 초보자이거나 비전문가라면 꼭 읽어야 하는 책입니다. 또한, 마케팅의 깊이를 더하고 싶거나 다른 마케팅 담당자들의 고민을 알고 싶은 마케팅 담당자들에게도 유용한 책입니다.

최재연 / Purple Artist

경력 소개

- 현 엔젤리더 꿈 조직 위원회
- 『이것은 유언장입니다』 독립 출판 작가
- 『포스트하이퍼살롱라움트::마더팅』 전시 참여 (그룹전)
- 현 한국퍼스널브랜딩연구소 객원 연구원 (2018.2.15.~)
- 전 MBC 아카이브 사업부 유튜브 채널 관리자
- 전 K Art Entertainment 아역반 연기 강사
- 제 5회 엔젤리더 꿈 공모전 1위

역할(Role)

- MBC Entertainment, MBC K-pop 유튜브 채널 관리 썸네일 제작
- 유튜브 'Acting School' 기획자 영상 제작자 관리자(구독자 3만 명)
- 영상 기획 촬영 편집(프리미어 애프터 이펙트)
- 회화 작품 제작(Optical Art)
- 독립 출판 작가
- 꿈 PD

독자에게 하고 싶은 말

'이런 사람이 왜 집필진에 있지?' 의아했다면 당신은 아직 마케팅이라는 학문을 너무 좁게 보고 있는 것이다. 마케팅은 모든 분야와 맞닿아 있다. 이 책은 'Marketing'이라는 단어가 들어간 직업군의 사람에게는 만족할만한 전문 지식과 실무 사례를 그렇지 않은 사람에게는 세상을 바라보는 또 다른 신선한 시각 통찰을 제공한다. '그렇지 않은 사람'에 속하는 본인은 집필 과정에 함께할 수 있어 더할 나위 없이 영광이었다. 동시에 저자가 말해주는 시각과 통찰을 배우며 참으로 기쁜 시간을 보냈음을 밝힌다. 본인이 탐구하며 느낀 새로운 지식 시각 통찰에 대한 기쁨을 이 글을 읽고 있는 그대가 함께 이어가 그대만의 색이 입혀진 새로운 시너지로 나타나길 진심으로 바란다.

박예지 / Personal Skin care Manger

경력소개

- 현 엔젤리더 꿈 조직 위원회
- 전 캠핑 서포터즈 11기
- 나사렛대학교 언어치료학과 3학년 재학 중
- 용인시 장애인 복지관 학습 도우미(2016.3.~)
- 전 취업준비단 1기

역할(Role)

- 개별 피부 관리 진단 전문가(화장품 선택, 피부 관리)
- 예비 언어 치료사
- 꿈 지지자
- co-worker 도우미

독자에게 하고 싶은 말

이 책은 마케팅에 대해 전혀 몰랐던 내가 이해할 수 있게 간단하지만, 뼈를 담은 이야기이다. 실무 지식과 이론이 밑바탕이 된 이 책은 마케팅을 처음 시작하거나 실무 지식이 부족한 이들에게 귀중한 경험을 선물해주는 책이다. 마케팅을 모르는 내가 집필진으로 참여하여 마케팅을 알아가며 통찰력을 길러갔듯이 여러분도 마케팅을 알아가는 계기가 되기를 바란다.

방준수 / Merchandiser(MD)

경력 소개

- 현 ㈜ 케이브로스
- 전 (주) 다슈 매니저
- 전 MIR 마케팅혁신연구소 MD 연구원

역할(ROLE)

- 케이브로스 신제품 개발 프로젝트 기획·참여
- 다슈 코리아 브랜드 홈페이지 기획·참여
- 달리프 브랜드 홈페이지 기획·참여
- 다슈코리아 브랜드 영업 기획

독자에게 하고 싶은 말

제가 이준호 소장님을 처음 만났을 때만 해도 마케팅에 대해 전혀 모르는 27세 방황하는 청년이었습니다. 하지만 소장님과 저 사이의 소통, 시너지, 학습 등을 통해 지금은 당당히 화장품 회사의 MD로 재직하고 있는 제 모습을 보며, 이 책의 의미는 저에게 있어서 단순 '마케팅 컨설케이션' 그 이상의 의미가 있는 것 같습니다. 마케팅과 무관한 삶을 살아왔던 저조차도 좋은 영감을 많이 받을 수 있었던 과정이었고, 이 책에 그러한 부분들이 녹아 들어가 있다고 생각합니다. 저뿐만 아니라 예비 마케터분들도 '충분히' 이 책을 통해 MD 또는 BM의 동기부여 또는 입문을 바라볼 수 있다고 생각합니다. 예비 마케터분들, 현업에서 같이 협업하는 그 날을 상상해 봅니다. 파이팅!

| 엔젤리더 정신 실천하기 |

'엔젤리더 꿈 기부파티'에
수익금의 5% 기부를 실천하겠습니다

'꿈★을 선포하면 성취된다.'라는 믿음으로…

2011년부터 이어온 '엔젤리더 꿈 공모전과 꿈기부파티' 행사에 필자는 '엔젤리더 이너써클 꿈 공모전, 꿈 기부파티, 꿈 콘텐츠 보급, 꿈 멘토링 지원'에 이 책의 수익 5%를 '도서 장학금'으로 기부하는 것을 실천하려 합니다.

❀ 엔젤리더 정신이란?

엔젤리더 멘티&멘토, 기부엔젤들을 말하며 그들의 특별한 능력은 다음과 같다.

세대를 뛰어넘으며 영향력을 발휘하는 21세기 대한민국의 '수평형 리더'
각자의 분야에서 지식을 사회공동체 발전에 기여하는 '지식 창조자'
이들의 지식을 새롭게 창출하고 공유하는 '상생 실천가'
를 말한다.

이들의 3대 핵심 공유 가치는 '혁신, 통합, 나눔(재능, 도서 장학금 기부, 현물)'이다.

책 'STP+D'

S(세분화)

트렌딩, 머천다이징, 마케팅, 브랜딩들이 융·복합된
무크지(책+잡지) 형태의 글을 좋아하는 뉴 고객군

T(타깃)

2030 세대 마케팅 산업 종사자 및 취준생, 창업 및 스타트 업
예비 리더, 기업의 CEO 대상

P(포지셔닝)

마케팅 컨설팅과 에듀케이션 현장에서 참가자에게 받은 질문들에 답변 형식으로 핵심 키워드, 제목, 서브 제목이 있는 정의, 프로세스, 사례, 주장들을 칼럼 형태로 2018년 시점에서의 강연장 청중들과 클라이언트들에게서 받은 영감들을 가지고 집필한 책이다.

D(차별화)

SINCE 2002 이후 창직가 Synergy planner의 역할(Role)을 지속해서 실천해오면서 예비 MD, BM, CM, 홍보, PR, 마케터, SNS 마케터, 전략 기획가, CMO들을 양성하고 기업들 중심의 MD&바이어 실무 맞춤 교육, 마케팅 역량 강화 기업 맞춤 교육, IMC 브랜드 마케팅 전문 과정 등을 교수 설계, 맞춤 교안, 교육, 미션, 워크숍 컨설케이션을 지속해왔다.

기업 발전 방안 포트폴리오와 개인 또는 팀 단위 완성으로 이어지는 '마케팅 컨설케이션'은 목표, 미션, 도전, 성취 프로세스로 진행한다.
차별화되고 특화되며 퍼포먼스와 포트폴리오가 있는 마케팅 컨설케이션(컨설케이션+에듀케이션, 상표 출원 번호 제41-0260184 호)으로

체득되어 온몸이 기억하는 '인사이트+아웃사이트=시너지 통찰력' 제시를 통해 참여하는 사람들로 하여금 스스로 문제 해결과 발전 및 성장 방안을 응용, 창출할 수 있도록 집필한 책이다.

❀ 감사한 분들

다음 분들은 항상 관심, 응원, 지지를 해주시며 컨설팅과 교육 분야에서 저에게 아이디어, 영감, 조언을 주시는 멘토 같은 분들이시며, 지인분들이십니다.

이용만, 김선구 이은양, 이경수, 손익재, 한석영, 소병욱, 윤영돈, 안두섭, 최재철, 이원길, 류재형, 류호연, 김성규, 서형래, 박동일, 방은주, 이승은, 신동철, 강순철, 권진희, 류창봉, 최은희, 조희종, 구재승, 조상민, 정안수, 이강아, 문솔이, 채병권, 남승관, 사규철, 이명실, 석호길, 김성준, 조무연, 조동규, 정주용, 허성희, 이상발, 최숙희, 한석영, 이종우, 최서형, 최태준, 송경섭, 신만재, 김치주, 지병걸, 정병석, 이덕현, 강순철, 권진희, 조은주, 김강섭, 정진일, 박연식, 김해성, 김서홍, 신연종, 정성훈, 박현준, 정남주, 민병각, 조희종, 김성준 등 사회생활을 하면서 항상 고맙고 감사한 분들이십니다. 또한, 교육현장에서 만난 3,000분 모두 감사합니다. 기업 컨설팅과 기업교육의 기회를 주셨던 200여 기업들에도 감사를 전합니다. 더더욱 소중한 가족분들과 친척, 친구들 그리고 크리스천 공동체 분들과 영성 친구분 또한 감사합니다.

You're Angel Leader

+ Angel Leader is...

세대를 뛰어넘으며 영향력을 발휘하는 21세기 대한민국의 '수평형 리더'로서, 각자의 분야에서 체득한 지식을 사회공동체 발전에 기여하는 '지식 창조자'이며, 이들의 지식을 새롭게 창출하고 공유하는 '상생 실천가'들을 말한다. 이들의 3대 핵심공 유가치는 '혁신, 통합, 나눔(기부)'이다.

※ 상생실천 : 엔젤리더 기부파티에 참여한 엔젤리더로서 멘티들이 다가설 때
　　　　　　'**재능 기부 멘토링(년 2회)**' 실천을 약속합니다.
　　　　　　우리 엔젤리더들은 항상 감사하며 미소짓겠습니다..
　　　　　　- 엔젤리더기부파티 추진위원회 일동

 엔젤리더 기부파티 추진위원회

저 (　　　)의 **'꿈'** 은 (　　　　　　　　)입니다.

　　　　　　　　　　＿＿＿년,＿＿월,＿＿일,＿＿요일 까지…

엔젤리더 정신 실천하기

| MIR 마케팅 혁신 연구소 |

MIR 마케팅 혁신 연구소에 관하여

우리는 모든 사람과 조직이 잠재적인 동기부여, 스토리, 시너지로 위대함과 성취, 성과, 성장, 성공할 수 있도록 수평적으로 도와준다.

❈ 인사말 (비전 선언문)

마케팅 혁신 연구소(MIR)에 오신 것을 환영합니다. 우리의 서비스 목표는 탁월한 대고객 컨설케이션(컨설팅 교육) 서비스를 제공하는 데 있습니다.

당신의 개인, 직업적, 상품, 기업, 조직 문화 혁신, 프로젝트 등의 목표를 높이 설정하십시오. 우리는 당신이 그것들을 이루기에 충분한 능력이 있다는 걸 믿어 의심치 않습니다.

우리의 목적은 더 나은 개인, 기업, 공공 기관들이 더욱 더 성취와 성장할 수 있도록 돕는 것입니다.

❈ MIR 핵심 이념

고객의 목표, 도전, 미션, 성취 프로세스를 함께 동기부여하고, 스토리를 만들며, 시너지 창출을 돕습니다.

❈ MIR 핵심 가치

3대 공유 가치: 혁신, 통합, 나눔
세상을 뛰어넘는 영향력을 발휘하는 21C 대한민국의 '수평형 리더' 양성하기
각자의 분야에서 지식을 사회공동체 발전에 기여하는 '지식 창조자' 양성하기

사회 공헌과 사회 공유가치창출을 하는 기업가 정신의 소유자들을 '상생 실천가'로 양성하기

✿ MIR 핵심 목표
미션 2030-100,000만 명의 엔젤리더(수평형 리더, 지식 창조자, 상생 실천가) 양성하기
개인, 제품, 프로젝트, 기업들이 더욱 더 성숙, 성장, 성취, 성공할 수 있도록 프로젝트 및 기간 단위로 돕기

✿ MIR 핵심 실제
많은 것들을 전방위적으로 시도하고 잘되는 것에 절제하고 집중하기
호의적인 태도로 기업이 진정성이 있고, 고객은 성취성이 있으며, 사회의 상생성이 극대화되도록 돕기

✿ MIR 핵심 목표
거듭나기(변화, 혁신), 성취, 성장할 수 있도록 돕는다.
- ✅ 개인 고객: 먼저 다가서는 모든 분을 거절하지 않고 실천합니다.
- ✅ 기업 고객: 사외이사 주 12개 기업과 컨설케이션을 진행합니다.
- ✅ 기업 교육: 조직 혁신, 맞춤 교육, 특강, 워크숍 강의를 매월 2개 기업씩 진행합니다.
- ✅ 프로젝트: 협업 브랜드를 만들고 한국과 아시아 마켓에 글로벌 브랜드로 지속 성장시켜갑니다.
- ✅ 협업: 컨설팅과 교육, 매칭, 아웃소싱 프로젝트를 전방위적인 주제로 3개월 단위 협업 프로젝트를 실행합니다.

MIR 실천 방식: 목표, 미션, 도전, 성취의 프로세스

조사, 분석, 관심, 관찰, 연구 등을 통해 더 많은 문제점을 발견하고 솔루션을 제시해가며 주 단위 미션을 통해 컨설케이션(컨설팅 교육)을 지원합니다.

✿ MIR 신조

하지 못해 포기하는 것이 아니라 포기하기 때문에 하지 못한다.
느끼고 배우고 사랑하자. 그리고 상생하자.
변신해야 할 때를 아는 것은 지혜다.

✿ 시너지 마이크로프로그램 컨설케이션 창출 모듈

목표	미션
-상담/진단 -목표 설정 120% 수준, 100% 수준, 80% 수준 -사전 질문 -기간 선택 -기대 효과 정의 내리기	-OT: 1주 -대상별 사전 질문 -맞춤 실무 교육: 10주 -맞춤 미션 카테고리 트렌드 워칭, 도전 기업 및 경쟁사 분석, 창의적 PPT 소개서, 종합 진로 코칭 및 포트폴리오 컨설팅
도전	성취
-포트폴리오 완성 -PT 진행 및 컨설팅 -수료식 -우수자 시상	-목적/목표 연계 1:1 맞춤 컨설케이션 지속(취업, 이직, 승진, 창업, 스타트업, 창직, PB, 기타) -엔젤리더 멘티&멘토 멤버십 -엔젤리더 꿈 기부파티 참석(매년)

✿ 시너지 마이크로프로그램 창출 원리

1. 주 1회, 2시간 교육, 1시간 컨설팅(10주~12주 완성)
2. 참여자 사전 리서치 반영 원칙
3. 주 단위 미션 수행 원칙 완성자에 한해 컨설팅 지원
4. 미스매칭을 완화하고 자기 주도적인 목표 설정과 성취를 통한 자존감 회복 및 자신감 함양
5. 도전자와 기업 간의 상생을 통한 맞춤 매칭 지향

✿ 시너지 마이크로 컨설케이션 프로그램 마케팅 디렉터 실무 전문 프로그램

마케팅 디렉터 실무 과정(12주)
패션 MD 실무 과정(12주)
화장품 MD 실무 과정(12주)
식품 MD 실무 과정(12주)
온라인 쇼핑몰 MD 과정(12주)
홈쇼핑 MD 실무 과정(12주)

✿ 브랜드 마케팅 전문 프로그램

브랜드 마케팅 전문 과정(12주)
SNS 마케팅 통합 과정(12주)
디지털 마케팅 전문 과정(12주)

✿ 일자리, 질로 코칭 및 컨설팅 연계

취업 포트폴리오 공모전 과정(12주)
취준생 HRD 인사 실무 과정(12주)

✺ People 프로패셔널 프로그램

　　퍼스널 브랜딩 전문 과정(12주)
　　시너지 CMO 최고위 과정(12주)
　　각 분야 컨설케이터 양성과정(12주)

✺ 창업, 스타트 업, 창직가 실무 과정

　　스타트 기업가 실무 과정(12주)
　　소상공인 창업 실무 과정(12주)
　　외식업 창업 실무 과정(12주)
　　사업 기획서 작성 실무 과정(12주)
　　창직 도전 실무 완성 과정(12주)
　　슘페터 창업/창직 과정(12주)

✺ 4차산업 카테고리별 맞춤 교수 설계 컨설케이션 진행

MIR 마케팅 혁신 연구소

www.synergyplanner.kr
070-7117-7884(대표)
abiday@daum.net

엔젤리더 (멘티&멘토) 란?

세대를 뛰어 넘으며 영향력을 발휘하는 21세기 대한민국의 '**수평형 리더**' 로서, 각자의 분야에서 지식을 사회공동체 발전에 기여하는 '**지식 창조자**' 이며, 이들의 지식을 새롭게 창출하고 공유하는 '**상생실천가**' 들을 말한다. 이들의 3대 핵심공유가치는 '**혁신, 통합, 나눔 (기부)**' 이다.

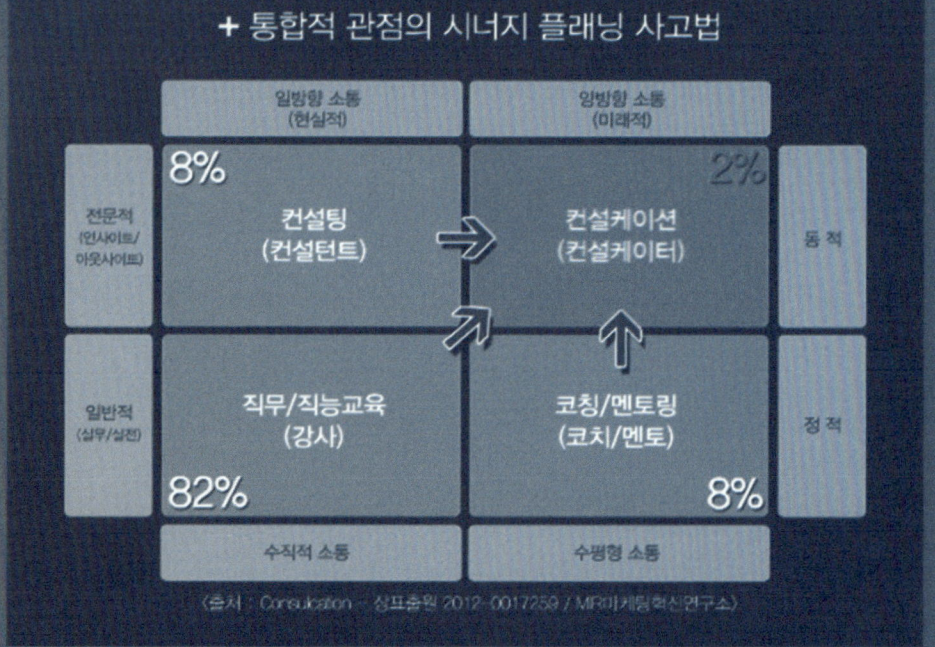

1. To man belong the plans of the heart,

   but from the LORD comes the reply of the tongue.

마음의 경영은 사람에게 있어도 말의 응답은 여호와께로부터 나오느니라

2. All a man's ways seem innocent to him,

   but motives are weighed by the LORD.

사람의 행위가 자기 보기에는 모두 깨끗하여도 여호와는 심령을 감찰하시느니라

3. Commit to the LORD whatever you do, and your plans will succeed.

너의 행사를 여호와께 맡기라 그리하면 네가 경영하는 것이 이루어지리라

4. The LORD works out everything for his own ends—even the wicked for

   a day of disaster.

여호와께서 온갖 것을 그 쓰임에 적당하게 지으셨나니 악인도 악한 날에 적당하게 하셨느니라

5. The LORD detests all the proud of heart. Be sure of this:

   They will not go unpunished.

무릇 마음이 교만한 자를 여호와께서 미워하시나니

피차 손을 잡을지라도 벌을 면하지 못하리라

6. Through love and faithfulness sin is atoned for; through the fear of the

   LORD a man avoids evil.

인자와 진리로 인하여 죄악이 속하게 되고 여호와를 경외함으로 말미암아

악에서 떠나게 되느니라

7. When a man's ways are pleasing to the LORD, he makes even his

   enemies live at peace with him.

사람의 행위가 여호와를 기쁘시게 하면 그 사람의 원수라도

그와 더불어 화목하게 하시느니라

8. Better a little with righteousness than much gain with injustice.

적은 소득이 공의를 겸하면 많은 소득이 불의를 겸한 것보다 나으니라

9. In his heart a man plans his course, but the LORD determines his steps.

사람이 마음으로 자기의 길을 계획할지라도 그의 걸음을 인도하시는 이는 여호와시니라

10. The lips of a king speak as an oracle,
    and his mouth should not betray justice.

하나님의 말씀이 왕의 입술에 있은즉 재판할 때에 그의 입이 그르치지 아니하리라

11. Honest scales and balances are from the LORD; all the weights in the bag are of his making.

공평한 저울과 접시 저울은 여호와의 것이요 주머니 속의 저울추도 다 그가 지으신 것이니라

12. Kings detest wrongdoing, for a throne is established through righteousness.

악을 행하는 것은 왕들이 미워할 바니 이는 그 보좌가 공의로 말미암아 굳게 섬이니라

13. Kings take pleasure in honest lips; they value a man who speaks the truth.

의로운 입술은 왕들이 기뻐하는 것이요 정직하게 말하는 자는 그들의 사랑을 입느니라

14. A king's wrath is a messenger of death,
    but a wise man will appease it.

왕의 진노는 죽음의 사자들과 같아도 지혜로운 사람은 그것을 쉬게 하리라

15. When a king's face brightens, it means life; his favor is like a rain cloud in spring.

왕의 희색은 생명을 뜻하나니 그의 은택이 늦은 비를 내리는 구름과 같으니라

16. How much better to get wisdom than gold, to choose understanding rather than silver!

지혜를 얻는 것이 금을 얻는 것보다 얼마나 나은고 명철을 얻는 것이 은을 얻는 것보다 더욱 나으니라

17. The highway of the upright avoids evil; he who guards his way guards his life.

악을 떠나는 것은 정직한 사람의 대로이니 자기의 길을 지키는 자는

자기의 영혼을 보전하느니라

18. Pride goes before destruction, a haughty spirit before a fall.

교만은 패망의 선봉이요 거만한 마음은 넘어짐의 앞잡이니라

19. Better to be lowly in spirit and among the oppressed than to share plunder with the proud.

겸손한 자와 함께 하여 마음을 낮추는 것이 교만한 자와 함께 하여

탈취물을 나누는 것보다 나으니라

20. Whoever gives heed to instruction prospers, and blessed is he who trusts in the LORD.

삼가 말씀에 주의하는 자는 좋은 것을 얻나니 여호와를 의지하는 자는 복이 있느니라

21. The wise in heart are called discerning, and pleasant words promote instruction.

마음이 지혜로운 자는 명철하다 일컬음을 받고 입이 선한 자는 남의 학식을 더하게 하느니라

22. Understanding is a fountain of life to those who have it, but folly brings punishment to fools.

명철한 자에게는 그 명철이 생명의 샘이 되거니와 미련한 자에게는

그 미련한 것이 징계가 되느니라

23. A wise man's heart guides his mouth, and his lips promote instruction.

지혜로운 자의 마음은 그의 입을 슬기롭게 하고 또 그의 입술에 지식을 더하느니라

24. Pleasant words are a honeycomb, sweet to the soul and healing to the bones.

선한 말은 꿀송이 같아서 마음에 달고 뼈에 양약이 되느니라

25. There is a way that seems right to a man, but in the end it leads to death.

어떤 길은 사람이 보기에 바르나 필경은 사망의 길이니라

26. The laborer's appetite works for him; his hunger drives him on.

고되게 일하는 자(노력하는 자)는 식욕으로 말미암아 애쓰나니

이는 그의 입이 자기를 독촉함이니라

27. A scoundrel plots evil, and his speech is like a scorching fire.

불량한 자는 악을 꾀하나니 그 입술에는 맹렬한 불 같은 것이 있느니라

28. A perverse man stirs up dissension,

   and a gossip separates close friends.

패역한 자는 다툼을 일으키고 말쟁이는 친한 벗을 이간하느니라

29. A violent man entices his neighbor and leads him down a path that is

   not good.

강포한 사람은 그 이웃을 꾀어 좋지 아니한 길로 인도하느니라

30. He who winks with his eye is plotting perversity; he who purses his

   lips is bent on evil.

눈짓을 하는 자는 패역한 일을 도모하며 입술을 닫는 자는 악한 일을 이루느니라

31. Gray hair is a crown of splendor; it is attained by a righteous life.

 백발은 영화의 면류관이라 공의로운 길에서 얻으리라

32. Better a patient man than a warrior, a man who controls his temper than one who takes a city.

노하기를 더디하는 자는 용사보다 낫고 자기의 마음을 다스리는 자는

성을 빼앗는 자보다 나으니라

33. The lot is cast into the lap, but its every decision is from the LORD.

제비는 사람이 뽑으나 모든 일을 작정하기는 여호와께 있느니라

'지혜의 가르침을 받을 수 있다는 것은 축복이다.'

-Synergy Planner 이준호-

| 참고문헌 |

『마케팅슈퍼스타』, 제프리 J. 폭스 저 | 정준희 역 | 더난출판사 | 2004.03.22.
『플랫폼 전쟁』, 김조한 저 | 메디치미디어 | 2017.11.05.
『블루오션 시프트』, 김위찬, 르네 마보안 저 | 안세민 역 | 비즈니스북스 | 2017.12.30.
『스타트업 바이블』, 빌 올렛 저 | 백승빈 역 | 비즈니스북스 | 2015.10.24.
『카테고리 킹』, 앨 라마단, 데이브 피터슨 외 2명 저 | 신지현 역 | 지식너머 | 2017.11.22.
『마케팅 평가 바이블』, 마크 제프리 저 | 전략시티 | 2015.12.30.
『회사를 살리는 성과경영』, 리처드 스완슨 저 | 양종철 외 1명 역 | 길벗 | 2009.08.21.
『라이프 트렌드 2018』, 김용섭 저 | 부키 | 2017.11.17.
『아웃사이드 인 전략』, 조지 데이, 크리스틴 무어맨 저 | 김현정 역 | 와이즈베리 | 2013.11.10.
『디지털 마케팅 로드맵』, 박진한 저 | 커뮤니케이션북스 | 2012.09.26.
『한국의 젊은 부자들』, 이신영 저 | 메이븐 | 2017.05.08.
『마케팅이란 무엇인가』, 폴 스미스 저 | 최경남 역 | 거름 | 2005.02.15.
『꼭 지켜야 할 10가지 브랜딩 법칙』, Hatori Kiyosi 저 | 문달주 역 | 이치 | 2005.10.15.
『신제품 개발 바이블』, 로버트 쿠퍼 저 | 류강석 외 2명 역 | 진성북스 | 2016.10.28.
『파워 브랜드를 만드는 광고 전략』, 김원규 저 | 나남 | 2006.06.10.
『디맨드』, 에이드리언 슬라이워츠키, 칼 웨버 저 | 유정식 역 | 다산북스 | 2012.03.19.
『연결지배성』, 조광수 저 | 클라우드나인 | 2017.08.25.
『이노베이터 DNA』, 클레이튼 크리스텐슨, 제프 다이어 외 1명 저 | 송영학 외 2명 역 | 세종서적 | 2012.01.05.
『1코노미』, 이준영 저 | 21세기북스 | 2017.09.18.
『MCN 비즈니스와 콘텐츠 에볼루션』, 금준경 저 | 북카라반 | 2017.09.05.
『빅프라핏』, 신현암, 이방실 저 | 흐름출판 | 2017.12.08.
『테드, 미래를 보는 눈』, 박용삼 저 | 원앤원북스 | 2017.11.15.
『매치메이커스』, 데이비드 에반스, 리처드 슈말렌지 저 | 더퀘스트 | 2017.08.23.
『이노베이터 메소드』, 네이선 퍼, 제프 다이어 저 | 세종서적 | 2015.10.15.
『문제 해결을 위한 퍼실리테이션의 기술』, 호리 기미토시 저 | 현창혁 역 | 일빛 | 2005.01.20.
『끌리는 상품은 기획부터 다르다』, 최창일 저 | 더난출판사 | 2006.10.27.
『10년 후 미래를 바꾸는 단 한 장의 인생설계도』, 팀 클락, 알렉산더 오스터왈더 외 1명 저 | 유태준 외 2명 역 | 교보문고 | 2013.02.20.
『E·R Evolution & Revolution』, 필립 코틀러, 페르난도 트리아스 데 베스 저 | 이주만 역 | 라이프맵 | 2011.07.07.
『2018 대한민국 트렌드』, 최인수, 윤덕환 외 3명 저 | 한국경제신문 | 2017.11.09.
『팩트보다 강력한 스토리텔링의 힘』, 가브리엘 돌란, 야미니 나이두 저 | 박미연 역 | 트로이목마 | 2017.12.26.
『경영 전략 워크북』, 가와세 마코토 저 | 현창혁 역 | 케이펍 | 2011.07.15.
『위경환의 5steps 아이디어 발상법』, 위경환 저 | 시간의 물레 | 2015.09.01.
『게릴라 마케팅』, 제이 콘래드 레빈슨 저 | 박희라 역 | 비즈니스북스 | 2009.04.10.